区域国别学丛书

国际区域认同研究

张蕴岭　主编

山东大学出版社
SHANDONG UNIVERSITY PRESS
·济南·

图书在版编目(CIP)数据

国际区域认同研究/张蕴岭主编.—济南:山东大学出版社,2024.4

ISBN 978-7-5607-8105-1

Ⅰ.①国… Ⅱ.①张… Ⅲ.①国际关系—研究 Ⅳ.①D81

中国国家版本馆 CIP 数据核字(2024)第 029585 号

责任编辑 陈佳意
封面设计 杜 婕

国际区域认同研究
GUOJI QUYU RENTONG YANJIU

出版发行 山东大学出版社
社　　址 山东省济南市山大南路 20 号
邮政编码 250100
发行热线 (0531)88363008
经　　销 新华书店
印　　刷 济南新科印务有限公司
规　　格 720 毫米×1000 毫米 1/16
　　　　 22.5 印张 366 千字
版　　次 2024 年 4 月第 1 版
印　　次 2024 年 4 月第 1 次印刷
定　　价 59.00 元

“区域国别学丛书”
编委会

总　序

区域国别学一级学科的设立对于我国的区域国别研究、学科建设和人才培养有着重大的意义。

认识世界需要从认识区域和国别开始。国家是世界构成的基础，每个国家都处在一定的区域，区域和国别间既有紧密的联系，也有各自的特质。区域国别学是一个交叉学科体系，无论从对象、方法，还是理论与实践都具有不同于其他学科的特征。

区域国别学需要区域学理论构建。区域是所在国家的地缘载体，在区域范围内，各国间有着长久、多样和特殊的联系。从本质上说，区域是相关国家的共处、共生之地。如今，在各个区域层次上都发展起了以区域为载体的多种形式的合作与治理机制，像欧盟、东盟等已经具有不同特征的区域管理与治理功能。

区域国别学需要国别学理论构建。现代民族国家制度是由《联合国宪章》所确立的。各国都经历了很长的历史演变，不同的历史时期有着不同的存在和发展形式。二战后，现代民族国家构建得到普遍的发展，各国实现独立自主基础上的现代民族国家的构建和治理。世界各国在政治制度、国家治理、社会经济发展、对外关系等方面都各具特色。

区域国别研究需要学科交叉方法。以往区域国别研究主要是单学科导向的，得到了很大的发展，但交叉学科导向的区域国别研究由于缺乏学科的支撑，没有得到很好的发展。单学科导向的研究把区域与国别问题分割成不同的学科主题，有助于专门的研究。但区域国别问题具有很强的综合性，仅有单学科导向往往不能认识问题的全貌和特性，甚至可能会形成错误的定论以及政策取向。比如，对经济的分析，在很多情况下需要考虑政治、社会以及外部因素，如果不考虑，就有可能得出偏颇的结论，与经济的实际运行相差甚远。学科交叉是科学发展本身的必然趋势，无论是自然科学，还是人文社会科学，越来越多的问题都需要用交叉学科知识和学科交叉方法来进行观察、分析与认定。这就是为何要设立交叉学科门类和在交叉学科门类下设立以交叉学科为定位的学科。区域国别学一级学科的设立，为用交叉学科方法研究世界区域国别提供了学科支撑。

设立交叉学科门类下的区域国别学既是学科发展的需要，也是国家发展的需要。长期以来，区域国别研究领域有影响力的认知、理论和政策大都来自西方国家，特别是欧美大国。近代以来，西方大国崛起后基于对外扩张的需要，加强了对区域国别的研究，形成了基于其价值观认定和利益定位的区域国别认知和理论。一方面，这些认知和理论成为其制定对外政策的根据和引导，为其实施对外扩张、殖民、控制、干预提供支持；另一方面，通过多种形式的话语传播，西方大国也获得了话语权。

我国的区域国别研究有着很长的历史和雄厚的基础。特别是改革开放以后，我国的区域国别研究得到快速的发展，为我国深入了解世界、走向世界做出了贡献。区域国别学一级学科的设立使我国的区域国别研究和人才培养进入一个新的发展时期。有了学科支撑，就可以对研究、教学进行科学的布局，将使我国的区域国别研究和人才培养得到更好的发展。

从提升国际话语权的角度来看，向世界推介具有中国特色的区域国别学成果，可以大大提升我们的国际影响力，有助于我们在国际交往中获得更大的话语权。中国特色的区域国别学理论和体系构建，要广泛吸收国外已有的优秀成果，继承中国优秀传统思想文化，立足当代，面向未来。中华民族伟大复兴是中国人民的伟大事业，对于世界的发展有着巨大的影响。中国人对世界的认知以及在世界的话语权等，不但不能缺失，而且还必须有区别于他者的立场，在传统与现代、东方与西方、当今与未来等重大问题上，推出更符合世界可持续发展、和合共处的理念与方略。

构建中国特色的区域国别学体系是一项大工程，需要动员和组织国内高校和研究机构力量一起做。同时，作为一项系统工程，区域国别学学科体系构建需要做好顶层设计，进行统筹与合理规划，把体系构建与服务国家战略、新时代人才培养紧密结合起来，与提升我国在国际上的话语权紧密联系起来，使我国区域国别学学科的建设在实践中得到更好的发展，发挥更大的作用。

我们推出“区域国别学丛书”的目的在于为推动我国的区域国别学学科建设做出努力，本丛书由山东大学出版社出版，本项工作得到教育部国别和区域工作秘书处的支持，在此深表感谢。

“区域国别学丛书”编委会

2024年元月

前　言

本书是我为国际区域学理论构建主编的第三本书，前两本分别是《国际区域学概论》《国际区域治理概论》。本书邀请了来自全国高校、研究机构的20多位学者参与，按照分工和个人研究专长，分别就东亚（东北亚、东南亚）、南亚、非洲、中东、北美和拉丁美洲的区域认同问题进行分析研究。每位作者选择一个区域或者国家，从其国际区域认同的历史形成、发展演变、区域认同与区域合作之间的关联等进行分析，并提出相关的理论性问题，目的在于使读者能够对国际区域认同有一个比较全面的了解和认识。

国际区域认同是一个很复杂的理论和现实问题，不同的国家、区域在区域观、区域定位、区域政策和区域合作参与等方面都不尽相同，这里只是选择部分区域和少数国家进行了分析。我相信本书还是能为区域国别学学科教学和研究提供丰富参考资料的，也能对区域国别学理论构建起到有益的推动作用。

张蕴岭

2023年11月

目　录

▶国际区域认同研究

国际区域认同概论

张蕴岭*

国际区域认同研究的中心议题有三：是什么、为什么和干什么。任何一个国家都处在一定的自然区域，区域是相关国家的共生之地。每一个国家都面临着对区域的认识和定位，如何认识和定位，以及如何与其他相邻国家共处并寻求区域共识，构建更好的区域环境，实现区域的和平与发展的问题。

从认识世界的视角来看，早期人们的世界观就是对所及区域的认同，因为人类的活动只是局限在一定的区域。由区域的世界认同向世界的区域认同转变，主要是随着对外交往扩大进行的，特别是15世纪的“地理大发现”，使世界由不同区域构成的世界观和区域观得以确立。

然而，区域认同在现代民族国家制度确立之前和之后是很不相同的。之前的认同往往把区域作为国家领土边界拓展的地缘空间，特别是大国，凭借实力进行扩张，区域成为群雄争夺的战场。之后，由于国家有了法定的边界，任何改变领土边界的扩张都成为非法，由此国家对区域有了新的认知和定位，形成了新的区域认同观和区域秩序。

一、区域认同的含义

区域认同的首要问题是“我是谁”，即区域身份。国家的区域身份认同具有二重性：一是作为独立的法人实体具有独立的身份，在领土主权、国家

* 张蕴岭，中国社会科学院学部委员，山东大学讲席教授、国际问题研究院院长。

治理上拥有排他性；二是作为区域成员具有不完全的独立身份，在资源、利益和责任上与他国有着共享性(sharing)。因此，区域认同的“我是谁”问题，对各国来说都有二重性关系，即“我与区域”和“区域与我”。前者是基于主体意识的认同，后者是基于客体意识的认同，二者有机结合形成国家区域认同的完整性。

以现代国家为本位的区域是具有国际性质的区域，因为每一个国家都是域内其他国家的他者。国际区域有多个层次，既有大区域层次，即亚洲、欧洲、美洲、非洲、大洋洲，也有次区域层次。而次区域层次亦可以根据不同的情况分为不同的次区域，比如亚洲有西亚、中亚、东亚、南亚、东南亚、东北亚，而东北亚和东南亚又构成东亚；欧洲有西欧、东欧、中欧、北欧，而中欧和东欧又构成中东欧；美洲有北美、中美、南美，而中美洲和南美洲又构成拉丁美洲；非洲有南部非洲、西部非洲、东部非洲、北部非洲等。因此，在区域认同上，每一个国家都有双重或多重的身份。

基于多方面原因，各国对不同层次的区域认同有着不同的特征。比如，大洲的区域身份认同有着很强的自然性，具有自然认同的特征。在很多情况下，自然性认同作为一种区域身份定位，往往只是一种象征性“符号”。由于大地缘区域范围广，国家之间的联系较为松散，区域认同往往停留在一般的意义上。[①] 次区域作为地缘链接紧密的共生区域，各国的区域认同受到历史、人文、利益的影响，有着较强的主体和客体认知取向。尽管各国在区域认同上会有很大的差别，但由于地缘、人文和利益关系紧密，相互关联性强，各国在认同上能形成较强的共识性，这种区域共识会推动区域合作与合作制度的构建。

总体而言，区域认同以三个要素为基础：一是自然要素，二是人文要素，三是利益要素。每一个要素都有非常多的影响因子。区域认同是多要素综合影响下形成的综合认知，这种认知既通过综合性形式表现出来，也通过不同要素作用下的特殊性形式表现出来。因此，区域认同性并不是恒定不变的，具有很强的可变性，同时也是多维的。

自然要素是指国家的自然区域属性。如前所述，区域为国家提供了自

① 在有些情况下，大区域的认同也会形成较强的意识和行为驱动。比如，非洲的区域认同在反殖民和国家独立的意识下，就推动了泛非运动，成立了所有国家都参加的非盟。对于这方面的问题，本书关于非洲区域认同的内容有更深入的分析。

然的定位和共处环境，使得国家对区域有着自然的归属感。这种归属感既源于自然存在本身，也来自自然因素所孕育的一种特性，而这种特性是通过多种形式体现出来的，比如习俗特征、语言特征、族群特征、文化特征等。

人文要素是指国家、社会与区域的历史和现实联系。历史的联系是一种积累和传承，在长期的发展演变中，每一个国家都有着与区域相联系的丰富人文历史，它们不仅是对过去的记录，更是不断接续的人文要素传承。“生于斯，长于斯”，人文的历史积累和传承让国家整体与社会群体对区域有着内在的特殊情结。在长期的共处中，各国间形成了多重区域关系，包括族群、宗教、思想、文化等特殊关系。不过，多变的历史也让各国对区域有着复杂的历史记忆和现实感受，往往是爱恨交加；自身与他者间的复杂历史，割不断，理也乱，这都为各国的区域认同增加了复杂性与矛盾性。从这个角度而言，区域认同并非都是协同与和谐的，也会引发矛盾和冲突。

利益要素是指国家在区域的利益存在、诉求与创建，是国家区域认同中最直接、最重要的定位和选择。区域为国家提供更大的活动空间和更丰富的资源，可以在诸多方面为国家提供重要的利益。总体而言，利益要素主要可分为两种：一是竞争性利益，二是共享性利益。前者主要靠各国去争取，尽可能获取更多的收益；后者尽管也有竞争获取的成分，但主要是通过协商与合作来实现的。作为各国共处的区域，域内的许多利益是具有共享性的，比如自然资源、气候环境、规模市场，以及区域关系和秩序等，合作共建、合作共享是最佳的选择。

区域国别认同、认同共识和基于共识的合作行动，构成国际区域认同问题的三个层次，成为相互关联的区域认同整体结构。区域国别认同是基础，各国在认同上存在差别性，但同时也存在共识性。认同共识不是自然形成的，而是通过认知的趋同逐步凝聚的。特别是在利益认定上，基于现实的需要，或者受到其他区域发展的启迪，可以在一些方面形成较强的共识。基于共识的合作行动，既可以由少数先行者带动，也可以由来自多数者的强烈共识驱动。区域共识是开展区域治理、构建区域制度的前提，基于区域共识所形成的“区域主义”集体认同，体现为区域各国的共同价值取向。

二、区域共识的凝聚

国家—区域—全球构成世界的三个层次，国家认同是对自身的定位和认知，区域认同是国家在自身认同的基础上，对外部区域的定位和认知，具有明显的自然延伸特征。但是，区域认同的国际性使得这种自然延伸变得非常复杂。鉴于区域是相关国家的地缘共处空间，每个国家都需要面对外部多样性的关系及相互间交织、复杂和多边的关系。尽管区域认同是各国对所在区域的定位和认知，但会受到他者因素的影响。区域共识就是各方寻求认同的协同性，并以此为基础创建区域合作共处空间和共享利益。区域共识的凝聚并非易事，因为各国在区域认同上存在各种差异。在存在不同的情况下，形成区域共识需要各方做出妥协或者改变，认同国家部分治权向区域层次治理让渡，形成集体意志，采取合作行动。

国际区域的共处空间受到国家法律界定的限制，在现代情况下，跨越障碍的途径不是靠强制，而是靠合作共创开放的区域空间。现实中，区域共识性越强，区域共处空间拓展得就越宽，共享利益空间也就越大。

经济空间是最重要的领域，从早期互通有无的贸易交换，到如今的供应链分工，对区域市场构建的要求越来越强烈。在安全领域，从传统安全到非传统安全，都需要创建共同安全、合作安全的空间。在人员的跨境流动方面，区域共享空间的构建非常重要。区域共处与利益共享空间的创建，需要改变国家以自我为中心的区域认同观，增进对区域共处与利益共享的认识，推动基于区域共识的区域制度构建。

现代民族国家制度的构建留下许多历史和现实问题，比如领土争端的问题、族群分割的问题，还有历史、宗教等方面的问题。分割的族群在区域空间可以找到归属感，但是受到国家本位的约束，处理不好会产生国家间的矛盾。领土争端向来是国家间关系中最具敏感性和风险性的问题，处理不好会成为区域空间构建的羁绊。

在欧洲，法德通过和解与合作解开了历史积怨的死结，以区域共识化解双边矛盾，同时也在推动欧洲构建中提升共同的责任感、发挥引领作用。不过，也不乏由于国家认同至上导致区域共识弱化，使区域构建陷入困境的案例。如中日韩三国，尽管历史和现实的联系紧密，但由于缺乏强烈的区域共识，难以凝聚区域共建的合力，使得已经建立起来的对话机制中断，合作进程陷于停滞。

全球化的发展对国家的区域认同产生了复杂的影响。尽管全球化把国家置于一个更广阔的共处空间，使得国家认同有了更宏大的视野，但出于对全球化冲击的担心，特别是越来越多的问题在全球范围内难以解决，促使区域认同得到了新的助力。事实上，区域化不是对全球化的替代，也不是补充，而是一种必然的发展。从一定程度上说，区域化的发展可以对全球化的发展起到支持的作用。比如区域市场构建，按照世界贸易组织的要求，其必须高于多边安排的水平。在区域层次，所要解决和所能解决的问题要比在全球层次更多，也更有可行性。鉴于此，区域构建将会得到更大的发展。

三、区域共识的构建

历史上，由于国家的性质和形态不同，区域认同对于不同国家来说有着很大的差别。对于强者来说，区域成为势力拓展的空间，甚至可以“一统天下”，造就横跨广袤区域的大帝国；而对于弱者来说，则可能成为被强者征服的对象，成为其附庸，甚至被吞并。因此，区域共处的生态是建立在实力对比基础之上的，区域认同的特性很大程度上是建立在国家实力基础之上的。

欧洲创建了现代民族国家制度，国家具备了独立的法权地位，领土和国家治理的专属权得到法律的保护，这种现代国家制度在二战之后通过《联合国宪章》成为世界公认的制度。在此情况下，区域成为各国存立和平等共处的地缘空间，由此产生了国家对区域的新认同，同时也开启了区域构建的新进程。

新区域认同的基本特征表现为以下三方面：其一，国家是具有法律地位的区域独立实体。因此，国家对区域的认同是“我的认同”，形成有别于他者的叙事方式。其二，区域作为相邻国家共处的地缘空间，向各国提供扩大的利益。因此，区域认同有着受益的基础。其三，基于共利的基础，各国间形成具有共识特征的集体认同。新区域认同既是矛盾的，也是统一的。其统一性体现为，有着不同利益诉求的独立实体，共处一个区域空间，各国间形成不可分离的共同体。重要的是，这个共同体是现实存在的，并非是“想象的”。

新区域认同的一个重要特征是各国认同的共识性增强，建立在区域共识基础上的区域合作获得深度发展。区域合作的内在动机是创建有利于区域国家和平共处与协同发展的区域环境，通过建立区域层次的治理机制，改善区域共处的综合环境。

欧洲确立现代民族国家制度的初衷是创建区域和平共处的秩序，但并未能如愿，其后一些国家间仍然战乱不止，两次世界大战均起源于欧洲，主要战场也在欧洲。第一次世界大战之后，欧洲一些国家就在区域构建上形成了一些共识，但没有成为行动议程。第二次世界大战结束后，基于两次世界大战的惨痛教训，欧洲国家特别是西欧主要国家在区域构建上形成更为强烈的共识，并且以此为基础，开启了欧洲区域构建的历史性进程。区域构建由少数国家先行，从局部开始，逐步吸引更多的国家参加，逐步提升构建的水平。

基于区域共识推动的欧洲区域制度构建不断扩大和深化，对欧洲国家的区域认同产生了深远的影响，主要表现在三方面：其一，区域认同感增强。这不仅体现在国家对欧洲身份归属性的认知，也体现在对区域作为国家利益提供者的重视。其二，区域认同意识范围扩大。区域合作所体现的巨大收益，使得更多的国家加入区域合作的进程，特别是冷战结束后，更多的欧洲国家加入欧盟，弥合了因历史特别是冷战产生的区域分割。其三，区域认同内涵深化。对区域超国家制度构建的认同增强，统一大市场、单一货币、欧洲法院、欧洲议会，以及越来越多的区域治理规制等，把国家—区域的内在连接建立在区域共识和区域制度的稳定基础之上。欧洲区域认同的发展大大增强了“国家—区域”和“区域—国家”之间的协同性。

东南亚区域共识的凝聚有其自身的特色。基于多方面的原因，东南亚国家本来有着比较模糊的区域认同。二战后的民族独立运动和现代民族国家构建，为东南亚国家的区域认同提供了新的环境。对东南亚国家区域认同产生重要影响的因素主要有：一些国家面临共同的安全威胁，欧洲区域联合受益提供的启示，以及国家发展对区域合作的现实需求。在多种因素的影响下，国家对于东南亚作为共生区的认同性逐步提升，并且在区域认同增强的基础上增进了区域共识。东南亚国家联盟（ASEAN，简称东盟）的成立是一个重要的转折，其后的发展对于东南亚国家的区域认同和区域共识产生了深刻的影响，主要表现在三方面：其一，各国对东南亚的区域身份认同性不断增强，区域身份认同成为一个既定的符号；其二，积极参与和推动东盟的建设，在区域层次上实现了更多的国家利益目标；其三，在对外交往中，维护以东盟为中心的原则，这不仅是为了争取更多的区域利益，更是为了体现东南亚国家的区域集体身份认同。在发展进程中，东盟逐步把所有东南亚国家都吸纳进来，不以政治、宗教、发展水平划线，实现了“和而不同”的区域共识。东南亚国家作为新生的现代国家,更重视国家主权和治理上的独立性、自主性。东南亚国家区域认同的前提是维护国家的独立和自主。因此,东盟方式的区域共建不是立足于对国家权力的制约,而是着重构建区域共处规则和增加区域共享利益;不是构建强有力的区域治理制度,而是着重实现协同的区域共处、共享目标。

在亚洲大区域层次,由于地缘广袤,诸多方面差别巨大,不仅次区域特性强,而且相互关联性弱。因此,各国的区域认同性和归属感更多地体现在次区域层次,基于区域共识的合作也主要体现在次区域层次上。东亚地区由东北亚和东南亚次区域组成,基于近地缘链接和不断增强的区域性经济、政治、社会利益,各国对东亚的区域认同不断增强,参与和推动区域共识基础上的区域合作与合作机制构建。中亚国家在独立以后对次区域的认同性增强,从以与俄罗斯链接为重点的欧亚认同向以中亚为重点的次区域认同转变,各国基于区域共识的区域合作与合作机制构建得到发展。俄罗斯基于其横跨欧洲和亚洲的特殊性,对欧亚区域情有独钟,通过推动欧亚区域框架的合作,增强相关国家对欧亚区域的认同。不过,由于地缘链接的模糊性和对俄罗斯地缘战略意图的疑虑,欧亚区域共识并不强。

非洲长期被欧洲国家殖民,现代国家构建主要是从二战后的民族独立运动开始的。殖民制度瓦解,非洲现代民族国家制度逐步得到确立。独立后的非洲国家面临两个认同的构建:一是国家认同,二是区域认同。前者是基础,后者是前者的依托。为什么非洲国家的区域认同成为国家认同的依托,为国家构建和治理提供支持?其原因主要是区域认同可以提高民族国家的地位,区域共识可以为非洲国家在世界立足和争取权益提供支持。从泛非主义运动到非盟的建立,非洲国家对非洲区域认同的共识性不断增强。非洲国家的区域认同一方面具有很强的次区域情结,由此推动了非洲次区域的合作;另一方面对整体非洲的构建也给予了积极的支持。在当今世界上,非盟是唯一把所有大区域国家纳入一个统一区域组织框架的组织。尽管受到多方面的制约,非盟在区域治理上所发挥的作用有限,但却有着很强的韧性和认同基础。

美洲国家的区域认同有着不同的特征。北美地区受到美国实力特别是经济实力的主导影响,区域利益认同性强,构建了以美国为主导的美加墨经济区。无论是北美自贸区,还是目前的美墨加协定,都是由美国主导构建的区域市场机制。美国一直积极推动美洲大区域认同机制的构建，建立了美洲大区域框架下的多个机制。但是，对于中美洲和南美洲国家来说，其次区域认同性更强，这里既有地缘、人文因素，也有政治因素。其中，担心美国主导是政治因素的主要成分。事实上，美国也的确有把拉美作为自己“后院”的意图和行动。不过，即便在次区域层次，出于多方面原因，区域共识的凝聚性也比较弱。拉美区域有多个次区域构建机制，但由于区域共识不强，大都发展缓慢。

大洋洲是一个特殊的区域，各国的地缘链接主要是海洋，各方有着不同的区域认同特征。澳大利亚和新西兰是两个最大的近邻国家，两国间有着人文和利益要素的区域共识驱动，把对方视为天然的共处伙伴。事实上，澳新两国的区域共识更多地体现为双边关系构建。就利益认同而言，除了对太平洋岛国的重视外，澳新更为重视与东亚区域的联系，认同与东亚的特殊区域身份，参与了所有基于东亚区域框架的合作机制。太平洋岛国间有着基于海洋链接的特殊区域情结，岛国成为凝聚区域共识的符号，以此为基础，建立了太平洋岛国论坛，开展多层次合作。

国际区域是一个客观存在，区域认同不是可选项，而是必选项。从总的趋势看，区域认同受到越来越大的重视，基于认同共识的区域合作得到越来越大的发展，从而使世界的区域化趋势更为凸显。

东亚区域认同与区域合作的互动实践

耿协峰　陈灵芝*

东亚作为一个地缘区域，通常是指亚洲大陆东部各国及太平洋西部地区国家，主要由中国、日本、韩国、朝鲜、蒙古国和东南亚诸国组成，分为东北亚和东南亚两个次地区。由于东北亚的地缘链接包括俄罗斯远东地区，因此，东亚事务也往往有俄罗斯的参与。

鉴于地缘和政治经济特点，东亚具有很强的开放性和外部链接，包括与南亚、中亚和大洋洲（主要是澳大利亚、新西兰）链接，构成区域合作大框架，成立了上海合作组织（SCO），签署了《区域全面经济伙伴关系协定》（RCEP）等；与跨太平洋的美洲链接，构成亚太地区，成立了亚太经济合作组织（APEC）；东亚峰会（EAS）成员除东南亚、东北亚、澳大利亚和新西兰外，还邀请了美国与俄罗斯参加。近年来，美国、日本等针对东亚推出“印太战略”，成立了数个合作机制，但不包括中国。尽管如此，在诸多地缘链接构建中，东亚始终居于核心地位。

一、东亚的区域特性

经过20世纪下半期的持续高速经济发展，东亚早已被世人公认为“发展高地”和“合作热土”，甚至不少人认为世界的未来将属于亚洲①，从“东亚

---

* 耿协峰，中国政法大学全球化与全球问题研究所教授；陈灵芝，中国政法大学全球化与全球问题研究所博士研究生。

① 参见[美]帕拉格·康纳：《亚洲世纪：世界即将亚洲化》，丁喜慧、高嘉旋译，中信出版集团2019年版。[该书英文版原名即为 *The Future is Asian*（未来属于亚洲）]

奇迹”到“亚洲世纪”的各种赞誉之声不绝于耳。尽管如此,人们对东亚的认知却充满悖论:一方面认为它作为一个地区整体实现了或正在实现着崛起,另一方面认为它日益走向多极化和分裂;一方面认为它正在建构东亚区域意识和认同,并开始建设“东亚共同体”,另一方面认为它处于冲突边缘,甚至会陷入“新冷战”。这种悖论性认知往往是人们对东亚地区概念认识不够全面、准确而造成的。作为一个国际区域,东亚具有一些突出的特点,而正是这些特色,构成了东亚的区域特性。

(一)东亚是一个兼具多样性和统一性的地区

东亚首先是一个多样性突出的地区。东亚地缘上处于海陆交汇地带,陆地景观和海洋景观兼备,气候生态和文化都极为丰富多样。同时,东亚政治上多元共存,既包容了资本主义性质和社会主义性质的政权,也包容了共和民主制度和现代君主制、中央集权制和联邦制等不同政体。东亚经济上多元分层,既有发达经济体,也有发展中经济体;既有高速增长的新兴经济体,也有积贫积弱的最不发达经济体。东亚社会文化多样复杂,既有发达的后现代社会,也有发展中的转型社会;既有宗教色彩浓厚的国家,也有世俗化程度很高的国家。总之,多样性使得人们常常怀疑东亚是否具有地区合作的基础条件。不过,东亚的统一性也不容否认。东亚不仅在地理环境、历史传统、习俗规范和集体记忆方面享有共同性,而且政治文化上具有一定的相似性(“亚洲价值观”和“文化东亚”等),经济交往上出现区域一体化和集团化趋势,安全关系上共处于一个或多个“地区安全共同体”之内,这些均令东亚的统一性日益凸显。

(二)东亚是一个兼具传统性和现代性的地区

随着东亚崛起,东亚国家整体上都已迈入现代社会,但传统文化的影响渗透在经济、政治和社会生活的方方面面。现代性讲究民主、人道、法治和文明,这在东亚地区已是普遍追求,而东亚传统中重视权威和关系、看重人情和面子的特色始终有着广泛而深刻的影响。在现代化过程中,东亚从西方引进了理性、科学、思想自由、政治民主、市场经济等现代观念、现代知识和现代制度。但是东亚社会没有被西方“现代性”所淹没,而是表现出许多不同于西方的特点,其间东亚自身的文明传统起了重要作用。[①] 因此,传统

① 参见董正华:《东亚传统文化与现代变革》,《世界知识》2018 年第 5 期。

性和现代性共同塑造着东亚地区独特的政治文明、经济制度和社会规范。

（三）东亚是一个兼具东方性和西方性的地区

东亚或亚洲均位于东半球，历史上一度被称为“远东”，东方性与生俱来。东方性虽然意味着古老悠久，意味着感性和精神性，但也一度被视为是落后、威胁和异域的代名词，意味着被动和屈辱。但东亚和亚洲在20世纪的重新崛起已经打破了这种观念，西方性中的理性和现代性也早已与东方性水乳交融；而且随着东亚文明的复兴，东方性中蕴含的宇宙观、国际观、社会观和道德观得到发扬并日益扩散，使得东亚实际上成为一个包容东西方文明而“无问西东”的世界性地区。

（四）东亚是一个兼具南方性和北方性的地区

世界经济上的南北差距由来已久，并且长期没有得到解决，这在东亚地区也有鲜明体现。过去人们习惯认为，东亚地区绝大多数是发展中国家，是一个典型的南方地区，对北方发达国家的经济依赖明显。但是，随着东亚经济成为世界经济的引擎，日本、韩国和新加坡先后迈入发达国家行列，中国经济总量已位居全球第二，印度经济近年也开始强势崛起，因此我们很难认为东亚仍是一个纯粹意义上的南方地区，而是一个兼具南方性和北方性的地区。

（五）东亚是一个兼具区域性和全球性的地区

东亚具有鲜明的区域性，但同时是具有突出的全球性特点的地区。区域性突出了各国之间的紧密地缘联系，而全球性则体现了其高度的开放性。东亚经济相互依赖不仅表现在地区内部，更因其开放性而表现出与世界经济的联系性和一体性；东亚安全秩序也因中美全球博弈加剧而成为全球安全的新重心，如何维护东亚（或亚太、“印太”）地区的安全与和平，如今已成为全世界各国都关心的全球事务。为了解决东亚的区域经济合作、地区安全合作或者地区环境和社会问题，需要结合全球化时代的种种宏大挑战，从整个地球甚至行星尺度上思考出路。这就不仅需要发挥区域合作机制的作用，还需要推动全球治理。

（六）东亚是一个兼具现实性和“想象性”的地区

东亚当然具有时空上的现实性，是一个客观具体的地理存在，但同时它又是一个越来越具有“想象性”的地区，这主要体现在地区各国通过在经济和安全等领域开展日益紧密的合作而进行的认同构建上。随着一系列东亚区域合作制度(正式和非正式)的建立,东亚地区的制度化程度逐步提高,对于一个结构更加紧密、认同程度更高的“东亚共同体”的想象或建构已进入地区各国政策议程。由此,现实性的东亚合作与“想象性”的东亚区域认同相互塑造,使东亚和亚洲成为世界上最受瞩目的国际区域之一。

二、东亚区域认同的历史建构

东亚的上述区域特性在很大程度上塑造或建构着这个地区的区域认同,或者说它们本身就是东亚区域认同的表征。

所谓“区域认同”,主要是指地区内国家和人民在长期历史过程中逐渐形成或建构起来的某种区域意识和共同观念。同处一个区域的各国在区域认同上具有共识性,从而形成区域认同的共识。因此,东亚区域认同也常被称为“东亚意识”或“亚洲观念”。① 东亚作为一个社会建构性的“地区”或“区域”,其区域意识和认同共识是长期存在的,只是在不同历史时期,类别和性质有所不同而已。

东亚区域认同的建构大致经历了三个历史时期:古代“东亚世界”形成的时期、近现代“泛亚主义”兴起的时期和当代“新亚洲主义”盛行的时期。

(一)古代“东亚世界”的形成

东亚区域认同意识的起源或“东亚的诞生”乃是这个地区历经几个世纪(至少从公元前 3 世纪到公元 10 世纪,即从秦汉到隋唐)的文化互动及其与周边地区长期交流的结果。② 有人甚至将其渊源追溯至周代的“五服”制度和九州划分,认为那时的人们已经形成了“天下、中国、四海、九州”等区域空间概念,从而对后来东亚区域意识的“发展、形成与扩大”有重要影响。③ 不过,东亚地区真正形成一个独立的“没有国界的东亚世界”,通常被追溯到早期经济全球化时代,即大约在 15 世纪至 17 世纪中叶时期④,直到 19 世纪中

① 参见耿协峰:《重塑亚洲观念:新地区主义研究的中国视角》,《外交评论》(外交学院学报)2018 年第 3 期。

② 参见[美]何肯:《东亚的诞生:从秦汉到隋唐》,魏美强译,民主与建设出版社 2021 年版,第 434 页。

③ 参见陈奉林:《从东亚区域意识到东方国家的整体崛起:对东方国家历史进程的再认识》,《华中师范大学学报》(人文社会科学版)2014 年第 5 期。

④ 参见李伯重:《火枪与账簿:早期经济全球化时代的中国与东亚世界》,生活·读书·新知三联书店 2017 年版,第 95 页。

叶遭到西方全球扩张的冲击之前,东亚的发展始终维持着整体关联性。[①]

古代东亚区域认同的构建主要体现在古老亚洲文明的中心性聚集及其初步的"整体化"趋势上,其历史特点包括:繁盛千年的古代亚洲文明一度成为欧洲文明所神往的"东方"世界,成为塑造"欧洲观念"的重要"他者",同时也为未来欧洲扩张时代反向塑造"亚洲观念"创造了前提;以"丝绸之路"为代表的古代文明交流互鉴,为亚洲后来形成具有更紧密贸易网络的"世界区域"打下了基础;古代东亚世界已出现发达的政治智慧并形成政治交往方面成熟的体系和思想,如"天下主义"等,这些成为后世构建东亚区域认同和共同体的政治思想基础;儒家思想不仅是中华文明中心的统治性政治思想和华夏多民族融合的巨大精神力量,同时也向海外广泛传播,影响波及朝鲜、日本和东南亚各地,从而形成"儒家文明圈"或"中华文化圈"。[②]

古代亚洲文明的上述特点,汇集起来构成了今世"亚洲观念"的古典传统或历史遗产,为建构东亚或亚洲认同打下了历史文化基础,某种程度上还意味着东亚地区对内在"自我"身份的认知自觉。另外,多样而丰富的亚洲历史文化传统,还为今天地区各国人民塑造"我们东亚"这一共同身份打下了情感基础。[③]

(二)近现代"泛亚主义"的兴起

19 世纪成为"东亚历史的转折点",其后东亚的整体性和一体化被打破,逐步被纳入西方中心的新的世界体系,开始了"自身衰败化、边缘化与半边缘化、革命化、现代化"[④]的历史大转变过程。也正是自 19 世纪中叶开始,为回应西方帝国主义日益增长的外交、军事和经济势力,被称作"亚洲人"的群体开始自发形成了作为"亚洲人"的意识和认同,视亚洲为整体的"泛亚主义"观念开始萌芽并生长,逐步建立起近代亚洲跨国、跨民族的身份认同。

这种身份认同的建构集中体现在当时由中、日、印等亚洲国家的知识分子所大力倡导的"泛亚洲主义"或"大亚洲主义"思想运动中。无论是李大钊和孙中山等人的"大亚细亚主义""新亚细亚主义"和"大亚洲主义"、冈仓天

---

① 参见罗荣渠、董正华编:《东亚现代化:新模式与新经验》,北京大学出版社 1997 年版,第 3—5 页。

② 参见耿协峰:《"亚洲观念"的历史想象:以 5000 年、500 年和 50 年为视角》,《东亚评论》2019 年第 1 期。

③ 参见耿协峰:《"亚洲观念"的历史想象:以 5000 年、500 年和 50 年为视角》,《东亚评论》2019 年第 1 期。

④ 罗荣渠:《现代化新论:世界与中国的现代化进程》,北京大学出版社 1993 年版,第 239—242 页。

心的“亚洲一体”观念，还是泰戈尔对“亚洲团结”的呼吁，均表达了通过支持地区融合以实现亚洲独立自主的深切渴望。伴随这种“泛亚主义”思想而来的是亚洲各国的“自强”运动，包括中国的“维新变法”、日本的“明治维新”和印度的民族大起义等，亚洲人从此开始“觉醒”。

到20世纪五六十年代大批主权独立的亚洲国家建立后，它们又共同为摆脱西方殖民主义的影响并克服尼赫鲁所谓“亚洲的苦恼”而努力实现地区联合自强，即实现“国家的主权、民族的独立和经济的自主”，通过两次“亚洲关系会议”(1947年和1949年)、万隆亚非会议(1955年)、东南亚国家联盟成立会议(1967年)等，广泛倡导“团结、友谊、合作、和平共处、求同存异”等新型地区合作观念和原则，为寻找自身共同性和地区认同而不断努力。近现代兴起的“泛亚主义”思想运动及后续的地区联合自强运动，不仅反映了东亚或亚洲国家针对欧洲“他者”的认同建构，成为“亚洲观念”诞生的显著标志，而且成为当代东亚或亚洲认同建构的历史先声。

(三)当代“新亚洲主义”的盛行

自20世纪60年代开始，东亚或亚洲开启了持续30年多个经济体的接力式高速增长，即“东亚奇迹”，从而为此前以联合自强为核心的亚洲认同观念增添了新的内容，即区域发展理念或增长共识。东亚在世界经济中的整体性崛起增强了地区自信，有利于凝聚和塑造区域认同共识。与此同时，随着一系列地区经济合作政策构想的提出和落实，特别是太平洋盆地经济理事会(PBEC)、太平洋贸易与发展会议(PAFTAD)、太平洋经济合作理事会(PECC)和APEC等跨地区经济合作机构的成立，东亚区域意识和认同得到了新的有力刺激，增强了地区合作的新理念，并催生了东亚的“新地区主义”(new regionalism，又称“新区域主义”)。

在东亚，东南亚次区域先行构建区域合作机制。一方面推动以东盟为核心的次区域制度构建，另一方面以“东盟为中心”积极推动东亚区域合作机制的构建。20世纪90年代，东盟积极参与了APEC的构建，创立东盟地区论坛(ARF)，推动“东盟＋”系列区域合作机制(东盟＋1、东盟＋3、东盟＋6)的构建，使得东亚的区域特性更为凸显。在此形势下，有关“东亚共同体”建设的意识不断增强。

1997年亚洲金融危机爆发，面对国际金融机构应对失灵，超级大国消极观望，东亚国家“抱团取暖”，组建“东盟＋3”合作机制，包括领导人对话机制、金融合作机制(《清迈倡议》)、自贸区构建机制(东亚自贸区)等。特别是有关东亚共同体构建的驱动,从区域认同的角度来说,是一个历史性的进步。“东盟+3(中日韩)”领导人一致同意设立“东亚展望小组”(EAVG),就东亚合作的愿景进行研究。东亚展望小组由各国政府推荐的专家组成,提出了“迈向东亚共同体”的展望报告,得到东亚领导人的一致认可,由此开启了东亚共同体构建的进程。尽管推动东亚共同体构建的进程遇到了困难,进而陷入停滞,但是东亚的区域认同意识并没有泯灭,基于东亚区域定位的各种合作机制仍在发展。

从结构上看,东亚地区的合作机制呈现多框架,相互交叉,表明东亚各国在区域认同的利益定位上存在不同。以“东盟为中心”的多重合作机制(“东盟+”),事实上创建了以东亚为核心的区域定位和区域认同基础。中日是东亚区域大国,出于多方面的原因,两国在区域认同上存在很大分歧。在此情况下,东盟承担起东亚区域构建的“中心角色”,使得东亚区域构建有了“主心骨”,使得东亚的“新区域主义”有了聚合力,也有利于推动构建“以东亚为核心”的开放性合作框架,驱动了东亚区域内与区域间的“认同联动”。

总之,东亚“新地区主义”或“新区域主义”的生命力在于“立足于亚洲的整体发展与持久稳定,大力推进各类区域性合作,整合和优化配置本地区资源,进一步走出一条能为域内各国接受并得到国际社会欢迎的可持续发展的新思路”[①]。并且,其鲜活的生命力对于维系地区合作进程、保障地区国家间信任与和平、持续推动构建东亚区域认同,均具有不可或缺的引导价值和鼓舞作用。

三、东亚区域认同与区域合作的互动实践

东亚区域认同与东亚区域合作不可分割,二者是密切关联、相互促进的共生互动关系。没有东亚区域认同的共识,就没有东亚合作,而东亚区域合作的实践则进一步增进区域认同共识。东亚区域认同与东亚区域合作的互动实践既来源于历史,带有鲜明的历史烙印,又超越历史,不断改变着东亚区域秩序的面貌。

---

① 王毅:《思考二十一世纪的新亚洲主义》,《外交评论》(外交学院学报)2006年第3期。

综合来看,东亚区域认同的实践有以下三方面的重要特点。

(一)以发展为中心,通过灵活方式开展多领域合作

当代东亚区域认同作为一个地缘区域的身份认同,其建构基础主要是“经济上的联系和由此产生的区域性经济利益”,亦即本地区“逐步发展起来的区域链接和区域利益”。[①] 这种区域链接和区域利益,首先是东亚经济在二战后 20 世纪 60 年代至 90 年代长达 30 多年持续高速增长的结果。“东亚奇迹”不仅带来了东亚或亚洲的整体性经济崛起,而且催生了东亚的文化自信和区域认同意识。

东亚经济崛起得益于东亚地区普遍采取的发展导向经济政策和以发展为目的的对外开放政策。开放型经济发展模式是东亚特色,也为东亚区域经济合作打开了方便之门。东亚国家日益意识到自己的区域特性和整体性,并且认识到只有进行区域联合与合作,才能在世界经济舞台上增强竞争能力,争得本地区的应有利益。

东亚合作以发展为中心,围绕发展而进行合作,并以经济合作推动发展,从而形成发展共识,进一步夯实区域认同的利益基础。这一特点在贸易和投资领域表现最为突出。东亚地区有着多重自贸安排网络,其中既有双边的,也有区域综合的如 RCEP,也有混合参与的如《全面与进步跨太平洋伙伴关系协定》(CPTPP),还有正在谈判的如中日韩三边的《中日韩自由贸易协定》(CJKFTA)。RCEP 的签署是东亚作为核心区域制度构建的一个重要发展。

东亚经济发展进程中不断遭遇挑战和危机,而危机应对为东亚经济合作创造了绝佳的机会。比如在 1997 年亚洲金融危机发生后,东亚各经济体为实现融资协调与互助而于 2000 年建立了名为《清迈倡议》(CMI)的双边货币互换机制协议,后来又于 2008 年全球经济危机之后升级为《清迈倡议多边化》(CMIM),并成立东盟与中日韩宏观经济研究办公室(AMRO)以行使地区经济监控职能。中国还发起成立了亚洲基础设施投资银行(AIIB),同现有多边开发银行合作并相互补充,共同促进亚洲经济持续稳定发展。东亚地区在货币金融领域的合作进展,也鲜明体现着东亚区域认同的逐步建

① 张蕴岭:《在理想与现实之间:我对东亚合作的研究、参与和思考》,中国社会科学出版社 2015 年版,第 6—7 页。

构过程。

RCEP走出了传统的自贸区架构，谈判过程也体现了原则性与灵活性的有机结合。从2013年5月首轮谈判开始至2020年11月协议正式签署，RCEP历经了8年多达31轮的艰苦谈判。由于覆盖国家发展水平参差不齐，加之各国在开放程度、市场准入程度等方面的痛点与难点各异，因此谈判前期异常艰难，第10轮谈判才就货物贸易、服务贸易、投资等核心领域展开实质性磋商，直至开启谈判的第六年（2018年）才相继在货物、服务、投资和部分规则领域议题谈判中取得积极进展，而在历经27轮谈判后，RCEP除印度外的15个成员国才终于结束全部20个章节的文本谈判。RCEP的谈判过程就是尊重各国现实、灵活务实的过程，在这一过程中，各国拉近了彼此的距离，理解了对方的难处，兼顾了各方的诉求，在对待各自核心关切上形成共识，在反复的磨合与磋商中达成一致。

东亚基于区域认同共识推动的合作拓展到多个领域，比如环境治理就被纳入东亚地区治理的重要议程。东北亚设立了次区域环境合作机制（NEASPEC），中日韩合作把环境治理作为重要议题，东盟＋中日韩（10＋3）、EAS和APEC等机制都设立了专门的环境合作议程，每年召开部长会议、高官会议，提出合作动议和推动合作进程。东亚在推动海洋治理方面也取得了进展。比如，先后制定了“10＋3海洋塑料垃圾治理合作行动倡议”“东亚海环境管理伙伴关系计划”；在中国的倡议与推动下，已举行了六届东亚海洋合作平台青岛论坛和东亚海洋博览会。在其他领域，如地区的公共卫生治理领域、社会文化合作领域等，东亚国家通过强调理念共融与利益共享，共同制定地区治理规则，积极回应各项地区治理需求，也取得了显著共识。

（二）经济合作与安全合作双轮驱动

东亚合作的进程虽说是从经济合作开始的，以经济发展与合作为重心，但同时也逐步发展了政治对话、安全合作和社会文化合作，通过合作建立各国之间的信任，发展制度性机制，从而实现地区的稳定和安全。[①] 可以说，东亚合作总体上以经济合作和安全合作为双轮驱动，并推行灵活多样的制度化建设，有助于稳固东亚区域认同的制度基础。

---

① 参见张蕴岭：《为什么要推动东亚区域合作》，《国际经济评论》2003年第5期。

东亚合作的制度化早已开始，尽管人们通常认为东亚合作的制度化水平低、制度化程度弱、制度化形式软，甚至因此认为亚洲目前经历的是“没有地区主义的地区化”[①]，但东亚特色的制度化建设始终在路上，东亚并不真正缺少地区主义，相反有很多地区制度上的创新。制度塑造认同，东亚地区组织和制度在认同建构方面的价值和作用越来越突出。

东亚经济合作的机制建设进展显著，主要体现在自由贸易区建设和地区金融合作机制建设上。RCEP 的达成提升了东亚区域经济合作制度构建的水平，改变了多个“东盟＋”自贸区并存的局面。重要的是，东亚在贸易规则制定等方面创建了“东亚方式”，即根据东亚区域的实际，采取高标准目标与逐步推进相结合、不同于欧洲和北美的构建方式，从而为东亚区域大市场的构建提供了可行性和规则保障，有利于东亚国家的共同参与和区域供应链网络的构建。东亚金融合作起于合作应对 1997 年的金融危机，先后建立了“10＋3”财金对话机制、CMI 和 CMIM 以及 AMRO 等，不断升级完善合作机制的建设。[②]

在安全领域，东亚区域整体的制度化建设比较缓慢，但围绕东亚区域安全的多重安全对话合作机制的构建进程并没有停息。东盟的安全和合作制度化成为推动东亚安全合作的重要力量。东盟本身的制度构建在不断深化，并且把建立安全共同体作为东盟共同体的核心支柱之一。同时，东盟通过让其他国家签署《东南亚友好合作条约》构建共守安全规则；通过建立 ARF，邀请其他国家共商区域安全议题，推动规则制定，稳定区域安全大局；通过“东盟＋”框架构建东亚防长会晤机制等。在大国战略竞争加剧、美国加大力度推动以安全为核心的“印太战略”背景下，以东亚为区域定位的安全合作机制构建具有重要的意义，可以在很大程度上维护东亚的安全关系和秩序。比如，在美国推出“印太战略”后，东盟发布了立场文件，坚持了“以东盟为中心”的立场和应对战略，中国明确表示支持东盟的立场和应对方式，有助于维护东亚区域的核心区域认同地位。

---

① A. MacIntyre and J. Ravenhill, “The Future of Asian Regional Institutions”, in M. Kahler and A. MacIntyre eds., *Integrating Regions: Asia in Comparative Context*, Stanford, CA: Stanford University Press, pp.245-266.

② 参见李巍、吴娜：《东亚金融地区主义的制度升级：从“10＋3”对话到“AMRO”》，《世界政治研究》2019 年第 2 期。

（三）区域治理与全球治理紧密联系

全球化是世界发展的一个突出特征，国家、区域都被紧密地链接在全球体系之中。作为高度开放的区域，东亚的区域认同中具有很强的全球意识，把区域合作、区域治理与全球治理紧密联系起来，在很多方面体现出“全球性地区治理”的特征。所谓“全球性地区治理”，就是指“在全球主义的观照下，各国际行为体在地区层面就某个或某些议题，或者就整个地区的全面合作问题，开展政策协调、构建制度性联系或者组织地区共同体等活动，旨在先行实现世界各个地区的治理和善治，最终达到全球的治理和善治”①。“全球性地区治理”这一新观念融合了传统国际区域治理的功能合作优势，不仅能针对不同的治理领域和问题，根据需要和可行性开展专项合作治理，针对性强，目标明确，效果明显，不需要复杂的制度设计和高度的政治认同②，而且更强调面向全球实行“开放的地区主义”，最终走向全球治理与善治。实现全球性地区治理的方式，又与以“软性地区主义、不对称互动和过程主导”③以及“相互尊重、协商一致、照顾各方舒适度”为特征的东亚区域合作和区域认同模式（“东亚模式”）相契合。

东亚区域认同的突出特点是开放性、包容性、渐进性，重视合作的进程和关系协调，通过制度内协商对话达成默契，渐进加深集体认同。其开放性体现在相互开放，面向全球开放，反对封闭和排他；包容性体现在承认多样性的现实，接纳多元行为体，容许多种声音和需求，照顾各方舒适度；渐进性表现在尊重差异，不强求一律，分阶段、分步骤达成目标。这样，东亚可以将国别区域认同与区域认同共识的建构联系起来，把区域合作治理与全球合作治理实践紧密联系起来。总之，东亚国家不谋求区域趋同，而致力于通过区域共识建构区域认同，将区域认同与全球治理紧密联系在一起。

四、东亚区域认同建构的困难与前景

作为一个多样性很强的区域，东亚的区域认同特别是区域认同共识的凝聚存在许多困难，在大国战略竞争加剧的背景下，国家间的关系和区域认

① 耿协峰：《全球性地区治理的观念生成和实现路径：兼以互联互通的政策扩散为例》，《国际政治研究》2021 年第 4 期。

② 参见张蕴岭：《关于国际区域治理的思考（二）》，《世界知识》2022 年第 4 期。

③ 魏玲：《东亚地区化：困惑与前程》，《外交评论》（外交学院学报）2010 年第 6 期。

同定位以及利益考量分歧增加。在此情况下，基于区域认同共识的东亚区域合作面临着困难和复杂严峻的挑战。不过，只要把握好东亚区域合作与认同建构的导向，其未来前景仍将充满希望。

（一）主要的挑战和困难

1.地区内部矛盾与差异的制约

历史遗留问题与现实政治经济问题叠加，东亚地区内部的诸多矛盾与差异持续冲击着东亚整体互信的建构，区域认同不断经受考验。

一方面，往昔一些战争、领土纠纷等历史遗留问题，严重影响着东亚各国对集体身份认同的原初判断。[①] 东亚历史记忆中各种遗留问题相互纠缠，不仅滋生了一定范围的狭隘民族主义，用保守且排外的态度去揣度其他国家与民族的意识观念，而且还造成一些国家彼此间难以形成有效合作。种种不信任感、距离感，甚至敌对感，对区域集体身份认同观念造成了损害。

另一方面，东亚各国之间的经济发展水平差异甚大，对深化区域认同与合作也构成不小阻碍。东亚地区各国经济发展水平差异明显，造成部分国家在经济权利、经济援助和资源配置等问题上产生冲突和矛盾。近年来，地区产业链、供应链和价值链发生了结构变迁和重组，导致域内各经济体之间竞争加剧，这些都对区域认同共识凝聚产生了负面影响。同时，地区国家在经济发展水平上的差异和竞争及安全诉求上的矛盾和冲突，也带来地区主导核心归属问题上的分歧和博弈。东亚区域合作中的“信任赤字”[②]以及围绕东亚安全合作的争论等，都形成了东亚区域认同建构的障碍。

2.多重区域机制竞争的制约

东亚合作过程中，多重机制竞争增加了区域合作与认同建构的难度。东亚各国体制多元，各有不同的区域合作构想，并纷纷付诸实践。当各国按照自身构想陆续与区内伙伴、次区域组建或签订合作协定时，域内其他国家会担心本国被孤立在主要市场之外，又纷纷发起新的合作协定，或加入已成立的不同协定当中，结果就诱发了机制叠床架屋、复杂交错。尽管东亚在认同与合作的互动实践中已经建立起各层级的磋商机制，但多层的合作框架也导致会议太多、议题重复，甚至各个框架之间产生相互竞争与制约，从而

---

① 参见张丽华、杨仑：《建构主义视域下的东亚集体身份认同研究》，《社会科学研究》2022 年第 5 期。

② 蒋芳菲：《东亚区域经济合作中的“信任赤字”：演变与动因》，《当代亚太》2022 年第 6 期。

影响合作的实际效能和效率。[①] 合作低效、沟通和协调不健全、机制利用热情不高等问题严重削弱了地区国家的集体身份认同，也致使东亚合作机制的功能没有得到充分发挥，最终影响到地区国家间利益的协调与融合，一定程度上减弱了它们开展区域合作的信心和耐心。

东亚区域整体建构的缺陷也困扰着东亚区域认同共识的凝聚。东亚国家间在地区建设目标与定位上未形成强烈的共识，也未形成高度一致的政治意愿。区域认同建构是一个在磨合中建构的长期过程，其与区域合作的磨合结果可能有三种：认同相融、认同交叉和认同冲突。“狭隘民族主义”影响相关国家的政策选择，使得部分国家在特定政策上收缩后退，造成地区国家间的认同合力减弱。多重选择导致认同错位交叉，削弱东亚区域认同的共识凝聚力。东亚地区国与国之间在国家实力、政治制度、经济制度、意识形态和宗教文化等方面差异巨大，在某些特定问题上难以形成共识，这就需要各国努力寻找机会协商解决、消除分歧。

在东亚共同体构建的定位、方式和目标上，各国立场并不一致。[②] 东盟坚持以“东盟为中心”，尽管在构建东亚区域链接上发挥了特殊的作用，但是，东盟担心被东亚化解或者替代。中日在东亚区域认同、东亚区域制度构建上有着很大的差别，澳大利亚、新西兰作为东亚区域合作的参与者，对于以地缘东亚为核心的制度构建并不完全认同。同时，在东亚区域认同与区域合作的实践中，搭台的主角是各国政府，而非政府组织、国内民众个体等非国家行为体的参与和互动十分欠缺。东亚区域认同与区域合作的实践主要是“精英制造”(created by the elite)，并没有充分下沉至民间社会。缺乏民众间相互认同意识的有效形成，东亚区域认同建构和区域合作就缺乏稳固的社会基础。[③]

3.域外强权的政治干扰

美国凭借其超级大国的影响力，以及长期在东亚地区的经营与安排，以直接和间接两种形式，双管齐下，不断干涉东亚地区化的各项事态，对东亚整体互信和认同建构造成干扰。

---

① 参见张蕴岭：《在理想与现实之间：我对东亚合作的研究、参与和思考》，中国社会科学出版社2015年版，第156页。

② 参见王秋彬：《东亚共同体：挑战与对策》，《长白学刊》2009年第4期。

③ 参见李文：《构建东亚认同：意义、问题与途径》，《当代亚太》2007年第6期。

亚洲金融危机后，东亚区域认同与区域合作的互动实践得到很大的发展，但也引起了美国的关注。美国担心东亚地区化最终会冲垮其在东亚的同盟关系网，进而影响其在东亚的战略地位，故而推出许多措施加以干扰。[①]比如，明确反对关于建立亚洲货币基金的倡议，推出“亚太再平衡”战略、排除中国的“印太战略”等，竭力打造以美国为中心的地缘政治空间，分裂东亚区域。在美国的直接攻势下，东亚一些国家以各种形式加入“印太战略”下的多种安排。

美国的强势政治干扰对东亚域内和域外国家的战略选择产生了影响。在地区外部，其他地区力量纷纷效法美国，通过介入东亚区域而分化东亚区域认同与实践。在地区内部，由于美国对中国开展全面战略竞争，东亚部分国家采取所谓“对冲”政策，两方或多方下注，弱化了对东亚区域认同的共识，进而影响东亚区域构建的实践。

（二）未来前景展望

从未来发展看，东亚区域认同与区域合作的共生互动、磨合建构仍将继续，进程中会出现相融、交叉与冲突的交替，但东亚作为世界发展最有活力的地区，已经有了整合的区域经济合作机制构建（如 RCEP），除了坚持稳定、开放与合作的大方向，没有别的选择。东盟会继续深化共同体建设，东亚其他国家也不会脱离东亚区域合作机制。因此，增进区域认同，构建开放合作的东亚区域是基本共识。为了推动东亚区域认同的正向发展，需要把握以下几个关键导向。

1.发展导向

东亚区域认同的核心是经济发展共识，加强经济合作、推动区域经济发展可持续是东亚最重要的认同导向。以东亚为主体的 RCEP 成功签署，是东亚区域经济向高水平整合发展的重要推动力。在东亚区域合作发展进程中，不断增强提升 RCEP 水平上的共识，既可以推动东亚区域经济的可持续发展，又可以为世界的发展提供动力和解决方案。

2.和平导向

和平是东亚区域发展的根本保证，因此，增进安全互信、维护地区和平

---

① 参见林利民：《美国与东亚一体化的关系析论》，《现代国际关系》2007 年第 11 期。

是具有优先性的重要认同导向。由于美国通过构筑新的同盟伙伴体系，推进“印太战略”，大力开展对华战略竞争，导致东亚地区安全困境加剧，东亚安全认同被撕裂和分化，因此，把握安全认同建构这只轮子的前行方向具有特别重要的意义。

3.制度导向

东亚区域认同建构以“东亚模式”为引导，在制度建设上主张“软性制度主义”，不强推制度化建设，倡导软约束、舒适度、灵活性。这些是东亚合作的基本共识，也是未来东亚区域认同建构的合力和动力。

4.互通导向

互联互通是推动东亚区域构建的基础元素，不仅体现在基础设施的互联互通上，也体现在政治、经济和社会的互联互通上。深化区域合作是推进东亚互联互通的路径，通过合作实现一个共通的区域，增进一种共同理念和价值观，从而不断凝聚区域认同共识。

5.治理导向

作为一个紧密链接的区域，存在诸多需要合作治理的领域，通过合作治理，进而实现区域的可持续发展与和平。国家治理、区域治理和全球治理是相辅相成的，通过深化政治共识、政策协调和共同行动，增强各方的责任感，通过治理成效实现各方的利益共享。这样，在治理进程中会逐步提升各方的区域认同性和认同共识点。东亚的有效治理也为其他地区和全球提供可资借鉴的经验。

结　语

东亚是一个既存在巨大差异和矛盾又充满发展和合作活力的区域。在东亚，区域认同有着历史的渊源，更有丰富的现实发展。相互依赖的经济发展是增进东亚区域认同和区域共识的主要推动力，在共同的发展中，各国不仅增进了区域合作的意识，也推进了合作实践的深化。亚洲金融危机是推动东亚区域合作的重要驱动力，也增进了区域认同的共识。各方认识到，区域是一个紧密链接的整体，只有开展合作才可以走出危机，只有深化合作才能够使得东亚区域发展可持续。但是，东亚存在诸多差异、分歧和矛盾，也有外部势力的深度介入，这使得东亚区域的认同共识和区域合作制度的构建面临很多困难和挑战。在区域认同上，各国的定位和利益取向存在分歧，对于区域制度构建的目标认知存在差异，进程出现反复。因此，未来的东亚区域认同建构，特别是基于认同共识的区域合作制度构建，会是一个反复曲折的进程。

东北亚国家区域认同的基本特征

谢桂娟*

区域是指介于国家和世界之间，不具有独立的法权地位，但事实上存在的特定地缘空间。[①] 区域认同首先涉及的就是认同主体，即“谁认同”。认同主体可以是国家、民族或人民，这里主要指国家，即东北亚的中日韩朝俄蒙六国。“认同什么”包括对区域的文化认同、身份认同、观念认同、地区认同等。“如何认同”，即通过自身的定位(包括自身的区域身份认同、在该地区的利益和政策)、他者的认同以及自身所处的地缘空间等。区域认同可以分为三个层次：一是自我认同，二是他者认同，三是认同共识。

作为一个特定的区域，一般都具有如下几个特征：一是地缘上的比邻，二是社会和文化上的同质性，三是政治态度和行为上的共识，四是共同的身份认同，五是经济和政治上的相互依存和认同。[②]欧盟和东盟作为区域构建的成功者，大体具备了这样的特征。然而，东北亚并非如此。在地缘上，东北亚国家具备紧密链接的特征，且各国相互间有着长久的历史和现代交往，尤其是近年来经济上相互依存的紧密性越来越明显。但各国在自我区域认同和他者认同上却存在很大差异，基于历史和现实原因，东北亚国家区域认同的共识性弱。东北亚国家区域认同的特殊性和复杂性促使我们思考以下问题：东北亚国家区域认同的内在逻辑是什么，即是什么因素决定和影响各

* 谢桂娟，延边大学人文社会科学学院国际政治系教授。

① 参见张蕴岭主编：《国际区域学概论》，山东大学出版社 2022 年版，第 1 页。

② Bruce Russett, "Delineating International Regime", in J. David Singer ed., *Quantitative International Politics: Insights and Evidence*, New York: The Free Press, 1968, pp.318-319.

国的区域认同性;东北亚国家的自我区域认同与区域认同共识之间的关系,即如何推动区域认同共识的凝聚,促进东北亚区域合作再上新台阶。

一、东北亚国家区域认同历史演变的曲折性

东北亚是指亚洲的东北部地区,包括中国、俄罗斯、日本、朝鲜、韩国和蒙古国。在地理范畴上,中国主要包括东北和华北地区,俄罗斯主要包括远东地区。从古至今,东北亚国家之间都有着直接的、紧密的联系。尽管中国与东北亚的地理链接主要是东北地区,但国家整体利益与东北亚不可分割。俄罗斯横跨欧亚大陆,远东地区地缘广阔,链接太平洋,形成了俯视欧亚的"双头鹰"区域定位。

在古代史上,中国曾是东北亚最强大的国家,建立了以中国为中心的区域秩序,形成了"君临天下"的区域观。近代,中国的衰落不仅导致传统的区域秩序发生改变,而且自身也被宰割被侵犯。在此情况下,中国对于东北亚的区域认知发生了蜕变。日本通过"脱亚入欧"实现快速崛起,形成了以称霸东北亚为认知的新战略,先后打败沙俄,占领朝鲜半岛,侵略中国,一时成为东北亚的主导者。沙俄向东扩张,获取中国的大片领土,对东北亚有了新的利益定位和区域认知。朝鲜半岛失去独立性,更缺失了自主区域定位。

二战以后,东北亚发生巨大变化。新中国成立,日本成为战败国及美国的军事同盟国,朝鲜半岛南北分裂为两个国家。冷战把东北亚国家分为两个对立的集团,由此,东北亚作为一个区域发生分裂,政治、安全、意识形态认知替代区域认同成为各国的新区域定位。东北亚各国都自觉或不自觉地分属了不同的阵营,社会主义或资本主义意识形态成为不同阵营国家的主要认同,东北亚区域认同变得遥不可及。整个冷战时期,东北亚国家身份认同受制于美苏两个超级大国及其相互关系,明显呈现出冷战模式,即以美日韩为一方的资本主义国家和苏中朝为另一方的社会主义国家的身份对峙局面。其中,苏中朝是最不稳定和最具家长作风的三角关系。起初以苏联为轴心,之后中国不满苏联的家长式作风,寻求独立自主,中苏关系破裂。赖以维系三方关系的纽带就是同美日韩的对立。①

20 世纪 70 年代,这种状态发生微调,中苏交恶,中美、中日建交,地区发

---

① 参见朱芹:《周边大国在交叉承认韩朝问题上的博弈》,中国朝鲜史研究会、延边大学朝鲜·韩国历史研究所编:《朝鲜·韩国历史研究》第 11 辑,延边大学出版社 2011 年版,第 449 页。

生分裂性结构调整。东北亚战略格局一度被置于中苏美大三角关系之下。在中苏美大三角关系的博弈中,任何其他两方的靠近都被看作在制约自己。20世纪80年代,东北亚形成了较为松散的中苏美日四边形框架。上述战略态势的演变都属于两极体制的产物,因此东北亚国家的认同始终没有脱离开社会主义和资本主义两大类属身份的对抗。这种"自我""他者"的人为划分,导致了以美日韩为一方的资本主义国家和以苏中朝为另一方的社会主义国家的两大阵营对峙局面。从此,东北亚被置于"自我—他者"分裂对抗的安全困境之中。

巨大的变化还是发生在冷战结束以后。俄罗斯取代苏联,中俄建立正常关系,中韩建交,中日韩三国间的区域供应链网络逐步形成。对于东北亚区域认同来说,基于经济网络的中日韩三国紧密的利益和综合关系的改善,推动了东北亚区域意识回归。1997年亚洲金融危机发生,东盟推动构建"东盟+中日韩"对话合作机制,把中日韩三国领导人历史性地聚合在一起,使得三国东北亚区域合作的意识萌发。1999年11月,中国国务院总理朱镕基、日本首相小渊惠三、韩国总统金大中在菲律宾出席东盟与中日韩(10+3)领导人会议期间举行早餐会,启动了三方在"10+3"框架内的合作。2000年,三方领导人在第二次早餐会上决定在"10+3"框架内定期举行会晤。2008年12月13日,三国首次在"10+3"框架外举行中日韩领导人会议,开启了以东北亚为区域认知的合作进程,发表了三国政府推进三国和东北亚地区合作的联合声明。此后,三国合作机制的结构和内容都得到扩大,有关推动构建东北亚共同体的呼声也不断涌现。尽管出于多方面的原因,中日韩三国的合作进程并不顺利,没有向"泛东北亚"方向发展,但由此萌生的区域认同和合作共识并没有消失。

另一个值得提及的重要发展是因朝核问题所催生的东北亚六方会谈机制。由中国牵头,举行多次会议,其涉及的范围不限于朝核问题,还提出了关于建立东北亚可持续安全的区域合作机制问题。尽管六方会谈进程陷于停滞,但它毕竟是基于区域平台而诞生的合作机制,就东北亚区域认同而言,具有重大历史意义。

当然,东北亚国家的区域认同受到多种因素的影响制约。美国的深度介入对东北亚地区的走向产生了重要的影响。以中国综合实力上升为背景,美国提出对华全面战略竞争,在加强与日本、韩国双边同盟关系的同时,大力推动构建美日韩三边合作机制，并把其纳入对华战略。中国与日本、韩国的供应链网络和国家间综合关系受到影响，朝鲜继续提升核武能力，奉行主体社会主义，蒙古国加强“第三邻国”政策，俄罗斯因俄乌冲突受到制裁。由此，一度升温的区域意识变凉，基于区域认同共识的区域合作机制构建陷于停滞，东北亚的区域性驱动失去动力。

这种新变化对东北亚区域认同提出了许多值得深入研究的问题：一是东北亚国家的自我区域认同与他者认同的现状如何？是什么因素决定和影响各国区域认同的认知和定位？二是东北亚国家的自我区域认同与区域认同共识之间的关系如何，即如何推动区域认同共识的凝聚？

二、东北亚国家自我区域认同的差异性及原因

东北亚国家的自我区域认同是以“我”为主的东北亚区域认知和定位。总体来看，东北亚各国的自我区域认同呈现出明显的差异性。中国作为东北亚国家，向来具有很强的东北亚情结。历史上，中国对东北亚有着强烈的区域认同，是该地区以中国为中心的“朝贡体系”的最重要组成部分，促进形成相通的“东北亚汉字文化圈”。这种文化至今仍然是东北亚主要国家历史文化传承的重要内容。在近代多重因素的影响下，“朝贡体系”瓦解，中国自身逐渐衰落，中国的区域认知也发生了变化，因为区域不仅不能为其带来利益，反而成为威胁之源。新中国成立后，中国的外部威胁主要来自周边区域，直到实施改革开放，中国才逐步加强了区域意识，逐步提出区域认知理念、战略和政策。

中国把周边区域作为新区域认知和定位的首要，先后提出一系列理念、原则和政策，比如“睦邻、安邻、富邻”“亲诚惠容”“和谐周边”“命运共同体”等。在周边区域中，东北亚地区无疑占据着重要的地位。日本、韩国是东北亚地区先行发展起来的经济体，中国重视利用日韩资金、技术加快经济发展，积极推动以中日韩三国为核心的区域合作机制建设。在综合机制构建方面，中国积极推动三国领导人的对话和三国领导人的常设会晤机制以及在该机制下的多重合作机制构建、三国促进投资协定谈判和协议签署、三国自贸区的可行性研究和谈判进程等。中国利用解决朝核问题的契机，积极推动“六方会谈”，推动东北亚安全机制的构建，推动图们江区域合作项目等。显然，中国在积极改善双边关系、发展双边关系的基础上，做出积极努

力，推动了东北亚区域性的合作机制构建。中国推动东北亚区域机制的构建的内在动因主要有二：其一，现实利益。中国实施改革开放后，首要的利益是发展经济。日本和韩国是中国吸引投资和技术的“近水楼台”，与其加强关系，中国可以加速自身经济的发展。中日韩资金链、生产链、技术链、管理链、市场链的构建，大大推动了中国经济的发展，也为日本和韩国提供了新的增长机会，从而也促进了三国间综合关系的发展。其二，构建区域认同。通过改善双边关系、加强相互间的利益互惠以及增进相互了解，中国积极推动区域机制构建，努力实现构建包括东北亚在内的周边命运共同体的目标。

日本在近代依托其快速增长的综合实力，与传统大国竞争，奋力改变其在地区中的地位，先是控制东北亚，然后进一步提出“大东亚共荣圈”战略。东北亚显然是其大区域战略的重中之重。日本在第二次世界大战中战败，被美国占领改造，其大区域战略之梦泯灭，在相当长一个时期内，不再提及有关东亚、东北亚的话语。随着其自身的发展，20 世纪 70 年代，日本通过“福田主义”推动以东南亚为重点的亚洲区域战略，中日建交后，积极发展与中国的关系，两国经贸关系步入正轨。90 年代后，在积极参与由东盟推动构建的东盟＋中日韩区域合作机制的同时，日本也积极参与中日韩三方合作机制，包括领导人及其之下的对话合作机制、中日韩投资促进保护协定、中日韩自贸区可行性研究和谈判等。与此同时，日本也积极推动与俄罗斯、蒙古国的关系。从日本的区域政策看，官方对于东北亚区域整体机制构建几乎没有提及过，其原因有二：一是美国因素，日本顾及与美国的同盟关系，美国不会支持日本自身过多地向东北亚区域倾斜；二是历史因素和与邻国的关系，日本对于东北亚区域机制构建的意图和设想都难以被邻国接受。因此，日本参与和推动东北亚区域双边关系和中日韩合作机制的主要动因是现实的利益，而非基于区域认同的区域构建。

历史上，朝鲜半岛是东北亚的地缘中心区。近代，其被日本殖民，失去独立地位。二战后，朝鲜半岛分割为韩国与朝鲜南北两个国家。朝鲜一直难以摆脱冷战遮罩的阴影，实行高度自立的政策，难有基于区域认知的理念和政策。韩国经济实现快速发展，对外参与度高，逐步与除朝鲜以外的所有国家实现关系正常化。韩国在积极参与中日韩对话合作机制、六方会谈机制的同时，也先后提出许多有关推动东北亚区域构建的设想和动议，如“东北亚共同体”“东北亚自贸区”“东北亚开发银行”等。时任韩国总统的金大中提议建立“东亚共同体”,并领导由东盟和中日韩三国参加的展望专家组进行研究,向领导人提交关于建立“东亚共同体”的政策建议报告。韩国之所以有比较强烈的东北亚区域认同,一是其开放的经济框架需要开放与合作的区域平台,二是希望在解决朝鲜半岛问题上利用区域合作平台支持其政策。

俄罗斯(沙俄、苏联)对东北亚一直有着强烈的利益欲望,包括通过战争的方式获取领土,扩大在太平洋的存在感与影响力。二战后,苏联利用社会主义集团,在东北亚维持冷战对抗势力范围。苏联解体后的俄罗斯把区域重点放在欧洲,在远东地区被“边缘化”的背景下,提出远东开发战略,力图把符拉迪沃斯托克打造成参与东北亚和太平洋区域合作的中心。俄罗斯通过参与六方会谈机制,领衔东北亚安全机制研究,力图在东北亚区域合作中增强影响力。但是,俄罗斯的东北亚区域认同主要还是基于现实的利益,对于区域机制的整体构建缺乏认同定位和参与能力。

蒙古国处在中俄两个大国中间,基于历史和现实的原因,一直对参与合作机制表示谨慎,制定了“第三邻国”政策,力图平衡区域关系。蒙古国不排斥与东北亚国家发展关系,甚至把日本、韩国纳入“第三邻国”圈,但其认知和定位的核心是建立以己为中心的平衡力量圈,而非基于东北亚区域认同的区域合作机制构建。

东北亚各国在区域认同上存在巨大差异的原因既有内在的也有外部的[①],但主要原因之一在于内部根深蒂固的权威主义政治文化。“东北亚国家的传统政治文化是权威主义。”[②]东北亚权威主义政治文化即只承认一个权力中心,核心国与其他国家是上下有序的等级结构关系,成员之间缺乏充分的合作与协调。这导致东北亚各国先天缺乏平等主体间进行合作的传统。

近代,当外来的西方文化来临之时,一直想成为核心国的日本如同抓住了救命稻草,由原来的笃信中华文化,转而认同并接受了西方文化。从此,中日两国在东北亚的地位来了一个180度的大转弯,日本取代中国成为东

① 参见谢桂娟:《东北亚国家集体身份的缺失及原因》,《东北师大学报》(哲学社会科学版)2010年第5期。

② 赵虎吉:《比较政治学:后发展国家视角》,中山大学出版社2002年版,第333页。

北亚的权力中心。由于日本是以武力征服的手段取得东北亚地区主导权的，而这种武力征服的观念不可能成为东北亚各国的共有观念，因此，东北亚国家在观念、文化以及地域上作为一个整体分裂了。在日本主导的东北亚秩序[①]时期，这种秩序的地理范围已经超出了东北亚固有的范畴，因为西方势力开始介入这一地区，文化内核亦不再是本地区的儒家文化理念而是东西方文化的融合。

三、东北亚国家自我区域认同与他者认同不对等

一般来说，一个国家的自我认同需要得到他国的确认，否则就会出现矛盾。东北亚国家的自我区域认同与他者认同不对等，且呈现出矛盾性和冲突性，主要表现在三个方面。

其一，自我身份认同与"他者"认同不符。譬如日本，自20世纪80年代以来一直追求政治大国身份，在外交上，由于日本不能认真对待侵略历史，其自我定位的"大国"身份并没有得到东北亚乃至亚洲国家的认同。同样，在和平中崛起的中国，在他者眼中（如日本和韩国）却是威胁。因此，在日韩两国看来，本属于东北亚地区内部的中国却成了"他者"，而把域外的美国看作是"我们"。

其二，安全观上的"他者"假想敌。地缘链接紧密的东北亚，各国的安全也应该是彼此不可分割的。然而，东北亚地区的安全形势却异常复杂，由于缺少共同的外部威胁，一些国家在对外战略上构想"他者"假想敌。如日韩两国把中国看作"他者"，实际上是把中国看作"假想敌"。美国把中国和俄罗斯看作其实现东北亚战略的"假想敌"，因此，美国与日韩结盟不仅仅是为了遏制朝鲜，也是针对中俄这两个所谓的"假想敌"。另外，朝韩之间剑拔弩张的敌对状态，同样也是双方敌对身份的建构所致。自朝鲜半岛分裂以来，朝鲜和韩国都把对方看作"他者"，双方关系处于危险的战争边缘。朝韩双方的"敌人"身份是由对"他者"再现建构的，也就是说，不论是朝鲜还是韩国，都把对方看作"他者"。事实上，他者假想敌在东北亚是不存在的，但这种构想的"假想敌"却使得东北亚处于安全困境中。

---

① 有学者把这种秩序称为殖民秩序，即近代西方把用武力征服的东亚大部分地区变成掠夺资源、输出商品和资本的势力范围，由此在东亚形成一种压迫与被压迫、剥削与被剥削的殖民秩序。参见韩爱勇：《东亚新秩序建构的认同视角：基于文明转型与地区主义的考察》，《国际论坛》2012年第1期。

其三，东北亚域内国家对域外国家的认同。其主要表现就是，在二战之后东北亚区域内部的日本和韩国开始认同域外的美国，这种认同虽然带有一定的强制性或不得已，但一旦形成将很难改变。如今，冷战时期建立的美韩同盟、美日同盟依然坚固，日本和韩国的外交首选依然是美国。虽然冷战早已经结束，但冷战思维、冷战格局在东北亚依然存在，东北亚地区的诸多矛盾和分歧都源于冷战思维的惯性影响。

四、东北亚国家区域认同的弱共识性

区域认同共识是区域成员区域认同的共同点，区域认同共识是推动区域合作机制构建的前提。区域认同共识可以由少到多，由几个国家扩展到区域所有国家。基于复杂的历史和现实原因，东北亚区域认同的弱共识性主要表现在以下几个方面。

第一，各国在区域认同方面仍停留在维护国家主权的国家认同层面，区域认同的共识性弱。在东北亚各国，普遍存在强烈的民族主义情绪，其主要表现为狭隘排他的共同特性、国家至上意识和自民族中心主义。例如，对于中国的迅速崛起，日韩两国心态比较复杂，日本担忧中国动摇其在东亚的"领头雁"地位，韩国也被唤起了曾经作为中国"朝贡国"的历史记忆。而且，从目前的东北亚区域来看，强调对民族国家的忠诚和奉献、认为自己的民族国家比其他民族国家优越的民族(国家)意识的重要性存在着上升的趋势。譬如，在东北亚区域合作中，各国之间的合作不是本着合作共赢的立场，而是担心他国的发展繁荣，认为别国超越了自己就是对自己的威胁。由于对本民族国家的认同过于强烈，各国在区域合作中主要采取"利己"的手段，"合法性"手段还没有成为被利用的主要手段。这种民族主义意识的过分强大，也使得东北亚各国经济关系与政治关系发展不同步。"虽然经济关系发展迅速，但东北亚政治还停留在威斯特伐利亚秩序中，主权观念强烈，各国对于弱化和让渡主权的区域合作尚没有形成统一认知。"[①]在东北亚地区，各国不仅没有表现出主权观念的淡化，反而由于东北亚各国(日本除外)在历史上都经历了极其艰难的民族国家的建构历程，各国对主权格外珍视。

第二，日本和俄罗斯的地区双重身份认同，使东北亚国家共同的地区身

---

① 巩村磊：《国际政治经济学视角下的东北亚区域合作》，《黑龙江教育学院学报》2009年第12期。

份难以达成。日本在地理位置上是一个亚洲国家，但日本自近代通过“脱亚入欧”习得了西方国家身份。西方国家身份的定位是由日本的国家利益决定的，“这种结构关系同时又建构了日本的国家利益，即以扩张为本性，以侵略为利益。从此，日本的身份就由被侵略的对象变成了帝国主义侵略者，而其主要国家利益也由保护本国的政治经济权益变成了侵略他国”[①]。日本“脱亚入欧”，表明日本对西方“弱肉强食”价值观的认同，同时也暴露了日本想成为亚洲中心的“大国梦”。从此，日本确立了其“西方”和“亚洲”的双重身份。日本这种摇摆不定的双重身份定位，造成东北亚国家在地区身份归属上很难形成共识，加之日本对于中国、朝鲜、韩国来说是作为侵略的加害国而存在的，而且在历史认识问题上不断伤害被侵略国人民的感情，所以东北亚国家共同的地区身份难以达成。

从地缘意义上，俄罗斯地处东西方之间，横跨欧亚大陆，离欧亚两大区域的政治、经济、文化中心都相距遥远，是连接东西方的独特桥梁。这种特殊的地缘属性使得俄罗斯人缺乏对自身身份的明确定位，俄罗斯是东方国家还是西方国家，或者说是亚洲国家还是欧洲国家，还是所谓的“欧亚国家”，这是一个连俄罗斯人自己都困惑的问题。俄罗斯在文化上也是东西方文明的混合体。俄罗斯一方面接受了西方的“民主”“自由”精神，另一方面又传承了专制主义的文化传统。俄罗斯在西方文明和东方文明之间徘徊，既没有成为西方，也没有成为东方。

因此，无论从地理位置上看，还是从文化上看，俄罗斯都有着东西方兼具的特点，这就决定了俄罗斯难以割舍的“欧亚”双重身份。[②] 俄罗斯这种东西方双重身份困惑在苏联解体后表现得尤为明显。苏联解体以后，俄罗斯曾幻想尽快融入西方“民主国家”，为此实行亲西方“一边倒”外交政策。然而，“‘一边倒’政策并没有消除西方国家对俄罗斯的戒心，相反，欧洲国家和美国一道以北约、欧盟东扩的形式侵蚀俄罗斯的战略空间，损害俄罗斯的国

---

① 胡学雷:《身份建构与利益转变:明治维新后日本身份变化的建构主义分析》,《东北亚论坛》2002年第2期。

② 值得一提的是,20世纪90年代俄罗斯兴起的欧亚主义思潮强烈反对欧化,认为横跨欧亚大陆的“欧亚俄罗斯”是一个独特的欧亚世界,其文化也是非欧非亚的欧亚文化,借此宣称俄罗斯是欧亚国家,应该走自己的道路——欧亚主义道路。参见张建华:《新旧俄罗斯的相遇与歧路:欧亚主义视野下俄罗斯复兴之历史思考》,《学习与探索》2006年第2期。

家利益”[①]。俄欧之间观念性政治文化的差异根深蒂固，这就决定了俄罗斯不可能真正回归到欧洲。在这种情况下，俄罗斯远东地区的政治、经济地位和作用就显得尤为重要。普京曾说过，虽然他们根本没有忘记俄罗斯大部分领土位于亚洲，但他们却时常未能充分利用和享受这一有利条件，而且他还表示，今后要尽最大努力将这一地区变成复兴强大的俄罗斯的标志。[②] 由此可见，冷战结束后俄罗斯在向西方“一边倒”政策受挫后开始关注远东（亚洲部分）地区，从“重西轻东”转为实行“东西并重”的发展战略。俄罗斯“东西并重”的发展战略，使得其国家身份也摇摆于东西方之间。从长远来看，俄罗斯的东西方双重身份很难改变，至于“重东”还是“重西”，关键要看俄罗斯的战略选择。

第三，地区认同共识弱。地区认同是一种超越民族意识、国家观念基础上的群体意识，是一种在特定地理空间范围内的各个行为体共同产生的认同意识和归属意识。[③] 更具体些，地区认同主要是以一定地理范围为基本要素而形成的认同，即以地区范围来界定“自我”与“他者”的界限，处于某一区域范围内的国家被相互视为“自我”，在这一区域范围外的国家则被视为“他者”。[④] 在东北亚，域内国家在受困于“他者”假想敌的同时，却认同域外国家。如美国作为一个“域外国家”本应该是“他者”，但在日本和韩国看来，美国却属于“我们”，而把中国这一本属于东北亚的“我们”看作“他者”。如日本意欲打造的日美澳印“价值观联盟”（“民主国家联盟”），把中国排除在外，构建所谓的“自由与繁荣之弧”区域内国家关系。[⑤] 这当然是冷战遗留的问题，也正是受冷战思维的惯性影响，美国和日本仍然没有与朝鲜实现关系正常化。在美国和日本看来，朝鲜是所谓的“他者”。

五、东北亚区域认同共识的路径选择

尽管东北亚国家区域认同的共识性弱，但区域认同共识可以由少到多，

---

① 焦阳、曹阳：《政治文化视阈下的俄罗斯与欧洲关系》，《东北亚论坛》2009 年第 6 期。

② 参见崔台岗：《俄罗斯对东北亚地区形成共同体的立场及其条件》，《当代韩国》2004 年第 3 期。

③ 参见张蕴岭主编：《世界区域化的发展与模式》，世界知识出版社 2004 年版，第 318 页。

④ 参见梁云祥：《中日近代以来不同历史经历和发展道路对东亚地区认同的影响》，《日本学刊》2010 年第 1 期。

⑤ 参见黄大慧：《日本的“价值观外交”与中国》，黄大慧主编：《变化中的东亚与美国：东亚的崛起及其秩序建构》，社会科学文献出版社 2010 年版，第 171 页。

由几个国家扩展到多国。综观东北亚的历史和现实，推动东北亚国家区域认同共识需要选择可行的路径与方式。

第一，文化认同是构建东北亚区域认同的基础。历史上，东北亚各国区域意识不强，但共有的深厚历史文化渊源关系，使得历史上的东北亚各国文化认同较强，其主要表现是文化共同体以及“朝贡—册封”制度规则的构建。古代的东北亚世界是由诸多邻近国家组成的、在广泛领域有着显著依存关系的国家群体。[①] 与同时期陷入“霍布斯”文化下的长期战乱的欧洲相比，东北亚世界是一个类似于康德文化的有序的共同体，即文化共同体。所谓的“文化共同体”，是指古代东北亚世界存在的与“朝贡—册封”制度相对应的在文化层面的国际关系体系。与所谓的“中华文化圈”“儒家文化圈”等不同，东北亚文化共同体基于国家间关系和东北亚诸国共通共生的视角，主要指在儒家礼乐制度规范下各国对衣冠文明、华夷观以及相互之间的认同。[②]之所以说古代东北亚世界存在过文化共同体，理由有三：其一，古代东北亚世界是由以中国为核心，周边一系列政治行为体如朝鲜、日本、越南等共同组成的，这些国家与中国一道构建了具有共同特征的区域国际秩序；其二，古代东北亚各国遵守“朝贡—册封”等一系列共有的礼仪和规范；其三，有共同的文化、文明基础。东北亚各国共享同一个文明和宗教，如汉字、儒学、佛教、律令和科技是东亚各国共享的五大要素。古代东北亚各国之所以认同中国，并不仅仅因为中国的超强实力，更重要的是儒家理念、中华文化和制度文明。中华先进文化和价值理念令东北亚其他国家心向往之，于是自觉学习和赶超中华文化，自觉遵守“朝贡—册封”礼仪规范，以中国为中心的传统东北亚秩序在文化认同基础上稳定运行。

近代，在西方殖民势力的冲击下，东北亚失去了自我，成为国际舞台上一个被动的边缘角色，出现了“去区域化”的趋势。从此，东北亚丧失了区域认同意识，文化认同分道扬镳。但东北亚各国文化认同的基础一直存在，以儒家文化为纽带所形成的共生关系，是东北亚国家区域认同形成的重要基础。东北亚地区的中日韩朝有着共同的儒家文化底蕴。尽管有的西方学者

① 参见俞新天：《东亚认同的发展与培育》，《当代亚太》2007 年第 4 期。

② 参见刘永连、刘家兴：《明清鼎革后东亚文化共同体内各国的中国观：以安南使人对“薙发易服”的态度为视角》，《世界历史》2017 年第 2 期。

将日本文明与中华文明看作两种不同的文明[①]，但实际上，日本文化与中国文化有着密切的关系。日本人非常清楚，他们的文字、词汇、艺术和许多的传统价值观念都来源于中国，中国是他们的希腊和罗马。[②] 日本学者也认为："过去的日本，曾是中国文化圈中的国家之一，从隋唐时代开始一直受到中国文化的强烈影响。"[③]中国学者对此也有很客观的看法："我们不能因为近代以后日本文明的强势而否认其本身具有的东亚文化圈的共性。因为，很显然，古代日本无疑是东亚文化圈的组成部分，今日日本文化虽有许多特色，但还包括了许多共性，因此它仍是东亚文化圈不可分割的一部分。"[④]就是说，不论历史如何变迁，东北亚地区的中日韩朝间文化的亲缘关系是不容否定的，这种文化认同恰好是东北亚国家区域认同构建的出发点。

在西方话语霸权背景下，如何从儒家文化入手寻求东北亚各国的共同文化价值，对于东北亚国家区域认同的形成意义重大。正如学者所言："一个地区如果没有自己的文化和文明的特色，就会在全球化的过程中被'边缘化'，从而失去自己的'主体性'。"[⑤]儒家文化作为东北亚文化的本源，在今日的东北亚依旧根深蒂固地存在，并将以其深厚的底蕴和无穷的魅力继续影响子孙后代的信仰取向、道德观念和审美情趣。譬如日本原来的年号"平成"系出自中国《史记·五帝本纪》的"内平外成"和《尚书·大禹谟》中的"地平天成"的语句。而韩国国旗至今仍把《易经》的八卦图几乎原样印在上面，表明"易的原理"作为把宇宙和自然、人的循环和消长视为统一体的哲学体系依旧得到韩国人的普遍认同。1997—1998 年金融危机中，成千上万个韩国家庭纷纷将金银首饰献给国家，表明东亚精神已经深深融入韩国大众的血液，并能够在民族危亡的紧急关头发挥作用。[⑥] 目前，儒家的一些价值观，如强调节俭、家庭、工作和纪律，仍在东北亚国家中有着广泛的影响。

以上事实足以说明，儒家文化已经深深在东北亚各国人民的心中沉淀

---

① 如亨廷顿就曾将日本文明看作是独特的文明，是中国文明的后代。参见[美]塞缪尔·亨廷顿：《文明的冲突与世界秩序的重建》，周琪等译，新华出版社 1999 年版，第 29 页。

② 参见[美]埃德温·赖肖尔：《日本人》，孟胜德、刘文涛译，上海译文出版社 1980 年版，第 462 页。

③ [日]薮内清：《中国·科学·文明》，梁策、赵炜宏译，中国社会科学出版社 1988 年版，中文译本序言。

④ 胡礼忠、汪伟民：《东亚文化圈：传承，裂变与重构——"东亚汉文化圈与中国关系"国际学术会议暨中外关系史学会 2004 年会述评》，《国际观察》2004 年第 2 期。

⑤ 王屏：《近代日本的亚细亚主义》，商务印书馆 2004 年版，第 351 页。

⑥ 参见李文：《韩国对东亚文化的"离异"与"回归"》，《亚非纵横》2002 年第 4 期。

下来，即便西方文化渗透至各国经济、政治、社会和文化等各个方面，这一地区也能保持自己的主体价值，显示与众不同的价值取向和精神风貌。这种以相同或相近的文化为纽带形成的文化亲缘关系，是东北亚国家区域认同形成的重要基础。

第二，推动区域合作机制的构建成为东北亚主要国家的共识。在世界经济一体化和区域化的趋势下，东北亚区域经济合作也在向更广阔的领域和更深的层次推进。东北亚区域国家不论是资源、资金还是市场、技术等，互补性较强，有利于多边经济合作的开展。尽管东北亚至今仍然存在着较严重的政治分歧和军事对立，但在经济上，各国间经贸联系尤为紧密，客观上已形成了经济命运共同体。中日韩相互之间早已成为最主要的贸易伙伴，贸易地位均与美国持平。如2018年亚洲出口总额达6.5万亿美元。[①] 实际上，东北亚客观上已形成了一荣俱荣、一损俱损的“经济命运共同体”。实践表明，东北亚国家的经济认同优势明显，各国在资金、技术、贸易等领域的合作迅速发展，东北亚成为全球发展最快的区域之一。

为了谋求东北亚区域内的共同繁荣，东北亚国家应该发挥经济认同优势，树立东北亚命运共同体意识，本着“一荣俱荣、一损俱损”的命运共同体理念，把东北亚地区的整体稳定与和谐发展作为区域的最高目标，打造真正意义上的经济命运共同体，为东北亚的政治安全认同奠定坚实的物质基础。事实上，东北亚主要国家间(中日韩)曾有过良好的互动和交流。如1997年亚洲金融危机期间，中韩以及韩日之间在应对全球金融危机方面的良好表现和取得的显著成效，表明中日韩三国经济的紧密联系和相互之间命运与共的依存性。在2020年抗击新冠疫情方面，中日韩三国同样有良好的互动和交流。如在中国的倡议下，中日韩三国举行特别外长视频会议，三国就共同应对疫情建立联防联控机制等问题达成了多项共识。中国呼吁各国应继续携手应对疫情，共同维护地区和全球卫生安全，积极构建人类卫生健康共同体。疫情期间，中韩两国构建联防联控合作机制、“快捷通道制度”等合作抗疫的举措，极大地支持了两国抗疫大局，为各国合作抗疫树立了典范。中日两国围绕抗击疫情始终保持密切沟通，频繁举行高层会议，坚守和落实两国政治共识。尤其是在中国抗击疫情之初，日本向中国捐赠印有“山川异

① 参见刘军红：《中日韩携手“耕好自己的田”》，《环球时报》2019年8月19日。

域，风月同天”标语的口罩和防护服等防疫物资。当疫情在日本扩散后，中国也向日本提供援助，体现出两国一衣带水的传统文化纽带与感情。

总之，中日韩作为东北亚区域的主要国家，推动区域合作机制的构建已经成为三国的共识。三国积极支持彼此间的贸易合作政策；在中日韩区域经济国际合作中进行模式创新和机制创新，实现信息互换、监管互认、执法互助；打造中日韩自由贸易区，共建产业合作走廊，推动东北亚的经济发展和合作，促进东北亚地区融入全球价值链等。

第三，美国的东北亚自我区域认同和定位需要得到东北亚国家的理解和接受，不然就会产生矛盾。从地理意义上来说，美国是一个亚太国家而非东北亚国家。但是，美国在东北亚地区构筑了美日和美韩两个以美国为主导的军事同盟，在东北亚地区具有重要的利益。美国在东北亚主要有两个关注点：(1)东北亚地区主义是否会威胁或者取代美国的双边同盟体系——“中心—辐射”体系；(2)这一地区的多边进程是否会被中国所支配，即是否会出现一个地区性的支配者。美国担心的是其在东北亚地区的作用会被削弱。[①] 可见，随着中国的崛起和中国世界影响力的加强，美国开始担心中国有取代美国在东北亚地区的影响力的可能性。为了维护美国在东北亚的主导地位，防止任何可能挑战其领导地位的国家或集团的出现，美国惧怕东北亚实现双边尤其是区域的经济合作，认为如果中国的自然资源和人力同日本的技术和经济力量结合起来，这样所产生的力量将是无法阻挡的。所以美国坚决反对任何严格地理意义上的东北亚一体化，而力图将东亚一体化变成一个包括美国、澳大利亚、新西兰等区域外国家在内的经济论坛。[②] 诚然，在东北亚地区，美国作为域外霸权国，其在东北亚地区秩序中的巨大影响力实际上是东北亚一体化的巨大阻力，也成为东北亚国家区域认同建构的难题。

因此，如何正视美国在东北亚区域中的巨大影响力，这是摆在东北亚各国面前不容回避的课题。尤其是美国对华战略竞争布局强化的当下，东北亚区域认同共识的聚合力减弱，在这种复杂多变的背景下，东北亚国家如何凝聚政治共识和历史共识，化解东北亚区域内阻碍国家间关系发展的历史

---

① 参见秦亚青：《东亚地区主义：可能性和形式》，黄大慧主编：《变化中的东亚与美国：东亚的崛起及其秩序建构》，社会科学文献出版社 2010 年版，第 18 页。

② 参见张燕军：《东亚国际关系体系的演变与地区一体化》，《大庆师范学院学报》2009 年第 4 期。

障碍和现实障碍，需要东北亚域内国家从各自长远利益和地区整体利益结合上寻求共识。为此，东北亚国家应该达成这样的共识，即美国的东北亚区域自我认同和定位需要得到东北亚区域内国家的理解和接受，不然就会产生矛盾。首先要正视美国在东北亚地区的角色定位。美国不是东北亚地区的成员国，但其在本地区有着巨大的利益和影响力。其次，欢迎美国与东北亚各国平等合作、平等参与，但同时东北亚各国要达成共识，即团结协作弱化美国在东北亚的强势存在，否则真正意义上的东北亚区域认同很难形成。

结　语

随着区域化不断地深入发展，世界各地区正日益联结成一个不可分割的整体。东北亚作为一个地缘紧密链接的区域，各国有着难以割舍的区域情结和利益。但是，复杂的历史演变特别是近现代的剧烈变化，使得东北亚的区域性变得更为复杂，承载了历史纠葛、政治分离、战略对抗、领土争端等多重负担。各国对区域的认知和定位很不相同，区域聚合的共识性很弱，推动建立的区域合作机制难以深化。因此，一方面东北亚各国之间有着紧密的联系，是世界经济的重心；另一方面各国之间又有着矛盾复杂的关系，是世界上最具不确定性的地区。东北亚的二元特征使得各国的区域认同存在很大的认知与定位差别，区域认同凝聚存在障碍。区域认同共识是推动区域合作的前提，由于共识性弱，东北亚区域合作陷入了停滞状态。

东北亚地区处在历史发展的十字路口。中国综合实力大幅度提升，改变了近代以来地区力量对比的大格局，这为新的历史发展提供了机遇，同时也增加了力量对比变化带来的复杂调整；朝鲜半岛南北分治的格局固化，对抗增加；俄乌冲突使得俄罗斯的“新东方政策”出现新的变数；美国对华战略竞争布局强化，使得区域认同共识的聚合力减弱；等等。在这种复杂格局与形势面前，东北亚能否走出分裂与对抗的传统历史路径，走向区域合作的道路，这关系到东北亚各国的重要利益。

东北亚区域认同与区域合作

张慧智*

区域认同的基本概念是，它提供了一个区域框架，将每一个国家都纳入其中，并且要求各国认可这个框架的合法性。[①] 区域认同存在两点显著特征，一方面是域内行为体拥有共识、执行规则，另一方面是在共识及规则基础上形成累积效应，生成内在闭环，逐渐淡化“自我”与“他者”的界限，形成统一身份。

区域合作与区域认同同时出现。区域认同是区域合作的重要基础，区域认同往往也会促进区域合作。区域认同通过整合利益分歧以及目标差异实现域内行为体的合作，将“自我”与“他者”结合，并将“他者”利益划定为“自我”利益的一部分，从而减少阻碍合作达成的因素。

一、东北亚区域合作与区域认同

区域合作推动国家间关系改善，加强国家间互联互通，是构建区域认同的重要基础。区域合作就是对区域的再认识与再定义，不断促进区域观念、行为、文化等形成愈加强烈的认同。区域合作机制包含不同的形式，驱动力也各不相同[②]，主要分为功能性合作机制、制度性合作机制。功能性合作机制主要作为补充合作角色在特定领域或议题方面发挥作用。东北亚区域合

* 张慧智，吉林大学东北亚研究院教授。

① 参见张蕴岭：《在理想与现实之间：我对东亚合作的研究、参与和思考》，中国社会科学出版社2015年版，第34页。

② 参见张蕴岭：《对区域合作的思考(一)》，《世界知识》2021年第16期。

作以功能性合作机制为主要呈现模式。

东北亚地区作为地缘区域，包括中国、日本、韩国、朝鲜、俄罗斯、蒙古国六个国家，一直以来都是大国力量角逐的焦点区域。在经济方面，东北亚地区是全球经济发展中心，对外贸易额占全球的20%以上；在人口方面，东北亚总人口达到15亿人以上，占全球人口的1/5以上。不仅如此，东北亚地区在社会、政治、科技领域的影响力遍布亚洲甚至全世界范围，具备极强的竞争力及影响力。与此同时，东北亚区域格局持续变化，经济关系错综复杂。作为全球重要的经济发展地带，除域内国家积极推动外，域外国家也经常加入东北亚区域的发展与合作，区域合作符合域内国家意愿，有助于深化区域关系网络，更会促进区域认同的构建。因此，东北亚区域合作发展历史悠久，形式多样。

（一）东北亚区域合作意识兴起

受历史遗留问题以及政治异质性影响，东北亚过去处于被割裂的状态。冷战结束后，东北亚地区国家关系重塑，中韩建交，中俄关系恢复正常化，朝韩、韩俄等双边关系均出现明显改善。东北亚域内国家间不均衡的经济水平、资本积累、劳动力分布等形成了资源的互补性，开放合作可以充分发挥各国的比较优势，东北亚区域合作意识空前高涨，在一体化潮流的引领下区域合作快速发展。

大图们倡议是东北亚地区最早出现的区域合作项目。大图们倡议的前身是1991年联合国开发计划署（UNDP）发起的图们江区域开发项目，被联合国列为重点开发项目，是早期促进东北亚区域多国沿边开放的重要平台。大图们倡议属于东北亚政府间次区域合作机制，中国、韩国、朝鲜、蒙古国、俄罗斯作为创始成员国①，每个国家指定部分省份参与，日本作为观察国列席。在联合国开发计划署的支持下，图们江地区成立开发项目管理委员会，先后召开多次委员会会议与专家研讨会。1995年，中、朝、俄签署《关于建立图们江地区开发协调委员会的协定》，中、韩、朝、俄、蒙五国政府共同签署了《关于建立图们江经济开发区及东北亚开发协商委员会的协定》和《关于建立图们江经济开发区及东北亚环境准则谅解备忘录》，标志着图们江区域合作的正式实施。图们江区域合作涉及经济、旅游、人文等多领域，促进了东

① 由于2009年朝鲜进行核试验，联合国对其实施制裁措施，朝鲜退出图们江区域合作。

北亚地区的和平与发展。自成立以来,作为东北亚地区唯一的政府间经济合作平台,大图们倡议在持续的转型升级过程中,经过各国的不断推进,促使中、韩、俄、蒙四国关系愈发紧密,以此为基础的双边关系发展实现多项突破。大图们倡议计划在2006年升级为政府间独立组织,明确其独立法律地位,但由于成员国的态度不断反复,尚未取得明显进展。从经济一体化模式来看,大图们倡议属于优惠贸易安排这种初级模式,距离自由贸易区有较远距离。① 一直以来,大图们倡议属于功能性的、非制度性约束的区域合作机制,目前尚停留在初级合作阶段,合作资金匮乏,合作层级单调,合作效果尚不显著。同时,由于各国政治体制及经济水平的巨大差异,相较于同期开发的国际次区域合作项目,大图们倡议在区域合作交流中存在一定的局限性,且未来发展局势尚不明朗,预期收益有限。②

(二)区域命运共同体意识觉醒

1997年亚洲金融危机爆发,波及东北亚地区许多国家,日本与韩国受到的影响较为严重,韩国首当其冲。这场金融危机造成韩国货币大幅贬值,股市大幅下跌,大型企业破产倒闭,失业率急剧上升。韩国政府无力应对危机,遂向国际货币基金组织求援,帮助其管控危机。当时韩国货币大幅贬值严重影响了对韩投资的日企,由此导致日本金融行业震荡,多家银行与证券公司倒闭,经济受到极大影响。1998年,俄罗斯的货币、股市、汇市同样剧烈震荡。在这场金融危机中,中国始终发挥着负责任大国的作用,坚持人民币不贬值,提供援助及贷款,维护了地区金融与经济稳定。亚洲金融危机爆发促进了东北亚区域主义和命运共同体意识,域内各国意识到各国的金融市场早已交织在一起,在金融危机面前没有国家可以独善其身,各国需要携手同行、协力应对,才能共同繁荣和发展。亚洲金融危机为东北亚区域合作创造了新动力,中日韩三国合作机制萌芽形成。1999年,经历亚洲金融危机,东盟邀请中日韩三国开展对话与合作,涉及领域包括经济、贸易、农业、环境、能源、外交等。中日韩三国在“10+3”框架下开启了对话,并于2000年将三国会晤机制化。

---

① 参见吴可亮:《大图们倡议的转型升级研究》,《社会科学战线》2018年第4期。

② 参见图们江学会:《图们江区域合作现状》,2017年10月9日,http://customor.tmjhz.org/index.php/tmjgk/qyhzxz。

(三)中国加入WTO推动东北亚区域合作

2001年,中国经过一系列的改革与调整正式加入世界贸易组织(WTO),全面融入经济全球化浪潮和国际经济体系。作为WTO成员,中国对外开放程度进一步提升,更加深入地参与世界经济和区域经济的一体化进程。国际经济的互联互通以及各国经济合作的不断增加推动了中国对外贸易的发展。与此同时,中国大力改善营商环境,积极引进外资,给予外国投资者"国民待遇",其与中国的民族企业一样在法律保护、相关政策、管理条例、市场信息等方面享受公平待遇,各类社会资源和生产要素跨国流动、配置和组合。再加上中国沿海开放地区良好的经济基础和投资环境,极大地吸引了美日韩等国家的跨国企业大规模直接投资,推动日韩等国家对中国产业转移,加快了中国社会主义现代化建设和整个社会经济的更大发展,也为东北亚区域合作增添了新动力。

(四)东北亚区域合作有坚实的利益基础

马克思主义利益观指出,利益形成的基础是人的现实需要,国家同样如此。基于共同的经济利益,以中日韩为代表的东北亚各国共同利益驱动区域经贸合作迅猛发展。日本和韩国因本国资源贫乏、国内市场需求相对有限而高度依赖国际市场。中国则不断扩大改革开放,主动开放国内市场,致力于加强同东北亚国家之间的经贸关系,探索深层次的经贸合作模式。中国广阔的市场空间及丰富廉价的劳动力与日韩的技术优势和产能优势有机结合,推动中日韩三国的产业链、供应链相互嵌入与融合,贸易投资规模日益扩大,建立和深化了区域内产业分工关系,实现了产业结构互补和资源共享。1997年亚洲金融危机和2008年世界金融危机的严重冲击不仅提升了东北亚各国关于金融安全的认识,而且中国在克服危机时发挥的巨大作用也有力地推动了中日韩的金融合作。

中日韩三国建立了制度性合作机制。2003年,中日韩三国领导人会晤并签署发表了《中日韩推进三方合作联合宣言》,成立三方委员会,为三国合作机制构建制定原则与框架,展示了三国合作的初心以及促进东北亚地区和平与发展的责任心。2004年,中日韩三国领导人会晤并签署发表了《中日韩三国合作行动战略》,为三国合作做出具体规划,在三国的共同努力与积极推动下,各层级对话协商机制明显丰富起来。2008年,中日韩三国脱离"10+3"合作框架,举行中日韩领导人会议,签署《三国伙伴关系联合声明》。

为发展全方位伙伴关系，三国会议通过多项声明文件，涉及金融经济、灾害管理、科技环保、社会文化等多个领域，中日韩三国合作开始向制度化发展。[①] 2011 年建立中日韩三国合作秘书处，为中日韩务实合作与深入交流提供支持。目前中日韩三国已建立了以领导人会议为核心、21 个部长级会议和 70 多个工作层机制为支撑的合作体系，在科技、环保、海关、卫生、运输物流、信息通信等领域实施了大量合作项目。

中日韩三国持续推动自由贸易区建设。2012 年，中日韩三国历经 5 年 13 轮正式谈判和数次非正式磋商后，签署《中日韩投资协定》。《中日韩投资协定》对中日韩三国经济合作具有重要意义，它不仅为三国投资者提供了更加便捷和透明的投资环境，也为中日韩自由贸易协定的谈判奠定了重要基础。2015 年，中韩两国共同签署了《中韩自由贸易协定》，成为当时中国涉及国别贸易额最大、领域范围最为全面的自由贸易协定。通过该自由贸易协定，中韩两国均实现零关税的产品占到税目的 90%以上。中韩还以准入前国民待遇和负面清单模式继续开展服务贸易和投资领域的后续谈判。中日韩自贸区最初于 2002 年在三国领导人峰会上提出，于 2012 年正式启动中日韩自由贸易协定磋商谈判。中日韩三方政府一致认为应该倡导开放、共赢、合作，加强战略对接，提升合作水平。截至 2019 年年底，中日韩自贸区已进行了 16 轮谈判，中日韩经贸部长会议已举行 12 次，三国就货物贸易、服务贸易、投资规则等议题多次进行深入探讨。[②] 虽然受到地缘政治、国家安全等多种因素干扰，但通过《区域全面经济伙伴关系协定》(RCEP)的框架，中日突破性地达成了自由贸易关系，也为中日韩自由贸易协定谈判奠定了重要基础。2018 年 5 月，在第七次中日韩领导人会议上，时任国务院总理李克强提出要建立“中日韩+X”合作机制，拓展第四方市场，打破地域、国别和领域范畴。2019 年年底，在第八次中日韩领导人会议上，三国发表了《中日韩合作未来十年展望》，通过了“中日韩+X”合作概念文件，决定在协商一致的基础上探讨在可持续经济、生态环保、减灾、卫生、减贫以及人文交流等诸多领域的合作，促进共同发展。中日韩与蒙古国开展沙尘暴防治项目，构建东北亚沙尘暴防联控合作模式，与蒙古国举办东北亚减灾技术能力建设

---

① 参见张蕴岭：《中国参与和推动东北亚区域经济合作的战略》，《东北亚论坛》2013 年第 1 期。

② 参见《中日韩自贸区第十六轮谈判在韩国首尔举行》，2019 年 11 月 29 日，http://fta.mofcom.gov.cn/article/chinarihan/chinarhnews/201912/41938_1.html。

论坛，共享减灾技术经验，就是拓宽三国合作深度与广度的经典案例。[①] 可见，中日韩三国以共同利益为基础推动区域合作深化发展，逐步开启了东北亚国家的共同体意识，为构建东北亚经济共同体提供了现实基础。

（五）东北亚区域合作的地缘基础

邻居可以选择，邻国不能选择。东北亚各国是搬不走的近邻，基于地缘区位优势形成的经济关系对推动东北亚地区发展具有重要意义，是促进东北亚区域认同的地缘基础。

首先，中日韩三国一衣带水，地缘相近，文化相通，三国早就交织在一起，有形的地理空间增加了经贸联系的便利性，无形的区域认知则形成了区域认同意识。中日韩三国贸易、投资、金融关系发展的深度和广度是前所未有的，中国已经成为韩国、日本的第一大贸易伙伴，韩国、日本是中国外来投资的主要来源，三国已经建立起密不可分的相互依存关系。在今后一个较长的时期，三国仍具有很大的互补性，尤其是中国的发展会为三国构建开放发展的经济区提供有利的条件。

其次，在“一带一路”倡议下，中国积极推进中蒙俄经济走廊，探索“东北亚地区协调发展新模式”，为维护地区和平安宁、实现各国互利共赢、促进区域认同做出新的努力。中俄蒙三国具有得天独厚的地理优势，三国互为邻国，传统的边境贸易拥有悠久历史。中国作为“世界工厂”，制造业优势明显；俄罗斯拥有丰富的石油、天然气、煤炭等资源，重工业实力也不逊色；蒙古国资源禀赋优势明显，但其他产业水平相对落后。中俄蒙经济结构互补，合作基础深厚。21 世纪以来，中俄蒙相继发布了高度契合的发展战略[②]，为三国加强经济合作提供了有力的政策保障。2013 年中国提出“一带一路”倡议后，又致力于推动中国的“丝绸之路经济带”、俄罗斯“跨欧亚大铁路”以及蒙古国“草原之路”国家战略对接，建立三边磋商机制，开始建设中蒙俄经济走廊。2015 年 7 月，三国元首第二次会晤，确定了《中华人民共和国、俄罗斯联邦、蒙古国发展三方合作中期路线图》，签署了《关于中俄蒙边境口岸发展

① 参见《“中日韩＋X”合作早期收获项目》，2019 年 12 月 25 日，https://www.mfa.gov.cn/web/ziliao_674904/1179_674909/201912/t20191225_7947939.shtml。

② 2003 年，中国启动东北老工业基地振兴战略，要求全方位扩大对外开放，推进区域一体化发展。2000 年，俄罗斯着手推进远东及东西伯利亚开发，提供优惠条件吸引外资。2008 年，蒙古国发布《基于千年发展目标的国家综合发展战略》。参见李新：《中俄蒙经济走廊助推东北亚区域经济合作》，《俄罗斯东欧中亚研究》2015 年第 4 期。

领域合作的框架协定》。[①] 2016 年签订《建设中蒙俄经济走廊规划纲要》，推进基础设施、经贸、人文、口岸建设等领域合作。[②] 中蒙俄经济走廊成为东北亚区域合作机制化的积极探索，不仅提升了三国对外开放水平，促进了中蒙俄互联互通与民心相通，深化了东北亚区域一体化发展，也为拓展区域合作广度、助力构建区域认同发挥了重要作用。

总体上，中日韩三国对东北亚区域合作的引领作用以及中蒙俄合作的联动发展大幅增强了域内各国的东北亚区域认同意识，区域认同共识的增加又进一步推动了区域合作的发展。但是，近年来，受到大国竞争和地缘政治等多种因素影响，东北亚国家间以区域合作驱动的区域认同共识正出现减弱趋势。

二、中日韩区域认同定位的差异

中日韩是推动东北亚区域合作的中坚力量，但是，三国对东北亚区域认同的定位和区域合作推动的方向存在很大差别，这使得基于共识的区域合作难以深化。

(一)韩国的区域认同与合作

韩国是对东北亚区域认同意识相对较强的国家。历史上，韩国将本国看作连接大陆(中国)和海洋(日本)的桥梁，是大陆与海洋的缓冲地带。佛教和儒家文化构建了历史上韩国的区域认同感和共同体价值观。冷战时期，韩国致力于经济建设，创造了“汉江奇迹”，经济现代化加强了韩国的国家身份认知。同时，韩国政府致力于“通过民族主义实现祖国现代化”的朝鲜半岛统一战略，建立以民族独特性、传统、主权意识为基础的新韩国观和新民族文化观，激发了韩国强烈的民族主义和国家认同，但也相对弱化了韩国的区域认同。

冷战结束后，朝鲜半岛的分裂状态使韩国仍将战略重点放在东北亚，强调本国是东北亚中心国家。随着中韩、韩俄国家关系正常化以及朝韩关系的缓和，东北亚区域经济合作成为主流，这给韩国经济发展带来巨大推动

---

① 参见《习近平出席中俄蒙三国元首第二次会晤》，2015 年 7 月 10 日，https://www.mfa.gov.cn/web/zyxw/201507/t20150710_333644.shtml。

② 参见《习近平主持中俄蒙三国元首第三次会晤》，2016 年 6 月 23 日，https://www.mfa.gov.cn/web/zyxw/201606/t20160623_338366.shtml。

力。韩国不仅切实参与东北亚经济合作，而且在朝核问题六方会谈过程中表现出构建东北亚区域合作机制的积极意愿。例如，20 世纪 90 年代，金泳三政府提出了“东北亚安全对话机构”、金大中政府提出了“东北亚多边协议体”建议。到卢武铉政府时期，韩国将构建“和平与繁荣的东北亚时代”作为国政三大目标之一，并提出“东北亚均衡者”构想。文在寅政府则提出要建设“东北亚＋”责任共同体的施政目标。韩国学术界提出构建东北亚开发银行、东北亚共同体等具有鲜明东北亚区域认同的建议。

随着韩国国力增强、美国霸权相对衰落以及中国尚未完全实现崛起，韩国对国家自主权的要求增强，希望能够作为“东北亚大国”和“世界一流国家”发挥作用。尤其是文在寅政府执政后期，凭借韩国经济位居世界前十、军力位居世界前六的实力跻身发达国家行列后，其发挥“世界大国作用”的意愿日益强烈。

在美国开展对华战略竞争的背景下，韩国尹锡悦政府通过紧靠美国和改善韩日关系，参与和推动构建由美国参加的合作机制。美国借势推动构建了美日韩三边合作机制，在重点打造有美国参加的三边安全与全面合作机制的同时，把韩国与日本放在一个更大的区域战略框架内。韩国作为中等发达国家，也期望在更大地区乃至全球事务中发挥更大作用、施加更有力的影响，提出做“全球枢纽国家”。朝鲜半岛仍然是韩国区域认知的根，但韩国试图依靠更拓展的区域认知和合作框架来实现其利益。

（二）日本的区域认同与合作

日本地处东北亚，有着强烈的区域意识。历史上其交往的重点是东北亚地区，近代在综合实力大幅提升之后，其对外扩张的重点首先是东北亚地区。明治维新后，尽管日本提出“脱亚入欧”，积极推进近代化和产业化，要“与西洋文明共进退”，但强大起来后便占领朝鲜半岛，将其变成自己的殖民地，与俄罗斯开展争夺，继而进犯中国。

作为后起的列强帝国，日本的扩张并不止步于东北亚，而是在更大的范围与西方殖民帝国争夺势力，力图建立由其主导和控制的“大东亚共荣圈”。日本在第二次世界大战中战败，其“大东亚”区域战略破碎，此后相当长时间不再提及区域观。东北亚地区陷入冷战，20 世纪 60 年代，日本开始拓展与东南亚的关系。20 世纪 70 年代中日建交，特别是中国实施改革开放，使得中日关系找到发展的新共识。冷战结束后，两个因素推动日本东北亚区域认同的增强：一是不断加强的经济联系特别是中日韩之间逐步构建了紧密的供应链网络，使得东北亚的重要性凸显；二是朝鲜核开发使得日本的安全感知发生变化，不仅提升了其区域安全观念，也改变了其区域合作政策取向。

1997 年，亚洲金融危机发生，日本深受影响，对于东盟推动的东亚合作给予了积极的支持，对于东亚区域合作的发展积极参与和推动，在东盟＋1、东盟＋3（中日韩）、东亚峰会（东盟与中日韩、澳新、印度，以及美国和俄罗斯）、清迈倡议（东盟与中日韩）、RCEP 等中扮演了重要的角色。同时，日本积极推动中日韩合作机制，支持召开了首届中日韩领导人峰会，参与中日韩投资协定的谈判和签署、中日韩自贸区的联合研究和谈判。

不过，日本对于东北亚的区域合作并不是“全心全意”，在中国综合实力大幅提升的情况下，总希望构建一个可以摆脱或制约中国影响的更大框架。在美国提出跨太平洋伙伴关系（TPP）后，日本接过主导权，推动签署了不包括中国的《全面与进步跨太平洋伙伴关系协定》（CPTPP），在东亚合作框架下坚持拉入印度，比如坚持让印度参与 RCEP 谈判（印度自行退出谈判）。2016 年，安倍晋三正式提出“自由开放的‘印太战略’”，体现了日本对中国崛起的防范意图，也体现了日本在安全和经济领域扩大地区范围、扩大影响力的战略。日本把自己定位为一个海洋国家，将本国所属区域范围设置为印度太平洋地区，不仅率先提出“印太”概念，而且推动“印太战略”的构建，并力争在地区合作机制中获取更大的影响力。

（三）中国的区位认同与合作

中国是一个区域大国，与许多国家为邻，从古至今都有着强烈的区域认同观。中国的区域观有两层且属于多结构：一是周边区域，这是核心层；二是周边延伸层，也称为大周边。前者有多层结构，分为不同的次区域，包括东北亚、东南亚、南亚、中亚，东北亚与东南亚又构成东亚；后者因利益和联系程度而定，比如亚太、欧亚（亚欧）等。东北亚具有非常重要的地位，无论是历史上还是现代，中国都给予其特别的重视。

在东北亚古代历史上，一方面，中国一直是亚洲最发达、力量最强大的国家，因此成为各国学习的楷模，其政治、思想和文化不断向外传播。朝鲜、日本引入中国的汉字，学习中国的思想及治国理政方式，由此确立了以中国为中心的地区关系结构与地区秩序准则。另一方面，东北亚地区的关系与秩序基本上是建立在国家自立、自主的基础上，中国并不直接掌控，各国作为主体发展了自己的特色政治与文化，且具有很强的独立性，其朝代变换、力量重组主要是在各自内部进行。近代，由于中国国力不断衰落，其地位发生转变，中国的区域观认知衰减。

改革开放后，中国的综合实力不断提升，与周边国家关系正常化，相互联系增强，重新确立以周边区域为核心的区域认知和政策取向，明确提出了“周边是首要”的定位，并且积极参与和推动以周边地区为重点的区域合作机制构建。在此过程中，中国深化了东北亚区域合作，推动了以中日韩为核心的区域合作机制构建，主动领衔以解决朝核问题为重点的六方会谈机制，积极探索构建东北亚可持续的安全合作秩序方案。尽管六方会谈机制无果而终，但是，中国并没有放弃推动以和平与合作为导向的东北亚安全新秩序机制构建的努力。比如，中日韩合作机制框架下的秘书处还在运行，中日韩领导人会议还在积极推进恢复，中日韩自贸区的谈判进程也在尽力推动，中国一直在稳定东北亚局势、维护地区安全大局上做出积极的努力。不过，在美国对华全面战略竞争背景下，日韩与美国更加靠近，构建了美日韩三边合作机制，对中国实施了很多技术经济限制，朝鲜核导开发也在加强，东北亚合作陷入低谷，这对形成区域合作与区域认同共识造成了负面影响。

当然，中国是一个大国，有着强烈的全球意识和责任，提出诸多事关世界的大思想和倡议，比如构建人类命运共同体理念，共建“一带一路”倡议及“全球安全倡议”“全球发展倡议”“全球文明倡议”等全球治理方案，助力解决全球发展、安全、文明面临的重大现实问题，推动全球治理朝着更加公正合理的方向发展。这些倡议都有很强的区域意义，即在区域范围内推动合作，使这些理念和倡议落地。

三、东北亚区域认同的障碍

东北亚区域经济合作的快速发展推动东北亚地区成为世界经济增长的重要动力，一定程度上推动了域内各国的区域集体认同。但是，由于东北亚各国历史遗留问题迟迟无法得到解决，大国竞争和地缘政治因素也加剧了域内国家间关系的复杂性，再加上域内各国政治经济体制差异等因素，东北亚区域认同存在诸多障碍。

(一)历史遗留问题

首先,朝鲜半岛的分裂状态成为影响东北亚地区和平稳定的主要因素。冷战制造了东北亚的分裂,为东北亚各国带来更多的矛盾、对立与冲突,并且给本地区的发展留下了隐患。[①] 尽管1991年联合国交叉承认朝鲜和韩国为两个独立国家,两国同时加入了联合国,但朝韩在各自宪法层面从未承认对方政府的合法性,而是继续将对方看作本国的一部分,实施“统一外交”政策。朝鲜半岛分裂的特殊性质以及半岛的停战状态,导致朝韩关系长期处于对立—缓和—对峙升级—再缓和—再对峙的循环之中。与此同时,两国又在“朝鲜半岛必将统一”的目标下,将双边经济往来看作民族内部的交流,时常受到两国政治安全关系变化的影响。

随着冷战结束,世界政治格局与力量对比发生了巨大变化。苏联解体,苏朝条约不复存在;中朝条约虽依然有效,但中国各界的态度都表明中国不会再为朝鲜卷入一场新的战争。朝鲜一方面失去了传统盟国的保护;另一方面与韩美的军事对峙丝毫没有缓解,相互之间的不信任进一步增强。在这种背景下,前所未有的不安全感促使朝鲜强化了拥核决心和努力,试图通过研制核武器与导弹建立对韩国的非对称性军事优势,以保障国家生存安全。朝鲜坚持核导开发计划,屡次不顾国际社会的强烈反对进行核试验遭到日益严厉的国际制裁,使朝鲜对外经济交流与合作受到极大限制。这进一步刺激了朝鲜坚持自力更生的经济发展政策,对外交流以双边合作方式为主,并于2009年11月核试验后退出联合国开发计划署的图们江区域合作机制,至今尚未回归。因此,朝鲜一直未能参与到东北亚区域合作之中,缺少东北亚地区的集体身份认同,在基础设施、贸易投资、金融等领域处于相对孤立状态,制约了东北亚区域合作的发展。

其次,东北亚国家间历史领土问题长期存在并持续影响现代国家关系。日本一直拒绝承认对华发动侵略战争和对朝鲜半岛进行殖民统治的侵略历史,企图美化殖民侵略期间出现的慰安妇问题、强制劳工问题,试图借助歪曲真相的历史教科书和各界政府的“谈话”逐渐将本国形象由加害者转变为被害者,将参拜靖国神社作为对中韩两国的外交工具。这种拒绝承认和反

① 参见杨伯江:《东北亚地区如何实现与历史的“共生”:从“大历史”维度思考中日韩和解合作之道》,《东北亚论坛》2016年第4期。

省侵略战争的历史责任的做法，不仅激化了相关国家的民族主义情绪，也成为日本与中国和朝鲜半岛国家关系长期对立的根源。尽管中韩日试图通过建立历史共识来推动政治和解及历史和解，但受各国利益分歧和战略博弈的影响未能取得预期效果。每当东北亚国家间现实利益出现冲突时，历史问题就会被重新点燃，并加剧现实矛盾，冲击国家间关系。

此外，东北亚国家间的领土争端成为国家间关系的“死结”，因为涉及领土问题的任何外交、政治或法律让步都可能被视为不爱国的举动，完全不符合国内规范和价值观。日俄历史上曾多次发生过领土战争，至今仍有南千岛群岛（日本称之为“北方四岛”）问题未得到解决，导致俄日至今未能签署和平条约。[①] 中日钓鱼岛、韩日独岛（竹岛）等领土问题至今无法解决，东北亚国家间的历史领土问题时常被各国的战略博弈所利用，使各国间严重缺乏政治互信。由于领土问题涉及国家主权安全，各国都高度警惕其他国家对本国领土主权的觊觎，一旦领土争端重起，就会引起各国民众的高度关注，民众关注所造成的舆论压力与媒体渲染则会显著影响政府决策，更进一步塑造民众的集体记忆。因此，历史领土争端不仅影响国家间关系，更影响民间友好度，增加非理性因素。

（二）域外大国干扰因素

美国直接介入东北亚，对东北亚局势和秩序有着举足轻重的影响。为与中国展开全面战略竞争，美国调整其同盟体系，强化与日本和韩国的同盟关系，迫使日韩“选边站队”。美日韩各自发布的“印太战略”中均将“扩大美日韩三边合作”、应对“中国挑战”作为区域战略协调的重点目标。美日韩合作给中日韩合作带来严重冲击，加剧了东北亚地区地缘政治竞争，导致东北亚域内国家间关系更加复杂，损害了东北亚区域国家间的政治互信，增加了地区冲突风险。

美国为了在技术竞争中对中国“围追堵截”，不断出台新举措。从2018年开始，美国政府对中国企业出台“实体清单”进行出口管制。2021年，拜登政府签发《加强供应链安全》的行政命令，要求政府部门审查对美国经济和

---

① 日本以1855年签订的《日俄友好条约》为依据，要求俄方归还“北方四岛”，并将归还上述四个岛屿作为与俄方签订和平条约的先决条件。俄罗斯则认为“南千岛群岛已根据二战结果并入苏联版图，俄方对其拥有无可争辩的主权”。转引自吕耀东：《日俄关于领土问题的利益诉求及两国关系走向》，《当代世界》2019年第2期。

国家安全至关重要的行业供应链。2022 年 2 月，美国国家科学和技术委员会(NSTC)发布了一份更新的关键和新兴技术(CETs)清单，旨在加强对高科技产业的保护。日韩两国积极参与美国主导的“印太经济框架”，推动在供应链和高科技领域逐步与中国“脱钩”。一方面，韩日均积极加入“印太经济框架”(IPEF)和“芯片四方联盟”(CHIP4)，协助企业在战略物资和中间产品供应链领域加快“去中国化”步伐；另一方面，韩日推进实施“中国＋1”战略，试图在利用中国市场的同时，将贸易投资重点区域逐渐转向东南亚，在供应链、尖端科技等领域打造韩美日、美韩日澳等小多边合作体，并与四方安全对话机制国家(QUAD)合作投资东南亚国家的港湾等基础设施。与此同时，美国政府为振兴尖端科技制造业，先后出台了《芯片和科学法案》《基础建设投资和就业法案》《通胀削减法案》等多项法案，提供巨额财政资金以及产业补贴，以此吸引美企和其他国家企业的投资。美日韩经济安全合作改变了原有的东北亚经济政治格局，进一步削弱了东北亚域内国家的政治互信和区域认同。

(三)意识形态与文化分歧

东北亚国家间交流有着深远的历史，东北亚在形成近现代政治体制和国境之前，具有相当多的文化认同感。日韩在中国儒家文化的影响下形成了具有本国特色的东方价值体系和东方文化；儒家文化所倡导的理想与信仰、观念与规范，在较长的一段历史时期影响着东北亚各国的价值导向，规范着个人意志、行为与道德尺度，承启了东亚文明的本源。[①] 儒家文化从中国经韩国传入日本，成为维持中国、韩国、日本社会秩序和支配权力的重要杠杆，发展了忠、孝或和的概念。但是，在近现代，西方文化流入该地区，东北亚三国开始呈现出文化异质性增强的特点。日韩实行资本主义制度及其与美欧等西方国家的紧密联系与合作，使日韩意识形态和价值观在保留东方文化的同时也深受西方文化的影响，尤其是在思想层面，西方的现代文化俨然超越东方历史文化成为主导者。此外，朝鲜半岛分裂以及实现半岛统一的目标使朝鲜与韩国从未放弃制度和体制的竞争。东北亚地缘政治经济环境的剧烈变化、东西方文化碰撞和意识形态分歧恶化了域内国家间关系，

---

① 参见杨光强、赵海月:《东北亚区域文化认同的多维审视及其建构》,《宁夏社会科学》2019 年第 2 期。

也进一步削弱了区域的集体认同。

与此同时，经济的快速发展逐渐培育出韩国民众的民族自信感与优越感，形成了对历史文化的强烈保护意识，进一步刺激了排他的民族主义倾向。[①] 文化争议降低了区域合作的积极性，文化认同遭遇的挑战使东北亚区域认同陷入困境。

不同的社会体制本应可以“和而不同”，但是受美国等西方国家的政治渲染、党派斗争、西方文化输出等影响，东北亚域内国家民众彼此间存在着诸多消极刻板印象。媒体的负面作用不容忽视，大众媒体与政治权力互动、政治对媒体的控制以及媒体对政治的介入和干涉等，使韩日传媒代表不同的利益集团积极参与到国家政治经济运作之中。复杂的政治经济利益链条使韩日媒体关于中国的新闻报道中常常出现有意歪曲事实的现象，偏离了中国的真实状况，激发了韩日对自身社会制度的优越感与民族自信，社会民众对中国的认知和评价带有一定的敌对性、排斥性和刻板印象，并形成思维定式。这种负面倾向性报道使民间友好度不断下降，民间争议事件频发，民间敌对情绪激烈，严重加剧了国家间的误读，降低了区域沟通及合作的积极性，严重的政治倾向性放大了政治认同在区域认同中的作用，为东北亚区域认同带来阻碍。

总体上，中日韩三国各自的国家身份认知和区域认同有着较大差异，同时美国对华战略竞争同美国与日韩的战略同盟关系相互角力，削弱了东北亚域内国家的区域认同感。尽管东北亚区域各国关系有着悠久历史，日益深化的经贸合作促进了各国经济增长和地区繁荣发展，但是受国内国际各种政治经济安全和社会因素等影响，域内各国政治缺乏信任，经贸竞争加剧，文化交流受阻，民间情绪恶化，导致东北亚区域认同越来越弱，区域合作面临着较大的不确定性。

结　语

以经济利益和地缘利益为基础的东北亚区域合作推动了域内各国经济的融合，多领域交流合作取得的丰硕成果淡化了“自我”与“他者”的界限，推进了区域认同共识，强化了区域利益共同体和命运共同体意识。但是由于

① 参见门洪华、刘笑阳：《中韩关系的不确定性因素及其战略应对》，《东北亚论坛》2017 年第 4 期。

中日韩等东北亚核心国家的国家身份认知不同，伴随各自综合实力的发展，其在国家利益、价值观偏好和外交政策行动等方面表现出明显差异。在百年未有之大变局的背景下，世界政治经济局势动荡给东北亚地区带来了严重的不稳定性和不确定性，大国竞争和地缘政治使各国对区域合作与区域认同的理解出现分歧，“自我”与“他者”的界限重新得到强化，给域内国家的区域认同带来较大阻碍，甚至出现区域认同的倒退。

为维护东北亚地区的和平安宁，实现各国互利共赢，促进地区和平稳定与繁荣发展，域内各国仍需凝聚地区国家命运与共的共同体意识，通过对话合作建立信任，明确自我认知和国家间关系的定位，以智慧化解矛盾和冲突，以协商、合作的精神和方式解决争端，妥善处理域外大国因素干扰。只有走和解与合作的道路，才能真正实现区域的和平稳定与繁荣发展。

日本区域认同的历史嬗变及其原因

李文　李世豪*

日本位于亚洲东部、太平洋西岸，与中国隔东海相望，是中国一衣带水的邻邦。中日两国同处东北亚区域，由于地理位置的接近，中日两国在两千余年的交往历史中互动频密，长期在对方的视野范围之内。然而，从两国的交往历史来看，地理位置的接近并不意味着心理位置的接近。由于日本对区域的认知与中国具有相当大的差距，两国间产生了诸多矛盾。这些矛盾不仅阻碍两国发展睦邻友好关系，还对地区的和平稳定造成了消极影响。

从区域建构的角度来看，区域观念建构决定了国家的身份认同和利益生成，以及国家行为的基本逻辑。通过研究、阐述日本区域认同的形成和演变过程，了解日本在不同历史时期对所在区域的态度和立场，把握日本区域认同的总体特征及其成因，有利于增进对日本区域政策的理解，发现更多中日间潜在的区域合作机会，进一步促进亚洲区域的发展、稳定与合作。

一、古代日本区域认同

近代以前，日本对所在区域的认同主要围绕以汉字文化圈为核心的东亚地区展开。汉字文化圈又称为“东亚文化圈”，是指历史上曾受到中华文化影响并使用汉字作为主要书面语的文化圈。“汉字文化圈可以说是以汉文字为媒介而拥有共同价值体系的世界，在中国的大地上发展出以同一个表记法为基础的文化地带，汉字的表记法从古代到现代是连续的发展，没有

---

* 李文，中国社会科学院美国研究所研究员；李世豪，中国社会科学院大学马克思主义学院博士研究生。

文化断层……与汉字、汉学有关的律令制度，如国家概念、产业、生活文化等，克服广阔的幅员，从中国中原，传播到东北的朝鲜，东方的日本，南方的越南，超越中国漫长悠久的历史，广被于东亚，用文字联结了中国与周边世界的文化。”①通过共同使用的汉字，日本与中国、朝鲜等汉字文化圈国家之间开展了广泛的文化和经济交流，逐渐形成了以中华文化为纽带的区域认同。

古代日本区域认同的形成与其国家建设过程紧密相连，经历了十分漫长且复杂的发展历程。由于日本所处的岛国地理环境，其在很长一段时间内难以建立起对自身所在区域的明确认知。第一，日本在历史上长期受制于航海和造船技术的限制，自身长期处于一种与世隔绝的状态，无法与其他文明进行广泛交流。对此，日本历史学家井上清认为：“从当时列岛及其周围社会的生产力水平来看，要想跨海与大陆往来即使不是完全不可能，也是极其困难的。就这样，日本列岛的社会，大约有 1 万年，就不得不以几乎孤立于周围社会的形式，走自己独特的路。”②第二，日本社会经济发展缓慢，国家体制的建立过程相对迟缓，这使其难以形成自我。因此，日本作为一个“孤悬于海外”的国家在相当长的时间内既无法形成明确的自我认同，也难以产生对所处区域的认同。

“与日本民族形成一样，日本国家的形成也经历了相当漫长的历史过程。”③从中国史书《汉书・地理志》所记载的“百余国”（近百个小国），到《三国志・魏志・倭人传》记载的“邪马台国”，再到《宋书・倭人传》中的“大和国倭五王”，日本虽然出现了具有一定规模的国家政权，但是尚未形成制度完备的古代国家。直到公元 7 世纪前后，日本圣德太子效仿中国隋朝进行了“推古朝改革”，通过制定“十七条宪法”和实施“冠位十二阶”等措施，为建立中央集权制国家奠定了基础。“圣德太子改革”对日本的国家构建产生了重大影响，其借鉴中国的制度和政治思想，旨在加强中央集权、建立统一的国家政权，并规范了各级贵族的地位和职责。日本学者内藤湖南认为，“让国人意识到日本乃独立之国家，与此同时又让外国承认日本者，可以说就是圣德太子”，“在日本，与百姓生活密切相关的日常事物，既有以往本国发明

---

① 李文：《东亚合作的文化成因》，世界知识出版社 2005 年版，第 41 页。

② ［日］井上清：《日本历史》，闫伯纬译，陕西人民出版社 2011 年版，第 2 页。

③ 叶渭渠主编：《日本文明》，中国社会科学出版社 1999 年版，第 11 页。

之物,又有在圣德太子之前由中国输入之物,但能将这两种文化精巧地糅合在一起,打下今日日本文化之基础,建成当时日本之文明者非圣德太子莫属”。[①] 公元645年,日本孝德天皇即位后效仿中国唐朝进行了一系列重要的政治改革,史称“大化改新”。在这一改革中,孝德天皇不仅正式确定了国名为“日本”,还推行了包括“公地公民制”“班田收授法”“租庸调制”等一系列改革措施,在圣德太子改革的基础上进一步加强了中央政府的权力,并建立了以天皇为中心的中央集权制国家。

圣德太子改革和大化改新在日本区域认同的形成上具有深刻的历史意义,因为它在一定程度上使日本有史以来第一次产生较为明晰的国家意识与区域意识。在此之前,由于地理和文化的限制,日本长期以来无法与外界广泛交流,缺乏与他国建立联系的机会,这使得日本在区域认同的形成方面面临难以逾越的局限。而这一状况在圣德太子改革和大化改新后得到了逆转。由圣德太子主导的一系列政治改革和制度建设标志着日本确立了“以华为师”的古代律令制国家构建方向,这一重要转变不仅意味着日本形成了较为独立的自我意识,而且为其形成以汉字文化圈为核心的区域认同创造了前提条件。而大化改新则是通过建立中国式的律令制国家,推动了国家统一和国内体制的完善,为日本形成明确的区域认同奠定了基础。大化改新以后,日本开始被动地形成以汉字文化圈为核心的区域认同,与中国和中华文化辐射的地区建立了紧密的政治、经济和文化联系。

汉字文化圈认同作为日本形成的首个区域认同也开启了日本区域认同的首个外源性阶段。这种外源性主要表现为三个方面。第一,日本在政治上长期处于以中华为核心的华夷秩序之下。古代中国在军事实力和文化感召力等方面领先于周边国家,在汉字文化圈中始终处于政治中心地位,由此产生的朝贡体系是“国内基本统治关系即地方分权在对外关系上的延续和应用”[②]。作为中国的周边国家,日本虽然并非藩属国,但长期处于中华朝贡体系辐射区域的外缘部位,游走于“朝贡”与“不朝贡”之间。正如康灿雄所言:“日本的国内政治和对外关系深受儒家思想的影响,而且也的确接受了朝贡制度中更具广泛意义的外交规则和等级、地位原则。然而,日本却又是

---

① [日]内藤湖南:《日本文化史研究》,刘克申译,商务印书馆2018年版,第45页。

② [日]滨下武志:《近代中国的国际契机:朝贡贸易体系与近代亚洲经济圈》,朱荫贵、欧阳菲译,中国社会科学出版社1999年版,第30页。

儒家体系内对中国主导地位最持怀疑态度、最心存芥蒂的国家。”①

第二，日本在经济上持续以汉字文化圈作为重要经贸舞台。汉字在贸易中的媒介作用是显著的，日本与中国、朝鲜、琉球等汉字文化圈国家持续开展官方和民间贸易，交换丝绸、陶器和香料等商品。即便是在1633年德川幕府开始实施“锁国”政策之下，日本与中国的贸易联系仍未中断，“幕府能够从与天主教无关的荷兰船与中国船购得生丝等传统性进口货”②。

第三，古代日本在文化上始终以中国儒家思想为正统。从公元4世纪末百济博士王仁将《论语》传入日本，到江户时代朱子学被德川幕府公认为官学，儒家文化在日本得到了广泛的传播，对政治、文化和教育等领域产生了深刻的影响。此外，这一时期的日本区域认同受地理和文化因素的影响较为显著。由于汉字文化圈区域认同形成于政治、文化的交流和共享之中，与地缘接触和文化中心的变迁密切相关，因此，其在地理范围和认知边界上呈现出一种不稳定性。这种不稳定性既导致了日本此后在区域认同上发生重大变迁，也是形成新型区域认同的历史渊源。尽管如此，日本对以汉字文化圈为核心区域的认同基本确定了其把东亚作为核心地理范围的定位。从此以后，无论经历何种区域认同的变迁，日本始终与这一地理区位保持紧密联系。

二、“脱亚入欧”与亚洲主义

观念变迁往往最终取决于两个关键因素：认知主体的变化和被认知客体的变化。伴随着日本自身视野的拓展和华夷秩序的动摇，17世纪中期以后，日本的区域认同开始发生微妙的变化。一方面，荷兰人和荷兰语书籍的进入，使得“兰学”在日本得到了传播和发展，成为日本区域认同外源性第二阶段的先导。由于德川幕府允许荷兰人在长崎设立贸易站，日本人通过与他们的交流接触到了西方的科学、哲学和文化知识。西方文明所带来的近代西方科技文明使得日本人对中华文明的信仰产生了动摇，正如日本江户后期的汉学家渡边华山所言，（西方）“艺术（即技术）之精博，教政之羽翼鼓

① ［美］康灿雄：《西方之前的东亚》，陈昌煦译，社会科学文献出版社2016年版，第96页。

② ［日］井上清：《日本历史》，闫伯纬译，陕西人民出版社2011年版，第142页。

舞，似为唐山所不及”[①]。另一方面，中国内部的“明清鼎革”对日本华夷观的嬗变也产生了关键影响。

日本并非“华夷秩序”的忠实从属者，其从丰臣秀吉发动“文禄、庆长之役”（万历朝鲜战争）时开始尝试摆脱对以中国为中心的华夷秩序的依附，而在德川幕府统治时期又曾试图重新加入华夷秩序。这不仅意味着日本处于华夷秩序最外圈，还反映出日本对汉字文化圈区域认同的不稳定性。1644年，清军在明朝将领吴三桂的带领下进入山海关内，在攻占北京后开始成为中国的中央政府。中国内部政权更迭的情况受到游离于华夷秩序的日本的密切关注。日本认为，“明清鼎革”的现实表明中华已经沦陷于夷狄，华夷秩序失序，日本应该继而成为新的“中华”，“即，崇祯登天，弘光陷虏，唐、鲁才保南隅，而鞑虏横行中原，是华变于夷之态也”[②]。“兰学”所带来的西方科学与思想拓宽了日本的国际视野，华夷秩序的动摇则使若即若离的日本更加离心，这两方面因素共同加剧了日本对汉字文化圈区域认同的不稳定性，成为日本区域认同外移的动因。

“兰学”给日本带来的西方知识是有限的，江户时代的知识分子尚可“以儒释之”和“以儒融之”，而同西方国家“船坚炮利”一起涌入日本的西方科学、哲学和文化则对日本社会产生了巨大冲击。1853年，随着中国在鸦片战争中惨败于英国，日本人在“何故堂堂仁义之大国清国败于无礼不义之丑虏英国”[③]的疑惑和“黑船”的压力下被迫“开国”；而“作为‘开国’的自然结果，西欧的东西几乎不加任何限制地流入日本……”[④]。一侧是船坚炮利的西方“野蛮”人，另一侧是在战争中一败涂地的“礼仪之邦”中国，认知上的巨大倒错让日本一度陷入了混乱。随后，在接触西方文化这一具有强烈异质性的“他者”后，日本从根本上转变了长期以来对存在于东亚的“他者”的认知，从以中华为中心的价值体系中剥离出了“自我”。日本幕末思想家佐久间象山认为：“汉土与欧罗，于我俱殊域。皇国崇神教，取善自补翊。彼美固可参，

① 『日本思想大系〈55〉渡辺崋山・高野長英・佐久間象山・横井小楠・橋本左内』、岩波書店、1978年、69頁。

② 林春勝等編『華夷変態』（全三冊）、東洋文庫、1958年、序言。

③ 小西四郎『日本の歴史〈19〉開国と攘夷』、中央公論社、1978年、8頁。

④ ［日］丸山真男：《忠诚与反叛：日本转型期的精神史状况》，路平译，上海文艺出版社2021年版，第176页。

其瑕何须匿。王道无偏党，平平归有极。咄哉陋儒子，无乃怀大惑。”[①]

“脱亚入欧”思想的出现意味着日本进入了区域认同的徘徊期。正如日本政治思想史学家丸山真男所说，“随着与异质社会圈的接触越来越频繁，即所谓‘视野开阔了’，自我从与一直以来委身其中的全面人格结合中解放出来，这一方面使与集团内的‘他者’相对的‘自我’的个性得到觉醒，另一方面则增强了自我对广泛的‘抽象’社会的归属感”[②]。在与西方文明的接触过程中，日本将“自我”从几千年来对中国的文化崇拜中解构出来，转而向往西方。日本近代启蒙思想家福泽谕吉阐明了这一文化认同转变的逻辑，在其著作《文明论概略》的第二章“以西洋为目标”中指出：“现代世界的文明情况，要以欧洲各国和美国为最文明的国家，土耳其、中国、日本等亚洲国家为半开化的国家，而非洲和澳洲的国家算是野蛮的国家。”[③]这段文字是近代日本“文明论”的经典表述，反映出日本以东方—西方二元对立的全球性“文明论”逻辑代替了区域性文化圈逻辑，继而导致以汉字文化圈为中心的区域认同逐渐消弭。

基于“文明论”的逻辑，日本于 1868 年开启了明治维新进程，意图通过西方化的改革成为所谓的“文明”国家。作为结果，“脱亚”的思想逐渐产生并在日本社会中得到广泛传播。1885 年，福泽谕吉在《时事新闻》上发表了名为《脱亚论》的社评，标志着“脱亚”思想正式出台。[④] “作为当今之策，我国应犹豫，与其坐等邻国的开明，共同振兴亚洲，不如脱离其行列，而与西洋文明国共进退……与坏朋友亲近的人也难免近墨者黑，我们要从内心谢绝亚细亚东方的坏朋友。”[⑤]“脱亚”思想的核心是摆脱被认为是欠发达和不文明的东方亚洲世界，追求成为西方欧洲文明的一员。这种思想主张认为亚洲的传统与文化束缚了日本的发展，并希望通过与欧洲接轨来实现现代化和强国的目标。福泽谕吉在《脱亚论》中主张远离“恶友”，并大肆宣扬“脱亚入欧”思想，因此被认为是“脱亚”思想的代表。然而令人颇为不解的是，旨在

---

① 佐久間象山「象山先生詩鈔」、『象山全集卷二增訂版』、信濃每日新聞株式会社、1934 年、12—13 頁。

② ［日］丸山真男：《忠诚与反叛：日本转型期的精神史状况》，路平译，上海文艺出版社 2021 年版，第 177 页。

③ ［日］福泽谕吉：《文明论概略》，北京编译社译，商务印书馆 1959 年版，第 9 页。

④ 学界一般认为《脱亚论》由福泽谕吉撰写。

⑤ 福沢諭吉「脱亜論」、『福沢諭吉選集』第 7 巻、坂野潤治解説、岩波書店、1981 年、221—224 頁。

倡导“东亚国家团结”的兴亚会在同一时期成立，似乎与其“脱亚”的思想相矛盾。这种吊诡的现象是当时日本国家和社会的复杂性与矛盾性的真实写照，虽然“脱亚”和“兴亚”这两个几乎同时在日本出现的词汇看似有些矛盾，但它们就如同一枚硬币的两面，具有内在的逻辑性。“脱亚”和“兴亚”的“交鸣”是日本国家和社会在转型时期思想杂糅和摩擦的表现，在这一时期，日本面临着比以往更多的挑战和选择，有部分人支持脱离亚洲，追求与欧洲接轨的西方现代化道路，也有人强调亚洲区域内部的团结。这种思想矛盾反映了明治维新后日本在国家发展方向和身份认同的建构上存在着逻辑混乱。尽管有一些人倾向于“脱亚”，但日本并不能完全割裂与亚洲和“汉字文化圈”的联系、实现完全的“脱亚入欧”和建立起新的区域认同。

“从幕末到维新，经过‘兰学’的输入和‘黑船来航’等事件，日本人在与欧美的接触中已经打开了视野，以中华文明为中心的传统‘华夷秩序’观及在此之下形成的‘汉学’传统逐渐衰退，新的世界观念和亚洲想象在借鉴西方知识的过程中渐趋成型。”[①]明治维新后的日本逐渐步入现代化轨道，国家实力日益强大。在这种情况下，日本的区域观念发生反转，诞生了以亚洲主义思想作为文化纽带的新的区域认同。日本的亚洲主义思想是一种以文化和地域为中心的区域主义思想，旨在呼吁亚洲各国团结合作。该思想起初在日本民间传播，最终形成于亚洲各国面临西方侵略的危急时刻，以“亚细亚连带论”和“支那保全论”为主，带有浓厚的理想主义色彩。当日本处于明治维新初期时，改革效果尚未显现，国家仍然贫弱。亚洲主义思想在国内还未占据主导地位，甚至时常与当局政策完全对立。民间流行的思潮不能代表整个国家的指导思想，因此，只有亚洲主义思想实现国家化，才有可能形成以亚洲主义为指导思想的区域认同。

亚洲主义思想国家化是伴随着日本综合国力的提升而得以实现的。由于日本自古以来一直怀有构建“日本式华夷秩序”的野心，近代以来，华夷秩序的衰退和日本自身实力的提升使日本相信其在近代能够凭借另一种形式实现这一长期以来的愿望。在与中国的战争中，日本检验了明治维新的成果，自我认知发生了变化，开始以亚洲领导者的身份自居。在“文明论”逻辑的基础上，重拾“区域”逻辑并将其工具化。在这一时期，亚洲主义思想由民

① 赵京华：《中日间的思想：以东亚同时代史为视角》，生活·读书·新知三联书店2019年版，第201页。

间思潮转化为政府主导型思潮，成为日本政府重要的理论工具。对此，我国学者王屏认为："近代日本的亚细亚主义以甲午战争为界发生了根本性的转变。即，由主张亚洲各国平等联合的横向的'亚细亚连带论'走向以日本一国利益为中心并带有扩张性的纵向的'日本盟主论'……日本的亚洲认识不可避免地由'兴亚论'发展为'侵亚论'。"①

日本亚洲主义认同最终在日本亚洲主义思想的政治实践中得以形成。正如《日本文明》所述："从明治维新开始，在日本的发展过程中，始终存在着回归传统与欧化的此起彼伏的变化甚至交替。"②19 世纪 90 年代以后，随着日本欧化主义风潮发展到极端，呼吁回归传统的国粹主义、日本主义等反欧化主义思潮扶摇直上。在这一过程中，反欧化主义思潮持续发酵，与国家主义相互勾连，使亚洲主义成为日本政府对外政策的理论外衣。由日本政府主导的亚洲主义政策虽然仍在使用诸如"亚洲一体"等口号，如"亚细亚连带论"，但实质上已经演变为以日本为中心的利益导向的扩张主义战略。基于这一点，日本在第二次近卫内阁时期酝酿了"大东亚共荣圈"这一亚洲战略构想，并将亚洲主义的实践体制化。"大东亚共荣圈"虽然表面上主张"从西方殖民者的手中解放亚洲""相互协助，尊重独立""建立共存共荣的新秩序"等理念，但实际上是力图将日本侵略扩张行为合法化的手段，即"变成没有亚细亚主义灵魂、只剩下亚细亚主义躯壳的时候，这就是近代日本亚细亚主义的悲剧所在"③。"大东亚共荣圈"的出台意味着日本迥然于以汉字文化圈为中心的新型区域认同构建业已完成。"大东亚共荣圈"代表着近代日本亚洲主义思想国家化后形成的区域观念，与古代形成的以"中华"为轴心的区域观念相去甚远。从地理范畴来看，"大东亚共荣圈"指的是以日本为盟主的东亚区域化构想及其所涵盖的地区。这一构想包括东北亚、东南亚、南亚以及大洋洲的部分地区。作为亚洲主义思想的政治实践，"大东亚共荣圈"所确定的地理范围基本上等同于当时日本所认同的区域范围的最大外延。换句话说，在所谓的"建设大东亚新秩序"时期，日本的区域认同范围包括东北亚、东南亚、南亚以及大洋洲地区，最终确立了亚洲主义认同的地理范围。

---

① 王屏：《近代日本亚细亚主义研究》，中国社会科学院大学（研究生院）博士学位论文，2001 年，摘要第 2 页。

② 叶渭渠主编：《日本文明》，中国社会科学出版社 1999 年版，第 297 页。

③ 王屏：《近代日本亚细亚主义研究》，中国社会科学院大学（研究生院）博士学位论文，2001 年，第 67 页。

相较于“汉字文化圈”时期，这一时期的区域认同范围事实上从东北亚地区扩大至亚太地区，不仅拓展了地域认知的外延，还对区域边界有了更为明晰的概念。

日本亚洲主义认同是日本首个以自我为中心构建的区域认同，具有国家中心主义这一重要特征。一方面，日本区域认同在这一时期发生了“质变”，开始以自我为中心构建内源性区域认同体系；另一方面，日本区域认同在这一时期开始与国家对外战略相结合，带有浓厚的区域地缘政治色彩。尽管多数学者认为日本即使在汉字文化圈认同时期也并非完全服从于以中华为中心的华夷秩序，但也并不否认其曾长期受到中华文化和政治影响的事实，即前文提到的汉字文化圈区域认同是以作为“他者”的中华为中心构建的外源性区域认同。然而，随着近代以来中日两国国力的此消彼长，日本开始摆脱华夷秩序，基于亚洲主义思想形成以自我为中心的区域认同。在这一时期，日本的区域认同经历了由外源性转化为内源性的过程，并开始主动对域内各国产生影响。但需要说明的是，亚洲主义认同具有内源性并不意味着凝聚和维系认同的纽带也是由内而外形成的。事实上，日本在重新构建区域认同的过程中所采用的亚洲主义话语在一定程度上仍然延续了汉字文化圈的影响。

总的来说，日本区域认同在这一时期实现了由被动到主动、由感知到创造的历史过程。古代日本不能认识到区域的地理范围和边界，只能被动感知到与中华文明中心的远近，而在近代日本看来，区域是本国能够接受和施加的最大影响范围。基于这一认知的转变，日本不再单纯崇拜区域内占统治地位的文化和被动接受文明输出国的政治规训，而是主动对周边国家施加文化和政治影响，与国家对外战略结合主动构建区域认同。譬如，日本在构建“大东亚共荣圈”时，出于国家战略目的对区域内部进行了整合，明确将“日满中”①定位为经济发展区，将东南亚定位为资源供给区，将南太平洋定位为防卫区。这种带有区域地缘政治色彩的区域内部整合正反映了日本亚洲主义认同的国家中心主义特征。

在日本亚洲主义的区域认同中，东北亚处于首要位置，这也决定了日本这一时期的对外政策一直把东北亚视为战略依托地带。在日本看来，东北

---

① “日满中”分别为日本、(伪)满洲国和中国。

亚地区是其安身立命之所，不仅关乎自身安全，还涉及与世界的联系和交往。因此，在日本对外侵略扩张过程中，东北亚邻国首当其冲。

早在19世纪中期，被改革派武士奉为思想旗帜的吉田松阴就曾宣称：“为今之计，如能以和好牵制二虏（指美、俄），乘隙实行富国强兵，开垦虾夷，夺取满洲、朝鲜，吞并南方，然后挫败美国，制服欧洲，就将无往而不胜。”①吉田松阴的这一观点，成为明治年间问世的日本“大陆政策”的思想渊源。

1868年，明治天皇即位时，发布《御笔信》称：“继承列祖列宗的伟业……欲开拓万里波涛，布国威于四方。”从此定下了“大陆政策”的基调，对外扩张的野心初露端倪。1890年12月6日，内阁首相山县有朋在日本第一届帝国议会上发表施政演说，提出了所谓“利益线”理论，明确宣告：“国家独立自卫之道，一是捍卫主权线，二是防护利益线。何谓主权线？国家之疆域是也。何谓利益线？即同我主权线的安全紧密相关的区域是也。”②这一表态是日本以东北亚为中心的“大陆政策”得以形成和确立的重要标志。

在明治维新后的日本高层看来，东北亚是其向海外寻求生存空间和战略腹地、“开疆拓土”的重中之重。所谓的“大陆政策”共分五步：第一步，占领中国的台湾，以此为侵略跳板；第二步，占领朝鲜半岛，以此为侵略根据地；第三步，占领中国的东北和蒙古；第四步，占领整个中国，彻底把中国纳入日本领土；第五步，占领整个亚洲乃至整个世界，建立一个广阔无边的日本大帝国。

19世纪70年代以后，日本对外侵略扩张基本上循此步骤、按部就班。1872年，日本政府借明治天皇亲政之机，削琉球国号设为“琉球藩”。1875年7月，日本强令琉球王国停止对清政府的朝贡，并改用日本年号。1879年日本宣布琉球废藩置县，完成所谓的“琉球处分”，将琉球强行纳入囊中。1874年，日军在台湾登陆，阴谋侵占台湾。1895年甲午战争中国失败，清政府被迫签订丧权辱国的《马关条约》，把台湾及澎湖列岛割让给日本。1875年，日军入侵朝鲜制造江华岛事件，1876年迫使朝鲜签订不平等条约，1910年8月最终完成了对朝鲜的吞并。

侵略并灭亡中国是“大陆政策”的核心和前提。为使这一政策落地，日本在19世纪末发动了甲午战争和20世纪三四十年代的侵华战争。1904—

① 万峰：《日本近代史》，中国社会科学出版社1978年版，第279页。

② 大山梓编『山県有朋意見書』、原書房、1966年、203頁。

1905 年进行的日俄战争，也是围绕争夺朝鲜半岛和中国东北而展开的。[①]

三、从亚太区域认同到印太区域认同

1945 年 8 月 15 日，日本宣布接受《波茨坦公告》正式无条件投降，由昔日的“亚洲霸主”变成一败涂地的“阶下囚”和“孤家寡人”。对于战败后经济和社会都残破不堪的日本而言，与亚洲各国结束战争状态是极为重要的国家战略目标。然而，直到 1951 年，日本与美国等西方国家签订《旧金山和约》之时仍未就战争赔款问题与亚洲各国达成共识。日本在亚洲发动的侵略战争给亚洲各国带来了经济上的巨大损失和精神肉体上的彻骨之痛，导致战后初期多数亚洲国家对其抱有仇恨和排斥的情绪。在战后近 7 年时间里，日本与亚洲之间一直处于隔绝状态，没能解决战争问题，也没有建立官方的外交关系。这种隔绝状态意味着日本在亚洲地区的孤立，而孤立则使其无法形成对该地区的认同。这一时期在美国的占领下，日本人已无暇关注境外，他们希望依靠美国和西方重建业已崩溃的国内经济。美国历史学家劳伦斯·奥尔森给出如下判断：“日本的领导人既然已把注意力集中到西方，在 1952 年他们心中就很少想到亚洲。”[②]

1952 年以后，《旧金山和约》与其所带来的战争赔款问题使日本人不得不再次与其曾经蹂躏的亚洲其他国家产生联系。朝鲜战争带来的“特需”景气为日本经济的恢复和发展奠定了基础，但伴随 1953 年朝鲜战争进入尾声，“特需”订单带来的经济繁荣也即将过去，日本开始急于寻找销售商品的市场，亚洲区域内国家无疑是最合适的目标。如此一来，日本在“徘徊期”中所思考的“亚洲这一区域的重要性”得到了现实的解答。

日本“重返”亚洲并在亚洲地区开展经济运作是从与东南亚地区签订赔偿协定开始的，“日本在东南亚地区进行的战争赔偿或无偿资金均采取了提供实物或劳务的方式，由于这些实物和劳务来自日本的民间企业，因而具有创造民间需求和出口导向的性质。其措施不仅推动了日本经济的复兴，也为日本产业进入东南亚地区创造了条件”[③]。1957 年 9 月，日本外务省发布

---

① 1902 年 10 月，沙俄政府决定：“将来一定要将满洲并入俄国，或者使它完全成为俄国的附属国。”这一主张与日本侵占中国东北的野心产生冲突。参见万峰：《日本近代史》，中国社会科学出版社 1978 年版，第 318 页。

② [美]劳伦斯·奥尔森：《日本在战后亚洲》，伍成山译，上海人民出版社 1974 年版，第 13 页。

③ 王新生：《战后日本史》，江苏人民出版社 2013 年版，第 126 页。

了战后第一本外交蓝皮书，提出了战后日本外交三原则，其中就包括“坚持作为亚洲一员的立场”这一区域原则。日本在战后区域认同上第一次明确“亚洲一员”的角色定位并表明“重返”亚洲的决心，其在亚洲谋求经济资源之心昭然若揭。直至20世纪60年代中叶，日本与亚洲各国的关系都是以贸易关系为主，也因此被冠以“经济动物”的名号。然而，随着20世纪60年代以来中国原子弹爆炸成功与印尼“九·三〇事件”等重大国际事件的发生，正处于经济高速增长期的日本越来越意识到亚洲安全对本国的重要性。因此，从1965年开始，日本逐步将“赔款外交”进一步发展为以通过对外援助实现政治目标的“经援外交”。

随着20世纪60年代经济高速增长和对东南亚战争赔款的基本结束，日本逐渐开始以“经济援助”代替“战争赔款”作为推动东南亚外交的手段，力图进一步深耕东南亚市场，同时在东南亚地区渗透以建立自己的势力范围。经援外交的核心是通过日元贷款的方式进行资本和技术投入，以援助东南亚各国进行基础设施建设。从结果上来看，缅甸、越南、印度尼西亚等国确实依托日本的经济援助实现基础设施建设的长足进步，但与日本资金和技术的高度融合也为后来的经济发展埋下了隐患。此后，日本在与中国、韩国等国家关系正常化后也通过经济援助的方式增进两国关系，以经济关系拉动政治关系提升。从亚洲区域统合的角度来看，赔款/经援外交不仅在战后日本的区域认同构建上具有深刻意义，还推动亚洲各国经济发展，为战后亚洲区域合作奠定了基础。我国学者赵京华认为：“20世纪60年代以后逐渐形成的日本经援外交模式，在其基本的理念方面也有与联合国系列思想和行动方式暗合的地方，即代替军事实力的强制而在经济方面推动新兴国家的发展才是建立和平安定之国际秩序的原动力。”①

“环太平洋连带构想”的提出是日本形成亚太区域认同的重要环节。1978年11月，还未出任日本首相的大平正芳在其政策汇编《大平正芳的政策纲要资料》中第一次使用了“环太平洋连带”这一概念。大平正芳在1978年12月就任首相后，当即成立了环太平洋连带研究小组，并于1979年1月在国会的施政方针演说中表示：“我们的方针是加强与太平洋国家之间的相互依存关系……友好合作关系，使其更加稳固不可动摇。”而后，1980年大平

① 赵京华：《中日间的思想：以东亚同时代史为视角》，生活·读书·新知三联书店2019年版，第239页。

正芳访问澳大利亚时提出:“应当建立一种不涉及政治和军事而以经济、文化合作为中心的开放的、松散的合作关系。”[①]他强调:“近年来,环太平洋各国之间的友好合作关系取得了进展,太平洋地区已具备成为一个地区社会的条件……过去的大部分地区性合作,往往都只是以共同的语言、共同的文化、共同的传统等同一性为基础进行相互联系的,也许有人会提出在多种文化、历史背景、经济发展阶段各不相同的太平洋各国之间,是否能够创造出新的合作关系及基于这种关系的新的文明,我认为解决如此困难的课题,首先要创造一种承认并尊重各国文化独立和政治自决的区域合作,这也是一种适应全球社会时代的开放的区域合作。从这个意义上说,环太平洋各国的合作绝不是要建立排他性的集团,最终目的是给太平洋各国乃至整个人类社会带来最大限度的福利和繁荣。”[②]从大平正芳的演讲中可以看出日本的区域观念有了较大更新:一是日本追求建立的所谓“新的合作关系”已经不再过分强调以传统文化等同质性要素作为联结纽带,而是以各国实现“繁荣”和“福利”的共同利益为合作目标,既反映了战后日本在对外交往上贯彻始终的“经济主义”,也意味着日本找到了凝聚亚洲区域认同的新“黏合剂”。二是日本在描述其所在区域时首次使用“太平洋”“环太平洋”等概念,而并非如亚洲主义认同时期那样仅仅以“东亚”“亚洲”等词表述包括大洋洲部分国家在内的“大东亚共荣圈”区域。“环太平洋连带构想”基本继承了此前日本对所在区域的认知,并强调通过经济、文化统合区域。它不仅促成区域性经济论坛和磋商机构亚太经济合作组织(APEC)的产生,也是“东亚共同体构想”的先声,在战后日本区域认同的历史演变中起到承上启下的作用。

“东亚共同体构想”的出台标志着日本亚太区域认同的正式形成。1967 年 8 月正式成立的东南亚国家联盟(Association of Southeast Asian Nations——ASEAN,以下简称“东盟”)是亚太地区迄今为止规模最大的区域合作组织。东盟的成立和发展为亚太区域合作与共同应对全球性经济风险贡献了诸多力量,也为构建亚太区域认同创造了条件。继时任马来西亚总理马哈蒂尔于 1990 年提出“东亚经济集团”(EAEG)构想后,1997 年 12 月 15 日于马来西亚

① 日本大平正芳纪念财团编著:《大平正芳》,中日友好协会、中日关系史研究会编译,中国青年出版社 1991 年版,第 694 页。

② 日本大平正芳纪念财团编著:《大平正芳》,中日友好协会、中日关系史研究会编译,中国青年出版社 1991 年版,第 695—696 页。

首次召开东盟与中日韩三国领导人非正式会议(10+3),东盟各国与中日韩三国领导人就地区前景、发展与合作问题坦诚、深入地交换了意见,取得了广泛的共识,东盟与中日韩的合作正式启动。此后,东盟与中日韩三国通过“10+3”框架机制深化东亚地区的合作与交流,孵化产生了“东亚共同体构想”。1999年11月29日,在菲律宾首都马尼拉举行的第三次东亚领导人会议首次发表了《东亚合作联合声明》,并一致同意成立“东亚合作展望小组”。《东亚合作联合声明》强调东亚各国应通过各方面合作促进东亚人民生活质量的提高和地区的稳定发展,“东亚合作展望小组”则在2001年首次建议将建设“东亚共同体”作为东亚合作的目标,为日本形成以“东亚共同体构想”为基础的区域认同奠定了基础。2002年1月,小泉纯一郎在访问东盟五国时提出“东亚共同体构想”,并在2003年年底的日本东盟特别首脑会议后发表的《东京宣言》中详细提出了“东亚共同体构想”的三大层次:第一,日本与东盟的合作作为东亚共同体的基础;第二,中日韩要利用“10+3”框架加强与东盟的合作;第三,吸取澳大利亚和新西兰参加东亚经济合作,与东盟、中日韩三国共同成为东亚共同体的核心成员。小泉纯一郎关于“东亚共同体构想”三个层次的论述反映了日本对东亚共同体构建的核心关切,即领导权和组织范围。日本希望成为东亚共同体这一区域性组织的领导者或共同领导者,并将范围由“10+3”扩大至整个亚太地区。

较“环太平洋连带构想”而言,“东亚共同体构想”以东盟和中日韩业已形成的区域合作框架机制为基础,在构建目标、行动规划等方面更为具体和精确,是日本感知区域和塑造新型区域认同的“基本面”。在“东亚共同体构想”中,日本意在将东北亚区域的中日韩合作与东南亚区域的日本—东盟双边合作深度融合为“东亚区域合作”。这表明日本充分认识到,以日韩为主的东北亚次区域是其开展经贸合作的重要战略区域,在技术合作、人才交流等方面具有重要意义;东南亚区域的东盟作为其战后在亚洲实施经济活动的突破口,在提供生产原料和拓宽市场方面展现了巨大的经济发展推动力。将这两个区域的合作框架深度融合,能够在确保经济合作多样性的同时,最大限度地利用两者带来的机会,在不同方面都能够实现持续繁荣与发展。总之,继亚洲主义认同之后,日本再次形成了具有丰富时代内涵的亚太—太平洋区域认同。

亚太区域认同是日本在战后形成的第一个区域认同,具有开创性和时代性意义。首先，亚太区域认同在亚洲主义认同的基础上实现了形式和内容上的扩大化，正式将区域认同范围由“亚洲”区域延展为“亚太”区域，基本确定了日本战后区域认同的范围和边界。其次，亚太区域认同标志着日本再次“回归亚洲”。这一时期的区域认同与战前和战中不同，具有明显的“经济主义”色彩，强调区域为本国带来的经济利益，而不再将区域内语言、文化和传统的共性作为区域构建的基础，寻求对区域内部的政治主导权。最后，域外大国美国首次在日本区域认同的形成过程中发挥重要作用，并以此为开端长期影响日本的区域认同。总而言之，日本在战后凭借与亚洲各国的经济互动，采取了截然不同的方式构建了新的区域认同。

亚太区域认同虽然确立了日本战后区域认同的构建基础和区域范围，但并不是最终的形式。苏联解体以后，两极格局瓦解，美国成为世界上唯一的超级大国。然而，随着中国的日益强大和亚洲经济的快速增长，为巩固本国地位和在亚洲的权益，美国战略重心开始东移。2010 年，中国 GDP 首次超越日本跃居世界第二。同年，美国加快“重返亚洲”步伐，时任美国总统奥巴马推行“亚太再平衡战略”，强化包括日本在内的亚太地区传统盟友关系。如何借助美国战略重心调整牵制强势崛起的中国，是日本对外战略面临的重要课题。

2007 年 8 月，日本首相安倍晋三在印度议会发表了题为“两洋交汇”的演讲，提出将印度洋和太平洋视为一个整体，首次以“印太”概念代替“亚太”概念。在这一时期“印太构想”尚未形成，仍处于酝酿期，但意味着战后日本的区域观念开始转变，亚太区域框架已经不能够概括日本区域认同的实际状况。2016 年 8 月，安倍晋三在肯尼亚正式发表了题为《自由开放的印度太平洋》的演说，时隔多年再次使用了“印太”这一提法，并先于美国、澳大利亚、印度等国提倡构建“自由开放的印度—太平洋”(Free and Open Indo-Pacific，FOIP)。他表示：“越过亚洲海域和印度洋，来到内罗毕后，我们深刻认识到连接亚洲和非洲的是海上之路。给世界带来稳定与繁荣的，只有自由开放的两大洋、两大陆相结合所产生的伟大活力。日本将肩负起培养并使太平洋、印度洋、亚洲和非洲交汇成为一个重视自由、法治和市场经济并远离强权压迫的地区。这是我们应尽的责任。为了让连接两个大陆之间的海域变得更加安宁有序，我们愿意与非洲各国一道努力。这就是日本所期望实现的目标。”[①]自此之后，日本在描述所在区域时大多采用“印太”而非“亚太”的说法。美国、印度、澳大利亚等国也追随日本使用“印太”概念，在部分场合取代“亚太”表述。在这一时期，日本开始广泛使用“印太”概念表述并影响部分国家，反映出日本新的区域观念已经初步形成。2018 年 11 月，安倍晋三进一步将“印太战略”表述为“印太构想”，拓展了“印太”的概念内涵。对此，有学者认为，“印太构想”比“印太战略”的表述更为合理，是因为其不仅是海洋安全战略，“而是在印太地区强化基于规则的国际秩序，实现‘印太’相关国家的自由与开放，本质是更高层面的秩序战略”[②]。“印太构想”的提出标志着日本正式形成了新的区域认同，由亚太区域认同转变为印太区域认同。

印太区域认同是基于亚太区域认同形成的区域认同新形态，在继承亚太区域认同部分阶段性特征的同时也具有独立的时代性特征。从区域范围来看，印太区域认同在亚太区域的范围基础上增添了印度洋区域，进一步延展了日本战后区域认同的地理范畴。从维系区域的纽带来看，日本战后持续与亚洲各国开展经济合作，构建符合本国利益的区域认同的同时也增强了所在区域的黏性和凝聚力。而在印太区域认同时期，伴随域外大国美国持续、深度地介入亚洲事务，价值观越来越成为影响印太区域认同的重要因素。由此，日本的区域认同开始出现认知范围和认同范围不完全一致的情况。也就是说，日本的印太区域认同具有选择性和排他性的特征，表现为依据意识形态异同筛选区域内国家，基于域外大国美国的价值观构建本区域认同，并在经济和政治上提防和排斥与其意识形态相左的国家。

然而，如何对日本亚太区域认同、印太区域认同与中日韩经济合作机制建构之间的关系给出一个明确说法与正确解决办法，是近年来摆在日本面前的一道难题。

中日韩三国地理毗邻，经济互补性强，合作潜力巨大。在二战后趋于和平稳定的国际秩序下，各国最大限度地实现了经济增长，有效促进了区域经济繁荣。世界银行统计数据显示，自 2011 年起，中日韩三国 GDP 之和占全球 GDP 的比重均超过 20％。目前，中日韩经济合作已经成为本地区最具影

---

① 外務省 2017 年外交青書：特集「自由で開かれたインド太平洋戦略」、2017-2-20、https://www.mofa.go.jp/mofaj/gaiko/bluebook/2017/html/chapter1_02.html#T003.

② 孟晓旭：《日本“印太构想”及其秩序构建》，《日本学刊》2019 年第 6 期。

响力的机制之一，暂未达成目标的中日韩自贸区（FTA）是全世界最具想象空间的合作之一。在“东盟＋中日韩”即“10＋3”框架下，中日韩三国合作于1999年正式启动。中日韩FTA谈判自2012年启动以来，至今已经历16轮。令人遗憾的是，中日韩合作制度化机制只是在《区域全面经济伙伴关系协定》(RCEP)大多边框架下有所体现。尽管在经济上中日韩签署FTA的条件非常成熟，中韩FTA已生效多年，但日本始终没有公开表达与中国签署FTA的意愿，导致中日韩FTA可望而不可即。

其实，日本在成为东亚最发达、最大的经济体时，对东亚区域经济合作秉持积极态度。前文中提到，1978年大平正芳首相提出“环太平洋连带构想”，又称“环太平洋合作设想”，其目的是要在亚太地区建立自己的势力范围。20世纪80年代后，一些日本学者鼓吹“雁行理论”，以强调日本在东亚经济发展中的带头作用。但2010年中国超过日本成为世界第二大经济体后，日本人的心理变得复杂起来。首先，虽然从幅员、人口、资源等看中国总体国力超越日本乃历史之必然，但日本自甲午战争以来的对华优越感已达百余年，常年居全球第二经济大国地位，GDP在很短时间内就被中国赶超，心理上一时难以接受。其次，日本在经济上曾雄踞亚洲之首，自认为是亚洲在国际舞台上的“当然代表”，在全球秩序方面还雄心勃勃地提出过建立“美日欧三极体制”。但今非昔比，改革开放以来中国综合国力与国际地位迅速提升，使日本感到自己在全球和地区的地位受到威胁，进而担心中国取代美国在东亚地区的主导地位，使自己在战略上陷入被动。最后，历史纠葛与现实竞争相加，使中日间安全信任严重不足，日本认为中国的强大会给其国家安全带来威胁和不利。日本对东亚区域合作的态度由积极转为消极，就是不愿意看到中国在区域合作中占据主导地位，担心中国利用中日韩合作机制进一步发展壮大。

日本是美国在东亚最坚定的盟友，尤其在遏制中国崛起方面双方立场高度一致。在确定美国的对华战略博弈长期且稳定的基础上，“日本的战略选择主要依赖‘3’个路径。一是在战略上强化对美国的追随；二是在战略上加强对中国的制衡；三是加强对‘第三方力量’的战略性联合”[①]。在中国成为亚洲第一大经济强国的时代背景下，日本不再尝试继续对美国说“不”，而

---

① 孟晓旭：《国际变局下日本的战略走向与中日关系》，《东亚评论》2022年第1期。

是再次选择唯美国马首是瞻。此举意图有二,一是抗衡中国,二是狐假虎威,成为美国在亚洲的"大副"或代理领导人。

因此,虽然日本对推动中日韩经济合作机制犹豫不决,甚至"顾左右而言他",但在参与对华具有战略制衡作用的其他"小多边"机制方面表现得十分主动、积极,如参加美日印澳"四方安全对话"(QUAD)以及美日澳、美日韩等三边协作等。需要特别指出的是,以美日印澳四边机制为代表的印太战略系源自日本前首相安倍晋三在2007年前后提出的"民主安全菱形"构想,其目标之一就是通过四个国家的紧密合作,强化对中国崛起的共同应对。

四、对日本区域认同嬗变的深层次思考

从汉字文化圈到印太区域,日本区域认同的具体内涵受到时代、国际环境变迁以及国家社会发展的影响,呈现出多种形态。在这一历史演变过程中,日本区域认同的特征得以彰显,具体体现为嬗变性、扩张性、排他性,以及对中国的依舍情结。这四个特征相互联结、相互影响,共同组成了日本特色的区域认同。

日本的区域认同具有嬗变性特征。本尼迪克特在《菊与刀》一书中说:"日本人从一种行为转向另一种行为不会感到心理上的苦痛。"[①]这种嬗变性在日本区域认同方面不仅表现为在不同历史时期发生了变化,而且表现为在同一历史阶段内也经常出现反复的变动。日本区域认同在汉字文化圈认同时期就经常游离于区域体系之外,对中国主导地位持怀疑态度。康灿雄认为:"在德川幕府(1600—1868)前的几百年里,日本和其他汉文化国家一样,遵循基本相同的规则。日本在东亚等级制度中的地位问题因其在壬辰战争中的失败而备受争议。"[②]足利义满接受明王朝赏赐的"日本国王"金印后,壬辰战争的爆发凸显了日本区域认同充满变异性与不确定性。随后,有清代明的事实不仅加剧了日本对区域认同的困惑,更是为其此后转向埋下了伏笔。近代以来,由于日本在亚洲和西方之间摇摆不定,其区域认同的地理范围和具体内涵也随之改变。从汉字文化圈认同到印太区域认同,日本区域认同范围不断扩展,认同内涵受到历史、文化、政治和经济因素的影响

① [美]鲁思·本尼迪克特:《菊与刀》,陶红亮译,辽宁教育出版社2011年版,第163页。

② [美]康灿雄:《西方之前的东亚》,陈昌煦译,社会科学文献出版社2016年版,第96页。

不断变化。

日本民族是一个善于学习外国的民族，更是一个崇拜强者、信奉实力至上的民族。1873年，刚完成明治维新的日本，就不惜重金派遣岩仓使节团赴欧美访问考察。在访问新兴强国普鲁士的时候，首相俾斯麦对他们说："方今世界各国，虽以亲睦礼仪相交，但皆是表面名义，于其阴私之处，则是强弱相凌，大小相欺。"[①]参谋总长毛奇也说："法律、正义、自由之理，不足以保护国内，也不足以保护境外，非有强大兵力不可。万国公法，也是系于国力强弱，局外中立而唯守公法者，乃是小国之事，至于大国则无不以其国力来实现其权力。"[②]

两位德国强人的话让日本人醍醐灌顶，他们意识到在这个各国争雄、优胜劣汰、强权即公理的国际环境当中，只有有实力的强者才有话语权。从此之后他们便走向了崇拜强者、扩充实力的道路。如前文所述，嬗变是日本区域认同的一大特征，但万变不离其宗，即对实力至上原则的遵循。日本因崇尚实力"脱亚入欧"，力图跻身欧美列强行列，拥有了自己的话语权后，马上掉头主张"黄种人与白种人决战"的亚洲主义，走上不断扩张势力范围的法西斯军国主义道路。二战后美国傲视群雄，日本的区域认同基本上唯美国马首是瞻。1972年，尼克松访华的当年，日本马上就与中国邦交正常化。大平正芳于20世纪70年代提出"环太平洋构想"，马来西亚总理马哈蒂尔于1990年提出建立"东亚经济集团"(EAEG)，但由于美国不希望东亚联合起来，持强烈反对立场，日本不得已态度一度转向消极。

日本的区域认同具有扩张性特征。从日本区域认同历史演变的进程来看，其地理范围由东北亚区域拓展至亚洲全域和大洋洲区域。其中，汉字文化圈认同时期，日本区域认同的范围以东北亚地区为主。近代以来，伴随日本在亚洲的侵略扩张，其区域认同由被动构建向自主构建转化，形成了以本国为中心的覆盖亚洲全域和南太平洋区域的亚洲主义认同。战败后，日本无法通过军事和政治手段推动区域认同范围的扩大，转而通过经济合作的途径得以实现，最终维持了其在亚洲全域及西太平洋沿岸区域的区域认同范围。总之，随着时间的推移，日本区域认同的范围呈现"扩大化"趋势，在体现日本对周边区域认识不断深化的同时，也反映了日本区域认同的扩张

① 久米邦武『特命全権大使米欧回覧実記 第3篇 欧羅巴大洲ノ部 上』、博聞社、1878年、370頁。
② 久米邦武『特命全権大使米欧回覧実記 1』、田中彰校注、岩波書店、1985年、82—83頁。

本色。

日本的区域认同具有排他性特征。这不仅指日本在某些情况下倾向于强调自身与其他区域和国家的不同之处，还意味着有选择地认同区域和国家集团。近代以前，日本区域认同的排他性具体表现为对儒家文化的内化和对西方宗教文化的抵制。尽管日本并不服膺中国的主导地位，但其将中华文化作为文明正统，并以“华夷观念”审视和排除西方“异文化”。明治维新后的亚洲主义认同时期，日本不仅以“小中华”自处，还将本国在世界史中的位置视作“近代的超克”，在排除中国影响的同时也对西方做出了批判。二战以后，日美同盟成为日本对外政策的重要基础。因此，日本的亚太认同和印太认同都受到域外大国美国的影响，成为其区分内外的重要准绳。在这一时期，日本区域认同的排他性特征更多地呈现为意识形态化和阵营化。

日本的区域认同在各历史时期的具体表现与其所赋予的总体特征并非孤立、零散的，而是具有共同的内在逻辑和根源。法国年鉴学派历史学家布罗代尔曾在《菲利普二世时代的地中海和地中海世界》中提出“长时段”，用来描述对历史进程产生重大影响的漫长历史事件。从长时段角度来看，如果将区域认同视作一种观念生成现象的话，那么行为体的自身属性和其所在的较稳定的结构环境将对这一现象过程具有重要意义，并成为观念内涵及其特征的滥觞。

日本区域认同的根源主要包含地理根源和文化根源。其中，地理根源是日本形成独特区域认同的前提与基础。作为一个岛国，日本地理上主要由本州、四国、九州和北海道四个大岛以及众多的小岛组成，相对封闭的地理环境使其不易与其他国家和地区交流往来。较为稳定的地理条件对区域认知和区域认同范围具有重要影响，基本确立了日本以本州岛为轴向亚欧大陆拓展并辐射亚洲太平洋地区的区域认知轨迹和区域认同范围。总的来说，地理根源所强调的是自然禀赋对区域认同的物质性影响。

“日本人就是生性好斗又温和沉默；嗜武而又爱美；倔强、自尊心强到自傲，而又彬彬有礼如谦谦君子；冥顽不化而又柔弱善变；善于服从而又不愿受人摆布；忠贞不渝而又常因一些特殊因素叛变；勇敢却又怯弱；十分欢迎新的生活方式却不容易改变自己的保守。”①岛国根性是日本区域认同的重

① ［美］鲁思·本尼迪克特：《菊与刀》，陶红亮译，辽宁教育出版社2011年版，第2页。

要文化根源，深刻地影响了日本区域认同的历史演变，也塑造了其总体特征。

“岛国根性”是一个用来描述日本文化与国民性格的概念，指生活在岛国的日本人由于与其他国家的交流受到地理环境的限制，具有狭窄的视野和封闭的性格。岛国根性给日本带来了较为独特的文化和社会特征，具体包括相对封闭的社会、内外分明倾向和空洞的本土文化，为日本形成区域认同提供了文化土壤。

日本区域认同的历史演变进程是岛国根性的最直观体现，无论是基于中国文化的汉字文化圈认同和亚洲主义认同，还是根植于西方价值观的亚太、印太地区认同，文化内核均由“他者”文明所建构。日本虽然曾有机会成为区域主导者，但也并未建立起以本国文化为核心的区域认同，始终处于客体地位。这种认同文化层面上的外化使其演变过程呈现一种忽左忽右的状态。由于日本区域认同的特征是由其具体表现所赋予和集约化的结果，因此其也是由岛国根性所塑造的。正如日本明治时期哲学家中江兆民在《一年有半、续一年有半》中所言：“我们日本从古代到现在，一直没有哲学……没有哲学的人民，不论做什么事情，都没有深沉和远大的抱负，而不免流于浅薄……然而他们浮躁和轻薄的重大病根，也就正在这里。他们意志薄弱，缺少魄力的重大病根，也就正在这里。他们没有独创的哲学，在政治方面没有主义，在党派斗争方面不能够坚持下去，其原因实际就在这里。”[①]岛国根性给日本带来的浅薄和易动摇造就了日本区域认同独特的嬗变性、扩张性和排他性。具体而言，浅薄导致日本的区域认同缺少文化内核，使其频繁转向和改换门庭，即为嬗变。岛国的孤立感和不安全感是日本持续拓展安全边界和区域认同范围的动因，是为扩张。内外分明则导致日本更加强调区域认同中的文化连带和价值观共性，可言之为排他。但万变不离其宗，日本区域认同的这些特征都与一个无法摆脱的纠结有关，即对中国情仇依舍的交织。

结　语

总的来看，日本的区域认同的形成与历史演变受到区域大国和区域秩

① ［日］中江兆民：《一年有半、续一年有半》，吴藻溪译，商务印书馆1979年版，第15—16页。

序的影响,同时也在一定程度上塑造了区域秩序。作为日本周边最具影响力的“他者”,中华文化是日本区域认同的文化根底。古代日本一直都在中国这个强大存在下生存——有关自己国家历史的最早记载来自中国的史书,最早的文字来源于中国,文物制度、衣食住行乃至风俗习惯莫不深受中国的影响。日本区域认同在形成之初就被深深地刻上了中华文化的烙印,这就使得日本在塑造区域认同时无法忽视中国因素带来的影响。纵观历史,日本对这个重要邻国是“依从”“认可”还是“舍弃”“敌视”,几乎是鸦片战争至今日本区域认同中的一个难以化解的“心结”或“情结”。明治维新后,日本的区域认同一直摇摆于“亚”与“欧”、“东”与“西”之间,但“欧”与“西”在不同时期可能代表不同国家,而“亚”与“东”始终以中国为主。

从日本区域认同的历史演变来看,日本区域认同形成于以中华文化为核心的汉字文化圈。而后,为达成制霸亚洲的目的,日本迫切地希望摆脱中国,构建以本国为中心的区域认同。在二战失败后,日本一直都在美国这个强大存在下生存。基于经济发展和地缘政治考量,日本通过构建新的区域认同平衡与中国的关系。时至今日,日本在区域认同上依旧没有给中国一个符合历史与现实的位置,对中国的立场依旧摇摆不定,如既想搭中国发展快车、获取合作红利,又想保持距离,甚至想完全投入美国怀抱以遏制中国、破坏中国的现代化进程。

东南亚区域身份认同形成的历史演变

徐晓东　吴小安*

2007 年，东盟首脑会议签署《东盟宪章》(*The ASEAN Charter*)，指出要将东盟建设成具有“同一个愿景、同一个身份、同一个关爱和共享的共同体”(one vision, one identity, one caring and sharing community)。为实现“东盟共同体”愿景，凝聚和强化东盟国家和民众的“身份认同”是重要前提。2013 年博鳌亚洲论坛上，马来西亚前总理巴达维(Abdullah Ahmad Badawi)表示东盟共同体必须建立共同的地区身份。2018 年 10 月，东盟提出“东盟身份叙事”(The Narrative of ASEAN Identity)构想，强调东盟身份是东盟团结的载体，应主动推进东盟国家集体身份建构，采取预防性手段丰富东盟身份内涵。2020 年 11 月第 37 次东盟峰会上，东盟正式发表《东盟身份叙事》(以下简称《叙事》)，明确了东盟身份对东盟共同体建设的重要意义，要求培育东盟国家和民众对东盟的归属感和认同感，鼓励东盟人民通过积极参与东盟各项事业来培养和强化东盟认同。①

《叙事》用三个基本问题诠释了“东盟身份”的定义，即我们是谁、我们从何处来、我们前往何方(who we are, where we come from, and where we are heading)，并将“建构价值”(constructed values)和“继承价值”(inherited values)作为其有机组成部分。其中，“建构价值”是集体或国家致力于实现

---

* 徐晓东，华侨大学华侨华人与区域国别研究院副研究员；吴小安，华侨大学讲席教授兼华侨华人与区域国别研究院创院院长。

① *The Narrative of ASEAN Identity*，2020-11-12，https://asean.org/wp-content/uploads/2021/08/The-Narrative-of-ASEAN-Identity-Adopted-37th-ASEAN-Summit-12Nov2020.pdf.

某一特定的群体目标(如建设东盟共同体)而深思熟虑的产物;“继承价值”则是东南亚地区人民所固有的,通过地区人民互动的自然过程世代相传。[①] 东盟身份建构的关键在于凝练上述两类价值的区域整体性和一致性,形成指导东盟共同体建设、塑造身份认同核心原则的“规范”(norms)。

故而,东盟身份形成是一个社会建构过程,是长期以来东南亚区域业已形成并不断演变的“东南亚区域认同”的新发展。要回答《叙事》提出的三个问题,自然绕不开“东南亚区域认同”问题。事实上,作为政治概念的“东盟身份”是基于地理、社会、文化、族群等“继承价值要素”的“东南亚区域认同”被赋予“建构价值”后演变成的新形态。只有把握东南亚区域认同的形成和发展,追溯“继承价值”和“建构价值”的历史渊源,才能够理解建构并强化“东盟身份”所面临的问题。东南亚区域认同形成与演变的过程,则是域内不断强化地理和(政治、经济、文化等)利益整体性,消弭各层面差异性的过程。鉴于此,本文旨在从长时段历史框架下对“东南亚区域认同”以及关联的“东南亚”“东南亚区域”“东盟身份”等概念的形成、演变及互动进行梳理和阐释,以期对关于“东盟身份”的讨论有所补益。

中文语境中常见“身份”“认同”“身份认同”等,所对应的英文词语皆为“identity”。“identity”的基本含义为“在物质、构成、特质和属性上存有的同一的性质或者状态”,“在任何场所任何时刻一个人或事物的同一性(sameness)”,“一个人或事物是其自身而非其他的状态或事实”。所谓“身份”,指个人或者群体在不同社会中的角色或所具备资格的尺度、依据,并有可能由此发展出对所属社群的认同和归属感。所谓“身份认同”,指个人或者群体相信本身与所属社会内的成员存在同一性,进而产生归属感,即在社会中确认自己的“身份”。简言之,“身份”强调差异性,而“认同”侧重于同一性。无论是“身份”还是“认同”,均反映个人或群体对所属社会的接受、肯定及认同程度。因此,“身份”和“认同”从本质来讲是一致的,都与“identity”表达的“同一性”相关。[②] 在本文中,“身份”“认同”及“身份认同”可能会视所强调内容的侧重点不同而交替出现。

---

① *The Narrative of ASEAN Identity*,2020-11-12,https://asean.org/wp-content/uploads/2021/08/The-Narrative-of-ASEAN-Identity_Adopted-37th-ASEAN-Summit_12Nov2020.pdf.

② 关于上述概念的讨论,参见阎嘉:《现代知识分子的文化想象与文化定位》,《清华大学学报》(哲学社会科学版)2010年第2期;罗如春:《身份认同问题三论》,《中国中外文艺理论学会年刊》2008年卷。

一、地理整体性与古代东南亚的民族和政权

(一)区域地理整体性特征

今东南亚地理区域大致覆盖从南纬10°至北纬28°、东经93°至141.5°,横跨赤道两侧陆海相间的广袤地区。自150万年前古人类开始在当地活动起,东南亚各地区间人与自然的交流和互动便从未停息。① 人类祖先跨越陆海,在漫长的时光岁月中锤炼出富有独特地域特征的东南亚区域的外部整体性和内在统一性。

地理整体性是区域较为明显的特征。受地壳板块运动影响,区域南部边缘因印度洋板块拱起而形成一系列火山弧,由苏门答腊岛、爪哇岛、巴厘岛、龙目岛、松巴哇岛等组成;东部是由菲律宾群岛组成的另一段活火山弧,菲律宾海沟横卧在外;东北部由难以逾越的喜马拉雅东部山脉与中国大陆相隔。② 这些地质结构形成了东南亚外部自然边界。边界之内,从暹罗湾到爪哇海的浅水流域是被古地理学家称为"巽他古陆"或被海洋地理学家称为"巽他大陆架"的地区,它把苏门答腊、爪哇、婆罗洲与亚洲大陆联结为一个整体。③

得益于独特的地理位置和气候条件,水与森林是区域最显著的环境特征。区域河流遍布、海洋广阔,在使东南亚免受来自中亚大规模移民与入侵的同时,形成了支撑区域政治、经济、社会发展的陆地河流系统和海上航道网络。域内陆地和岛屿土壤虽然较为贫瘠,但大多数地区常年雨量充沛,使得地区雨林四季常青,森林覆盖广袤,适合多种生物繁衍生息,体现了"世界上其他任何地区无以匹敌的丰富性和品种的多样性"④。

封闭的地理环境决定了东南亚独特的交通形式。一方面,在与外部的交通联系上,除与中国存在陆上交通路线外,区域与周边其他国家和地区的

---

① P. Bellwood, *First Islanders: Prehistory and Human Migration in Island Southeast Asia*, Hoboken: Wiley Blackwell, 2017, p.1.

② 参见[澳]安东尼·瑞德:《东南亚的贸易时代:1450—1680年》第1卷,吴小安、孙来臣译,商务印书馆2013年版,第1页。

③ 参见[澳]安东尼·瑞德:《东南亚的贸易时代:1450—1680年》第1卷,吴小安、孙来臣译,商务印书馆2013年版,第8页;栾锡武:《东南亚构造分区》,《地球科学进展》2022年第3期。

④ [澳]安东尼·瑞德:《东南亚的贸易时代:1450—1680年》第1卷,吴小安、孙来臣译,商务印书馆2013年版,第9页。

交通几乎全部依赖海上航行。在航海技术不发达的古代，每年的东北季风和西南季风引导东南亚区域对外海上交通联系集中通往地理邻近的东亚和南亚。因此，除中国和印度以外，很少有其他文化能够影响东南亚，赋予了东南亚相对独立的发展空间，有利于独特的区域社会文化特征的形成。也正是经由通往北方的海陆交通，东南亚区域见证了来自北方的族群不断南下取代当地政权的历史。

另一方面，区域内部陆上、河上、海上以及陆海间交通往来不受影响。各个地区的山区、高原、平原、低地、河谷，通过河流与海洋彼此联系成整体。域内独特的地理条件与气候特征，便利了南下族群在域内的迁徙、融合，使东南亚成为亚洲民族最多元性的地区之一，赋予了东南亚多样性的自然和人文景观，为东南亚区域文明形成奠定了自然地理基础。

（二）民族迁徙与政权更迭

1.古代东南亚民族与政权形成的内生力量

距今一万年前，东南亚大陆进入新石器时代，生产力的巨大发展推动了区域人口增长。[①] 区域绝大多数民族的根源都可追溯到中国迁徙过去的古代民族。在历史上，南方蒙古人种群逐步向东南亚迁徙，与当地黑色人种居民以及混合形成的混血人种再度混合，形成了今天分布在东南亚的南岛语族、南亚语民族、现代越族、藏缅语民族、泰语民族等新的民族群体及其支系。[②]

其中，分布广阔的南岛语族的迁徙和活动是东南亚岛屿地区早期文明出现和发展的重要推动力。起源于中国东南沿海的原始南岛语族将农作物和其他文化传统带到台湾海峡，并深入东南亚。大约 5500 年前，擅长造船、控船的南岛语族就在整个东南亚地区特别是南中国海周边定居、交流，从事水稻种植，建立起了以玉石、香料和作物为主要商品的世界上最早的贸易网络。[③] 在广袤的东南亚域内，不同人群却能操持相似的语言，共同拥有以二次葬、猎头习俗和农业节庆为重要特征的古代宗教[④]，彰显了古代东南亚域

---

① 参见刘稚主编：《东南亚概论》，云南大学出版社 2007 年版，第 28 页。

② 参见何平：《中国西南与东南亚跨境民族的形成及其族群认同》，《广西民族研究》2009 年第3 期。

③ Z. Deng, et al., "Early Austronesians Cultivated Rice and Millet Together: Tracing Taiwan's First Neolithic Crops", *Frontiers in Plant Science*, Vol.13, 2022, pp.1-15.

④ 参见杜树海、郭健新：《南岛语族的起源与扩散：成果、争论与新的解释》，《广西民族大学学报》（哲学社会科学版）2023 年第 2 期。

内族群的一致性。

不可否认，地理因素与地方风俗导致的各民族差异性同样显著，并决定了东南亚早期的政治版图。海洋将东南亚天然分成了大陆和岛屿两部分。在东南亚大陆地区，数条大河贯穿而过，形成了适合水稻种植的宽阔肥沃的河流三角洲。[①] 适合当地气候与地理条件的水稻被认为是东南亚人口增长、商贸扩张乃至社会进步的力量之一。[②] 从公元前后开始，东南亚的三角洲以及沿海平原地区出现了具有国家雏形性质的政权组织，包括以湄公河三角洲为中心的扶南(约 1—7 世纪)、位于中南半岛东南部的占城(约 2—17 世纪)以及下缅甸沿海地区的若开国(约自 2 世纪起)。此后，伊洛瓦底江流域先后出现骠人建立的骠国(约 3—9 世纪)和缅人建立的蒲甘(约 9—13 世纪)，今泰国和老挝地区出现孟人建立的陀罗钵地、罗斛、哈利奔猜等国家(约 6—17 世纪)，洞里萨河流域建立了吴哥王朝(约 9—15 世纪)，红河流域出现了越南(自 10 世纪晚期起)。

在东南亚岛屿地区，众多河流水系连结内陆腹地与海洋，出现了马来半岛的狼牙修(约 1—15 世纪)、加里曼丹岛的古泰(约 4 世纪起)、势力覆盖西爪哇马来半岛及加里曼丹岛西部的室利佛逝(约 7—13 世纪)、爪哇岛的马打蓝(约 8—10 世纪)和满者伯夷(约 13—17 世纪)、以马六甲为中心的马六甲(约 15—16 世纪)等政权。自 10 世纪起，菲律宾群岛地区出现了以巴朗盖联盟形式为特征的松散小国，形成了中国古籍中出现的汤都国、麻逸国等。与大陆东南亚水稻经济不同的是，岛屿地区人口集中于河流入口处因商业而兴起的港口，形成了东南亚岛屿地区经典的港口政体。[③]

河流与海洋是东南亚内部交流与互动的重要载体。[④] 古代大陆东南亚政权依港口或者河流而建，其势力范围很少能够达到核心控制区域以外的地区，且控制能力与中心距离成反比，形成了所谓的“曼陀罗体系”。曼陀罗体系类似由核心圈、控制圈和朝贡圈等构成的同心圆，居于中心的是具有权威的霸主，控制周围效忠的附属国，并与最外围小国保持朝贡关系。三个圈

---

① 参见吴小安：《区域与国别之间》，科学出版社 2021 年版，第 173 页。

② C. F. Higham, “Rice Cultivation and the Growth of Southeast Asian Civilization”, *Endeavour*, Vol.13, No.2, 1989, pp.82-88.

③ 参见吴小安：《区域与国别之间》，科学出版社 2021 年版，第 174—175 页。

④ 参见[澳]安东尼·瑞德：《东南亚的贸易时代：1450—1680 年》第 1 卷，吴小安、孙来臣译，商务印书馆 2013 年版，第 3 页。

层相对固定，但不同圈层之间权力关系的逆转可能导致各圈层之间的界限模糊并相互转化。[①] 依托曼陀罗体系，居于中心的各个王国得以形成自己的势力范围，且在本国控制范围内，逐渐形成了被广泛接受并世代相传的共同的政治和文化“遗产”。

政权的兴衰更迭，既意味着大陆地区的骠人、孟人、占人、高棉人、缅人、泰人和越人，岛屿地区的马来人和爪哇人等，彼此消涨沉浮，也意味着东南亚域内不同族群之间的互动与融合。域内互动与融合形成的合力，推动了东南亚区域政治与社会演进。

族群的迁徙、互动与融合，一方面展现了动态的、差异的东南亚，另一方面促成了域内语言、文化、礼仪上稳定的、一致性的特征。在语言上，东南亚一半以上人口都使用关系密切的南岛语系语言。在文化上，完成了对自然环境的调适之后的各民族和社会也都形成了整体的社会文化特征，包括以米、鱼为主食，用棕榈叶包裹食物，以木材、棕榈、竹子等为高脚屋的建筑材料等。[②] 在仪式上，大至宫廷、小至家庭，区域内都采用相似的礼仪，存在相似的结构。[③]

2.古代东南亚民族与政权演进的外部动力

与区域内部密切的联系相比，区域与外部的交流相对有限，唯一的外部影响来自印度和中国。[④] 1 世纪，东南亚的“印度化”(indianisation)进程开启。海上贸易刺激了一定规模的印度商人和移民源源不断地流入，下缅甸滨海地带、马来半岛地峡地带、湄公河三角洲、今越南顺化以北地区、苏门答腊等地建立了印度化王国[⑤]，吸收印度艺术、风俗、宗教和语言(梵语)。[⑥] 一方面，大部分印度文化元素被吸收、融入东南亚各民族自身文化；另一方面，

---

① 参见吕振纲:《曼陀罗体系:古代东南亚的地区秩序研究》,《太平洋学报》2017 年第 8 期。

② 参见[澳]安东尼·瑞德:《东南亚的贸易时代:1450—1680 年》第 1 卷,吴小安、孙来臣译,商务印书馆 2013 年版,第 10—13 页。

③ M. Osborne, *Southeast Asia: An Introductory History*, Australia: Allen & Unwin, 2016, p.5.

④ 参见[澳]安东尼·瑞德:《东南亚的贸易时代:1450—1680 年》第 1 卷,吴小安、孙来臣译,商务印书馆 2013 年版,第 13—14 页。

⑤ M. Osborne, *Southeast Asia: An Introductory History*, Australia: Allen & Unwin, 2016, p.24.

⑥ G. Goedes, *The Indianized States of Southeast Asia*, Honolulu: University of Hawaii Press, 1968, p.15.

种姓制度等元素则被东南亚所拒绝。[①] 因此,东南亚域内的"印度化"是一个本土文化与印度的宗教、艺术以及政治理论相结合的过程。虽然印度文化从文字、宗教、饮食、历法、建筑、政治制度等各方面影响了东南亚大部分地区,但东南亚本土文化依然保持独立性。

得益于气候环境的相似、海上交流的便利,在对东南亚的影响上,印度文化的广度和深度都甚于中国文化。中国对东南亚的影响主要体现在两个方面。一是对越南的直接影响,如汉字的使用、以汉字为载体的中华传统文化的长期濡染、中华文化伦理规范和礼义道德等的倡导和推崇等。[②] 这使得越南在很多方面成为东南亚文化圈里的"特例"。二是长期的朝贡关系。从13世纪起,中国开始与东南亚拓展贸易联系,打破了苏门答腊岛室利佛逝经过多年苦心经营才达到的平衡[③],并用"南洋""东南洋""南海"等对东南亚进行整体命名。

3.内外力影响下的区域多样性与一致性

古代东南亚是内外力共同影响和形塑的结果,导致了区域的两面性特征,即相对的统一性和整体性与巨大的差异性和多样性共存。[④] 在文化和宗教方面,在西边印度和北边中国的影响下,区域文化与外来文化进行融合,最终在11世纪后东南亚区域发展和确立了具有个性的民族文化,形成整体性的东南亚文化世界。其中,越南体现"中国化"特征,儒、佛、道三教并存;缅甸、泰国、印尼等"印度化"显著。此外,缅甸、泰国、柬埔寨和老挝构成了东南亚南传上座部佛教文化圈;东南亚海岛国家以伊斯兰文化为主流文化;16世纪后西方文化进入东南亚,在西方殖民扩张进程中,天主教和基督教开始得到广泛传播。[⑤]

---

① 参见薄文泽:《东南亚大陆地区民族的源流与历史分布变化》,《东南亚研究》2006年第6期;M. Osborne, *Southeast Asia: An Introductory History*, Australia: Allen & Unwin, 2016, p.24。

② 参见陈国保:《服习诗书 民尚华风:中国文化对古代越南的影响》,《历史评论》2022年第1期。

③ M. Osborne, *Southeast Asia: An Introductory History*, Australia: Allen & Unwin, 2016, pp. 32-33.

④ D. G. McCloud, *System and Process in Southeast Asia: The Evolution of a Region*, Boulder, Colo.: Westview Press, 1986, p.5; M. Osborne, *Southeast Asia: An Introductory History*, Australia: Allen & Unwin, 2016, p.16.

⑤ 参见刘稚主编:《东南亚概论》,云南大学出版社2007年版,第24、35页。

二、近代殖民扩张与区域政治地理版图

(一)欧洲殖民扩张与东南亚政治地理版图

16 世纪后,欧洲探险家、商人大规模进入东南亚,成为影响东南亚历史演进的重要外部力量。他们同此前已在当地活动的华人、印度人等一起,将东南亚社会推向新的方向。最先到达的是葡萄牙人,他们绕过好望角,直接参与印度洋贸易。此后,西班牙人、荷兰人、英国人、法国人等蜂拥而至,聚居在马六甲、马尼拉和巴达维亚等港口城市,在当地建立一系列商馆,以香料作为主要商品建构东西方海上贸易联系。追逐利润及传播宗教是 19 世纪以前欧洲殖民者在东南亚进行殖民扩张的主要目的。欧洲人口大规模流入东南亚,不仅带来了物质和文化产品,还逐渐融入当地社会,与本地民族共生共存,深刻影响了近代东南亚民族和社会的变迁。[①]

19 世纪,欧洲殖民扩张进入以领土占领为目的的新阶段,殖民主义成为现代东南亚国家形成最重要的结构性要素。主要殖民国家开始在东南亚划分殖民范围,刻画了现代东南亚国家的政治地理版图雏形。至二战前夕,西方列强已完成对东南亚的瓜分:英国占有缅甸、马来亚、文莱、沙捞越、沙巴和新加坡;法国占有越南、老挝、柬埔寨,建立法属印度支那联邦;荷兰占有印度尼西亚群岛,建立荷属东印度;葡萄牙占有东帝汶;美国取代西班牙,占有菲律宾群岛;虽然泰国在形式上保持独立,但英、法以湄公河河谷为界,划分了双方在泰国的势力范围。

一方面,殖民时代以前大陆上以缅族、泰族、越族和高棉族分别为主体的政权长期存续,维持了大陆东南亚内部的政治边界,并在殖民时代被重新划分或者确立;另一方面,条约成为确立东南亚岛屿地区以及大陆南部政治边界的重要手段。1824 年《英荷条约》、1871 年《伦敦条约》确定了英属马来亚与荷属东印度之间的疆界,1826 年《坡尼条约》与 1909 年《英暹条约》划分了英属马来亚和暹罗南部的边界,1893 年《英法朗普拉邦协定》、1896 年《英法协约》、1904 年《英法协定》以及 1909 年《英暹协约》确定了英属缅甸与暹罗、暹罗与法属印度支那、暹罗南部暹属马来各州与马来亚北部马来属邦之

---

① 参见刘稚主编:《东南亚概论》,云南大学出版社 2007 年版,第 29 页。

间的边界。①

殖民势力范围的划分奠定了东南亚独立民族国家的版图基础并产生了深远影响。在政治层面，殖民国家的政治遗产影响了现代东南亚国家政治制度的选择和实践。随着殖民地与宗主国的矛盾日渐突出，西方的民主和独立等现代理念浸润东南亚社会，当地新知识分子阶层逐渐形成，区域民族意识开始觉醒，激发了当地社会的民族主义热情。自我独立意识不断增强的本地民众开始致力于建立自己的民族国家。在文化层面，殖民扩张加速了东南亚本土文化与世界其他各种文化的融合，锤炼了东南亚文化的多样性。随着近代东南亚被殖民程度的不断加深以及西式教育在殖民地的推行，西方的宗教信仰、民族自由等理念开始在当地深入人心。本地传统文化与外来文化（西方思想、文化、历史、科学技术）的再一次结合，强化了现代东南亚文化本土性与外源性相结合的特点。但不可否认的是，东南亚各国在经济制度和政治体制等方面的复杂性放大了东南亚域内的不平衡和差异性。②

此外，需要指出的是，西方殖民者虽在很大程度上影响了东南亚国家和民族特性的塑造，但是，东南亚本地居民的生活方式和生活标准仍然由自己决定。这也是东南亚社会变迁的内部动力。

（二）殖民时代晚期的学术研究与区域统一性

加利福尼亚大学洛杉矶分校的历史学家林恩·亨特（Lynn Avery Hunt）认为，19 世纪末以来的史学研究对民族身份认同的创造发挥了重要作用。③ 在促进东南亚整体性、统一性的形成过程中，19 世纪以来的西方学术界同样扮演了重要角色，尤其对“东南亚”名称的出现和被接受、区域整体特征的归纳和总结起到了积极的推动作用。

在欧洲殖民扩张早期，欧洲探险家、商人、传教士已经对本区域形成了区别于华人的“南洋”、印度人与阿拉伯人的“风下之地”的称呼，并被吸收进学者著述和政府文件中，从而得以最终固定并传播开来。19 世纪，对于这片

---

① 参见吴小安：《区域与国别之间》，科学出版社 2021 年版，第 179—180 页。

② 参见刘稚主编：《东南亚概论》，云南大学出版社 2007 年版，第 24、40 页。

③ 参见[美]林恩·亨特：《全球时代的史学写作》，赵辉兵译，大象出版社 2017 年版，第 2 页。

陆海，法国学者多称之为印度支那（Indochina）①或交趾支那（Cochinchina）②；英荷学者多称之为东印度（East India）、印度群岛（Indian Archipelago）。率先以完整的"东南亚"出现在书名中的著作是美国牧师兼教育家霍华德·马尔科姆（Howard Malcom）于 1839 年出版的《东南亚旅行》③一书。可惜的是，马尔科姆并未对"东南亚"的具体含义和范围所至进行解释。④

当时这些称谓对应的地理范围虽然并不一致，也不唯一，但都明确地指向了东南亚。⑤ 在地理结构上，霍勒斯指出东南亚岛屿是大陆的延伸，两者处于同一个大陆架上。较浅的海底地貌可能随着海平面的下降而露出水面。因此，东南亚岛屿并非新的陆地，而是下沉的、碎片化的亚洲大陆。⑥ 除地理范围与结构上的整体性外，欧洲地理等学界也指出区域在气候、物产、民族、风俗上的统一性。例如，除原始部落外，东南亚岛民在各方面的普遍相似性支撑了他们的共同祖先是蒙古人的观点。⑦

进入 20 世纪，在学术研究的专业化和扩大化进程中，"东南亚"的内涵与外延得以规范化。1947 年，英国人类学家詹姆斯·洛根（J. R. Logan）创办《印度群岛与东亚学报》（*The Journal of the Indian Archipelago and Eastern Asia*）。洛根在办刊计划中谈道，"杂志主要由翻译荷兰语和西班牙语研究成果的文章组成，涉及地域范围包括苏门答腊岛、爪哇岛、婆罗洲、西

---

① Brun C. Malte, *Précis de la Géographie Universelle*, Paris: Furne et cie, 1810; Brun C. Malte, *Carte de L'Inde. India & Indochina*, C1846, antique map.

② J. Koffler, *Historica Cochinchinae Descriptio*, *In Epitomen Redacta ab Anselmo ab Eckart*, Norimbergae: Apud Monath et Kussler, 1803.

③ H. Malcom, *Travels in South-Eastern Asia*, *Embracing Hindustan*, *Malaya*, *Siam*, *and China*, Boston: Gould, Kendall and Lincoln, 1839.

④ D. K. Emmerson, "'Southeast Asia': What's in a Name?", *Journal of Southeast Asian Studies*, Vol.15, No.1, 1984, pp.1-21.

⑤ 例如，荷兰动物学家康拉德·雅各布·特明克（Coenraad Jacob Temminck）以法文出版了三卷本的《荷属印度群岛概览》（*Coup-d'oeil Général Sur les Possessions Néerlandaises Dans l'Inde Archipélagique*, 1846-1849），标题中"l'Indc Archipélagique"指向东南亚。英国记者霍勒斯·约翰（Horace St. John）所著《印度群岛：历史与现状》（*The Indian Archipelago: Its History and Present State*, 1853）约定了印度群岛（Indian Archipelago）的范围：东经 95°至 135°，南纬 11°至北纬 19°；西至苏门答腊岛，东至阿鲁群岛（Aru Islands），南至松巴岛，北至吕宋岛。

⑥ Horace St. John, *The Indian Archipelago: Its History and Present State*, London: Longman, Brown, Green and Longmans, 1853, pp.8-10.

⑦ F. Buchanan, "A Comparative Vocabulary of Some of the Languages Spoken in the Burma Empire", *Asiatic Researches*, Vol.5, 1799, pp.219-240.

里伯斯岛、菲律宾和摩鹿加群岛、巴厘岛和群岛的其他岛屿，同时希望收录研究马来半岛、暹罗、婆罗洲、交趾支那的原创成果”。此处的“印度群岛”几乎已经等同于东南亚区域。创刊号上刊登的洛根所撰的《印度群岛当前情况》开启了学术界使用“东南亚”的先河，把“群岛”(archipelago)与“大陆”(continent)对应并联系。[①]

西方学术界关于“东南亚”的研究，在对区域名称和范围进行规范化的同时，借助其在国际学术界的主导地位，开始将整体“东南亚”推上国际舞台。这对“东南亚”获得并扩大国际认可无疑起到了积极的促进作用。也正是从此时起，“东南亚”开始取代之前的其他名称，逐渐成为区域内外唯一被认可的称谓。

(三)日本的“南进运动”与入侵东南亚

除欧美殖民大国外，日本是促进“东南亚”概念形成的又一力量。自近代以来，日本逐渐对“南方”地区形成了清晰的地理概念，认为包括现在的冲绳、中国台湾、中南半岛、马来群岛、印度尼西亚群岛及太平洋诸岛等地，并将之称为“南洋”(也有“南海”“南方”等称谓)。江户时代(1603—1868年)，日本提出“经略南方”构想，意图在“南海”开拓殖民。明治(1868—1912年)初期，日本国粹主义代表人物志贺重昂(Shigetaka Shiga)提醒日本上下应注意“南洋”受西洋列强殖民的动向。至太平洋战争爆发前，日本坚持强调“南洋”之于日本的重要性，并含蓄指出日本“南进”的必要性。[②] 在所著《大东合邦》中，亚细亚主义代表人物樽井藤吉(Tarui Tokichi)在提及日韩合邦与日清提携后谈及“图南之策”，呼吁联合中国开发“南洋”。为配合“南进扩张”，日本政、军、财各界纷纷参与调查“南洋”资源，形成了一大批如《南洋时事》《最近的南洋事情》《南洋开拓十年志》等调查文献，以及《南洋各地邦人栽培企业地图》《南洋各地物产交通人口地图》《明治20年代》等地图资料。这在鼓励一大批日本青年满腔热血搭船出航寻找资源的同时固化并传播了“南洋”的形象和概念。[③]

日本所称的“南洋”分为“外南洋”和“内南洋”。其中，“外南洋”靠近东

---

① J. R. Logan, “The Present Condition of the Indian Archipelago: Scientific Subjects, Scientific Knowledge”, *The Journal of the Indian Archipelago and Eastern Asia*, Vol.1, 1847, pp.1-21.

② 参见瞿亮、张承昊:《砂糖产业与近代日本的南方扩张》,《世界历史》2021年第5期。

③ 参见李凯航、俞祖成:《明治日本“南进论”思想的形成与演变》,《南洋问题研究》2021年第2期。

亚大陆，包括菲律宾群岛、中南半岛以及印度尼西亚群岛等地，大体上与东南亚区域相一致；内南洋则主要包括赤道以北的西太平洋诸岛。因此，日本的南进路线也有两条，一条抵达南中国海周边的外南洋，另一条抵达所谓的“内南洋”。

作为“南进”政策的重要步骤，日军空袭美国驻夏威夷珍珠港的太平洋舰队，太平洋战争爆发。至 1942 年 5 月，日本已迅速占领东南亚诸国，基本实现了“大东亚共荣圈”的扩张计划，并试图在东南亚区域建立以日本帝国为中心的“基于道义的共存共荣的新秩序”，实施军事集权统治。[①] 日本对东南亚区域的军事统治由日本南方军司令部负责。相关文件、地图等文献表明，日本仍然维持用“南洋”来指称东南亚区域的传统，并将之置于“大东亚”“大南方”“大东亚共荣圈”“东亚共荣圈”等框架之下。某种程度上，正是日本的军事统治第一次将整个东南亚区域纳入了一个整体性的管理机制中。日本大肆宣传的“大亚细亚主义”“同文同种”“亚洲是亚洲人的亚洲”“大东亚共荣圈”等理念，对于“整体东南亚”理念的塑造与传播起到了一定的助推作用。

三、去殖民化进程与区域规范的雏形

二战的爆发迫使殖民国家开始从东南亚整体层面进行应对，在政治和安全领域确认了“东南亚”区域的概念。与此同时，在东南亚民族主义兴起的大背景下，本地民众反抗日本侵略与反殖民斗争同步进行，最终促使东南亚区域殖民政权灭亡，东南亚国家以自己的方式走上了独立和统一的道路。至 1967 年东盟成立前，域内各国在探索民族国家发展及处理内外关系时，逐渐形成了符合地区实际的理念和思想，成为东盟“规范”形成的基础。

（一）“东南亚”名称与地理范围的确认与强化

为对抗日本扩张，英国于 1943 年 8 月牵头建立盟军东南亚司令部(South East Asia Command)，对塑造统一的东南亚地理区域影响深远。司令部最初负责战区包括印度、缅甸、锡兰、马来亚、苏门答腊、暹罗，并在 1945 年 8 月 15 日日本投降后扩大到包括荷属东印度群岛的其余部分和法属印度支那南部，覆盖面积达 150 万平方公里，但不包括美属菲律宾。自此，“东

① 参见梁志明：《论日本对东南亚的占领及其影响》，《世界历史》1995 年第 4 期。

南亚”成为欧美主要国家对区域的正式名称，并体现在各类政府文件、合作框架、协议协定中，如1948年12月8日英国外交部发布的《共产党在东南亚的战略大纲》(*Draft Outline of Communist Strategy in South-East Asia*)，制订于1950年的《南亚、东南亚经济合作发展的科伦坡计划》(*The Colombo Plan for Cooperative Economic Development in South and Southeast Asia*)。

在名称传播过程中，区域地理范围也逐渐清晰化，特别是殖民地宗主国以及周边大国如印度、澳大利亚等逐渐被排除出去。1944年12月，为推动区域合作，英国殖民部成立东南亚委员会(South-East Asia Commission)，负责地区包括大英帝国及英属马来亚、新加坡、北婆罗洲和中国香港，荷兰及其荷属东印度，葡萄牙与帝汶，法国与印度支那，美国与菲律宾，作为独立国家的泰国，澳大利亚、中国内地及印度等相关域外国家和地区，覆盖了东南亚区域以及与之直接关联的域外国家和地区。1946年，英国又成立特别专员署，设置特别专员，职责内的“东南亚”主要包括缅甸、锡兰、马来亚、婆罗洲、暹罗、印度支那、荷属东印度、中国香港及印度。

二战及战后初期英美等国在东南亚区域的理念与实践，虽未能对东南亚区域范围给予明确规定，但其覆盖的核心区域显然与当今东南亚区域一致；各国从政府层面对“东南亚”地域范围进行规范，并将之写入文件，体现在机构名称中，有利于“东南亚”名称的传播与被认可。

与此同时，“东南亚”也开始为域内外国家所接受。二战结束前夕，中华民国国民政府内政部印发的东南亚地图开始用“东南亚”来取代之前华人称呼的“南洋”，先后绘制了《东南亚形势图》《东南亚战区形势图》(1945年3月)等。1955年，英国学者霍尔(D. G. E. Hall)出版《东南亚史》，明确了东南亚的地理范围。[①] 二战后，在争取民族国家独立、反抗殖民主义、开展区域合作的进程中，由于“东南亚”既彻底消除了该区域是印度或中国文化附庸物的痕迹，也不存在明显的“西方中心论”的色彩，被域内国家接受的程度也越来越深，开始陆续出现在一系列组织、协议的名称中。在1945年印度总理尼赫鲁提议召开的首届亚非关系会议上，印尼、缅甸、暹罗、越南、菲律宾、马来亚代表谋划“东南亚联盟”；1945年，越南胡志明建立“泛亚洲共同体”；

---

① 参见王丽敏:《中国和西方对东南亚称谓略考》,《东南亚纵横》2014年第1期。

1947年，缅甸昂山提出创建“亚洲联邦”以及“东南亚联盟”；1947年，泰国推动建立“东南亚联邦”；1955年，根据《东南亚集体防务条约》设立的“东南亚条约组织”(Southeast Asia Treaty Organization)共有8个会员国、3个非会员国，除澳大利亚、法国、英国、美国、巴基斯坦、新西兰外，其余都是东南亚国家；1961年，泰国、马来西亚、菲律宾倡议成立“东南亚联盟”(Association of Southeast Asia)，成为东南亚联合的重要先例；1963年，“马菲印多”(Maphilindo)成为东南亚地区重要组织。

里程碑事件发生在1967年8月，“马菲印多”与“东南亚联盟”一起并入统一的东盟。当年出版的《佩加蒙世界地图册》(*Pergamon World Atlas*)的东南亚部分已经完全与今日的东南亚区域一致。[①]

(二)东南亚区域规范的孕育

从日本武力占领并军事统治东南亚起，本地民众开始意识到日本的占领政策与西方的殖民政策并无本质差异，其目的并非解放东南亚，而是致力于攫取东南亚资源支撑日本的侵略战争，东南亚各地的反日运动蓬勃发展。由于整个东南亚区域都在日本的军事统治下，各地协同作战自然成了必然选择；殖民宗主国试图在战后恢复殖民版图，则使本地民族不得不直面反殖民、独立建国的任务。因而，这段长期的历程中孕育了被吸收进“东盟规范”的独立自主、合作协商等理念。

在反抗日本侵略、恢复战后秩序的努力中，以英国和美国为代表的东南亚域外力量发挥了关键作用，为东南亚“合作规范”的孕育提供了外部动力，并将“合作”的内容从军事拓展至政治、安全、经济等各领域。1943年成立的盟军东南亚司令部旨在更好地协调抗日力量；1946年，英国殖民地设立特别专员来应对当时英国在东南亚面临的粮食危机；1947年，英国设置最高专员合并特别专员署专注区域政治安全建设；1948年12月8日，英国外交部发布《共产党在东南亚的战略大纲》应对并挫败东南亚共产主义的威胁。美国则拉拢东南亚域内外各国，牵头了对抗共产主义、应对区域安全问题的多个协定，包括《澳新美同盟条约》《美菲共同防御条约》《东南亚集体防务条约》(即《马尼拉协定》)等。域外国家的“东南亚区域合作”确立的若干规范对东

---

① *South-East Asia*. *Pergamon World Atlas*, 1967, https://www.oldmapsonline.org/maps/e21c3f30-1002-519a-8f3e-5a84684eb2ff/.

南亚区域规范的建构产生了影响：一方面，有助于国际社会广泛接受“东南亚”的名称和理念；另一方面，政策实践中扩散的协商与一致规范对东盟规范的起源具有直接影响，甚至被认为同东盟协商与一致规范内涵高度一致，成为东南亚区域规范的主要外部渊源。①

二战结束后，饱受殖民统治之苦的东南亚国家逐步实现独立，但国家的脆弱性、周边安全问题、域外大国对区域安全的威胁、国内经济复苏的压力等，迫使域内国家着手开展合作。正是在域外合作理念与实践的发展过程中，东南亚内生区域合作意识和实践也逐渐萌生、发展，并多具有追求民族独立、反殖民、跨区域的特征。郑先武将早期东南亚区域规范建构分为三个阶段，即酝酿与起步阶段（1945—1950年）、局部成长阶段（1951—1960年）、分化重组阶段（1961—1967年）。在此过程中凝聚的协商一致、共识性、非介入性、非强制性、非正式性、区域自主、不干预主义、主权与文化平等、共识性决策、非正式的渐进主义、泛亚洲精神、关注经济发展、拒绝多边军事防务等多种理念通过重大会议、法律文件、行动计划、特定议题决策与履行等方式，不断得到强化、规范化、机制化以及地方化。其中，不干涉、非武力、和平解决争端、尊重成员国的主权和领土完整、区域自主等行为准则和基于协商、共识的决策程序均被继承下来，为东南亚次区域合作制度建设以及“东盟方式”创建奠定了必要的规范基础。②

以合作为主要形式和目标的东南亚规范的诞生受外部因素的影响极大，但随着殖民统治的终结、去殖民化进程的推进，东南亚人民的自主意识和自主能力不断增强，依靠自身的价值观谋求发展道路的趋势愈发明显。因此，一方面，域内各国开始认可并接受广泛性的合作、协商、自主等原则；另一方面，又持续保留各自的身份特征。在东盟成立之前，一个既有相似性又有多样性的东南亚区域已然形成。

需要指出的是，东南亚区域规范的出现尚未导致真正意义上的东南亚区域身份认同的形成。换句话说，东南亚区域内部的凝聚力并未达到十分强大的程度。从区域历史发展来看，战后初期整体性制度的缺失导致东南

① 参见李峰：《英国的“东南亚区域合作”政策及其区域影响（1945—1967）》，《国际政治研究》2022年第5期。

② 参见郑先武：《东南亚早期区域合作：历史演进与规范建构》，《中国社会科学》2017年第6期；梁志明：《论东南亚区域主义的兴起与东盟意识的增强》，《当代亚太》2001年第3期。

亚各国的民族主义各自为政，即便是广泛的反殖民情绪也并未凝练出一致的精神。随着去殖民化进程的深入以及区域和国际合作实践的开展，域内各国认识到域内国家只有联合起来，以主权认同为基础，壮大集体力量，才能在建立公正的国际政治和经济新秩序进程中维护自身权益。这些努力的最终升华发生于20世纪60年代，世界多极化趋势及经济相互依赖的加强、区域合作意愿的加强、不结盟运动的兴起等推动东南亚区域主义发展到一个新的阶段。[①] 最具代表性的是东南亚联盟和马菲印多的建立，体现了区域国家努力消除彼此争端、加强团结合作的成果，表明东南亚国家独立自主地进行区域性合作的区域意识逐步增强，为真正意义上的东南亚认同的成形奠定了基础。

四、东盟建立与区域认同的清晰化

20世纪60年代末，印尼作为东南亚第一大发展中国家，全力支持东南亚区域合作，成为东南亚区域组织形成的关键因素。1967年8月8日，印尼、马来西亚、菲律宾、新加坡和泰国发表《东南亚国家联盟成立宣言》，即《曼谷宣言》，宣告东盟成立，标志着东南亚区域主义正式兴起，东盟认同开始形成。[②] 东盟身份认同形成的重要基础是东盟意识的凝聚与强化。所谓“东盟意识”，梁志明认为并无统一定义，亦非广义的地区文化意识概念，而是在区域合作实践发展中形成的共同意识，以维护各成员国共同利益为宗旨，在协商与合作过程中形成同甘共苦的融洽气氛，反映了成员国注重团结一致和求同存异的精神，具有整体性（或区域性）、独立性（或自主性）、融合性和开放性等特点。[③] 东盟的发展是东盟意识特点不断强化和清晰化的过程，也是东盟区域认同形成的必然路径。

（一）东盟内部建设与东盟意识的强化

东盟成立之时，整体东南亚概念虽已深入人心，但东南亚应包括哪些国家依然存在不确定性，以致东盟五国外长曾表示东盟应向斯里兰卡开放。[④]

---

① 参见梁志明：《论东南亚区域主义的兴起与东盟意识的增强》，《当代亚太》2001年第3期。

② 参见岳蓉：《东南亚地区的主权认同与区域认同及其根源探析》，《浙江师范大学学报》（社会科学版）2010年第5期。

③ 参见梁志明：《论东南亚区域主义的兴起与东盟意识的增强》，《当代亚太》2001年第3期。

④ 参见王子昌：《东盟的地理整体与利益整体意识：东盟意识与东盟的发展（Ⅱ）》，《东南亚研究》2003年第5期。

东盟的成立与扩大，除了最终明确东南亚的地理范围外，更是消弭区域内部不一致性、建构东盟身份认同的过程，还是东盟五个创始成员国将东盟的核心理念向东南亚其他国家传播并被接受的过程。

东盟内部建设的历程可分为五个阶段。第一阶段是1967—1975年，是东盟建立、健全组织和调整内部关系的磨合阶段。东盟五国对内化解紧张关系并提倡合作，对外反对外来干涉，先后发表、签署了一系列重要宣言和协议，落实了一系列重要框架措施，包括《和平自由和中立区宣言》(1971年)、新马印尼三国共同管理马六甲海峡和新加坡海峡声明(1971年)、"亚洲集体安全体系"(1973年)等。东盟成员国彼此兼顾包容、团结互助，区域合作意识逐渐加强。

第二阶段是1976—1987年，是东盟组织继续发展与意识持续增强的重要时期。东盟在政治协调、经济合作、组织建设和国际影响力方面取得了重要进展，包括敦促越南从柬埔寨撤军、签署《东南亚友好合作条约》(1976年)、签署强调东盟各国协调一致的《巴厘宣言》(1976年)，以及吸收文莱为东盟第六个成员国。这些进展激励东盟继续凝练求同存异、和平协商的精神，以整体姿态在国际舞台上出现。东盟的整体性、内部凝聚力、区域合作意识空前增强。

第三阶段是1987—1997年，是东欧剧变、冷战结束的阶段，也是东盟国家在区域内外局势发生严重变化之际实现经济快速发展的阶段。1987年发表的《马尼拉宣言》强调区域内聚力对于安全稳定和经济增长的重要性，强化了东盟坚持内部团结的目标。20世纪末，以东盟和印支三国对峙为基本框架的旧格局瓦解，后者开始向东盟靠近。越南(1995年)、老挝和缅甸(1997年)以及柬埔寨(1999年)正式加入东盟，"东南亚十国共同体"目标正式达成。[①] 这对于增进区域稳定、扩大合作、强化东盟意识至关重要，同时也为东南亚一体化发展奠定了坚实基础，标志着东南亚区域主义的成熟。[②]

需要指出的是，也正是从第三阶段起，东盟开始更加强调域内经济合

---

① 2022年11月11日，在柬埔寨首都金边举行的第40届和第41届东南亚国家联盟(东盟)峰会上，东盟各国领导人就东帝汶申请加入东盟发表声明，原则上同意接纳东帝汶为成员国，允许东帝汶在本届峰会结束后列席包括首脑会议在内的东盟所有会议。声明称，东盟将帮助东帝汶制定成为正式成员国的路线图，所有东盟成员国应为东帝汶成为正式成员国提供必要的支持。东帝汶事实上已成为东盟第十一国。

② 参见梁志明:《论东南亚区域主义的兴起与东盟意识的增强》,《当代亚太》2001年第3期。

作。此前，东盟在经济方面的合作进展缓慢，缺乏实质性成果。[①] 冷战的结束动摇了东盟存在的政治组织基础，使东盟意识到要维持和发展，就必须重新建构联合的经济基础。20 世纪 90 年代，东盟开始致力于建设东盟自由贸易区(AFTA)来推动区域经济一体化。1992 年 1 月举行的东盟第四次首脑会议签署了《加强东盟经济合作框架协定》和《共同有效优惠关税协定》，决定从 1993 年年初起的 15 年内建成 AFTA，全面加强东盟经济合作，建立东盟经济共同体。1994 年 9 月召开的东盟经济部长会议决定将 AFTA 建成的时间缩短为 10 年。

在具体措施方面，东盟国家建立了多种形式的经济成长区。例如，地理邻近的国家或地区组成有利于发挥各自比较优势的成长三角(growth triangle)来促进经济发展，有力地促进了整个区域的经济合作，同时为区域内部凝聚更多一致性提供了信心。

第四阶段是 1997—2008 年，是东盟的发展危机与机遇并存的阶段。该阶段初期爆发的金融危机给东盟发展带来严峻挑战，经济力量的削弱以及域内"盟主"印尼局势的不稳，导致东盟内聚力弱化。但在危机中东盟国家也认识到建成"东盟共同体"的重要性和必要性。1998 年 12 月召开的第六次东盟首脑会议决定将原东盟六国 AFTA 的建成时间再提前一年。2003 年，《巴厘宣言》强调东盟将通过经济、安全和社会文化三大建设将东南亚地区联成一体。2005 年 12 月的第 11 届东盟国家首脑会议上，十国领导人一致同意修改东盟经济一体化进程的时间表，把原定实现一体化的具体时间从 2020 年提前到 2015 年。2007 年，东盟国家领导人签署《东盟宪章》，决定加快东盟建设进程，规划于 2015 年建成东盟经济共同体，促进东南亚地区一体化进程朝着规范化、机制化的方向发展。东盟意识和规范有了正式而清晰的目标导向。

第五阶段从 2008 年 12 月《东盟宪章》生效延续至今，东盟发展趋于成熟。在新时期，东盟旨在通过缩小国家间的差距来增强东南亚区域整体实力。围绕着东盟共同体建设目标，东南亚区域一体化程度不断深入，各国之间相互依存与相互依赖程度不断提升，建构东盟身份认同成为域内共识。

---

① 参见王玉主：《东盟 40 年：区域经济合作的动力机制(1967—2007)》，社会科学文献出版社 2011 年版，第 42 页。

(二)东盟对外关系及其对东盟身份认同的影响

东盟成立于冷战期间,五个创始成员国秉持加强经济、社会、文化交流的初衷以及彼此合作互助的思想、规避敏感的政治与安全话题而建立了东南亚地区最重要的组织。冷战结束以前,东盟致力于内部建设,在美苏争霸的大格局下,东盟对外关系亦较为简单,并与美国存在不对称的相互依赖。[①]

冷战结束后,东南亚仍是大国竞争的重要地区,东盟以谋求建立大国在东南亚的平衡作为安全政策出发点。一方面,东南亚各国缺乏独自向世界大国施加影响的能力;另一方面,东南亚又是众多大国在政治上和地理上利益汇聚的地区。这迫使东南亚寻求合适的对外策略。集体行动自然成为优先也是唯一的选项,并促使东南亚内部形成了内在凝聚力。

东盟域内合作代表着这种方向的一种努力,即成员国重新在新的大国均势中实现它们的理想和目标。但随着经济实力和影响力的不断加强,东盟日益成为东南亚区域以经济合作为基础的政治、经济、安全一体化合作组织,在地区和国际事务中发挥着越来越重要的作用。同时,随着中国的崛起以及中国与东盟关系的发展,东盟逐渐形成了符合“东盟方式”的对外战略,大力推行“大国平衡”战略和多边外交,以保障东南亚区域和平与稳定为目标导向,力求建成东南亚和平自由中立区。对此,东盟作为一个集体与美、欧、日、澳、加等发达国家和地区及东亚国家建立了双边或多边对话机制,创立以讨论多边安全合作为主要议题的“东盟地区论坛”(ARF),推动举办亚欧首脑会议。

对外经济合作是东盟的重要目标。20 世纪 90 年代初,东盟率先开启东亚区域合作进程,逐步形成了以东盟为中心的一系列区域合作机制,形成的“10+3”“10+1”等合作机制已成为与东亚合作的主要渠道。不仅如此,东盟国家还参加了亚太经济合作组织(APEC),倡导建立“东亚经济核心论坛”(EAEC),将东南亚区域外国家联系起来,促进东盟经济合作发展。

东盟以集体姿态在国际上的重要性不断提升,显示了东南亚区域国家集合起来形成一个整体推动国际外交的影响力,极大增强了东盟的整体意识与开放意识。

---

① 东盟通过加强与美国在政治领域的合作以满足后者的冷战利益,以换取美国在产品市场和资金、技术方面的支持。参见王玉主:《东盟 40 年:区域经济合作的动力机制(1967—2007)》,社会科学文献出版社 2011 年版,第 135 页。

（三）东盟认同建构路径

东盟的发展是东南亚地区跨国家整合的过程，更是主权认同与区域认同不断强化的过程。东盟成立之时的彼此尊重、主权和领土完整、不干预、非正式合作、非政治合作、协商与一致、互助与协作、和平与安全等区域性规范遗产，经过50多年发展的孕育和凝练，升华为东盟共同的意识，即以维护域内各成员国的共同利益为宗旨，在国际政治论坛上东盟以“一个声音说话”，在经济合作领域奉行集体自力更生原则，在国际外交事务中以“集团政治方式”处理问题；在解决内部纠纷时以“协商一致”“互谅互让”原则办事，奉行开放的区域主义，倡导与世界各国建立各种形式的双边或多边联系的合作机制。① 这些原则和理念被凝练为规范和方式，发展为具体的东盟意识，成为东盟建构共同身份认同的基础。

《叙事》认为，东盟认同的建构需经历三个阶段，即东盟初创时建立起的共同政治价值观，初创之后通过加强经贸联系建立起的经贸利益共享价值观，东盟共同体建成后进入以社会文化价值观建构为核心的第三阶段。回顾东盟意识强化的历程，东盟认同建构的前两个阶段较为容易且已经实现。东盟认同建构的难度在第三阶段，特别是东盟各国历史、文化等的不同使东盟认同的继承性认同异常复杂。《叙事》还认为，衡量东盟认同成功与否有三个参数：一是东盟意识，即东盟人民把自身与东盟联系在一起的程度；二是东盟相关性，即对人民如何从东盟获利的理解；三是东盟评价，即东盟人民对自身作为东盟一分子的好评程度，以及东盟外部对东盟共同体的团结与中心地位的承认与否。②

因此，就东盟身份认同的建构路径而言，至少三个方面的考虑是必不可少的。其一，从建构的内容上看，东盟身份认同仅依靠东盟意识是不够的，需强调《东盟宪章》第二条中共同商定的各项原则与东盟地区人民世代相传的多种价值观的融合。这也要求东盟在建构身份认同的过程中，必须包容东盟乃至东南亚整体发展史中体现的本区域的核心历史文化。其二，从建构的方式上看，《叙事》文件指明了通过自上而下的方法建构东盟身份概念的基本方面、目标和基本价值观。然而，有学者指出，自上而下的建构方法

---

① 参见梁志明：《论东南亚区域主义的兴起与东盟意识的增强》，《当代亚太》2001年第3期。

② 参见吴禹霖：《“东盟认同”建设任重道远》，2022年5月24日，https://www.pishu.cn/psgd/581738.shtml。

存在的问题在于,精英阶层的参与程度要远高于普通民众,可能导致普通民众对"建构东盟身份"倡议的认同、支持和参与的不足。因此,寻求自下而上与自上而下相结合的建构方式有助于更好地将"继承性规范"纳入东盟的区域身份认同中。其三,从建构的环境来看,国际关系发展多元化趋势不可逆,全球社会之间相互依存领域和手段的广度、深度、频度都相比以前大为拓展与增加,东南亚域内外各国家和民族之间的接触与了解日益加深,这对东盟如何保持自身民族的、文化的、社会的区域特征提出了新挑战和新使命。

结　语

对近年来相关研究文献的回顾表明,东南亚区域认同已经逐渐被东盟认同所取代,探讨东盟认同建构的研究也多从政治学等视角出发,较少从历史的角度进行溯源。但无论是东盟的政策文件还是东南亚的区域实践都表明:第一,东盟认同虽然是东南亚区域认同的新阶段和新发展,但对东盟认同的过度宣传易将认同概念狭隘化,掩盖包容性更强、指向性更宽泛的东南亚区域认同。第二,区域认同建构的过程也是塑造和凝练区域以组织和制度为基础的"东盟规范"的过程。区域历史和实践表明,东南亚区域规范从根源上应融合历史的、社会的、文化的、道德的多元价值观,在渊源上应结合东南亚"本土"规范与域外"外来"规范。第三,东南亚广泛的一致性以及国家和地区的交流互动是区域认同的基础,但域内大国的身份认同对于区域共有规范的建构更具有普遍作用。① 域内跨国家整合的历史进程表明,东盟成立后区域认同的凝练经历了从岛屿地区向大陆地区扩散,从印尼、马来西亚等大国向老挝、柬埔寨等小国扩散的过程。第四,东南亚区域认同的形成、发展与演变,长期以来都受域内交流与互动以及全球化一体化合力影响,是内外动力共同形塑的结果。

在东南亚区域认同从萌芽、发展到升级、转型的过程中,历史、地理、社会、文化、民族的整体性要素是支撑其形成的关键基础。在东南亚历史演进的过程中,域内外国家、地区和民族之间持续不断的交流和互动,一方面使统一的"整体东南亚"形象逐渐固化,另一方面又塑造了极具多样性的区域

---

① 参见李峰:《国家身份如何塑造区域认同:以东南亚的区域大国"身份地位化"为例》,《南洋问题研究》2018 年第 2 期。

历史遗产和文化传统。在此过程中孕育的整体性、包容性、开放性、融合性特点世代相传,成为塑造东南亚与东盟意识的核心要素。正是这些相似性或统一性、差异性或多样性的普遍存在,在“求同化异”的进程中塑造了今日的东南亚区域。

东盟的构建是东南亚区域认同的一个重要发展。东盟区域组织的构建,一方面增进了地区各国对地缘东南亚区域认同的共识,形成了“单一区域”(single region)定位;另一方面促使域外国家对以“东盟为中心”的东南亚区域整体给予承认,构建区域国家和区域组织并行的双轨关系。

以东盟为中心的东南亚区域认同构建

翟崑　尹珂　邓涵*

在东南亚区域研究的历史脉络中，研究者对“何以为东南亚”的元问题保持了强烈的探索欲。[①] 在人类学的视野中，历史上在这一区域生活的众多人群未能形成统一的东南亚人的自我意识，也没有形成整体的东南亚区域意识。[②] 从中国历史文献中的南海、南洋到西方文献中的“外印度”“风下之地”，最后到“东南亚”概念的普遍运用，外部世界对东南亚的看法逐步确立统一。有关“东南亚”的区域概念和知识体系在历史上不仅是东南亚本土自觉萌生的结果，而且还受到了外部世界和“他者”的建构与驱动。近代以后，随着民族主义的兴起，新的本土意识开始觉醒，现代化和后殖民主义思潮从国际社会流向东南亚，为东南亚国家寻求共同利益和合作奠定了基础。二战结束以后，为了应对冷战的威胁，部分东南亚国家之间建立了不同类型的合作制度，为东南亚区域认同的形成提供了有利的条件。

1967 年东盟正式成立，旨在促进地区的和平与稳定、促进成员国的经济繁荣，标志着东南亚国家间自主合作和区域认同的初步确立。东盟将共同的身份认同建立在共同的文化、历史和地缘政治基础上。冷战期间，印尼与马来西亚的对抗、菲律宾与马来西亚的争端、越南战争、柬埔寨与越南的战争、东帝汶危机等，每一次都看似是撕裂区域认同的危机，但从结果来看，最

---

* 翟崑，北京大学教授、区域与国别研究院副院长；尹珂，北京大学国际关系学院博士生；邓涵，中共中央党校（国家行政学院）讲师。

① Donald K. Emmerson, "'Southeast Asia': What's in a Name?", *Journal of Southeast Asian Studies*, Vol.15, No. 1, 1984, pp.1-21.

② 参见周建新、郝国强：《人类学的东南亚研究：概念、成果与挑战》，《民族研究》2018 年第 6 期。

后引导了早期的东盟开始逐渐学会彼此协调、管控冲突，学会如何将东南亚的区域利益与大国的利益适当脱钩，以及学会在国际社会中如何进行制度建设。冷战结束后，多发的非传统安全危机促使东盟更加积极地参与到区域治理的制度建设进程中。这使东南亚原本脆弱的区域认同由于东盟的制度建立、扩员和制度延展三大制度建设路径实现了进一步的统合。

东南亚区域认同的对象包含四大要素：一是认同作为整体的东南亚区域，二是认同东盟，三是认同东盟推动的东南亚区域合作，四是认同东盟主导的区域治理进程。这四大要素之间是不断深化的递进过程。

本尼迪克特·安德森将民族主义和民族国家称为"想象的共同体"，并强调殖民政府通过大众媒体传播、教育体系和行政管制等进行共同体认同意识的塑造。[①] 正如国家是人们"想象"的一样，区域也可以存在于"想象"中。从知识变迁的视角来审视东南亚的区域认同，正是区域认同的观念从想象走向实践的过程。在东盟建立的早期阶段，民族国家的建构产生了区域效应，区域合作的发展也主要受到国家的驱动。东盟创始成员国通过引领区域规范及其机制的建构，既实现了其区域国家从身份标识向实际地位的转变，又反向塑造和增强了区域认同。在东南亚的区域认同塑造过程中，来自域内的国家自主性与来自域外的英国、美国等国的主导性之间形成了竞争关系，最终东盟成功地脱颖而出，成为区域认同的主要塑造者，其关键的工具和抓手就在于东盟有效地推动了区域制度的本土化建构。

一、东南亚区域认同的既有研究

何谓区域认同？社会认同理论将社会认同的建构分为三个阶段：类别化、认同和比较。[②] 国际关系领域的区域认同研究者认为，区域认同的建构主要源于三个方面的协同：行为体之间的互动、国际制度的作用，以及"他者"意识的建构。[③] 在此基础上，本文认为区域认同的建构同样可以分为以下几个阶段：界定本国所处的区域、认同本国与其他国家处在同一区域、形成域内域外的观念。在东南亚，观念上的共同区域形成以后，从早期政治精

---

① 参见[美]本尼迪克特·安德森：《想象的共同体：民族主义的起源与散布》，吴叡人译，上海人民出版社2005年版。

② 参见吴莹：《文化、群体与认同：社会心理学的视角》，社会科学文献出版社2016年版，第16页。

③ 参见李明明：《论欧盟区域认同的社会建构》，《南开学报》2005年第5期。

英意识到国家之间的合作可以促进区域的发展,国家与区域之间是相辅相成的关系。[①] 从概念的本源看,认同是一个复杂且有争议的概念,主要是指行为体(可能是一个人、一群人、一个国家或一组国家)由于身份和社会属性、价值观和行为模式而感到自己的独特或与众不同。这种特殊的意识区分了自我与他者的关系。认同与否,主要由两个因素决定:一个是行为体如何看待自己,二是他人如何看待该行为体。身份认同的主体不仅仅是一群文化观念相似的人,他们还会“表现出相互反应、自信和尊重,并且自觉地自我认同”[②]。身份是社会建构的,行为体之间会将“习惯”社会化,形成规范和制度,这样互动之中产生了基本的认同,并会随着制度化程度的变化而变化。在区域认同中,国家之间的相互身份认同是建立共同体的关键要素。如同一个国家的内部需要一种共同的认同来建立一个真正具有凝聚力的共同体,国家之间也需要基于共同的认同,加强彼此之间的合作与集体行动。

(一)东南亚区域认同的知识论

对完整的东南亚区域概念的认同是讨论东南亚区域认同的前提。泰国学者曾发问:东南亚的区域认同究竟是想象的还是真实存在的?[③] 从知识论来看,区域主义在国际社会的兴起,形成了关于区域认同的国际知识。英国、美国在东南亚参与的区域合作制度设计,也在一定程度上影响了东南亚的区域认同。但这类研究在无形中过度强调大国在区域合作中有关认同的牵引作用,或多或少地忽视了东南亚本土的主体性。[④] 对此,需要回归到东南亚本土,去发掘更多的认同来源。东南亚的本土知识大部分是基于经验的,例如马来人之间的沟通协商方式,此外,也存在于彼此交往行动的基本框架中。但既有研究并没有对此进行抽象的理论归纳。如果将东南亚区域认同视为一种本土知识,那么它可以分为基于本土历史文化的经验知识,国际传播的区域知识与东南亚的结合产生的、经过总结和阐释的原理知识,以

---

① Dewi Fortuna Anwar, “National versus Regional Resilience? An Indonesian Perspective”, in Derek da Cunha ed., *Southeast Asian Perspectives on Security*, Singapore: ISEAS, 2001, pp.81-97.

② Donald J. Puchala, *Fiscal Harmonization in the European Communities: National Politics and International Cooperation*, London: Bloomsbury Academic, 2014, pp.186-187.

③ Kavi Chongkittavorn, “ASEAN Identity: Imagined or Real?”, 2019-11-28, https://www.reportingasean.net/asean-identity-imagined-real/.

④ 关于大国领导区域合作进而促进地区认同的研究,参见李峰:《英国的“东南亚区域合作”政策及其区域影响(1945—1967)》,《国际政治研究》2022 年第 5 期。

及二者涵化之后形成的东盟知识。后者即为本文所讨论的区域认同的属性。今天东南亚的区域认同是经历了本土性和国际性相互涵化[①]的结果。

区域认同的形成过程极其复杂，并且随着时间和空间的不同而变化。认同可以是多样的，也可以相互重叠。个人可以有多个认同，国家的认同亦很难与个体认同完全对应。[②] 例如，印尼有作为东南亚国家的认同，但是普通民众可能只会认为自己是印尼人而非东南亚人。国家的区域身份认同，是指国家对国际区域形成的一种认知和定位，或者说是一种区域性的归属。从认知和定位而言，只有具有相容性区域身份认同的国家，才能在区域制度构建上形成共识。[③] 区域认同可以塑造区域组织的价值偏好与行为取向。一般意义上的区域认同来源，可以大致分为三种类型：一是归属性认同，即在长期的历史互动中，逐渐形成集体的身份；二是功能性认同，域内国家意识到本国利益与地区利益之间不可分割，开展区域合作必不可少；三是回应性认同，域内国家在与域外国家的互动过程中，意识到区域之间的差异性，形成了基本的区域意识。[④]

东南亚区域认同具有其独特性。阿米塔·阿查亚认为，东南亚的区域认同不是先验的，而是各国政府和社会之间的互动建构而成的。东南亚的区域认同感比东盟更悠久，如果不考虑东盟认同内嵌的东南亚区域认同背景，就无法理解东盟认同的性质。[⑤] 阿查亚还提出了东南亚区域认同的五大来源：民族主义、宗教、文化规范和互动模式、现代化国家发展目标，以及区域主义。[⑥] 东盟的区域主义开始时，创始成员之间并没有明显的、先验存在的集体认同感。东盟成员国制定规范和建构东盟身份、建立安全共同体是东南亚建立区域认同的关键。冷战结束后，东盟围绕构建“一个东南亚”开展更为多元的区域制度建设活动，重新定义了东南亚的区域空间。阿查亚

---

① 关于涵化，参见秦亚青：《知识涵化与社会知识再生产：以中国国际关系理论发展路径为例》，《世界经济与政治》2023年第1期。

② 关于东南亚国家认同与个体认同关系的具体论述，参见 Kristina Jönsson, “Unity-in-Diversity? Regional Identity-building in Southeast Asia”, *Journal of Current Southeast Asian Affairs*, Vol.29, No.2, 2010, pp.41-72。

③ 参见张蕴岭主编：《国际区域学概论》，山东大学出版社2022年版，第12页。

④ 参见刘兴华：《地区认同与东亚地区主义》，《现代国际关系》2004年第5期。

⑤ Amitav Acharya, *The Making of Southeast Asia: International Relations of a Region*, Ithaca: Cornell University Press, 2013, pp.24-25.

⑥ Amitav Acharya, *The Making of Southeast Asia: International Relations of a Region*, Ithaca: Cornell University Press, 2013, p.25.

认为，当一个给定的行为体或行为体集合，开始将自己的特点与其他行为体之间的关系形成对比，身份认同就开始了。[①] 在东南亚，基于身份认同的研究路径，就是研究一群国家如何定义自己在区域秩序中的特征和角色、与域内国家和域外国家的关系，以及这些国家如何形成一种“我们”的感觉。[②] 这种区域认同的观念挑战了东南亚国际关系的现实主义叙事中普遍存在的无政府状态假设。国家可以通过“想象”自己成为一个集体实体或一个地区的一部分，利用历史和当代的共同属性和经验来开始认同建构项目。[③] 有的研究者在研究区域认同时，仍然将欧盟作为标杆和旗帜。这些研究者认为欧盟似乎代表了区域认同的最佳实践。拿欧盟的实践经验迁移到东盟的身上，实际上反映了西方知识霸权和思维的根深蒂固。[④] 东盟的区域认同一定是建立在本土知识基础之上的。一个地区的制度化水平，必然有高有低。但是，东盟的制度化水平只能代表时间截面下的状态。对于聚焦过程实践导向的东盟而言，不能简单地用制度化水平作为测评的指标。在这一知识论基础上，本文认为东南亚区域认同是流动的知识，探究东南亚区域认同的内在机理，需要对影响东南亚区域认同变迁的因素进行更深层次的发掘和梳理。

（二）影响东南亚区域认同变迁的因素解释

认同本身属于非理性主义层面的研究，侧重心理层面的探寻。既有研究主要是通过身份、规范等视角对东南亚的区域认同进行研究。例如，亚洲

---

① Amitav Acharya, *The Making of Southeast Asia: International Relations of a Region*, Ithaca: Cornell University Press, 2013, p.25.

② 关于东南亚区域认同研究的各类路径，参见 Amitav Acharya, “Imagined Proximities: The Making and Unmaking of Southeast Asia as a Region”, *Southeast Asian Journal of Social Science*, Vol. 27, No.1, 1999, pp.55-76; Christopher Roberts, “Region and Identity: The Many Faces of Southeast Asia”, *Asian Politics & Policy*, Vol.3, No.3, 2011, pp.365-382; Joel S. Kahn, *Southeast Asian Identities: Culture and the Politics of Representation in Indonesia, Malaysia, Singapore, and Thailand*, Singapore: ISEAS, 2000; Jayeel Cornelio and Volker Grabowsky, *Regional Identities in Southeast Asia: Contemporary Challenges, Historical Fractures*, Chiang Mai: Silkworm Books, 2023。

③ Amitav Acharya, *The Making of Southeast Asia: International Relations of a Region*, Ithaca: Cornell University Press, 2013, pp.25-26。

④ 此类研究如 Dira Fabrian, “Could the ASEAN Community Bring about a Southeast Asian Identity?”, 2016-12-28, https://www.yalejournal.org/publications/could-the-asean-community-bring-about-a-southeast-asian-identity。

价值观对塑造东南亚区域认同的作用。[①] 如果对既有解释进行分类，大致可以分为内生和外生两类因素。外生视角主要突出域外大国的主导性，在内生因素中，学者们从不同的视角探究了东南亚区域认同的影响因素。

对建构主义者来说，在集体内部创造身份可以维持制度。如果将这一逻辑反过来，制度建设能否促进集体身份的认同？从内生视角来看，古贺庆(Kei Koga)认为，东盟的制度变化明显推动了内在身份的变化。一方面，东盟的职能范围得以拓宽，成员得以扩容；另一方面，东盟专注于不同领域的议题合作。ARF和"东盟＋3"都是东盟通过制度分层，进行制度变革的副产品。[②] 这些制度在一定程度上促进了东南亚区域身份的变革。阿查亚认为"亚太地区的多边机制发展可以被视为身份建构的实践"[③]，东南亚和亚太地区的制度建构本身就是过程导向的，而不仅仅是国际体系结构变迁的结果。这个制度建构的过程，包含了多边主义的国际知识和本土的社会化知识。前者包括合作安全与开放式区域主义，后者则包括软性区域主义和灵活共识，这两种知识包含的观念和规范可以推动区域层面的制度建构。[④] 与之相近的观点认为，在东南亚早期区域主义形成的过程中，国际社会尤其是亚非国家之间形成的不干预、主权平等、和平共处、不结盟、非正式等规范被东盟内化，成为"东盟方式"的主要来源。去殖民语境下的万隆会议满足了东南亚的区域需求，塑造了印尼的区域领导地位，增进了东南亚国家的区域认同。[⑤] 阿查亚还考虑到东南亚前现代历史对区域认同的塑造基础。如果从前殖民时期开始分析，东南亚区域共识存在的基础不一定是国家之间的正式承认，而可能是文化相近且具有同质性的关系互动模式。[⑥]

---

① Gürol Baba, "Regional Commonalities and Regional Identities: Forging a Normative Understanding of Southeast Asian Identity", *Journal of Current Southeast Asian Affairs*, Vol.35, No.1, 2016, pp.91-121.

② Kei Koga, "ASEAN: Institutional Change and Historical Institutionalism", 2015-10-31, https://www.e-ir.info/2015/10/31/asean-institutional-change-and-historical-institutionalism/#google_vignette.

③ Amitav Acharya, "Ideas, Identity and Institutional-building: From the 'ASEAN Way' to the 'Asia-Pacific Way'?", *The Pacific Review*, Vol.10, No.3, 1997, pp.319-346.

④ Amitav Acharya, "Ideas, Identity and Institutional-building: From the 'ASEAN Way' to the 'Asia-Pacific Way'?", *The Pacific Review*, Vol.10, No.3, 1997, pp.319-346.

⑤ 参见郑先武：《万隆会议与东南亚区域主义发展》，《世界经济与政治》2015年第9期。

⑥ 关于区域共识的理解，参见 Amitav Acharya, *Constructing a Security Community in Southeast Asia: ASEAN and the Problem of Regional Order*, New York: Routledge, 2001, p.164。

如果从更广泛的区域视角来看,彼得·卡赞斯坦认为,区域认同是地理接近并相互依存的国家在观念上与本地区其他国家的认同,以及将自身视为区域整体一部分的意识。区域认同水平的高低体现了不同区域合作组织发展阶段的差异,影响了区域合作模式与组织发展模式的选择。[①] 因此,组织发展阶段决定了区域认同的水平。张蕴岭认为,区域认同是各国对区域归属的认知,也被称为区域身份认同。其重要性在于,可以使各方确立和增强区域利益与责任的意识,并且各国都愿意为此进行投入。区域认同的形成要素,包括了政治、安全、经济、民族、宗教和文化等多重因素。[②] 就东南亚而言,东盟认同成员在国家制度、治理方式、对外关系上存在多样性,但在区域共建上有目标一致的共识。对内,各成员国协力共建东盟共同体,把东南亚建成一个和平与发展的地区。对外,各成员国协力合作,维持东盟的整体性。尽管在具体议题上,部分国家之间可能会有分歧,但东盟团结的大方向没有发生变化。[③] 这是东南亚区域认同的重要表现。吴翠玲(Evelyn Goh)认为,从冷战到今天,东南亚国家的身份实现了与东亚从相孤立到重新融合的转变。[④] 其中,东盟发挥了核心的作用。东南亚各国对东盟主导地区合作的认同,将东南亚区域认同与东盟认同首先联系起来。由于东盟共同体内部的复杂性和多样性,要实现在实践中发挥作用的东盟身份并不容易。但是任何认同目标的制定,都需要东盟成员共享实际可行的规范,而不是局限在一个想象的区域共同体之中。[⑤] 今天,东盟国家成功地建构了一种新的共同体,建立了新的区域社会身份。[⑥] 区域身份的塑造离不开制度的支撑,东

---

① Peter J. Katzenstein, *A World of Regions: Asia and Europe in the American Imperium*, Ithaca: Cornell University Press, 2005, p.77.

② 参见张蕴岭:《区域国别学视域下的国际区域治理》,《上海交通大学学报》(哲学社会科学版)2023年第3期。

③ 参见张蕴岭:《东盟变了么?》,2022年5月31日,http://comment.cfisnet.com/2022/0531/1325721.html。

④ Evelyn Goh, "Southeast Asia's Evolving Security Relations and Strategies", in Saadia M. Pekkanen, John Ravenhill and Rosemary Foot eds., *The Oxford Handbook of International Relations of Asia*, London: Oxford University Press, 2014, pp.462-480.

⑤ 从规范视角对东南亚认同的理解,参见 Gürol Baba, "Regional Commonalities and Regional Identities: Forging a Normative Understanding of Southeast Asian Identity", *Journal of Current Southeast Asian Affairs*, Vol.35, No.1, 2016, pp.91-121。

⑥ 建构主义讨论了很多国际社会身份,但区域层面的社会身份尚未得到有效讨论。关于身份理论,参见季玲:《重新思考体系建构主义身份理论的概念与逻辑》,《世界经济与政治》2012年第6期。

盟的发展是功能性认同[①]驱动的结果,提升制度化水平但同时保持本土特性是东盟制度建设推动区域认同的主要逻辑。从制度的视角看,东盟共同体以东盟的制度建设为支撑,没有全盘接受西方区域认同塑造的观念逻辑,在实践中逐渐形成并坚守东盟方式的观念主导地位。[②]

总体而言,既有研究提出的众多解释因素中,核心均离不开作为区域制度的东盟。东盟推动东南亚区域认同的机理和进程主要体现在以下几方面。

一是共同的目标与规范形成。东盟的成立奠定了共同的目标和规范,如促进地区和平、稳定、繁荣与互信。这些共同的目标和规范成为东盟成员国之间互动与合作的基础,引致形成了区域认同。

二是制度化合作与协商。东盟建立了一系列的机构和机制,如东盟峰会、部长级会议和工作组等,以促进成员国之间的合作和协商。这些机制化的合作平台提供了一个共同的框架,让东盟成员国能够在各种议题上进行对话与合作,从而增进了相互之间的了解和信任,并推动形成区域认同。

三是一致决策与共识原则。东盟的决策采取共识原则,意味着所有成员国都需要达成一致意见才能做出决策。这种一致决策的原则有助于确保成员国的参与和共享决策的责任感,增强了东盟成员国之间的归属感和认同感。

四是区域倡议与共同项目。东盟通过区域倡议和共同项目的推动,促进了成员国之间的合作和互动。例如,东盟推出的东盟经济共同体、互联互通计划、智慧城市计划等区域合作项目,有力地增进了成员国之间的互利合作和区域认同。

五是文化与教育交流。东盟通过设立文化和教育交流平台,促进成员国之间的相互了解和认同。东盟推出的交流活动,如学术交流、学生交流项目等,有助于培养区域认同感,促进国家之间多样议题的共享和理解。

六是外部合作伙伴关系。东盟与外部国家、组织的合作伙伴关系也有助于推动区域认同的形成。与外部国家和组织的合作,促进了东南亚区域的互联互通、贸易和投资,巩固了东盟作为一个整体区域组织的影响力以及

---

① 关于"功能性认同"的概念,参见陈小鼎、李珊:《制度认同:扩员后上海合作组织的发展动力》,《当代亚太》2022年第3期。

② 参见韩志立:《东盟共同体建设困局与观念交锋》,《南洋问题研究》2017年第1期。

在东亚合作中的中心地位。

二、以东盟为中心的区域制度构建

从制度建设的视角,东盟究竟是如何对东南亚的区域认同形成促进作用的?东盟制度建设的过程可分为制度建立、吸纳扩员和制度延展三个环节。

其一,制度建立。在政治与安全合作领域,东盟通过定期开展对话与合作,以加强政治、安全合作。具体而言,主要包括推动预防和解决冲突、建立信任措施,以及加强ARF和东盟防长会议(ADMM)等地区机制,以应对安全挑战和维护地区稳定。在经济领域,东盟通过建立东盟经济共同体(AEC)和东盟自由贸易区(AFTA)等,推动经济一体化。这些制度化的举措促进了区域内商品、服务、投资和劳动力的自由流动,从而促进了成员国之间的贸易和经济合作。在互联互通领域,东盟通过实施互联互通计划,加强了区域的连通性。基础设施项目方面,东盟通过实施互联互通总体规划(MPAC),改善了东盟国家之间的交通、信息和通信技术(ICT)、能源和其他关键的基础设施网络。在社会文化合作领域,东盟高度重视加强成员国之间的社会文化合作,通过加强文化交流、旅游、教育、农业、能源、环境,以及社会发展、卫生、灾害管理和环境可持续性等方面的合作,成员国之间得以形成部门机构之间的制度化合作,分享相应的治理经验。

其二,吸纳扩员。冷战结束后,柬埔寨问题得到解决,东盟六国与越南等印支国家之间的敌意渐渐消退。国际形势的变化推动了东盟扩员的共识。1993年,东盟启动建设东盟自由贸易区的进程,不仅推进了区域内的经济合作,也为东盟的扩容和东南亚共同体的建立创造了条件。1994年5月,东盟六国和越南、老挝、柬埔寨等印支三国以及缅甸共商建立由10个国家构成的"大东盟"。其间,各方发表声明,强调东南亚应成为一个"共同体"。1995年越南加入东盟,1997年老挝、缅甸加入,1999年柬埔寨加入。最终,东盟以开放包容的姿态接纳了政治制度、社会形态迥异且经济发展水平悬殊的中南半岛四国的加入。2022年,东盟又正式同意东帝汶的加入。目前,各方正在推动完成相关的入盟手续。总体上,东盟的扩员之路没有设置过高的门槛,也没有因为历史因素排斥相关国家加入。由东南亚11国组成的东盟,很快就将代表东南亚整体的区域身份。

其三，制度延展。东盟与外部国家和组织建立了对话伙伴关系，包括中国、美国、日本、韩国、印度和澳大利亚等，加强了彼此之间在政治、经济、社会文化等领域的合作与交流。东盟同时还主导建立了多个与外部伙伴之间的合作与对话机制，例如东亚峰会（EAS）、东盟＋1、东盟＋3、ARF和东盟防长扩大会议（ADMM＋）等。这些架构成为讨论地区安全、政治和经济问题，以及加强与外部伙伴合作的重要平台。东盟还与外部国家和地区建立了自贸区、签署了多个自由贸易协定（FTA），例如中国—东盟自由贸易区（CAFTA）、《东盟—澳大利亚—新西兰自由贸易协定》（AANZFTA）、《东盟—印度自由贸易协定》（AIFTA）等。这些协定有效地促进了东盟与外部国家、地区之间的经贸往来和投资水平。此外，东盟还与澳大利亚、中国、日本、韩国、新西兰等15个国家达成了《区域全面经济伙伴关系协定》（RCEP），大力提升区域内贸易自由化和投资便利化水平，形成了更紧密的区域经济一体化格局。制度延展已成为东盟的一大创造性举措。其中，从东南亚扩展到亚太乃至全球，各国与东盟建立伙伴关系的前提是认同东盟确立的区域合作模式。

（一）东南亚新区域认同的起步

东南亚的区域认同不是凭空产生的，而是有其深厚的历史背景和文化基础。但是，东南亚国家把所在区域作为自己的主体区域，并基于区域认同共识推动区域合作与区域制度构建是在第二次世界大战以后。1955年，在美国、英国的主导下，曾集合澳大利亚、新西兰、巴基斯坦、泰国和菲律宾成立了东南亚条约组织。但这一冠名“东南亚”的组织，由于只涵盖了泰国和菲律宾两个东南亚本土国家，严重缺乏本地区大多数国家的认同和支持。在美国的优势主导下，大国之间也因其出现了相互掣肘的现象，导致该组织最终走向了衰败。1961年，泰国、马来西亚和菲律宾发起成立了东南亚联盟，但由于马来西亚和菲律宾发生领土争端，内部矛盾突出，联盟最终也陷于瘫痪。1967年，泰国、印尼、马来西亚、新加坡和菲律宾推动成立了东南亚国家联盟（简称“东盟”，ASEAN），所发表的《东南亚国家联盟成立宣言》明确了东盟的宗旨和目标，强调以平等与协作精神，共同努力促进本地区的经济增长、社会进步和文化发展；遵循正义、国家关系准则和《联合国宪章》，促进本地区的和平与稳定；促进经济、社会、文化、技术和科学等领域的合作与相互支援；与具有相似宗旨和目标的国际和地区组织保持紧密和互利的合作等。从区域认同的角度来看,宣言的基本理念是共同开展以东南亚为主体的区域合作,以区域合作实现区域的和平稳定与共同繁荣。

东盟成立之初,各国对于区域制度构建比较谨慎。东南亚当时面临着复杂的局势,国家和区域内部矛盾多,各国经济发展落后,首要的是以合作的精神和原则协调国家和地区利益之间的关系,通过开展合作维护国内和地区关系稳定,推动区域和平构建。

(二)基于区域认同的合作实践

新加坡学者马凯硕等指出,如果没有反对越南占领柬埔寨的密切合作,东盟就不会形成今天这样的和平生态系统。[①] 冷战期间,东盟主要形成了几类不同的区域认同和共识。一是反对意识形态之争,对东南亚地区构成威胁。二是针对 1978 年越南入侵柬埔寨,东盟开启了协调处理地区事务的先河。这也在一定程度上促进了东盟创始成员国之间共同体意识的形成。三是如何与国际社会相处,尤其是如何与大国打交道。东盟对区域认同的官方表述首次出现在 1976 年的《巴厘宣言》[②]中,该宣言确立了东南亚区域合作的新目标,明确东盟向所有认同该组织目标和原则的东南亚国家开放。1976 年,东盟通过《东南亚友好合作条约》(TAC),为协调成员国关系以及构建区域合作制度奠定了基础。《东南亚友好合作条约》拒绝僵化和保守,致力于向所有遵守条约的域内和域外国家开放。换言之,只要相关国家认同该条约中确立的相互尊重独立、主权、平等、领土完整,不干涉内政,不受外部干涉,和平解决争端等原则,就可以与东盟开展有效的合作。

冷战期间,东盟还确立了“东盟方式”的协商合作模式,为成员国之间的合作确定了基本认同的行为方式。关于“东盟方式”,有多重的含义和解读。例如基于东南亚本土特色的协商和共识决策及非正式性,以及包含了国际社会的一般行为准则,如不干涉内政原则、领土完整与和平解决冲突等。“东盟方式”是国际合作规范的本土化以及东南亚本土合作规范的国际化的双重结合,具有开放和包容以及非强制、非正式等特性,强调坚持通过非正式协商来达成全体一致等。其有效地提升了东盟参与地区事务的灵活性,

---

① 参见[新加坡]马凯硕、孙合记:《东盟奇迹》,翟崑、王丽娜等译,北京大学出版社 2017 年版,第 42 页。

② *The Declaration of ASEAN Concord, Bali, Indonesia*, 1976-2-24, https://asean.org/the-declaration-of-asean-concord-bali-indonesia-24-february-1976/.

并逐渐形成了有东盟特色的行为规范。“东盟方式”被视为建构东南亚集体身份认同的核心。在实践中，东盟运用“东盟方式”，成功参与并解决了柬埔寨、东帝汶等地区冲突问题。在日常的外交实践中，“东盟方式”已经内嵌到东盟的外交文化中，得到了各国的认同和拥护。

“东盟方式”蕴含的舒适原则，避免了东盟在处理成员国内部问题时对成员国造成过大的压力。以缅甸加入东盟的过程为例。缅甸在获得东盟的观察员地位以后，于1996年申请加入东盟。然而，在1996年9月下旬，缅甸内部出现了社会动荡，泰国和菲律宾对给予缅甸东盟成员国资格曾表示强烈的关切，认为需要重新评估东盟的“建设性接触”政策，并强调在审查缅甸的成员资格时需要重点考虑民主化和人权等因素。但新加坡、印尼、越南和马来西亚对此表示反对，认为两国的态度违背了不干涉的原则，偏离了“东盟方式”的基本精神，最终缅甸在1997年正式加入东盟。“东盟方式”对成员国之间不同意见的柔性处理，吸纳了更多的成员国加入。在东南亚，协商一致的“东盟方式”成为保护中小国家战略生存空间的有力保障。对东盟而言，则有利于聚焦共同利益和推进合作。

（三）“东盟方式”下的区域制度构建

随着区域合作进程的发展，区域认同和行动自主性不断增强，东南亚国家更加主动地强调有东南亚特色的区域性、区域主义和区域合作。① 东盟国家不仅在观念上建立了共同体意识，制度层面也一直通过旗帜鲜明的“东盟方式”推动自身建设，并在成员构成上实现了多次扩容。

东盟建立了比较完整的决策和运行制度，包括：东盟峰会，就东盟发展的重大问题和发展方向做出决策；东盟协调理事会，由各国外长组成，负责综合协调；东盟共同体理事会，包括东盟政治安全共同体理事会、东盟经济共同体理事会和东盟社会文化共同体理事会，协调其下设各领域工作；东盟领域部长会议，致力于加强各相关领域合作，支持东盟一体化和共同体建设；东盟秘书长和东盟秘书处，负责协助落实东盟的协议和决定，并进行监督；东盟常驻代表委员会，由东盟成员国指派的大使级常驻东盟代表组成，代表各自国家协助东盟秘书处、东盟协调理事会等机构开展工作；东盟政府间人权委员会，负责促进和保护人权与基本自由的相关事务。东盟的制度

① 参见翟崑：《探索后冷战时代东南亚地区的演进之道》，《东南亚研究》2019年第6期。

建设体现“东盟特色”，不是制定超国家的区域法规，而是通过目标和进程导向的运行推动区域的发展和共同建设。东盟共同体作为区域的综合制度由具有法律效力的《东盟宪章》保证，以政治安全共同体、经济共同体和社会文化共同体建设为支撑。

东盟作为区域整体的代表积极开展对外关系，推动由其引领的以协商与合作为导向的综合关系与环境构建：一则，开放《东南亚友好合作条约》，让其他国家遵循所定规则；二则，推动多重合作机制，包括“东盟＋”自贸区、RCEP和对话性的ARF。《东南亚友好合作条约》对所有域外国家开放。“东盟方式”虽然强调非强制性，但加入《东南亚友好条约》是域外国家与东盟建立对话关系的首要条件，签署条约意味着认同东盟制定的规范。为了推动稳定与和平的区域环境，东盟通过ARF将其他国家纳入共同参与的对话机制。通过“东盟＋”多重机制的构建，如“10＋1”、“10＋3”、东亚峰会，打造开放包容的区域合作机制。东盟还以渐进的过程导向和协调活动增进东南亚各国的区域认同意识和责任，提升自身在区域秩序建构中的角色与作用。

今天的东盟已经是“二代东盟”。“一代东盟”经历了战争和追求发展，初步形成了本地区秩序治理的意识和梦想，但自我认同、自信心、自主性尚有欠缺。“二代东盟”在亚洲金融危机后驶入了制度建设的“快车道”，于1997年年底建立了东盟主导的东亚合作机制，在东亚范围内推进区域治理。[①] 东亚区域治理的模式则推动了后冷战时代东盟全方位和多层次的制度建设。由于全球和区域层面的非传统安全和新兴议题层出不穷，东盟坚持柔性的多边协调，通过对大国进行社会化来维系东亚的区域治理进程。[②]目前，东盟主导的区域治理已经覆盖了传统安全、非传统安全、公共卫生、数字经济等众多领域，区域内外国家都认同东盟主导的这一合作治理模式。基于区域认同的区域制度构建稳固和加强了东盟的中心地位。实践表明，东盟推动的区域合作大都得到了其他合作伙伴的认同，也成为东盟制度建设的重要成果。

---

① 参考翟崑：《峰会季，何以成就“二代东盟”？》，2022年11月28日，https://www.chinanews.com.cn/gn/2022/11-28/9904183.shtml。

② 参见张云：《国际关系中的区域治理：理论建构与比较分析》，《中国社会科学》2019年第7期。

三、东盟身份叙事与公民区域认同构建

虽然东南亚区域认同已经完成了制度层面的跃迁，但质疑的声音仍一直存在。批评者认为这种认同水平较低，指出“东盟方式”的效率、东盟的制度化程度仍有许多尚待解决的问题，“东盟方式”强调共识决策和不干涉、非正式的原则，导致对反复出现的区域问题难以形成有效的解决方案，拖累了合作进程。例如，东盟对持续困扰自身的跨境烟霾造成的环境问题治理迟缓。东盟制度建设的非强制性也使得东盟内部的规范一旦被成员国打破，就缺少对成员国相应行为的制约。东盟成员国在面临内部危机时，相互之间往往缺乏监督或实施纠偏的能力，有时甚至导致内部陷入僵局。例如，当“东盟方式”与缅甸相遇时，既有当初东盟接纳缅甸的正面案例，也有2021年至今缅甸危机期间“东盟方式”被认为无法发挥决定性作用的负面案例。这些都表明，动态视角下的东南亚区域认同共识本身具有脆弱性。不过总的来看，东盟的制度建设也具有很强的韧性，可以经受住外部因素的冲击而不发生逆转。

东盟共同体建设深化需要更强的区域认同共识，特别是公民区域认同。现实中，东盟共同体建设面临地区公民对东盟的身份认同感不足的挑战。迪拉·法瑞(Dira T. Fabrian)认为东南亚公民对东盟的认同感低，原因在于每个东盟国家都有自己的民族叙事，而东盟共同体刻意维持多样性的区域主义，东南亚的中小学课程教育中也缺少与东盟相关的科目。① 因此，东盟共同体必须加强公民区域认同意识，即共同地区身份的建设。马来西亚前总理巴达维也认为，东盟的认同构建必须是一个自然有机的过程，不能仅由政府主导。② 减贫和培育公民积极的社会意识，有利于区域认同的建构。如果没有公民的广泛参与，区域认同仍然只存在于精英层面。③ 未来的东南亚区域认同，就是要在广泛的公民社会中进行强化和拓展。例如，东盟社会文化共同体需要着力培育共同体意识。东盟共同体制度建设的过程是自上而

---

① Dira T. Fabrian, “Could the ASEAN Community Bring about a Southeast Asian Identity?”, 2016-12-28, https://www.yalejournal.org/publications/could-the-asean-community-bring-about-a-southeast-asian-identity.

② 参见《巴达维谈东盟共同体：增强身份认同　倡设东盟时区》，2015年3月28日，http://politics.people.com.cn/n/2015/0328/c70731-26764879.html。

③ Michael E. Jones, “Forging an ASEAN Identity: The Challenge to Construct a Shared Destiny”, *Contemporary Southeast Asia*, Vol.26, No.1, 2004, pp.140-154.

下的推动方式，过去普通民众对东盟共同体的认同较弱，因此需要加强社会宣传和公民教育，让民众对东盟有更充分的了解和理解，并从中增进对东盟的认同，获得民众最大限度的支持。[①]

2018 年 10 月，东南亚的民间组织首次提出建立“东盟身份叙事”的构想，尝试丰富东盟身份的内涵。2019 年 9 月，在第 15 届东盟高级别文化艺术大会(SOMCA)上，各方讨论并支持了《东盟身份叙事》(以下简称《叙事》)的草拟工作。2020 年 11 月，东盟在第 37 届东盟领导人会议上正式发表了《叙事》，强调了东盟认同对东盟共同体建设的重要意义，并鼓励东盟人民通过积极参与东盟各项事业来培养和强化东盟认同。

《叙事》认为，东盟认同的构建需经历三个阶段，即东盟初创时建立起的共同政治价值观，东盟初创之后通过加强经贸联系建立起的经贸利益共享价值观，以及 2015 年随着东盟共同体的建成，东盟开始进入以社会文化价值观构建为核心的第三个阶段。虽然东盟各国的历史、文化等的差异使东盟认同异常复杂，但是历经三个阶段的认同构建，特别是进入第三阶段，东盟共同体建设的推进加强了东盟认同的构建，并将促进以多样性为主要特征的东盟认同加速形成。《叙事》还认为，衡量东盟认同成功与否有三个标准：一是东盟意识，即东盟人民把自身与东盟联系在一起的程度；二是东盟相关性，即对人民如何从东盟获利的理解；三是东盟评价，即东盟人民对自身作为东盟一分子的好评程度，以及东盟外部对东盟共同体的团结与中心地位的承认与否。[②] 按照《叙事》的标准，东盟成员国已经开始了“东盟公民”的标签尝试。例如，马来西亚吉隆坡国际机场出入境口岸就设有一条东盟的专用通道，来自东盟成员国的游客可以享受作为“东盟公民”的特殊待遇快速通关。该专用通道是东盟各国领导人依据 2010 年在越南河内达成的共同协议敦促各国设立的。其初衷是当东盟各国的公民迈出国门时，首先能寻找到一个“专用区域”，体验到“我来自东盟”的内心自豪感，从而建立起对共同体的契约观念和深切认同。[③]

---

① 参见张蕴岭：《如何认识和理解东盟：包容性原则与东盟成功的经验》，《当代亚太》2015 年第 1 期。

② 参见阳阳、庄国土主编：《东盟黄皮书：东盟发展报告(2021)》，社会科学文献出版社 2022 年版，第 16—17 页。

③ 参见《从细微处看“东盟共同体”建设》，2015 年 2 月 5 日，http://www.xinhuanet.com/world/2015-02/04/c_1114257137.htm。

2022年9月,东盟文化部门组织了一场关于东盟认同的研讨会,与会者提出提高东盟认同的方法之一是加强对媒体的运用。在分组会议期间,媒体从业人员建议可以利用Tik Tok等新媒体平台来传播与东盟相关的内容,开发有关东盟信息的移动应用程序,例如传播每个国家与东盟之间的关系,以及扩大东盟新闻在新闻和专题节目中的空间分配。① 信息和媒体合作最早是在1989年5月24日至25日雅加达举行的第一次东盟信息部长会议(AMRI)上提出来的,合作的目标在于倡导和提高普通民众对东盟政策和倡议的认识,并通过传统、主流和新的方式进行媒体交流。该信息部长会议与东盟的对话伙伴和其他利益相关方一起,一直在努力营造东南亚的区域归属感,并培养和促进东盟认同的形成。② 数字时代,随着AI和东盟智慧城市建设进一步提速,东盟如何进一步利用新技术革命的契机推动区域认同走向新阶段也值得思考与研究。

结　语

东盟的建立是东南亚区域认同的一个转折点。东盟不断发展的进程为东南亚区域认同的变迁提供了内生动力。以"东盟方式"为互动规范和以建设东盟共同体为愿景相结合,塑造了东南亚独特的区域特征,并培养了成员国之间的团结与合作意识。

东盟是东南亚地缘空间的聚合,是东南亚区域认同共识的载体。因此,东南亚区域认同的核心是东盟共同体构建,而东盟共同体的基本理念是创建区域国家合作共生的区域。在共同体建设不断推进的进程中,共同的利益基础和认同的共识都会不断增强。

基于"东盟方式"的东南亚区域制度建设,成为东南亚区域认同建构的重要推力。东南亚本土实践产生的制度建设路径形成了"东盟方式","东盟方式"不是一成不变的,而是在发展进程中不断进行调整和丰富。东盟共同体建设是一个不断深化的过程,在此基础上,以东盟为中心的区域认同也会不断发展。

---

① Joanne B. Agbisit, "A Regional Identity in the Making", 2023-3-23, https://theaseanmagazine.asean.org/article/a-regional-identity-in-the-making/.

② 参见东盟官网中的东盟社会文化共同体中的信息和媒体介绍(https://asean.org/our-communities/asean-socio-cultural-community/information-and-media/)。

南亚区域认同与区域合作

吴兆礼*

区域认同是区域主义和区域合作的基础，国家对区域的认同和参与是区域机制或区域制度构建的关键。区域主义需要政治和谐、经济相互依存和区域认同三个支柱的有力支撑，缺少任一支柱都会使预期收益和实际结果产生差距。① 自 20 世纪 40 年代中期以来，地区主义一直是国际关系的重要力量。几乎所有国家都认为，区域主义有利于其社会经济发展以及和平与安全，区域主义也日益被视为应对地区以及全球化挑战的重要机制。与东盟和欧盟的区域主义快速发展相比，南亚地区在形成一个制度化的区域合作框架方面启动相对较晚，其进程与成效也受到地缘政治等因素的制约。有学者早在 20 世纪 60 年代就认为南亚国家有共同特征，即社会和文化同质性、共同的政治态度和行为、政治与经济上相互依存、地理接近②，但也有学者始终质疑南亚是一个“区域”概念，更有学者认为南亚区域合作联盟（以下简称“南盟”，SAARC）的成立并不是基于区域认同或区域建设的真实体现，其更多的是获得一种比区域内各国间双边合作更有效的社会经济发展合作秩序的权宜之计。实际上，南亚区域主义的发展以及南盟的成立、进程与成效，表明南亚各国在区域认同和区域定位导向上是有差别的。国家实

* 吴兆礼，中国社会科学院亚太与全球战略研究院副研究员。

① Aditi Paul, "Regional Cooperation in South Asia: Exploring the Three Pillars of Regionalism and their Relevance", *The Journal of Indian and Asian Studies*, Vol.1, No.2, 2020, pp.1-22.

② Bruce M. Rusett, *International Regions and the International System: A Study in Political Ecology*, Chicago: Rand, McNally & Company, 1967. Quoted from Edward D. Mansfield and Etel Solingen, "Regionalism", *Annual Review of Political Science*, Vol.13, No.1, 2010, pp.145-163.

力不对称、双边矛盾与冲突、国内与区域内种族与宗教问题、非传统安全问题、国家战略及优先事项等，尤其是危机、矛盾与挑战，一方面成为南亚国家凝聚区域共识和开展区域合作的驱动力量，但另一方面也对区域认同形成制约，对区域合作成效产生负面影响。

一、南亚区域认同的历史演变与现状

认同或者身份是一个跨学科的概念，在心理学、社会学以及越来越多的人类、文化和区域地理学中使用[①]，而区域认同则属于集体认同范畴[②]，它反映了区域成员在历史、语言和意识形态上的共同性，并有助于协调区域内的社会文化、政治和经济等活动。与其他地区的区域认同相似，为更好地理解南亚区域认同的性质、差别和复杂性，需要从四个维度对南亚区域认同进行综合评价，即定义与特征、测度方法、因果关系或相关性，以及识别和描述。由于南亚的种族、宗教、语言、文化、政治、领土和历史具有多样性，加之国家间地缘政治的现实矛盾与冲突，南亚区域认同的程度和潜力都大打折扣。总体上，南亚作为相对独立的地理单元，处于相同文化圈辐射范围，有共同的殖民与反殖民历史，在地区主义不断发展的潮流中，其区域认同有一定的基础。然而，受地缘政治尤其是国家间冲突矛盾的影响，南亚区域认同度较低，区域认同较为有限。

（一）地理、历史/文化与殖民遗产

彼得·卡赞斯坦(Peter J. Katzenstein)认为："地区不只是地图上可以被直接和客观描述的有形空间，而且是根植于政治实践的社会与认知建构。"对于南亚区域认同的考察，其独特的地理单元、印度文明/文化影响、殖民统治与反殖民斗争的历史，应该成为研究南亚区域认同的起点。

1.南亚是相对独立的地理单元

从地理上看，南亚北有喜马拉雅山脉与亚洲大陆主体隔开，东、西和南三面为孟加拉湾、阿拉伯海和印度洋所环绕，在地理上形成一个相对独立的

---

① Peter J. Katzenstein, "Regionalism and Asia", *New Political Economy*, Vol.5, Issue 3, 2000, pp.353-368.

② Michael Keating, *The New Regionalism in Western Europe: Territorial Restructuring and Political Change*, Cheltenham: Edward Elgar, 1998. Quoted from Gürol Baba, "Regional Commonalities and Regional Identities: Forging a Normative Understanding of Southeast Asian Identity", *Journal of Current Southeast Asian Affairs*, Vol.35, Issue 1, 2016, pp.91-121.

单元。因独特的地理条件，印度次大陆形成了明显区别于其他地域的文化特征。对此，有学者指出："它们是一个拥有文化、语言、宗教和历史的地区，有自己的身份标志。"[①]

2.南亚属于印度文明/文化及其涵盖范围

古代南亚地区存在一个与西方罗马体系、东亚朝贡体系和近代国际体系并列的"大法体系"，其由孔雀王朝时代阿育王建立，以印度宗教中的"法"(Dharma)为合法性基础，具有"强文明体、弱组织体"的特点。该体系下族群间的融合度较低，国家间的联系松散而脆弱，国家力量有限。在此体系下，国家认同和凝聚主要是宗教上的，而经济联系十分脆弱，政治上则通常是分裂和离心的。[②] 佛教作为昔日"大法体系"的合法性基础及联结"大法体系"下各行为体的精神纽带，在南亚地区已发生很大变化。南亚国际体系的"强文明体、弱组织体"特点一直影响到近代。而南亚地区的"大法体系"作为一种集体记忆，其影响主要表现在印度某些政治和知识精英心中的"大印度圈"与"大国"梦想。[③]

3.西方殖民与"印度次大陆"

15 世纪至 20 世纪的五百年中，包括葡萄牙、荷兰、法国和英国在内的欧洲殖民者先后入侵南亚地区，马尔代夫、斯里兰卡、印度沦为殖民地，阿富汗被迫成为英俄之间的缓冲国，尼泊尔也长期遭到英国殖民者的控制。殖民者用武力使印度次大陆在历史上首次实现了地域统一，并实行了有效统治，这也导致次大陆在地缘上基本是一体的。实际上，在西方殖民者统治征服次大陆的整个历史阶段，"不仅存在着穆斯林和印度教徒的对立，而且存在着部落与部落、种姓与种姓的对立；既然一个社会完全建立在它的所有成员普遍的互相排斥和与生俱来的互相隔离所造成的均势上面"[④]，这也是马克思所指出的"印度本来就逃不掉被征服的命运"[⑤]以及能被殖民者"分而治之"的重要原因。因殖民历史，除阿富汗和尼泊尔外，印度、巴基斯坦、孟加

---

① Paul Aditi, "Regional Cooperation in South Asia: Exploring the Three Pillars of Regionalism and their Relevance", *The Journal of Indian and Asian Studies*, Vol.1, No.2, 2020, pp.1-22.

② 参见尚会鹏：《论古代南亚国际体系："大法体系"的特点及原理》，《国际政治研究》2015 年第 5 期。

③ 参见张金翠：《〈政事论〉与印度外交战略的古典根源》，《外交评论(外交学院学报)》2013 年第 2 期。

④ 《马克思恩格斯全集》第 9 卷，人民出版社 1961 年版，第 246 页。

⑤ 《马克思恩格斯文集》第 2 卷，人民出版社 2009 年版，第 685 页。

拉国、斯里兰卡和马尔代夫都是英联邦成员。[①] 这些国家的地区认同明显带有殖民历史的印记。

(二)南亚区域认同共识"赤字"

1.民族国家建立与"南亚"概念的外部构建

20世纪40年代以来,南亚国家先后摆脱殖民统治,南亚地缘政治版图逐渐形成。巴基斯坦和印度于1947年8月相继独立,斯里兰卡于1948年2月独立,马尔代夫于1965年7月独立,1971年3月东巴基斯坦宣布独立并于1972年1月建立孟加拉国。至此,南亚地区形成八个国家政治版图——印度、巴基斯坦、斯里兰卡、尼泊尔、不丹、马尔代夫、阿富汗、孟加拉国。然而客观来看,将印度次大陆称为"南亚"(South Asia),更多的是源于外部建构。20世纪60年代,欧美大学开始广泛采用"南亚"一词,联合国、世界银行等国际机构也是这一时期逐渐开始使用"南亚"来界定这一区域的。[②]

2.区域认同较为混乱

随着南亚地缘政治版图的逐渐形成,南亚区域认同却停滞不前,甚至呈现混乱与倒退的趋势。对于20世纪50年代至70年代这三十年期间南亚区域认同的现状,有学者明确指出,南亚国家有着充分与确切的地理上的南亚身份认知,但缺乏有效的、足够的、真切的和观念上的地区认同,南亚区域认同甚至呈现"赤字"状态。[③] 实际上,对于是否属于南亚身份,甚至一些地区国家也并没有完全认同自己的"南亚身份"。例如,斯里兰卡和孟加拉国都曾希望加入东盟,印度甚至认为缅甸属于南亚[④],阿富汗自身和南亚国家也都不认为阿富汗具有"南亚身份"。

国家生存与国家安全优先导致意识形态认同超越了地理空间认同。实际上自20世纪50年代以来的很长时期内,南亚区域认同更多地呈现出"既没共同区域,也没共同利益,有的只是国家生存与国家安全"。民族国家的建立和民族主义高涨,使得次大陆内部原有的连通性和共通性由于国家边界逐步确立而被人为地切割开来。[⑤] "两个民族"理论是印巴分治的重要因

---

① 巴基斯坦曾于1972年退出英联邦,后于1989年重新加入。马尔代夫于1982年加入英联邦,2016年宣布脱离,后于2020年重新加入。

② 参见林民旺:《南亚的地缘政治博弈及其战略格局的演进》,《云大地区研究》2019年第2期。

③ 参见陈翔:《南亚区域合作联盟的发展现状及前景》,《国际研究参考》2015年第6期。

④ 参见林民旺:《南亚的地缘政治博弈及其战略格局的演进》,《云大地区研究》2019年第2期。

⑤ 参见林民旺:《南亚的地缘政治博弈及其战略格局的演进》,《云大地区研究》2019年第2期。

素，导致印度次大陆地缘政治版图的构造性断裂，其间印度和巴基斯坦爆发过三次战争，彼此视对方为国家生存与国家安全的最大威胁。同时，印度将南亚次大陆视为其势力范围，推行“印度版门罗主义”，导致印度与邻国关系存在系列矛盾与分歧。而且，南亚国家自身内部也存在多种挑战，包括分裂、分离、反叛以及动乱，这些都对国家安全构成挑战。因此，应对内外挑战、确保国家生存与安全，成为地区国家的优先事项。

出于安全需要，南亚区域认同中意识形态认同取代了地理空间认同，跨区域结盟成为维护国家主权和安全的重要手段。为此，巴基斯坦于1954年5月与美国签订《美巴共同防御协定》，同年9月加入东南亚条约组织(SEATO)，1955年9月加入巴格达条约组织(后于1959年8月改名为中央条约组织，CENTO)。可以看出，寻求安全是巴基斯坦自独立以来一贯追求的外交政策的核心，通过与美国和伊斯兰世界的结盟来应对印度威胁。印度则与苏联在1971年签署《印苏和平友好合作条约》。这一时期，印度与巴基斯坦都通过寻求与区域外军事集团的结盟或准结盟来维护国家安全。

3.“大印度联邦”与巴基斯坦区域认同的“脆弱”与“困惑”

这一时期，印度区域认同的重要特征是“大印度联邦”设想，认为南亚是印度的南亚。尼赫鲁的“大印度联邦”或者说“印度中心论”继承了英国殖民政府的政治战略思想。这个以印度文化圈为基础、印度民族为主体的“大印度联邦”计划，在当时的国大党与印度资产阶级和知识分子阶层有着深刻的影响。尼赫鲁的心中一直隐存着一个“大印度联邦”计划，期望将巴基斯坦、克什米尔，甚至更多的国家或地区纳入“大印度联邦”。尼赫鲁认为：“小的民族国家是注定要灭亡的。它可能作为一个文化上的自治地区而苟延残喘，但是不能成为一个独立的政治单位。”[①]实际上，所谓的“大印度联邦”包括所有受南亚次大陆文化影响的区域，以及英国在南亚次大陆周围所有的殖民地，包括并不限于现代印度、巴基斯坦、孟加拉国、缅甸、斯里兰卡、阿富汗的一部分、尼泊尔、不丹、锡金甚至中国西藏自治区的一部分。

巴基斯坦区域认同的“脆弱”与“困惑”最具代表性。有学者发现，巴基斯坦与南亚其他国家相比有着非常不同的历史和性质。[②] 首先，除了英属印

① [印]贾瓦哈拉尔·尼赫鲁：《印度的发现》，齐文译，世界知识出版社1956年版，第712页。

② Yaqoob Khan Bangash, “Pakistan ‘in’ South Asia”, 2012-9-10, https://tribune.com.pk/story/434353/pakistan-%E2%80%98in%E2%80%99-south-asia.

度帝国时期，巴基斯坦各地区曾经很少是任何南亚帝国的一部分，即使是最东部的巴哈瓦尔布尔也效忠于喀布尔而不是德里。卡拉特地区只在17世纪向莫卧儿朝廷效忠了几十年，从那时起它离波斯或阿富汗更近。其次，它们的统治者几乎不是印度意义上的“王公”，这些王国也主要是部落，这与印度明显不同。只是在英国统治时期这些土邦与印度建立起非常紧密的联盟，印度统治者也试探性地在这些土邦身上烙上了“印度”的身份。事实上，组成的“土邦”更多的是中亚、波斯、阿富汗和印度习俗和传统的独特混合体。基于这一地区相当复杂的历史，以及对更“穆斯林化”的普遍渴望，巴基斯坦在独立后走上了伊斯兰化的道路。巴基斯坦开国总理利亚卡特·阿里·汗(Liaquat Ali Khan)决定巴基斯坦应该更多地向中东和阿拉伯国家寻求灵感，他改变了一个多世纪以来专注于南亚地区的传统。然而，这种激进的转变让巴基斯坦感到困惑和孤独，因为它既没有被阿拉伯俱乐部接受，也没有像伊朗那样为自己的遗产感到自豪，同时它试图与南亚遗产脱离关系。因此，巴基斯坦的区域身份认同是较为脆弱的。

总体上看，印度曾设想将南亚地区的所有国家都纳入其“大印度联邦”框架，始终认为南亚是印度的南亚，其对南亚的区域认同可谓最为强烈。一些南亚国家则认为其地域属性并非唯一。阿富汗对自身的定位是南亚与中亚的联结与枢纽；巴基斯坦认为自己是南亚、中亚、中东和中国的十字路口，甚至认为是包括阿富汗在内的“大中东”的一部分；斯里兰卡和孟加拉国则认为自己是南亚与东南亚的桥梁。显然，南亚各国都有着各自定位的区域认同，各国间认同的共识性很弱，存在区域认同共识的“赤字”。

二、南亚区域合作进程

20世纪70年代末以来，尤其是进入80年代，南亚的地缘格局基本形成，东巴基斯坦独立成孟加拉国，印度完成对锡金的吞并。以印度为代表的南亚国家在对外政策中奉行不结盟，而巴基斯坦也从20世纪70年代开始从奉行结盟转变为不结盟。同时，南亚各国的内部族群矛盾和教派矛盾仍十分突出，经济社会发展问题较为普遍，地区国家间的分歧、矛盾与冲突也时常激化，和平、发展、繁荣与稳定成为地区国家必须解决的问题。在此背景下，南亚的区域认同有了进一步发展，以南盟的成立为标志，南亚区域合作进程开始起步，这标志着各国有了一定的区域认同共识基础。然而，受印巴矛盾影响，南盟框架下的区域合作成效不佳，为此印度开始强化以孟不印尼(BBIN)为主的次区域合作和以环孟加拉湾多领域经济技术合作倡议(BIMSTEC)为代表的次区域合作。

(一)南亚区域合作联盟(SAARC)

1977年，时任孟加拉国总统齐亚·拉赫曼倡导成立南亚区域合作组织，并于1980年倡议召开高级别会议讨论区域合作事宜。1983年8月召开的南亚七国[①]外长第一次会议通过了《南亚区域合作宣言》和《联合行动纲领》两份文件，这标志着南亚区域合作正式启动。1985年12月，第一届首脑峰会在孟加拉国首都达卡召开，峰会发表《达卡宣言》并签署《南亚区域合作联盟宪章》，这标志着南亚区域合作联盟正式成立。

1.南盟的合作领域从社会民生逐渐扩展到经贸与安全

南盟成立之初，各成员国意识到它们脆弱的双边关系和对国家安全和主权的不妥协立场，认为最好在无争议、非政治和不干涉但互利的领域进行合作。因此，为推进南盟合作开展，南盟成立初期将农业、气象、卫生、交通和科技等领域作为合作的主要领域，不讨论政治、经济与安全问题。为此，宪章明确规定“不讨论双边以及有争议的问题”，以打消各成员国疑虑。[②] 实际上，1987年第三届南盟峰会通过的《关于防止恐怖主义的地区公约》以及1993年签署的《南亚优惠贸易安排》，则标志着南盟合作已经进入非传统安全领域和经贸领域。2004年，第12届南盟峰会达成《南盟自由贸易区协定》(SAFTA)，2006年SAFTA正式生效，区域经济合作与贸易自由化进程加速。2005年11月，第13届南盟峰会决定成立南盟能源中心以进一步促进能源合作。2010年4月，南盟第16届峰会签署了《服务贸易协定》。

2.南盟机制建设取得进展

南盟框架下先后设立了峰会、部长理事会、常设委员会、各类技术委员会、执行委员会、经济合作委员会、秘书处和区域中心等机构，成员也从创始七国发展到八个成员国和九个观察员。2005年11月，第13届峰会同意吸收阿富汗为新成员。2006年8月，南盟第27届部长理事会审议通过南盟观察员指导原则，并陆续接纳观察员。目前，南盟吸纳了包括中国、日本、韩

---

① 南盟创始成员包括孟加拉国、不丹、印度、马尔代夫、尼泊尔、斯里兰卡及巴基斯坦七个国家。

② 参见曹峰毓、王涛:《南亚区域合作的历程、成效及挑战》,《太平洋学报》2017年第10期。

国、缅甸、美国、欧盟、澳大利亚、伊朗和毛里求斯在内的九个观察员国。

3.南盟合作成效较低

南盟框架内的合作机制尤其是在政治与传统安全领域合作机制的缺失与不足,也导致南盟机制成效受到影响。而且,1998年印巴核试验和21世纪以来南亚地区地缘政治形势发展,也导致南盟框架内的合作曲折发展。对此有学者认为,南盟在组织扩容、合作领域增加以及自身机制建设等方面取得重大发展与突破的同时,也出现了一系列困境与麻烦,包括自由贸易区进展缓慢、发展水平低下、政治与安全方面的合作进程缓慢、联盟机制仍然相对落后、对促进地区发展和改善人民生活水平等方面作用有限等。[①] 甚至有学者认为,南盟的成立并不是基于区域认同或区域建设的真实体现,其更多的是一种比区域内各国间双边合作更有效的社会经济发展合作秩序的权宜之计。

4.南盟合作陷入僵局

2014年,印度邀请南盟国家领导人参加莫迪总理新政府宣誓仪式,并随后出台了针对南亚邻国的邻国优先政策(NFP),从中可以看出印度希望将南盟塑造为一个以结果为导向的区域合作组织。第18届南盟峰会通过了《加德满都宣言》,强调加快推动区域一体化建设,加强在贸易、投资、金融、能源、安全、基础设施建设、互联互通以及文化领域的合作,优先推进区域和次区域内项目。然而,巴基斯坦在本次峰会上对印度提出的互联互通倡议持反对立场。更为严重的是,印度和巴基斯坦之间的矛盾因2016年9月发生的“乌里恐袭”事件显著上升,印度带头抵制原定于2016年11月在巴基斯坦首都伊斯兰堡举行的第19届南盟峰会。2019年新冠疫情以来,南盟国家为应对疫情多次召开线上会议,印度还启动新冠信息交流平台“COINEX”,但南盟出现的新转机随后被阿富汗政局变化以及印巴间根深蒂固的矛盾所吞噬。

(二)孟不印尼次区域合作(BBIN)[②]

发展是南亚国家的优先课题。尽管南亚区域整体合作陷于停滞,但基

---

① 参见陈翔:《南亚区域合作联盟的发展现状及前景》,《国际研究参考》2015年第6期。

② 参见吴兆礼:《印度推进“孟不印尼”次区域合作的政策路径:兼议其与中国经济走廊倡议对接的愿景》,《太平洋学报》2017年第5期;吴兆礼:《印度推进“孟不印尼”合作:诉求与挑战》,《国际问题研究》2017年第2期。

于共同发展的利益，次区域合作仍存在利益共识，比如“南亚增长四角”的发起与发展。1996 年年底，孟加拉国总统提议建立孟加拉国、不丹、印度和尼泊尔等四国为参与方的次区域合作新模式。1997 年 4 月，孟不印尼四国在尼泊尔首都加德满都举行首次会议，会议就在南盟机制外形成四国次区域合作达成共识，并在尼泊尔的建议下将四国间的次区域合作称为“南亚增长四角”(SAGQ)，会议同时发布了关于“南亚增长四角”的七项目标与原则。[①]“南亚增长四角”是孟加拉国和尼泊尔试图避开印巴对抗而寻求次区域合作的努力与尝试，其定位为解决南亚次区域经济社会问题的现实出路，不追求次区域“市场一体化”，而是以项目为导向，并且认为这个机制具有地理毗连、文化传统相似等先天优势。然而受南亚地区政治环境、基础设施条件以及相关国家内部缺乏共识等因素的影响，“南亚增长四角”的进展在初期阶段十分缓慢，甚至更多的是停留在概念阶段，尤其是“南亚增长四角”倡议初期部分成员国内部对“南亚增长四角”也缺少共识。特别是进入 21 世纪以来，缺乏政府与私人投资而导致“南亚增长四角”动力不足，其中基础设施落后成为限制“南亚增长四角”目标实现的最大障碍。[②]

在莫汉·辛格领导的团结进步联盟政府(UPA)后期，印度对次区域合作的重要性有了新的认知。在南盟框架内合作踟蹰不前的背景下，印度促成了 2013 年 4 月在孟加拉国首都达卡举行的孟加拉国—不丹—印度三边会谈(BBI)，并决定成立“水资源管理/电力与水电”和“联通/交通”两个联合工作组(JWGs)。[③] 2014 年 5 月就任印度总理的纳伦德拉·莫迪(Narendra Modi)对南亚区域合作给予高度重视，决定绕开南盟框架以次区域合作为突破口，开始寻求以次区域合作作为带动区域合作渐进前行的新路径。在此背景下，“孟不印尼”成为莫迪领导的全国民主联盟政府(NDA)推进次区域合作的重要倡议。“孟不印尼”与“南亚增长四角”相似，两个倡议都强调成员国在互联互通、能源电力、过境与贸易和人文交流等领域合作。然而印度并没有沿用“南亚增长四角”概念，而是另起炉灶，倡导“孟不印尼”合作，其

---

① Ishtiaq Hossain, “Bangladesh-India Relations: The Ganges Water Sharing Treaty and Beyond”, *Asian Affairs*, Vol.25, No.3, 1998, pp.131-150.

② Ishtiaq Hossain, “Bangladesh-India Relations: The Ganges Water Sharing Treaty and Beyond”, *Asian Affairs*, Vol.25, No.3, 1998, pp.131-150.

③ 尽管此时印度官方还未正式提出 BBIN 合作，但随着尼泊尔的加入，印度官方和学界开始将 2013 年 4 月联合工作组的成立视为 BBIN 合作的开端。

基本的政策考量除追求次区域合作的主导权、变被动的参与方为积极的倡导者外，倡议的管理与决策机制也是印度弃用“南亚增长四角”的重要原因。“南亚增长四角”倡议的管理与决策原则明确规定，项目要由四国集体确定并选择，但项目必须通过南盟行动委员会（SAARC Action Committee）依据《南盟宪章》第七条和第十条的规定加以实施。① 相反，印度倡导的“孟不印尼”则不受《南盟宪章》的约束，这对未来灵活把握次区域合作的发展方向具有较为明显的现实意义。在此背景下，“孟不印尼”倡议得到印度莫迪政府的积极推动。

次区域电力与联通基础设施建设成为“孟不印尼”合作的重要内容。目前，“孟不印尼”合作已经建立了联合工作组机制，建立了“水资源管理/电力与水电”和“联通/交通”两个联合工作组。其中，“水资源管理/电力与水电”工作组的主要任务是继续探讨电力贸易和电网联通的范围和潜力，推动四国间在电力领域的经验交流与最佳实践分享，推动四国间在水资源管理领域的水文数据分享以及探讨分享盆地水资源管理与开发的实践经验，建议并指导成立相关领域的专家小组等。“联通/交通”工作组的主要任务目标是推动以“南盟地区铁路协议”框架为样板的“孟不印尼铁路协议”的磋商进程，推动四国间包括基础设施分享和陆路口岸贸易便利化进程等。② 经过多轮磋商与谈判，“孟不印尼”合作框架内的“机动车辆协议”（BBIN-MVA）于2015年6月正式签署。2017年4月，不丹以协议对其可持续性和环境影响为由退出MVA，并表示同意其他三方继续推进协议，即BIN-MVA。2022年3月，孟印尼三方签署备忘录决定推进BIN-MVA。同时，亚洲开发银行已将该BBIN-MVA框架内的项目作为其南亚次区域经济合作计划的一部分予以支持，2022年世界银行南亚项目也决定为BBIN项目提供资金。③ 目

---

① Madhukar SJB Rana, “The SAARC Growth Quadrangle”, *New Business Age*, July 2015, p.32.

② MOFA, Government of Bangladesh, “The Second Joint Working Groups (JWG) Meetings on Sub-Regional Cooperation between Bangladesh, Bhutan, India and Nepal (BBIN)”, 2015-1-31, http://mofa.gov.bd/media/second-joint-working-groups-jwg-meetings-sub-regional-cooperation-between-bangladesh-bhutan; MEA, Government of India, “Third Joint Working Group (JWG) Meetings on Sub-Regional Cooperation between Bangladesh, Bhutan, India and Nepal (BBIN)”, 2016-1-22, http://mea.gov.in/press-releases.htm? dtl/26284/Third_Joint_Working_Group_JWG_Meetings_on_SubRegional_Cooperation_between_Bangladesh_Bhutan_India_and_Nepal_BBIN_January_1920_2016.

③ Suhasini Haidar, “Bangladesh, India, Nepal move ahead on Motor Vehicle Agreement Project”, 2022-3-9, https://www.thehindu.com/news/national/bangladesh-india-nepal-move-ahead-on-motor-vehicle-agreement-project/article65205145.ece.

前,“孟不印尼”框架内的“机动车辆协议”虽已达成但尚未完全生效,铁路联通协议开始讨论并已有前期收获,其他领域尚未进入正式谈判阶段。[①]

“孟不印尼”面临诸多现实困难与挑战。“孟不印尼”成员具有显著的异质性,在政治稳定、经济规模、发展水平、政策优先事项上各有不同,在主要安全关切上也各有侧重。目前,BBIN 次区域合作面临基础设施条件先天不足、区域经济一体化程度较低、地缘政治环境不理想、利益集团抵制以及专业技术人才缺乏等诸多挑战。如何在“孟不印尼”框架内协调各方诉求、在形成更大共识的基础上化解消极因素的影响,推进“孟不印尼”合作目标实现,是“孟不印尼”四国需要共同面对的现实挑战。更为重要的是,加强次区域互联互通并实现交通走廊向经济走廊转型,需要次区域各国和利益攸关方达成政治共识。而目前 BBIN 更接近于交通走廊的概念,距离形成经济走廊可谓任重道远。

(三)环孟加拉湾多领域经济技术合作倡议(BIMSTEC)

与“孟不印尼”次区域合作机制注重南亚次区域不同,环孟加拉湾多领域经济技术合作倡议是第一个横跨南亚和东南亚的区域性合作组织。成立 BIMSTEC 的目的是创造有利于经济快速增长、加快社会进步和促进成员国间合作的氛围。从组织发展过程考察,BIMSTEC 经历了从“孟印斯泰经济合作”(BIST-EC)到环孟加拉湾多领域经济技术合作倡议的发展历程。早期的 BIST-EC 由孟加拉国、印度、斯里兰卡和泰国组成,由泰国提出并于 1997 年 6 月创建。1997 年 12 月缅甸加入后,组织名称变为 BIMST-EC。尼泊尔和不丹于 2004 年 2 月加入后,该组织更名为 BIMSTEC。

BIMSTEC 合作领域不断扩展。最初,BIST-EC 涵盖六个优先合作领域,主要包括贸易与投资、交通与通信、能源、旅游、技术和渔业。2005 年,BIMSTEC 将农业、公共卫生、扶贫、反恐和跨国犯罪、环境和灾害等新领域纳入合作框架。2008 年,气候变化被列入原有的优先领域,成为第 14 个优先合作领域。按照机制规定,每个成员国在特定领域担负领导责任。例如,印度负责交通与通信、旅游、环境与自然灾害管理、反恐和跨国犯罪,孟加拉国负责贸易和投资,缅甸担负能源和农业,斯里兰卡负责技术合作,泰国承担渔业、人员往来和公共卫生方面的职责,不丹负责文化合作,尼泊尔负责

---

① 参见张家栋:《“孟不印尼”合作倡议及其发展趋势》,《南亚东南亚研究》2021 年第 2 期。

扶贫合作等。多年来，BIMSTEC逐渐扩大了合作领域并使其多样化，尤其是将安全问题如打击恐怖主义和生态问题纳入合作范畴，反映了组织在应对新出现的区域问题和共同努力解决跨国问题方面的灵活性。2014年，BIMSTEC在达卡建立常设秘书处，负责协调该组织的活动和项目。

印度对深化BIMSTEC合作有浓厚兴趣。虽然BIMSTEC成立于1997年，但事实上它并没有得到成员国的足够重视。受国家间关系掣肘、各国政府重视不足以及合作机制开放、松散性等因素的影响，BIMSTEC框架下的合作进展缓慢，有学者认为2004—2014年是BIMSTEC失去的“黄金十年”。① 2014年以来，因南盟功能失调，印度开始致力于重振BIMSTEC，希望通过加强与东南亚国家的基础设施互联互通，推动孟加拉湾地区经济一体化，挖掘未开发的贸易机遇，促进能源和粮食安全，促进其东北地区的发展。在莫迪政府的推动下，BIMSTEC进入快速发展阶段。2014年，第三届首脑峰会在缅甸举行并决定在达卡设立秘书处，重启“货物贸易协定”和“服务和投资协定”谈判。2018年，第四届首脑峰会决定建立常设工作委员会(BPWC)以提高组织的运行能力。同时，BIMSTEC将合作扩展到军事安全领域，并且在2016年实现了金砖国家与环孟加拉湾经合组织的领导人对话会。

BIMSTEC合作仍存在障碍因素。BIMSTEC作为孟加拉湾地区主要的次区域合作机制，在地缘政治、经济的共同作用下获得迅速发展并取得一定的成效，但地缘政治、经济的冲突与合作属性也使得BIMSTEC面临新的发展机遇与挑战。② BIMSTEC的目标是实现次区域或跨区域的经济一体化，然而现实是，它并没有比南盟国家内部存在的贸易模式做得更好。③ 截至目前，BIMSTEC成员国之间的自由贸易协定谈判已经进行了20轮，但僵局仍在继续。2022年3月，在BIMSTEC第五次领导人峰会上，印度总理莫迪再次强调了自由贸易协定的必要性。总体上看，与南盟一样，BIMSTEC的机制化发展存在障碍，印度占主导地位，印度与其他成员间的双边分歧，

① 参见张赫、史泽华：《区域性国际公共产品视角下的环孟加拉湾区域合作：以“环孟加拉湾多领域经济技术合作倡议”为例》，《区域与全球发展》2022年第1期。

② 参见卢光盛、李江南：《地缘政治经济视角下的环孟加拉湾多领域经济技术合作倡议的发展及应对》，《印度洋经济体研究》2020年第3期。

③ Reena Marwah, et al., "Political Economy of Trade in BIMSTEC: A Contemporary Perspective", *Millennial Asia*, Vol.14, No.3, 2023, p.440.

例如孟缅关系以及泰缅关系等，都对 BIMSTEC 机制深化形成制约。

总体上看，南亚区域合作起步于 20 世纪 80 年代，目前已建立并达成了一些地区组织和合作倡议，并在多个领域开展了合作，其中影响力较大的有 SAARC、BIMSTEC 和 BBIN。然而，SAARC 机制的有效性严重受成员国间双边关系的制约，2016 年后该组织基本上处于停摆状态；BBIN 具有可以逐步推动从政治到经济和文化的各个领域发展的巨大潜力，但印度的主导地位形象，其他成员国关于 BBIN 对其社会、经济、政治和文化独特特征产生影响的顾虑，尤其是成员国的权力不对称，导致 BBIN 进展缓慢。同时，BIMSTEC 的成效也不尽人意，机制建设较为落后，取得的实质性进展微乎其微。概括而言，尽管南亚国家具有相似的地理、文化和社会特征，但南亚仍然是世界上一体化程度最低的地区之一。

三、影响南亚区域合作的因素分析

宗教、文化、历史都在不同层面上塑造着地区国家的地区认同。独特的地理单元、印度文化影响、共同反抗殖民统治的历史、相似的经济社会发展阶段，这些因素对培育南亚区域认同有积极的促进作用。但南亚地缘政治格局、国家间冲突与矛盾、域外力量影响等，对南亚区域认同构成阻碍。而南亚权力格局不对称、印巴关系僵局以及印度对南亚区域合作机制作用的认知变化，则对南亚区域合作成效与进程产生了深远影响。

（一）权力不对称：印度地区霸权国身份以及小国对印度的不安全感

在区域组织中，当一个国家在权力上对其他国家具有显著优势时，国家间很难建立平衡的关系。[①] 南亚区域合作与次区域合作的成效较低，一个关键结构性障碍是区域制度的不对称性质。地理位置不对称、实力不对称以及由此导致的权力不对称，造成印度与南亚其他国家的不对称特征较为明显。孟加拉国倡导并推进 SAARC，表明南亚小国希望通过南盟机制为其提供一个平等的合作平台，但南亚国家的不对称尤其是权力不对称，又导致南亚小国在与印度的互动中处于不利地位。总体上，印度担心小国会在南盟

① T. P. Thornton, "Regional Organizations in Conflict Management", *Annals of the American Academy of Political and Social Science*, Vol.518, No.1, 1991, p.135.

论坛上联合起来反对它，而小国则担心印度利用南盟强化其霸权。[①] 这种权力不对称造成的结构性矛盾是制约南亚区域合作的重要因素。实际上，印度与南亚小国关系的历史、现状与发展趋势，对南亚区域合作的影响是显而易见的。

印度是南亚事实上的霸权国家。长期以来，印度通过政治、经济、外交和军事手段不断强化对其他南亚国家的影响。历史上看，印度自独立以来以大英帝国在南亚的殖民遗产继承者自居，致力于维系与尼泊尔、锡金、不丹三个内陆小国的特殊关系，与巴基斯坦先后爆发三次大规模战争，1971 年利用巴基斯坦国内矛盾策动东巴基斯坦地区独立为孟加拉国，1975 年正式吞并锡金，1987 年派遣维和部队直接干预斯里兰卡内战，1969 年、1989 年和 2015 年印度先后三次对尼泊尔实施经济封锁。目前，印度与不丹在本质上形成“保护与被保护”或“指导与被指导”的“特殊关系”，并不是现代国家间独立、自主、平等的关系。[②] 尽管印度自 20 世纪 90 年代中期倡导“古杰拉尔主义”，其南亚政策显示出从军事和外交干预的硬实力战略向强调政府间合作、谈判解决和经济合作的软实力战略的转变，但有学者认为事实上“古杰拉尔主义”试图将印度形象从地区恶霸转变为良性霸权，而且这种转变不是由于利他主义原因造成的，而是由印度 20 世纪七八十年代硬实力策略的失败、1991 年后经济自由化需求以及印度对大国地位渴望而导致南亚地区被赋予新战略价值所驱动。[③] 可以说，印度的霸权地位以及南亚小国对主权和国内因素的强烈敏感，成为阻碍区域合作的重要因素。在此背景下，印度的倡议经常被这些国家误解并定性为“霸权”。[④]

印度在地理上位于南亚中心，南亚国家地缘结构不对称特征明显。在地理上，印度与大多数南亚国家(除两个岛屿国家斯里兰卡和马尔代夫以及阿富汗外)接壤，然而没有其他任意两个南盟原始成员(阿富汗除外)彼此共

---

① M. Inayat, “The South Asian Association for Regional Cooperation” in A. J. K. Bailes, J. Gooneratne, M. Inayat, J. A. Khan, S. Singh eds., *Regionalism in South Asian Diplomacy*, SIPRI Policy Paper, No.15, 2007, p.15.

② 参见陈宇:《印度与不丹国家间“特殊关系”:过程、动因与影响》,《印度洋经济体研究》2022 年第 1 期。

③ Pratip Chattopadhyay, “The Politics of India's Neighbourhood Policy in South Asia”, *South Asian Survey*, Vol.18, No.1, 2011, p.100.

④ K. Bajpai, “Security and SAARC”, in E. Gonsalves , N. Jetly eds., *The Dynamics of South Asia: Regional Cooperation and SAARC*, New Delhi: SAGE Publications, 1999, pp.75-90.

享陆地边界。有观点认为,这种结构性不对称对区域合作形成抑制。由于印度与其他大部分南盟国家接壤,大多数机制安排都以印度为中心,尤其是在非传统安全领域,例如移民、网络安全、跨国有组织犯罪等广泛关注的地区安全问题,往往无法在多边平台上得到有效关注,大多是通过双边渠道来解决。

印度在南亚地区的综合国力超过其他国家总和,权力不对称对区域合作的制约效应日益突出。南亚是包含一群经济和政治不对称的国家的地区,印度在地区内处于政治、经济、人口和军事的绝对领先地位。从数据上看,印度的国土面积、经济实力、资源禀赋和军事实力比其他南亚国家的总和还要大要强,这使南亚本质上成为一个以印度为中心的地区。甚至可以说,南亚地区的权力极性显著,印度位居区域权力"金字塔"的顶端。[①] 尤其是在印巴对抗背景下,印度倾向于认为,在巴基斯坦的领导下该地区的其他国家可能会联合起来反对印度。同样,由于印度的规模、人口、发达经济和更广泛的技术基础,较小的国家往往对印度可能的主导地位感到不安,不对称在该地区的小国中造成了一种不安全感。因此,南亚小国希望通过南盟机制防止优势大国印度的霸权行径,特别是在次大陆建立新的强制性秩序方面通过南盟制约印度。

印度的权力地位是客观存在的,南亚国家倾向于建立新的区域倡议和对话而不是完善现有合作机制,这导致南亚区域和次区域合作机制的成效都不尽人意。而在次区域层面,BBIN 实现一体化和政治共识的主要挑战之一是规模、地理位置和其他因素造成的权力不对称。不丹和尼泊尔等较小的国家通常认为,区域内贸易的增加意味着对印度等较大经济体的主导地位和依赖程度的增强。在这个次区域,其他国家对印度的贸易逆差很大。此外,成员国从合作倡议中获得的收益不平等,也往往限制了彼此间的合作。

(二)国家间的冲突矛盾与《南盟宪章》的缺陷

南亚的地区主义从一开始就存在问题,因为南亚一直受到国家间和国内冲突的困扰,而印度与巴基斯坦的矛盾与冲突是制约南亚区域合作的主

① 参见陈翔:《"回归区域"?——理解全球安全治理区域化的演进》,《世界经济与政治》2021 年第 8 期。

要障碍。南盟第 19 次峰会计划于 2016 年 11 月在巴基斯坦首都伊斯兰堡举行，但受印巴双边关系紧张的影响，峰会遭到推迟，因印度带头抵制峰会，南盟被迫停摆。尽管印度莫迪政府推进其“邻国优先”政策，但印度孤立巴基斯坦并致力于将巴基斯坦挤出地区一体化进程的意图十分明显。在此背景下，印度与巴基斯坦区域认同错位进一步显化，南盟机制被弱化，BBIN 和 BIMSTEC 等未包括巴基斯坦的次区域合作机制受到印度重视。

政治互信始终是南亚区域合作的主要障碍，而印巴矛盾是南亚区域合作低效甚至失效的核心因素。客观上分析，南盟的有效性取决于印巴关系正常化。理论上，正常的印巴关系将为地区所有国家带来多重利益，包括减少国防开支，通过增加贸易和分享南亚的水、石油和天然气资源来促进经济增长，并为深化一体化提供条件。但印巴未能实现政治和贸易关系正常化，这不仅直接阻碍了南盟机制的发展，也为建设次区域合作机制并导致南盟机制被稀释提供了可能性。印巴对抗以及地区国家间互信程度有限，导致地区认同度较低，区域合作机制尤其是南盟机构更像“清谈馆”，甚至是彼此间“竞争性欺骗讲坛”。

次区域合作同样受困于高政治议题。有学者认为，印度和巴基斯坦在南盟的相对不作为是地区其他国家加入双边、次区域和区域外协议的主要原因，而且印度和巴基斯坦的顽固立场实际上已经导致南盟框架不合时宜。[①] 为此，一些国家试图通过次区域合作来绕过长期僵局的南盟。而且一种普遍的观点认为，BIMSTEC 会在南盟失败的地方取得成功，因为其成员主要以经济利益而不是政治利益为导向，在巴基斯坦缺席的情况下，BIMSTEC 将成为友好国家的成功尝试。事实上，次区域合作同样面临成员间不信任而形成的挑战。

《南盟宪章》在处理高政治议题上存在先天不足。《南盟宪章》第 10 条强调协商一致性原则，但规定双边和有争议的问题应排除在议程之外。南盟缺乏解决或调解双边冲突的机制安排，这在某种程度上阻碍了为解决影响区域合作前景的问题而进行任何有意义的对话。而且，南盟成员也忽视了它们在地理上相互联系并面临共同挑战的事实，没有就威胁认知达成共

---

① S. G. Pandian, “Moving South Asia’s Economies Beyond the Indo-Pakistan Paradigm in the South Asian Regional Association for Cooperation”, *Contemporary South Asia*, Vol.11, No. 3, 2002, pp.329-344.

识，在彻底解决跨境恐怖主义问题上也陷入制度性困境。

（三）印度对区域合作认知的变化

南盟在20世纪80年代中期成立时，印度只是一个不情愿的被动参与方。随着经济改革深入，印度开始重新审视南亚地区的经济机遇，并逐渐放弃对双边主义的偏好而转向多边接触，从一个不情愿的参与者变为积极参与者。在2007年举行的第14届南盟峰会上，印度将其对该地区的政策定义为“不对称责任”，即提供单方面让步而不期望互惠，这表明印度已经为积极参与南亚区域合作找到了外交政策路径。

自2014年印度人民党执政以来，随着印度出台“邻国优先”政策，印度对区域合作的立场出现更为积极的变化——从积极参与者变成推动区域合作议程的主要引领者。2014年5月26日，印度总理莫迪邀请所有邻国的国家元首参加其宣誓就职仪式。莫迪政府积极推动区域和次区域层面合作，而且区域和次区域合作日渐成为印度“邻国优先”政策的重要工具。印度重视区域与次区域合作，主要是出于两个因素：第一，对印度来说，南亚地区的重要性并不是因为它是一个地理上的既成事实，而是因为它作为一个基于共同遗产的连续文化空间的重要性需要得到培育和维持。第二，作为地区实力国家及其所处的中心地理位置，印度有推动区域与次区域合作的先天优势。[①] 这是印度莫迪政府自2014年以来积极推动区域与次区域合作的重要原因。

面对南盟发展困境，印度被迫改变追求区域合作的路径与方向。南盟成员国长期以来，一直在努力达成一项旨在深化区域内贸易、旅游和互联互通的区域机动车辆协定（RAMV）。尽管2014年9月政府间专家组（IGGT）批准了关于RAMV的专家组报告，但因成员国（巴基斯坦）持保留意见，南盟第18次首脑会议仍未能签署RAMV。随后印巴矛盾因恐怖袭击事件升级，南盟峰会停摆，印度被迫得出南盟对其不重要的结论[②]，甚至通过抵制南盟峰会实现孤立打压巴基斯坦的战略目标。在此背景下，在南盟框架外倡导次区域合作成为印度追求区域合作的“另一种出路”。对于印度绕开南盟

---

① Smruti S. Pattanaik, “Sub-regionalism as New Regionalism in South Asia: India's Role”, *Strategic Analysis*, Vol.40, No.3, 2016, pp.210-217.

② Partha S. Ghosh, “An Enigma That is South Asia: India versus the Region”, *Asia-Pacific Review*, Vol.20, No. 1, 2013, pp.100-120.

推进 BBIN 和 BIMSTEC 等次区域合作倡议,有学者认为,基于印度的认知先验,区域多边主义的全球规范已被本地化为主要受印度影响的多边主义模式。因此,实际上从来没有任何真正的多边合作的余地,而实际的合作结果只在双边领域中出现。[①]

综合来看,目前成员国之间的政治分歧和长期的双边争端,导致南亚区域认同度较低,南亚区域合作深化有限,南盟机制功能几近失效。客观上,南盟未能利用区域内贸易潜力,重要原因是南亚成员国间的分歧矛盾较为突出,尤其是印度与巴基斯坦对区域认同的错位。有学者将南亚列为世界上一体化程度最低的地区之一[②],一些分析人士也认为南盟在缓解双边紧张局势、加强区域安全和促进人民经济福祉方面的作用几乎可以忽略不计。[③]但南盟过去近 40 年的发展也表明,成员国至少在某些方面认为南盟是有益的,南盟国家不愿意承担被排除在区域合作之外的成本,以及可能会对它们在区域和全球层面的利益产生的负面影响。[④]

结　语

相较于世界上其他地区,南亚在接受区域主义的概念及接受区域主义和区域组织的概念方面较晚。概括而言,南亚小国在很大程度上渴望加强次区域内部的整合,但是南亚的区域主义一方面鼓励经济上的相互依存,另一方面又限制政治安全一体化以及共同价值观和规范。客观上,南亚地区的政治与安全决定了南亚区域合作的成效。目前,在威胁感知、外交政策取向、政治意识形态以及对关键地区大国作用等方面都未形成共识的背景下,南亚区域主义在概念上是狭隘的,在议程上是有限的,不足以解决区域和平与安全的问题。

---

① Arndt Michael, "Cooperation is What India Makes of It—A Normative Inquiry into the Origins and Development of Regional Cooperation in South Asia and the Indian Ocean", *Asian Security*, Vol.14, No. 2, 2018, pp.119-135.

② C. R. Mohan, "India and the Asian Security Architecture", in M. J. Green , B. Gill eds., *Asia's New Multilateralism: Cooperation, Competition, and the Search for Community*, New York: Columbia University Press, 2009, p.131.

③ Suman Sharma, "India and SAARC", *India Quarterly*, Vol.57, No. 2, 2001, pp.99-120.

④ Zahid Shahab Ahmed and Munir Hussain, "Lessons from the European Union's Economic Integration for South Asian Regionalism", *Journal of Developing Societies*, Vol. 35, No. 3, 2019, pp.325-345.

作为南亚区域合作的典型案例,南盟在贸易等领域虽然取得一定进展,但其低效甚至失败更为明显。有学者认为,南盟的建立基本上是出于政治目的,而且区域国际关系模式决定了南亚区域主义的结果。经济社会发展是南盟成立的初衷,但其运作方式是政治的和战略的,这导致南盟目标逐渐受到侵蚀。[①] 除南盟外,次区域和跨区域合作是南亚区域主义发展的两个重要方向,这既是对南盟代表的区域主义的有益补充,同时也对南盟机制形成了稀释效应。尽管印度主导的以限制巴基斯坦影响的次区域合作机制在一定程度上排除了印巴矛盾对区域合作的负面影响,印度国家主导力也对推动南亚次区域一体化产生积极影响[②],但合作机制内的权力不对称以及机制成员间的政治互信问题,也导致次区域合作进展缓慢。同时,尽管印度自认为是该地区的天然霸主,但南亚缺乏霸权安全秩序[③],印度的影响力相对有限,这对其试图主导引领区域合作形成制约。

在南亚,SAARC、BIMSTEC和BBIN对区域主义的三大支柱——政治、经济和身份认同的选择不全面,导致在构建明确成员国意识形态、价值观和指导利益的连贯区域合作安排方面存在不足。因缺乏同质化的政治动力、强大的制度架构和社会化,南盟以及一些次区域合作机制在解决成员国的安全困境方面没有发挥积极作用。因此,如果不能优先考虑安全困境,不能塑造政治和谐,不能形成经济相互依存,不能形成地区认同,那么南亚的区域主义就只能停留在浅层的区域一体化阶段。[④] 换言之,除非南亚国家的优先事项从传统安全转向普遍意义的人类安全,从竞争安全、主导安全转向共同安全、合作安全,否则南盟以及其他次区域合作机制很难摆脱"僵尸机制"宿命。

---

① Bhumitra Chakma, *South Asian Regionalism: The Limits of Cooperation*, Bristol: Bristol University Press, 2020.

② 参见邱实、蔡立辉:《印度在南亚区域合作中的主导性影响》,《南亚东南亚研究》2021年第5期。

③ Shrikant Paranjpe, "Development of Order in South Asia: Towards a South Asian Association for Regional Cooperation Parliament", *Contemporary South Asia*, Vol.11, No. 3, 2002, pp.345-356.

④ Aditi Paul, "Regional Cooperation in South Asia: Exploring the Three Pillars of Regionalism and Their Relevance", *The Journal of Indian and Asian Studies*, Vol.1, No.2, 2020, pp.1-22.

南亚区域认同中的文化因素

李涛　崔佳宇*

南亚拥有世界四分之一的人口，但却是一个定义并不明确的地方。该地区拥有诸多的文化传统，是人类文明起源、世界主要宗教发源地之一，更被誉为世界"语言博物馆""人种博物馆"。在过去，南亚各地区有着深厚的经济、社会、文化联系，但是却被殖民主义所破坏。现代民族国家建立以来，该地区也曾尝试在经济、政治和社会方面重新建立联系，南亚区域合作联盟（以下简称"南盟"）的建立就是南亚区域主义的首次全面尝试。在南盟刚刚诞生时，南亚各国元首写下的崇高理想，展现了其在南亚增进互信与理解的愿景，但是在之后的区域主义构建当中，无论是成员国之间的权力斗争、经济动荡，抑或民族、宗教冲突矛盾，都对整个地区以及区域主义建设产生了消极影响。①

随着全球化的发展，南亚成为整个世界的一部分，这个地区的国家不仅渴望模仿西欧建立现代民族国家，也希望构建如欧盟一般的区域合作与认同。如今，南亚地区国家、人民之间存在着政治、军事、经济、社会和文化挑战，南亚各国之间面临着民族多样性、民族之间重叠的地理边界以及无法清晰表达一个共同的真正地理概念等问题②；近年来南亚国家不愿意以"南亚"相称；南盟长期运作不畅，多年难开峰会，更积极加入域外其他区域合作组

* 李涛，四川大学南亚研究所教授；崔佳宇，四川大学国际关系学院博士研究生。

① Aditi Paul, "Regional Cooperation in South Asia: Exploring the Three Pillars of Regionalism and their Relevance", *The Journal of Indian and Asian Studies*, Vol.1, No.2, 2020, pp.1-22.

② K. Mishra Binoda, "The Nation-State Problematic in Asia: The South Asian Experience", *Perceptions: Journal of International Affairs*, Vol.19, No.1, 2014, pp.71-85.

织，以至于南亚似乎只是一个“正式”的名称，而未有实质上的意义，南亚人民对南亚缺乏区域认同，亦导致区域主义难以在政治层面发挥相应作用。在这种背景下，人们开始重新思考南亚的区域认同，以寻求历史与文化的共性。

一、南亚区域认同中的文化因素与身份构建

区域认同是指对某一特定地理区域的认同感和归属感，文化因素是区域认同形成的重要因素之一。在社会学理论中，文化主要指社会性的精神产品，包括语言、宗教、风俗习惯、历史和艺术等方面。文化作为区域认同的重要因素，能够统一人们的价值观和观念，促进区域的和谐与稳定。乔纳森·弗里德曼指出，文化认同指的是以有意识的具体的特定文化构型为基础的社会认同。[①] 集体认同是认同发展的一种高级阶段或高级形式。因为认同是一个过程，在这个过程中“我者”与“他者”的界限相互模糊，最终实现超越，而这种边界的拓展与跨越即构建了更为广泛的身份共同体，这种情况下即可以推动国际集体认同的出现和区域认同的发展。

但是想要构建认同，需要先明晰“我者”与“他者”，亦即需要构建身份。关于身份，学界主要存在两派观点：一派认为身份是原始且固定的，是天生而被赋予的，但另一派则坚持认为身份是被构建出来的。实际上，这二分法并不能完整揭示身份的形成。在南亚，以印度教徒的身份来说，这种身份并非其自身赋予的，而是由外来者所构建的，但是印度教徒的这个身份代表了一种原始就具有的共同的地区、宗教、信仰、习俗乃至文化，故而这种身份构建得以固定。所以身份的形成既有原始因素，又因构建而成立。由于构建标准不同，一个人可以有多重身份，形成一个身份集合，这种身份的优先性有所不同，故而也就表现出来了身份之间的差异性，这种差异性构成了“我者”与“他者”的区别，也就造就了“我群”与“他群”的形成。这种差异并不意味着等级的区分，也无优劣高下之分，但是在一定时空范围内，某一种认知的群体相对占据优势时，他们对其他群体的不认同以及由于自身优势所带来的优越感或者对方的自卑感，往往会造成冲突与矛盾。

首先，最为明显的就是在“我者”身份构建时，印度人关于“同一文明”或

---

① 参见都永浩、左岫仙：《国内外文化认同研究综述及分析》，《黑龙江民族丛刊》2020年第5期。

“共同历史”的说法受到了其他人的质疑。印度强调以文明和历史连续性为基础的次大陆文化统一性的存在，而其他国家则强调“差异政治”，以展示它们相对于印度的独特身份。当印度和巴基斯坦分为两个国家之后，“印度”这个名字很大程度上已经失去了区域和政治意义。虽然这个地区长期被称为印度次大陆，但是巨大的政治分裂以及此后的暴力与摩擦，使得各方之间充满不信任感。除此以外，南亚地区民族国家构建的开始也并非基于民族文化，而是因为宗教的矛盾与分裂。南亚地区的国家竞争往往会延伸至两个宗教文明之间的竞争，更加剧其间的紧张关系。

其次，语言是构成民族或族群认同的核心要素，也是一个民族或族群区别于另一个民族或族群的重要标识。[①] 南亚地区国家在种族和语言上都远非同质的，这就造成了严重的身份问题。后殖民时期，南亚国家采取了以国家为中心的民族认同观，国家将自己等同于民族。这些国家相信民族认同的同质性和同质化，这就赋予了民族国家凌驾于其多元文化社会之上的霸权地位。因此，种族、语言和宗教成为这些国家认同形成的主要依据。与南亚国家不同的是，在西方国家构建现代民族国家之时，除了基于阶级、性别和年龄的身份认同，其他所有的身份认同都被摧毁了[②]，而南亚国家的社会现实则是存在着大量宗教和语言的异质性。过去人们曾经认为，民族国家是身份认同的墓地，在现代社会的“熔炉”之下，传统的身份认同将会走向消亡，一个文化同质的社会将要诞生，但是现实却证明这种假设是十分轻率的。

最后，基于这种文化因素形成的身份认同会对南亚地区民族国家问题产生影响。其中最为明显的就是政治认同与族群认同的差异性，具体而言就是指南亚国家中的地区和民族认同比整体的国家认同更为突出。在一开始的民族国家建设当中，伊斯兰教和印度教基于宗教的政治分歧与割裂形成于殖民时期，而孟加拉国的国家形成则是以语言为基础。即使巴基斯坦近乎宗教同质，孟加拉国语言统一，但这两个南亚国家也一直饱受身份政治之苦。譬如在巴基斯坦的形成过程中，伊斯兰教究竟应当扮演怎样的角色？

---

① 参见和红梅、周少青：《语言族裔认同与国家认同的“和谐共生”：基于印度语言多样性治理的考察》，《广西民族研究》2022 年第 3 期。

② K. Mishra Binoda, “The Nation-State Problematic in Asia: The South Asian Experience”, *Perceptions: Journal of International Affairs*, Vol.19, No.1, 2014, pp.71-85.

伊斯兰原则与穆斯林民主究竟应当怎样融合与落实？在巴基斯坦的制宪会议中，非穆斯林成员曾要求明确制定国家事务运行所依据的伊斯兰原则，但领导层始终无法在这方面实现明确。宗教民族主义原本应当是巴基斯坦国家形成后有效的凝聚工具，但是在随后的短短几十年内，新兴的语言民族主义就对巴基斯坦的国家地位造成了巨大的威胁，导致了“东巴基斯坦”的分裂与孟加拉国的建立。而且孟加拉国虽然是以语言建国，但是它却与伊斯兰教群体有着相似的边界，它对于说孟加拉语的印度教徒或非穆斯林群体并不接纳，开创了将不同语言的同一民族从民族国家中分离的先例[①]，即从理论意义上在南亚地区伊斯兰群体中提出了再次一级的族群身份主张。在后来的地区发展中也存在诸多问题，普什图人属于南亚地区的跨界民族，其存在于巴基斯坦和阿富汗的交界地带，是阿富汗的主体民族，在巴基斯坦亦是第三大规模族群。阿富汗和巴基斯坦的边境模糊以及阿富汗常年的战乱导致大量普什图人来到巴基斯坦避难，这亦会导致次生民族主义的再次兴起。还有就是地区经济发展的不均衡也为地区分离主义提供了“养料”，俾路支省的经济发展缓慢，旁遮普人主导下联邦政府的分配失衡都加剧了俾路支人的不满，导致俾路支分离主义的出现。印度亦是如此，其受到地理、语言种族和宗教民族的激烈挑战，政治认同和民族认同之间同样不存在一致性。《蒙巴顿方案》之后，以宗教进行分治标准并没有从根本上解决印度的国内民族问题，还为印巴关系留下了无穷后患。[②] 之后推行的语言统合政策以印地语为主导，反而造成南部非印地语区域的地区民族主义高涨，也造成南北交流困难，直至后来推行印地语、英语和地方语言并行的语言构架才稍加缓解。[③]

为了能够解决这种困难，各国都在努力构建共同的政治国籍，进行国族构建，却也容易造成语言民族主义以及宗教民族主义现象突出，例如旁遮普人对巴基斯坦的统治，孟加拉人在孟加拉国的霸权，僧伽罗人在斯里兰卡的主导地位以及印度以印度教身份的形式出现的民族认同的霸权化等。接下来，则会衍生出有关少数族群的文化权利问题。正如此前提到的，异质性因

① K. Mishra Binoda, “The Nation-State Problematic in Asia: The South Asian Experience”, *Perceptions: Journal of International Affairs*, Vol.19, No.1, 2014, pp.71-85.

② 参见肖宪、毕媛媛:《印度的语言政策与族群关系》,《思想战线》2021 年第 2 期。

③ 参见岳圣淞:《语言战略构建与“一带一路”在南亚的可持续发展》,《南亚研究》2021 年第 4 期。

素主要来源于种族与文化，而宗教与语言则是文化的两大主导性因素。南亚身份政治的特殊性在于，其身份主张主要基于宗教，而宗教身份往往受到语言身份的支持，存在特定语言与特定宗教相结合的倾向，以语言—宗教为标志形成的群体又将特定的领土视作其专属的“家园”，此种情况下就会出现身份公平、权利保护的相关问题，也会引起身份主张与冲突。因为宗教很大程度上是可以去领土化和非集群化的，而语言则呈现地方化、集群化的特点。当宗教与语言相捆绑的时候，拥有相同宗教和语言的群体在某一特定领土就会呈现集群优势，他们可以在该地区提出主权要求以维持自己的文化认同，但是在该地分散生活的其他少数族群则难以提出主权要求以维护自身文化权利[①]，维持文化认同能力。而且在以此为基础建立的南亚国家，他们以语言或宗教谋定集体主张，为了避免国家与民族的混淆，构建国族认同，其政策合法性则来源于宗教—语言群体中占大多数的人。在此情况下，少数族群的文化权利与身份主张何以实现？

二、南亚区域认同中文化因素的表现

“区域”的概念因人而异，但多数人都同意区域/地区是由社会而构建的。在区域的狭义定义中，“地理位置的接近”这一要素至关重要[②]，但南亚作为一个地区却缺乏清晰的地理“愿景”，即南亚从哪里开始，到哪里结束。近年来，对于区域的定义，其要素更加关注区域的政治和观念特征。[③] 从这一点来说，南亚亦不具有典型性，因为其诞生于一个以政治不和谐和战略分裂为特征的地区。在其他地区的区域主义形成过程中，出于政治战略的考量，包括国家安全、国家战略的联系会促使其走向合作。而在南亚地区，其内部集团成员存在着诸多不同利益，即使南盟成立至今快四十年，但是内部成员的政治和战略分歧却持续产生着影响，导致南亚在政治和多种意义上，

---

① T. K. Oommen, “Identity Assertions and Context of Conflicts in South Asia”, in V. Sachdeva, Q. Pradhan and A. Venugopalan eds., *Identities in South Asia*: *Conflicts and Assertions*, New Delhi: Routledge India, 2019, pp.16-31.

② Behr Timo and Jokeia Juha, “Regionalism & Global Governance: The Emerging Agenda”, Notre Europe, July 2011.

③ Behr Timo and Jokeia Juha, “Regionalism & Global Governance: The Emerging Agenda”, Notre Europe, July 2011.

仅为一个“正式”的地区，而非一个“真正”的地区。[①] 在南盟成立的时候，“南亚”一词几乎是唯一一个可以表示该地区的中性词，其他词则或多或少与印度具有一定的联系。

（一）殖民前时期

如今的南亚地区在过去并没有一个完整的名称，也缺乏整体的认同，因为这里在历史上曾被划分为多个国家和地区，王国林立，并没有统一的政治诉求。[②] 直到19世纪中叶，英国殖民者几乎统一了除阿富汗外的其他所有南亚地区，这时才真正出现了一个具有代表性的、具有地区政治意义的名字——印度。当印巴分治之后，连“印度”这个名称都失去了其地区政治意义的代表性。而“南亚”一词也是在20世纪中期才由美国人开始使用，其目的仅是在外交政策制定中起到工具性的作用。[③]

在殖民前时期，这片大陆多是领土国家，而非民族国家，也不存在民族主义之观念。不过印度是一个宗教繁盛之地，而宗教亦是印度人的生活中心。公元前15世纪雅利安人进入印度以来，形成了早期的吠陀教，并且与种姓制度相结合，逐渐形成了印度文明。印度教以其悠久的历史、过去的辉煌以及与社会生活紧密相连的方式在人们的思想上打下了极其深刻的烙印。这种印度文明以宗教为主体，形成了以印度教为主体的文明发展模式，对外来文明采取包容、并存的态度，对内实行严格的种姓制度。[④] 而在公元8世纪以后，伊斯兰教随着阿拉伯人、阿富汗人和莫卧儿人的入侵而传入印度。由于其政教合一的特性，他们一方面注重领土的占领与确认，另一方面同样注重宗教和文化的推行与同化。[⑤] 信仰伊斯兰教的统治者为了巩固统治，强力推行伊斯兰教，但是由于印度教徒与穆斯林在信仰、生活习惯乃至宗教仪式上的差异易引发两者之间的矛盾与冲突，尤其是公元13世纪德里苏丹国的建立，其对于异端的惩罚更是加剧了二者之间的仇恨。虽然莫卧

① Yhome Khriezo and Tridivesh Singh Maini, “India's Evolving Approach to Regionalism: SAARC and Beyond”, *Rising Powers Quarterly*, Vol.2, No.3, 2017, pp.147-165.

② 参见付彦林：《外来挑战、身份认同与印度教民族主义的产生》，《南亚研究季刊》2017年第3期。

③ Rusel Md Rashidul Islam, “‘Himalayasia’: Reclaiming Regional Identity in South Asia”, *Journal of Political Science*, Vol.23, No.1, 2023, pp.98-110.

④ 参见刘黎：《从文化角度看英国殖民统治后印度文明的异化》，《人民论坛》2014年第8期。

⑤ 参见俞家海：《南亚民族问题的类型、成因及对中国国家安全的影响》，《南亚研究季刊》2017年第4期。

儿王朝曾经推行过一段时期的宗教宽容政策，但是依旧难以消解这不同宗教之间的摩擦。况且在印度教徒眼中，伊斯兰教作为外来者、侵略者的宗教，生活在这样的文化氛围下，被穆斯林所统治本身就是一种耻辱。[①] 不过由于印度教本身包容的文化心态，实际上印度教文明将穆斯林在印度的统治视为一个种姓阶级而包容，远远达不到此后宗教对立、水火不容的程度。[②]

（二）殖民时期

随着欧洲殖民者的入侵，尤其是英属印度的殖民统治，给这片土地上的各族人民带来了深重的灾难。从英国在殖民地的统治历史可以发现，殖民地本土族群的分裂是维系殖民统治的重要条件。[③] 在英国殖民者初来印度之时，其曾做出论断，这个地区是各种社会文化群体的大杂烩，“旁遮普、孟加拉、西北省或马德拉斯的人想要共属一个大民族根本是天方夜谭”[④]。在外部势力的威胁下，印度教徒和穆斯林逐渐形成了联合，构成了应对殖民侵略者的“印度民族”，提出了以“多元统一”的文明地域性民族理念，并在1857年的印度民族大起义中给予了英国殖民者沉重的打击。经此一役，也极大促进了英国殖民者在英属印度的殖民统治策略改变，也为之后的地区分裂埋下伏笔。从此时开始，英国在英属印度的范围公然推行“分而治之”的政策，刻意挑拨印度教徒和穆斯林之间的关系，渲染并加深二者之间的差异与裂痕，殖民统治者们将印度的复合社会分解为各个部门，使族群分裂而巩固统治，不过这一行为也在无意中为遏制印度次大陆出现内生型复合国家奠定了基础。[⑤] 英国殖民者在印度实施“分区选举制度”，使得印度教徒、穆斯林等群体再次出现争夺，而真纳“两个民族”理论的提出虽然是为了能使在英属印度占少数的穆斯林群体得到平等权利提出的诉求，但却在文化、社会、心理方面再次将印度各族群之间的共存关系进行了撕裂，随后教派冲突亦更加频繁。[⑥] 在英国殖民者指定的规则之下，其成功地将因外来压迫而高

---

① 参见孙士海：《南亚民族宗教问题的现状、成因及其影响》，《当代亚太》1998年第8期。

② 参见刘黎：《从文化角度看英国殖民统治后印度文明的异化》，《人民论坛》2014年第8期。

③ 参见陆洋：《英属印度的殖民统治、法律移植与民族认同》，《内蒙古民族大学学报》(社会科学版) 2020年第5期。

④ Ainslie Thomas Embree, *India's Search for National Identity*, Delhi: Chanakya Publications, 1980, p.17.

⑤ K. Mishra Binoda, "The Nation-State Problematic in Asia: The South Asian Experience", *Perceptions: Journal of International Affairs*, Vol.19, No.1, 2014, pp.71-85.

⑥ 参见张高翔：《印度教派冲突研究》，人民出版社2012年版，第116页。

涨的民族主义情绪系统地转移到宗教矛盾和教派冲突之上，而此后次大陆出现的以宗教为基准的分治也并没有打造出具有可行性的同质民族国家，反而造成了永久的裂痕，甚至可能造成这片土地的再一次分裂。

但不可否认的是，英国的殖民统治客观上推动了次大陆的统一进程，并且让英属印度地区逐渐形成了一种整体意识。正如潘尼迦在其《印度简史》中所说，英国统治最出色的成就就是印度的统一。在英国殖民统治之前，虽然穆斯林建立的帝国曾长期统治过这片土地，但是在发端于印度教的种姓制度构造下，其他的种族、宗教、群体都是构成这一“拼盘”式的社会要素之一。[①] 英国的殖民统治对印度的政治、经济、社会制度进行了改变，从物质层面推动了思想文化的整体异化。在思想改造方面，麦考利曾提出：“要在印度国内培养一批精英，他们有着印度人的血统和肤色，头脑里装的却是英国人的品位、思想、道德和才智。”[②]为了实现这一目的，英国政府加强了对印度教育的渗透和改造，推行英式教育，使英语成为其精英阶层的通用语言，然后规定官员制度的选拔必须通过英语考试，倒逼殖民地人民主动接受西方思想与知识体系。同时，英国在英属印度的土地上推动现代化建设，发展现代交通与通信，大量宣扬西方思想的媒体在此得以建立和传播，城际交通干线的扩建完善、铁路的联通都加速了各邦之间的联系，并在统一的制度体系下，将语言、宗教、风俗各异的地区构建成“现代意义上的印度民族”，用西方的法律秩序与文化将多元社会进行了整合，塑造出现代意义上的公民。[③]

（三）后殖民时期与现代民族国家形成以来

英国殖民者意图通过西式的教育将印度次大陆的思想彻底改变，以科学文明将印度文明的根本予以改变，使其成为西方的附庸。在西方思想的冲击下，次大陆的知识分子确实对传统的印度文明产生了怀疑，但更多的是对这个社会的反思而非对西方社会的盲目崇拜。他们在反思与改革中也存在着慌乱，于是捍卫文明的本能反应使其拿起宗教作为武器以寻求力量进行对抗。随着民智的觉醒，他们进一步掀起了反殖民运动，并且以宗教为武

① 参见刘黎：《从文化角度看英国殖民统治后印度文明的异化》，《人民论坛》2014 年第 8 期。

② 王俊周：《英国殖民统治与印度现代化》，《历史教学(高校版)》2008 年第 6 期。

③ 参见陆洋：《英属印度的殖民统治、法律移植与民族认同》，《内蒙古民族大学学报》(社会科学版) 2020 年第 5 期。

器，通过宗教改革、宗教复兴等手段凝聚力量，并进一步形成民族主义。[①] 但同样，这种反殖民和民族主义情绪亦使得印度教包容的宗教文化走向了狭隘，原教旨主义的影响使得宗教对社会的影响变大，也引发了不同种宗教之间的对立。而且西方将现代民族国家概念以及西方的价值观引入之后，同质的民族主义作用如何？现代民族国家又应如何建立？基于这些因素，同时在外部势力的有意干涉与引导下，南亚是民族国家的事实不是基于民族文化考虑，而是基于宗教分裂而存在的地区，这也使得宗教具有了地域特殊性。

南亚拥有多元的文化，每一个群体都由自己的宗教、文化、语言、思想所构成与支撑，他们可以相遇，也可以在社会上以拼接的方式并列，但是其内部是分开的、异质的。正如提出多元社会概念的傅尼凡(John Sydenham Furnivall)所描述的，在多元社会中的民族主义力量本身就是破坏性的力量，其更擅长粉碎而非维持社会秩序。[②] 殖民社会后期，来自印度教和伊斯兰教的两位著名诗人、哲学家也有同样的看法。泰戈尔看到了民族主义在其他地区的危险影响，其指责民族主义是一种破坏性力量，将会摧毁印度文明。伊克巴尔(Muhammad Iqbal)亦提出，来自西方的民族主义理念和民族国家概念在印度次大陆造成了诸多现代冲突，使宗教变得对立而非融合，使宗教出现地域性特征，与国家并不完全相符。[③] 随着现代民族国家在南亚的建立，随后出现的事实也证明这些担忧并非杞人忧天，在国家认同与公民身份构建进程之下，除却之前已经反复提及的宗教对立情况之外，少数族群的忠诚问题、国家认同以及身份构建与南亚的民族主义相碰撞而构成了十分棘手的问题，也极大制约着文化认同与区域认同的进展。与欧洲有所不同的是，南亚怪异的国家形成更是增加了阻碍，因为这种分割的边界是在英国殖民者的规划下“随意”划定的[④]，与欧洲民族的文化边界与国家的政治边界在一定程度上呈现一致的状态不同。南亚的民族认同与政治认同之间并不

① 参见刘黎：《从文化角度看英国殖民统治后印度文明的异化》，《人民论坛》2014年第8期。

② Furnivall John Sydenham, *Netherlands India: A Study of Plural Economy*, Cambridge: Cambridge University Press, 2010, p.468.

③ K. Mishra Binoda, "The Nation-State Problematic in Asia: The South Asian Experience", *Perceptions: Journal of International Affairs*, Vol.19, No.1, 2014, pp.71-85.

④ Fazal Tanweer, "The Question of Loyalty: Minorities and South Asian Nationalisms", in V. Sachdeva, Q. Pradhan and A. Venugopalan eds., *Identities in South Asia: Conflicts and Assertions*, New Delhi: Routledge India, 2019, pp.145-160.

存在一致性，在大多数情况下，南亚的文化都是跨越国家边界而存在的，由此产生的双重身份问题使得认同构建变得困难。一方面是作为文化共同体的身份，另一方面是作为特定国家公民的身份，二者交织在一起，使跨境民族和少数族群问题给南亚国家带来了长期困扰。

虽然南亚国家的宪法普遍承认并保护多民族的权利，但事实证明，出于国家治理、建设、稳定，没有哪个领导者会拒绝国族构建，建立一个单一民族国家或者一个以某一特定民族为基础的国家是他们的愿景，而在国家主导下的民族主义是意图实现文化与政治认同相融合的工具。[①] 以民族国家构建共同体，从而消除社会隔阂，灌输忠诚，维护稳定，巩固国家合法性是民族国家制度运行的内在逻辑。但是在此阶段就不可避免地将某些较小共同体的要求忽视，抑或将某些潜在的要求包含在更大范围的社会共同体之内[②]，在此构建过程中，自然不可避免地激发起那些决议保护自身文化遗产、追求自己文化权利的原始少数族群的抗议与斗争。实质上，南亚地区那些在官方力量支持下的民族主义构建实质上只是多数主义的委婉宣称。但是由于民族间重叠的地理边界，无论是印巴分治，还是孟加拉民族以次生民族主义分离东巴，斯里兰卡加强僧伽罗人对泰米尔人统治的霸权地位，尼泊尔构建联邦推行政治民族主义以突出政治上构建的尼泊尔共和国政治民族的具体形象，或是不丹对尼泊尔人进行驱逐，都是其构建同质民族主义的实际尝试。这种类似的转型在欧内斯特·盖尔纳(Ernest Gellner)的民族理论中被称为“低级文化”向“高级文化”的过渡，但这是基于西方现代化过程，尤其是以欧洲为模板进行了理论化，其最终结果是成功构建了民族国家。但是在南亚地区，由于缺乏地理上的先决条件，这种文化的转型反而造成了南亚国家政治的不稳定、不同文化之间的冲突以及地区文化与国家建设之间的对抗。

总的来说，后殖民时代以来的南亚身份主张与认同主要是基于宗教，而宗教身份在南亚往往和语言身份进行了绑定，这不可避免地加剧了群体与群体之间的界限与割裂。对于南亚国家来说，虽然它们有着共同的文明历

---

① Tilly Charles, “States and Nationalism in Europe 1492-1992”, *Theory and Society*, Vol.23, No.1, 1994, pp.131-146.

② Emerson Rupert, *From Empire to Nation: The Rise to Self-Assertion of Asian and African Peoples*, Kolkata: Scientific Book Agency, 1970, pp.95-96.

程以及基本相同的殖民历史，但是其国家文明史的分界各不相同，这取决于哪个宗教群体构成了其国家范围内的主要人口，掌握了宗教文化的“霸权”，构成了国家文化的主流。在南亚地区，主流宗教基本被印度教、伊斯兰教、佛教所分割。譬如印度和尼泊尔会将文明追溯至雅利安人到来的时代，当然对于这一点，印度南部的泰米尔人可能会有异议；对于主要信仰佛教的不丹、斯里兰卡来说，它们更倾向于从佛教成为国家主流的时刻开始进行叙事；而其他主要信仰伊斯兰教的国家则多以穆斯林在次大陆建立统治为其文明重要分界。这种民族国家的模式、西方转型的经验以及南亚的现实情况对南亚的现代国家构建和国家能力建设都造成了极大的困扰。摧毁少数人的文化、宗教、语言与拯救多数人的文化、宗教、语言两者相结合才能构建同质的公民身份，但是文化不论大小都是值得被承认和肯定的。追求同质文化的构建路径与否认民族国家内部不同群体认同差异的路径在南亚的现实建设经验中都得到了否认，群体认同、身份认同、族群认同深深根植于南亚的现实经验当中。诚然，现在南亚地区的民族国家身份构建并不成功，但是南亚的精英们已经认识到尊重和保护文化多样性与不同身份群体之间的平等的原则是重建南亚国家政治和地区政治的重要基础。[①] 因为南亚社会与欧洲是完全不同的，它们的异质性是基于宗教与语言构成的，基于共同的殖民历史和跨境民族的存在，想要实施种族清洗是难以实现的，而对某一国境内少数族群问题的处理极易引发在同一文化群体支持下他国的跨境干预。故而，除非基于这些因素的身份认同得到承认并合法化，否则冲突将持续存在。[②]

三、文化因素在南亚区域构建中的影响

从南亚地区的文化、身份与认同构建历程之中，我们发现南亚作为一个区域，尤其是作为一个文化区域似乎存在争议，以及其内部文化的多元与分裂给区域认同构建带来了阻碍。殖民时期带来的宗教分裂以及后殖民时期

---

① T. K. Oommen, “Political Federalism, Community Identity and Cultural Pluralism”, in Akhtar Majeed ed., *Federal Power Sharing: Accommodating Indian Diversity*, New Delhi: Mank Publications, 2009, pp.22-43.

② T. K. Oommen, “Identity Assertions and Context of Conflicts in South Asia”, in V. Sachdeva, Q. Pradhan and A. Venugopalan eds., *Identities in South Asia: Conflicts and assertions*, New Delhi: Routledge India, 2019, pp.16-31.

在民族国家概念下推行的国家建设，导致南亚地区的许多国家都在寻求“差异政治”以展示其相对于印度的独特身份，构建“差异文化”。尤其是巴基斯坦和孟加拉国的建立，似乎都很难证明可以将南亚视为一个“情感聚集地”①。

文化并不总是统一的，而且南亚的文化与政治之间存在着错综复杂的关系，对国家间关系和国家内部安全都会产生作用和影响，包括由于地理边界划分造成人民之间的分裂与在国家身份构建中由国家主导下呈现的排他性和人民之间的排斥共同性的矛盾，以及在出于国家/地区政治目的下，人们更加倾向于发掘不同国家、地区、宗教、文化之间的共性，强调宗教、种族、群体之间的趋同与相似，这种带有政治目的的趋向可能会加剧政治与文化之间的紧张关系。以巴基斯坦为例，自其作为独立国家出现之后就存在一种文化和政治关系上的困扰。其一开始是作为“印度民族穆斯林的家园”而出现的，从政治上讲，它需要为这个新出现的国家构建“身份认同”，但是次大陆的文化深深影响着它，尤其是巴基斯坦和印度之间的文化联系，通过电影、音乐、舞蹈等途径发生着文化共享，这种切实的文化纠葛使得建立一个有别于印度的文化身份十分困难。由于孟加拉国的分裂，打乱了其试图作为“印度穆斯林”叙事的路线，需要探索新的民族国家文化叙事。同时，巴基斯坦与印度之间的战略竞争更加剧了这种身份构建和差异叙事的紧迫性。不仅是印度、巴基斯坦这样的地区大国存在对次大陆文化统一的争论和政治与文化之间的矛盾，该地区的其他较小国家同样存在此种困境。比如印度和斯里兰卡，尽管两国也存在相同的文化遗产，但是由于泰米尔人和佛教问题，两国之间亦存在文化纠纷；尼泊尔新宪法拒绝了基于身份构建联邦制的想法以及对于以马德西人为代表的各种社会群体问题关切的处理方式的包容性质疑激化了身份政治矛盾，并在一定时期引发了尼印关系紧张；即使是在文化、宗教、民族呈现极高同质性的马尔代夫，也会出现地区民族主义的问题，并影响着该国的政治进程。②

不过，印度宣称次大陆的文化是不可分割的，它们以文明和历史的连续

---

① Kaviraj Sudipta, “A Strange Love of the Land: Identity, Poetry and Politics in the (Un)Making of South Asia”, *South Asia Multidisciplinary Academic Journal*, Vol.10, No.1, 2014, pp.1-15.

② K. Mishra Binoda, “The Nation-State Problematic in Asia: The South Asian Experience”, *Perceptions: Journal of International Affairs*, Vol.19, No.1, 2014, pp.71-85.

性作为基础。尽管其存在文化多样性，但以印度为主导的叙事可以构成“多样中的统一”。[①] 诚然，印度试图构建的以印度为主导的南亚区域文化虽然很大程度上是出于本国战略以及英属印度的“天然继承者”身份考量，但是在构建南亚区域文化这一点上也并非毫无论据支撑。譬如无论是印地语、孟加拉语、尼泊尔语，还是普什图语、泰米尔语、乌尔都语等语言，在南亚至少有两个以上的国家使用，各国用其官方语言拍摄的影视作品也因共同的文化存在和语言相通的可能而在其他国家地区受到欢迎，宝莱坞的电影更是如此。[②] 印度著名政治家、哲学家卡兰·辛格（Karan Singh）也曾表示，音乐、绘画、舞蹈、文学和雕塑都是南亚地区共同的遗产，可以在此基础上构建南亚文化的统一，其认为多元的文化社会实质上是一种祝福，是建立和平、和谐的世界秩序的基础。[③] 无论国家的边界如何，也无论国与国之间是否存在紧张状况，文化总是可以超越国界，从而在不同群体之间构筑文化联系，使得包容性和多样性的次大陆文化成为可能。譬如在实际过程中，印度利用文化作为外交政策的工具推行公共外交，为进一步促进地区理解和缓解双边关系提供了可能。随着技术革命和数字时代的发展，政府亦被进一步削弱了对文化和认同的影响权重。从传统意义上讲，无论是个体认同还是集体认同，其主要依赖自上而下的路径得以形成，国家把握着文化、宣传、媒体、市场等制度性路径手段，传统的身份认同在跨地域、跨国别交往实践日益丰富的当下，原有的历史、民族、血脉等认同价值被一定程度上淡化[④]，数字技术进一步改造了传统身份认同体系的基本要素。个体传播权力和数字化叙事的发展，使得在信息流通下，先验性不再具有权威合法性。[⑤] 但在此种情况下，作为想象共同体的民族国家概念受到了认同挑战，文化则可能逐渐真正回归于人民，从而展现出文明的宽容与共存。似乎也可以实现文化

---

① Times of India, “SAARC is a ‘Jammed’ Vehicle, Foreign Secretary S Jaishankar Says”, 2017-10-26, https://timesofindia.indiatimes.com/india/saarc-is-a-jammed-vehicle-foreign-secretary-s-jaishankar-says/articleshow/61247718.cms.

② Bhumifra Chakma, “SAARC and Region-building: Is South Asia a Region?”, *Journal of the Indian Ocean Region*, Vol.14, No.2, 2018, pp.189-205.

③ The Institute for Defence Studies and Analyses, “Culture as a Factor in Regional Cooperation in South Asia”, 2023-9-10, https://www.idsa.in/system/files/events/rr_sac2015.pdf.

④ 参见韩震：《论国家认同、民族认同及文化认同：一种基于历史哲学的分析与思考》，《北京师范大学学报》（社会科学版）2010 年第 1 期。

⑤ 参见周庆安、朱虹旭：《难以想象的共同体：全球数字空间的身份认同重构》，《新闻与写作》2023 年第 6 期。

与政治在某种程度上的分离，从而使文化不再被视为一种国家软实力，而是成为一种促进社会之间对于整体利益理解的工具，用来弥补国家之间的“鸿沟”，加强人们之间的相互理解，克服政治障碍，使人们从文化共同性和文化多样性中受益。

结　语

文化不仅可以成为一种结合剂，也可以成为一种分裂力量；不仅存在于南亚国家间，更存在于南亚各国内部。在南亚地区，文化和宗教的多样性是南亚区域认同形成的重要因素。南亚地区的文化和宗教不仅具有丰富的历史和文化内涵，而且反映了南亚地区的多元性和包容性。但是由于殖民时期的蓄意分化、西方现代价值观以及现代民族国家概念影响，后殖民时期南亚地区现代国家的形成并未按照原有历史发展规律，多元的民族、宗教、文化反而对现代国家构建和文化认同形成阻碍，与当前文化的多样性与认同的同一性形成对立，造成南亚地区长期的动荡与矛盾冲突。

如何正确把握文化多样性和同一性的有机统一，如何在民族、宗教混合与国家领土划分的割裂中寻求平衡，是南亚国家提升国家构建能力、促进区域认同与合作进程的核心，亦是在此后推动中国—南亚区域合作的基础。

印度区域认同的历史、现实以及演化

杨思灵*

论及印度时，通常在三个叙事情景中进行讨论：一是古代印度，二是英属印度，三是当代印度。所谓的“古代印度”属于地理名词，包括了今天的印度、巴基斯坦、孟加拉国、尼泊尔等。英属印度则是英国殖民统治下的印度。当代印度就是指二战之后独立的经历印巴分治之后的印度。就印度区域认同的基本内核来看，包括了印度的自我认同与“他者”的认同，“我者”与“他者”的互动围绕安全、发展与荣誉等国家利益展开。总体来看，印度的区域认同面临着历史与现实之困。古代印度历史、英国殖民历史以及当代地区的地缘政治现实深刻地影响着当代印度的区域认同。当代印度始终将古代印度文明视为自身光辉的历史，且这样的文明认知总是无意间放大印度在心理上的影响空间，往往超越了其能控制和影响的地理空间。英属印度时期地理空间的不断拓展依然深刻影响着当代印度的区域认同观念。在现实层面，国际与地区政治的互动正影响着印度的区域认同，并决定着其对外战略路径依赖的生成，提供地区公共产品能力较弱则影响着印度区域自我认同的合法性与正当性。印度区域“自我”认同和“他者”认同之间的错位不仅困扰着印度的区域认同，而且影响着印度区域认同的话语表达与政策取向。

一、印度区域认同的基本内涵

就印度的“自我”认同而言，首任印度总理贾瓦哈拉尔·尼赫鲁的“有声

* 杨思灵，云南省社会科学院南亚研究所研究员、博士。

有色”大国言论已经广为人知。在这样的定位之下，印度形成了“三个同心圆”的区域认同观念，即邻国、延伸邻国与世界。印度的“不结盟”政策，主要适用于延伸邻国与世界，不适用于邻国。印度的自我区域认同是地区大国、南亚地区的霸主以及印度洋的霸主。

区域认同的含义包括自我认同与被认同，或者说是“我者”与“他者”的认同。“我者”的认同即自我定位、认可，“他者”的认同即对“我者”的存在、地位的接受与认可。印度区域认同显然也由“自我”认同与“他者”认同两大部分组成。

作为区域国家，印度的区域认同定位需要得到“他者”的认可。从“三个同心圆”的视角来看，邻国对印度“自我”认同的看法最为关键，决定了印度是否能够完全实现自身在南亚、印度洋地区的支配地位。延伸邻国的认同与认可相对重要，因为这对印度实现“有声有色”大国的目标至关重要。世界层次的认可与认同当然也很重要，尤其是当印度想要成为世界领导者的时候。就目前的情况来看，包括南亚以及北印度洋地区在内的邻国层仍然是印度区域“自我”认同的核心，来自“他者”的认同则根据具体情况有所不同。

在印度“自我”认同与“他者”认同互动中，认同的基准点是什么呢？如果以国家行为体作为互动的“我者”与“他者”，国家利益就是基准点。大致来讲，一个国家行为体的国家利益包括安全、发展与荣誉。安全涉及国家的存亡，包括传统安全和非传统安全，在区域认同方面起着关键性的作用，印度区域认同理所当然地将安全放在区域认同的首位。印度区域认同深受两个方向的安全意识影响，一个是来自其边境陆地线的影响，另一个是来自海洋线上的影响。印度将南亚、印度洋地区视为自己的“后院”，希望南亚以及印度洋撑起自己崛起与发展的梦想。

区域认同由“我者”与“他者”互构形成。收益是“他者”认同“我者”的核心考量，而利益的大小则取决于“我者”提供地区公共产品的能力高低。在南亚地区，印度以霸主自居，在提供地区公共产品方面也做了大量的努力，包括地区制度建设、向其他南亚国家提供援助等。提供公共产品的能力可以被视为考察印度区域认同合法性与正当性的一个切入点（见图1）。

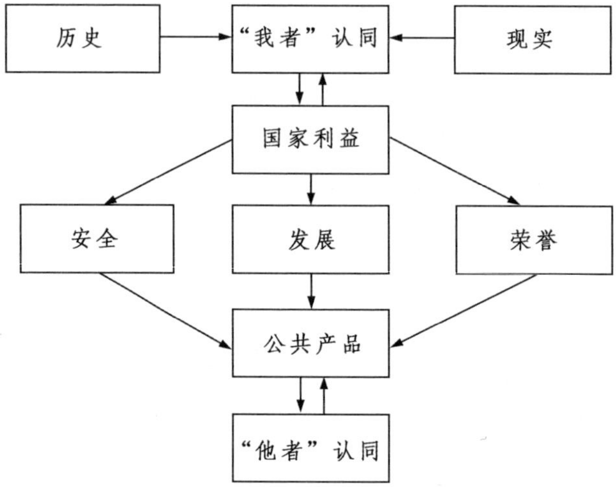

图1　印度区域认同的构成要素示意

任何一个国家利益的形成总是与历史和现实条件密不可分。从历史的视角看,地理空间的形成、文化身份的定型都与此紧密相关。当代印度的地理空间脱胎于英属印度,深刻影响着印度在地理空间上的区域认同。其宗教文化也是在历史形成的文明格局中塑造区域认同。从现实的角度看,基于安全、发展、荣誉等利益的不同,印度的区域认同演化也出现不同。最关键的现实条件是印度本身的战略资源与战略能力均极为有限,制约着印度区域认同的地位与目标。总的来看,印度区域认同面临着历史之困与现实之困。

二、印度区域认同的历史之维

从古代到近代,印度次大陆经历了雅利安文化、伊斯兰文化、西方文化的冲击与融合[①],古代遗留下来的文化多样性属性为印度的国家认同带来了重重难题。从当代印度独立以来,印度中央与地方的关系、印度教与伊斯兰教之间的矛盾就在不断挑战着印度的国家认同。有观点认为,在古印度的本土宗教(婆罗门教、佛教)时期,已经自然地形成了一种政教分野、各安其位的格局;而在包括伊斯兰王朝在内的整个古印度,各教派之间也大体上维

① 参见李云霞、史纪合:《印度文化多样性初探》,《国外理论动态》2015年第4期。

持着一种多元共存、正常竞争的关系。[①] 不能说这种观点不对，但也未见得完全合理。教派之间的斗争未必都遵循这样的方式进行，证有易，证无难。说宗教和谐者多以阿育王为例，论宗教压迫则以奥朗则布为例，若论哪一个是主流不太好判断，现今已经很难真正体会历史上印度不同宗教文化之间到底在什么样的程度上实现了和平共存，也难以体会到各个宗教之间斗争的残酷性。正如有学者所指出的那样，在抗击殖民宗主的过程中，领导者可能会更加注意或谨慎地处理穆斯林与印度教徒之间的关系，但往往"因暴乱而释放出来的紧张局势有时还造成更加深重的'印度教徒和穆斯林之间的相互怨恨'"[②]，这说明印度教与伊斯兰教之间的矛盾应该不少。从印巴分治之后在印度境内爆发的教派冲突的历史来看，所谓的教派和平共存或只是一时的现象，而且还得小心维系，否则就会很轻易地酿成重大事件。

文化多样性之间的矛盾与冲突给印度的区域认同带来了挑战，典型案例体现在印巴分治上。一般认为，印巴分治的恶果由英国的"分而治之"策略所造成，但更多的其实是基于历史的发展惯性。在某个历史时期，偶尔会有一些开明的君主实行宗教融合与和谐的政策，但常态则是实施差别化的民族宗教政策，为印巴分治奠定了历史基础。就当代印度和巴基斯坦来看，由于两国不但没有完成对民族国家的共同认同，反而在区别化上越走越远，导致今天双方在区域认同上的根本差别。在这点上，历史似乎又在重演，莫迪在国内推动印度教民族主义，带来的不仅是对其国内认同的持续挑战，在区域认同上也与巴基斯坦越走越远。至少从宗教文化上，以印度的视角来看，巴基斯坦是"异类"，这显然是古代印度多元文化属性为当代印度区域认同遗留下来的一个挑战。

对古代文化传播的错误认知给当代印度区域认同带来了另一个挑战。毋庸置疑，古代印度次大陆文化对东亚国家产生了重要的影响，尤其是东南亚文化的多元化、多样性深受古代印度文化的影响。但总体上来看，这样的影响并非因为印度次大陆的统治者有多么强大，恰恰是古代印度次大陆混乱、封闭的等级制造成了这种广泛的传播。通常进入印度次大陆的文化伴随着武力征服，正如马克思所认为的，印度的历史"不过是一个接着一个的

① 参见欧东明：《印度古代政教关系模式浅析》，《南亚研究季刊》2008 年第 2 期。

② [英]C. A. 贝利：《印度社会与英帝国的形成》，段金生、蒋正虎译，云南人民出版社 2015 年版，第 179 页。

征服者的历史"[①]。比如伊斯兰教向印度次大陆传播就是通过自上而下的武力推行的。而印度次大陆的多样性文化向东南亚的传播则更多是通过自下而上的方式进行,即并非通过国家机器,而是由传教士、贸易商人、移民等完成。这类人尤其是移民带着古代印度的文化向东南亚迁移,同时改造了原有的印度次大陆文化形态,比如削弱原有的印度教文化森严的等级制。明白这一点,就可以明白印度次大陆古代文化给当今的印度区域认同带来的困惑。当今的印度人总认为古代印度文化的影响力强大,尤其是一些西方学者不断鼓吹所谓的东南亚印度化[②],但并未认识到这样的文化传播现象很大程度上是由地缘政治碎片化、宗教斗争激烈化以及等级封闭造成的。他们在心理上认为印度可以继承古代文化的魅力,继续发挥区域认同中印度的影响力,并在心理上认为印度区域利益完全超越了实际的地理空间,进而想要利用文化资源来加强对印度的区域认同。这样的认知造成了两个结果:一是部分地区国家对印度试图在其主权范围内唤醒所谓"印度文化"的历史记忆保持警惕,忌惮印度有可能利用这样的方式干涉他国内部事务;二是使印度自身无限放大区域认同的空间,甚至超越了由地理空间以及文化空间所规定的区域范围,导致印度区域认同的混乱与无序。

对当今印度区域认同造成困惑与挑战的第三个因素是英属印度的历史经历。英国在18世纪之后开展工业革命,为了扩张与积累资本,开启了大英帝国的殖民历史。19世纪中期,从西边的巴基斯坦到东边的缅甸,南至斯里兰卡,英属印度达到历史巅峰。[③] 英国的殖民历史"成就"给予了印度民族主义者极大的震撼,尤其英国将印度洋变成"内湖"的光辉岁月仍然深刻影响着当今印度区域认同观念。尼赫鲁在《印度的发现》一书中写道:"在将来,太平洋将要代替大西洋而成为全世界的神经中枢。印度虽然并非一个直接的太平洋国家,却不可避免地将在那里发挥重要的影响。在印度洋地区,在东南亚一直到中亚西亚,印度也将发展成为经济和政治活动的中心。"他甚至认为,"小的民族国家是注定要灭亡的。它可能作为一个文化上的自

① 《马克思恩格斯全集》第9卷,人民出版社1961年版,第246页。

② 有学者指出这样的观点是错误的。参见李谋:《析印度文化与古代东南亚》,《东南亚南亚研究》2009年第3期。

③ 吉岡孝昭、覚醒する大国インド:「非同盟」的戦略思考の意味するもの、2014-10-1、https://ir.library.osaka－u.ac.jp/repo/ouka/all/50274/osipp_033_181.pdf.

治区而苟延残喘，但是不能成为一个独立的政治单位”。[①] 尼赫鲁这样的说辞完全是曾经大英帝国的历史经验与做法。独立后的印度也将大英帝国在南亚所创造的“辉煌”作为历史遗产继承下来，并将之作为当代印度区域认同的基础。无论是抵制巴基斯坦存在的“合法性”，还是继续推进英属印度在中国西藏的前进政策，又或是继续兼并、控制、影响喜马拉雅诸王国等均充分说明了这一点。在海洋方向上，英属印度留给当代印度的历史遗产就是让印度精英认为印度洋是印度的洋，这也深刻地影响着当代印度的区域认同叙事。

三、印度区域认同的现实之维

任何国家行为体都在一定的历史条件下形成区域认同认识，并深刻影响着地区政策，印度同样如此。历史文化的“辉煌”无限放大了印度的区域目标，殖民历史塑造了迄今为止印度无法实现的国家目标，认识与现实的错位使印度的区域认同存在着一系列的悖论。正如前文所指出，区域认同包括两方面的内容，一是国家行为体在区域中的“自我”认同，二是“他者”对“我者”的认同。印度的区域认同显然也包括了这两方面的内容。在“自我”认同方面，基于历史经历，印度理所当然地认为自身是古印度文明的继承者，是地区中心。用国际政治术语表达就是，印度理所当然是一个具有合法性和正当性的地区霸权。从独立之后印度在南亚地区实施的侵吞、控制、影响政策，再至所谓印度版“门罗主义”都已经充分地说明了这一点。当然，印度这样的“自我”认同不仅受到了历史文明的影响，更获得了其在地理空间位置上的支持，其国土面积相比其他南亚国家而言可谓“超级大国”，面积大约 298 万平方公里[②]，位居世界第七。而南亚领土面积第二位的巴基斯坦仅为 79.6 万平方公里左右[③]，其他南亚国家的领土面积更少，关键还在于所有这些南亚国家之间并不接壤，使它们在区域互动中抱团取暖也成为不可能。但这并不意味着所有的南亚国家都支持印度的区域认同理念，即做南亚地区的霸权国家。

巴基斯坦显然是明确反对印度区域“自我”认同目标的。因此，印度“自

① [印度]贾瓦哈拉尔·尼赫鲁：《印度的发现》，齐文译，世界知识出版社 1956 年版，第 712 页。

② 不包括中印边境印占区和克什米尔印度实际控制区等。

③ 不包括巴控克什米尔地区。

我"认同与巴基斯坦"他者"认同的错位促使印度在地区战略上进行调整，尤其是双方认同错位严重影响了南盟的发展。尽管南盟在多个领域形成了互动关系，也似乎在很多领域达成了合作共识，取得了一定的成效，但南盟并没有在推动地区实现共同发展上发挥有效作用。自2016年之后，因印度与巴基斯坦的关系恶化，南盟长时间未举行峰会，实际上进入了停摆状态。尽管南亚各国也会举行非正式会议，讨论相关的合作议题，但实际上基本的活动已经不具备南盟的特征，尤其是印度主导下的互动基本排除了巴基斯坦的参与。在南盟举行的南盟部长理事会年度非正式会议上，印度以疫情为"契机"，加强自己在抗击新冠疫情方面所发挥的领导作用。巴基斯坦对此也持有异议，特别是对印度主导的南盟会议表现出极大的担心。在南盟理事长非正式会议上，印度一方面承诺继续推进互联互通、一体化、安全和繁荣的南亚建设，突出强调印度将继续致力于协助南盟地区国家抗击新冠疫情；另一方面继续攻击巴基斯坦，呼吁南盟成员国共同击败恐怖主义祸害，因为恐怖主义和冲突阻碍了南盟实现其在整个南亚集体合作和繁荣的目标。换言之，印度将南盟的失败归咎于巴基斯坦，同时也为自己另起炉灶、排除巴基斯坦寻找到了借口。

有人指出，从历史、文化、地理与语言来看，南亚是一体化的地区，但深层的分裂与彼此敌视已经使南亚国家之间形成任何的共识都变得不可能。[①]南盟从成立之初开始，就处在印巴"硬政治"、相互恐惧、相互竞争的背景之下[②]，从未来的发展趋势看，似乎仍然难以摆脱这种恶性循环。换言之，印度与巴基斯坦区域认同的错位造成了这一局面。

作为区域认同的替代方案，印度希望能够促成新的地区组织替代南盟，即环孟加拉湾多领域经济技术合作倡议（BIMSTEC）。该组织的命运类同南盟，该合作机制是在东南亚国家泰国倡议的基础上形成的，但从1997年成立以来长期未受到重视，只是在印度实施孤立巴基斯坦战略之时，并把地区合作的重点从南盟转向BIMSTEC之后，该合作机制的各个成员国之间的合作才变得密切起来。如果从成员来看，相比南盟，BIMSTEC只是多了

---

① Komal Malik, Dr. Bimal Chandra Kumar, *Superpowering India*, Delhi: Prashant Publishing House, 2016, p.113.

② Komal Malik, Dr. Bimal Chandra Kumar, *Superpowering India*, Delhi: Prashant Publishing House, 2016, p.113.

泰国、缅甸，少了巴基斯坦、马尔代夫和阿富汗，最突出的特点就是印度仍然在其中一家独大，是否发展、如何发展很大程度上要看印度的态度。现在该组织的正式成员国包括东南亚国家泰国和缅甸，南亚国家印度、孟加拉国、不丹、尼泊尔和斯里兰卡。该组织至少从表面上解决了印度所关心的区域认同错位问题，这些国家大致都会尊重印度地区霸权中心的合法性与正当性。但也不能一概而论，其他南亚国家作为“他者”对印度区域认同目标表面上没有异议，内心是充满着忧虑与警惕的。这点从这些南亚国家积极加强自身平衡外交战略的架构就可以看出，甚至是不丹这样的极小国家，也希望通过自身的外交努力以平衡来自印度压倒性的影响。

除了南亚国家，印度与一些地区国家或组织也存在着“自我”认同与“他者”认同的错位，比如东盟和中国。在区域认同的替代方案上，东盟国家不大可能支持印度区域认同的替代方案。东盟是东亚区域合作的核心，这种核心地位尽管受到了地区地缘政治态势发展的挑战，但现阶段仍然是除欧盟以外最为成功的地区合作组织，东南亚国家不可能抛弃东盟转投BIMSTEC。对中国而言，作为“他者”，很少表示认同印度在南亚地区霸权的合法性与正当性，或者公开支持印度在南亚乃至印度洋的领导性地位。

总体而言，当前对印度区域认同构成最严峻的挑战是地理空间认同的悖论。地理是区域认同最重要的基础。一般而言，地理是确定的，但在印度的区域认同中，却存在着以下几个矛盾。

一是区域认同架构排斥巴基斯坦。巴基斯坦被排斥在印度区域认同之外，说明印度的“自我”区域认同是不完整的。不认可巴基斯坦存在的合法性与正当性，是导致印巴关系长期未能得到改善的重要原因。这一层次的区域认同错位导致印度希望停摆原有的制度架构、创设新的地区制度架构，这使得区域合作机制止步不前。

二是印度继续在争议地区推进“前进”政策，导致一些“他者”对其区域认同持保留态度。中国与印度为邻，却存在领土争端。在中国的区域认同观念中，南亚占据重要地位。中国将其作为一个具有重要利益的区域，希望能够推进与所有南亚国家的合作。但印度在涉藏、边界争端等问题上采取了英属印度留下来的“前进”政策，导致中印两国关系不断受挫。印度地理空间认同不是确定的，而是在不断变化，且没有边界。在这点上，印度对一些南亚国家同样如此。比如，印度不仅吞并了锡金，甚至还想着侵吞不丹。

实际上，现在的不丹深受印度的影响与控制。尼泊尔在某种程度上也深受印度地区霸权主义区域观的影响。

三是印度地理空间的认同具有排他性，导致部分国家作为“他者”对印度的“自我”区域认同不认同。印度一直警惕和拒止中国与其他南亚国家的合作，因为害怕中国与其他南亚国家合作会危及其在地区的支配地位。其他南亚国家历史上就受到了印度的霸凌，对印度的区域认同及其追求目标也保持着戒备。南亚是印度区域认同的基本盘，但新的地缘政治概念的出现无疑对印度的区域认同观念产生影响。比如，日本提出的“印太新计划”要构建包括印度东北部地区、孟加拉国在内的孟加拉湾产业价值链，这样的计划显然与印度坚持的排他性霸权相排斥。

四是印度区域认同缺乏战略意愿与提供地区公共产品的能力。南盟与BIMSTEC 的失败均与此有关。印度虽然拥有 14.2 亿的庞大的人口数量，但经济总量不过 3 万多亿美元，人均 GDP 仅为 2000 多美元，极大制约了其向地区提供公共产品的能力。从南盟的失败再到退出《区域全面经济伙伴关系协定》(RCEP)，都说明印度没有意愿也没有能力提供使地区国家普遍受益的公共产品。更为关键的是，印度“自我”区域认同的主要目标是维护其霸主地位，而非优先向地区提供使所有行为体普遍受益的地区公共产品。莫迪政府提出的“印度优先”政策充分证明了这一点，造成了印度区域“自我”认同与“他者”认同的严重脱节。

四、印度区域认同的国家利益边界与演化

印度区域认同之困的根源在于其“无边界性”。由英属印度历史经历所致，印度在地理空间的认同上是变化的，在陆地与海洋方向上没有确定的边界，不仅在实际的控制地理空间方面没有边界，在支撑作为其大国崛起的策略选择上也没有边界。因而，导致“他者”对印度区域“自我”认同的否定，造成印度“自我”区域认同与“他者”认同的高度错位。

对古代印度次大陆文化传播的错误认知造成了印度在心理上不切实际的优越感，也激起了印度对当前印度教民族主义的热情，而越来越极端的印度教民族主义将成为印度面临的认同挑战，从文明的角度影响其与其他行为体的关系。2019 年以来，国民志愿服务团强势推动莫迪政府对华采取全面对抗政策，中印经贸关系等一些低政治议题被抬升到国家安全层面。国

民志愿服务团还加强了主权概念下的民众动员，将其敌对思维下的一系列对华政策主张转变成莫迪政府的现实政策，使得中印竞合关系又被推向全面竞争和冲突状态。[①]

安全是构成区域认同的重要因素。欧盟、东盟今天经济上的成功来源于最初的安全驱动。但如果一直囿于安全困境，尤其在区域内部不断放大区域安全困境，就无法与区域其他国家取得认同共识。安全的"无边界性"是印度"自我"区域认同的一个重要特征，即无限放大巴基斯坦与中国对它的安全威胁。事实上，印度对中国的地区安全认知看法多数是不正确或不准确的，对中印关系的发展造成了较为不利的影响。比如，印度不能客观地看待中国的发展成就，不能正确看待中国与南亚其他国家的合作；将中印经济合作政治化、安全化，推进与中国经济脱钩、断链；将中国与其他南亚国家的经济合作泛安全化，要求南亚国家在推进与中国合作的同时必须考虑印度的安全需求等。

基于复杂的因素，外界对印度的"自我"区域认同存在矛盾性。在"三个同心圆"层面上，邻国层次对印度的"自我"区域认同持有严重的怀疑与焦虑，只不过因为印度体量巨大而无法直接对抗；且因为地缘政治的特性又无法联合对抗，只能依靠左右摇摆的平衡战略来抵消隐藏的风险。在延伸邻国层次，有反对者，也有认同者。在世界层次，印度一定程度上获得了认可"合法性"，美国、日本都支持其成为地区领导者，并且未质疑印度在南亚地区的主导地位。

随着印度自身的发展和外部环境的变化，印度的区域认同观念及其政策取向发生了如下重要演化。

其一，从普遍排他性到排中性的转变。无论是在南亚地区，还是在印度洋地区，基于自身区域认同的目标与定位，印度对区域内外大国都保持高度的警惕，努力排斥所有大国试图扩大在南亚以及印度洋地区的影响力。比如，20 世纪七八十年代，印度曾试图与美国在印度洋竞争。印度始终避免地区组织南盟、BIMSTEC 成为像欧盟、东盟那样可以与其他国际行为体互动的独立行为体。不过这种情形已经发生了较大的变化，尤其是自莫迪政府之后变化明显。印度积极引入区域大国在印度洋的存在，积极筹谋多个围

① 参见谢超：《民族主义如何影响对外决策：论印度莫迪政府外交政策转变中的国民志愿服务团因素》，《世界经济与政治》2023 年第 5 期。

绕印度互动的小多边区域组织，比如印澳日、印印（尼）澳、印法澳等。印度主动推动将美印双边军事合作机制发展成为“美日印澳”四边机制，使其具备军事意义。在这样的变化中，印度将排他性目标集中到中国，不仅使其与中国的关系紧张，而且放大炒作中国与相关国家合作的矛盾，力图影响地区国家与中国的合作。

其二，向利己的“印度优先”方向转变。尽管印度提出“邻国优先”的区域认同策略，但其主要的战略取向在于通过“邻国优先”实现“印度优先”。在印度领导人与部分南亚国家领导人的互动过程中，会明确双方照顾彼此在印度洋地区的安全关切。印度在干涉马尔代夫内政之后，成功地结合了“邻国优先”与“印度优先”双战略，督促马尔代夫关注印度的安全关切。印度与马尔代夫的联合声明提出，双方注意到印度的“邻国优先”政策和马尔代夫“印度优先”政策是在相互信任、相互理解、相互照顾敏感关切的基础上进一步加强合作的，以进一步推动充满活力、多方面和互利的伙伴关系。[①]

其三，以多极亚洲为支撑参与地区秩序竞争。在区域认同上，印度似乎正在走出南亚与印度洋。2013 年之前，印度在更大范围内的区域认同是联合中国、俄罗斯、巴西等平衡美国，但在莫迪执政后，其主要区域认同策略是联合美国、日本等在亚洲地区平衡中国。此前，中印共同发起了多个小多边机制，莫迪执政后，中印之间再没有筹建新的小多边机制，而是在印美、印日等之间构建了多个小多边机制。这表明，印度在区域认同上不仅拒阻中国在南亚以及印度洋地区发挥作用，而且要在更广阔的范围与中国展开竞争。

受到历史、现实条件以及国际政治局势激烈变化的影响，无论是在邻国层次、延伸邻国层次，还是在世界范围内，印度区域认同对中国的排斥色彩日益明显。尤其当前受到国际政治复合因素的影响，基于自身的战略感知，印度不断加强与美国、日本等国家的合作，对中国在南亚、印度洋等地区的参与和作用发挥进行战略与实际操作上的制衡、压制，与中国展开多方面的竞争。当然，印度与中国有着诸多难以割舍的重要利益，也力图维护与中国基本关系的稳定，在国际舞台上与中国进行选择性合作。在对华战略上，印

① Ministry of External Affairs, Government of India, “Joint Press Statement on the 6th Joint Commission Meeting (JCM) between India and Maldives”, 2019-12-13, https://mea.gov.in/bilateral-documents.htm? dtl/32207/Joint_Press_Statement_on_the_6th_Joint_Commission_Meeting_JCM_between_India_and_Maldives.

度一些方面力图与美国保持距离，避免成为美国的战略同盟者。

从区域认同演进的方向来看，随着印度综合实力不断增强，“印度优先”区域观会越来越凸显。不过，区域各国都会以不同的方式争取各自的利益，区域合作是建立在各方对于区域认同共识的基础上。一则，“印度优先”并非为所有国家所接受；二则，离开了与他国的合作，印度难以独行。南亚是印度区域定位的基石，一个分裂的南亚对印度不利，会成为印度发展的障碍。同样，一个印度主导的南亚也难以在区域合作上取得真正的进步。没有稳定的、合作的南亚，印度难以在延伸的区域发挥更大的作用。

结　语

作为南亚地区的大国，印度在区域认同共识方面做出很大努力，在帮助与援助其他南亚国家方面扮演着重要角色，但印度区域认同中的霸权定位以及历史与现实条件带来的困难却使印度的区域认同呈现出很大的矛盾性。基于印度主导和排斥“他者”的区域认同在制度建设方面受到了很大制约，南亚区域因而难以构建像欧盟、东盟那样的区域合作制度，这是由印度区域认同的内在逻辑所决定的。印度区域认同的一个基本定位与逻辑是在南亚主导、在印太领导、在全球当一极。印度的区域认同现状是由这一条逻辑所塑造的，未来区域认同的发展也将深受这一逻辑的影响。在该条内在逻辑之中，印度的身份与利益定位共同驱动着印度区域认同的观念发展与组织实践。

在国家身份方面，地理、文化、政治的特性决定了印度在次地区、地区与全球的认知定位。印度洋的重要性以及印度的地理位置决定了其在地区与全球秩序构建中均占有非常重要的地位。印度在南亚及北印度洋地区独大的地理特征很大程度上决定了其在南亚以及北印度洋地区的行事逻辑，即在该地区起着主导作用。这也深刻影响着印度区域认同策略的取向，创造对印度主导而言有着极高舒适度的地区认同一直是印度追求的目标。在策略上，从一开始的一味强势到冷战之后的灵活，印度在其主导的区域认同上并非没有成效，尤其近年来，在“邻国优先”策略中，多个南亚国家也报以“印度优先”。换言之，在地理身份上，印度在保持优势的条件下也开始采取怀柔策略，以创造印度地区认同的舒适度。在文化身份方面，印度具有错位的优越感，但这种优越感也是有一定基础的。比如不管是在相对友好的国家，还是在敌意较深的国家，印度的“宝莱坞”都具有比较大的影响力。在政治身份上，思考印度在国际社会中的地位是应有之义。基于曾经辉煌的古代印度，现今的印度对不断靠近世界舞台中央也情有独钟，成为下一个世界超级大国似乎也并非不可能。

在国家身份认同定位之下，对次地区、地区与全球的利益辨识与追求就极大影响着印度区域认同的策略演化。在利益结构中，安全与经济两种利益直接影响着印度在地区认同方面的政策变化。在安全上，印度的区域认同定位是主导，那么其他国家行为体在区域内部或者区域外部可能对其主导地位造成影响的前景都会引起印度的高度警惕，进而影响印度的区域认同策略。比如在区域内部，印度区域认同在融合巴基斯坦与孤立巴基斯坦之间来回摇摆；在区域外部，中国在南亚地区影响力的提升被印度认为是对其主导区域的严重挑战。在经济利益方面，印度的区域认同也在收缩与延展之间来回变化。经济全球化与地区一体化本身对区域认同有着极为重要的推动作用，但印度国内的利益团体对印度参与区域合作却忧心忡忡。比如在拒绝参加 RCEP 方面，尽管有各种各样的理由，但是保护本国企业成长才是最主要的考虑。总之，印度区域认同的倒退、停滞、前进都与印度的国家身份定位与利益认知有着密切的关系。

当然，在国家身份与利益都比较明确的情况下，政治精英尤其是国家领导人对区域认同的发展有着极其重要的影响，尤其是在采取什么样的策略方面有着决定性的作用。比如曼莫汉·辛格时期，在南亚次区域内部对巴基斯坦采取的策略主要是接触与融合，但在莫迪政府时期就不断演化为孤立战略。在曼莫汉·辛格时期，其对中国的定位是伙伴，且在地区认同表述上认为亚洲足够大，可以容纳中印共同发展；到了莫迪政府时期，就演化为印度同中国竞争，并推动“脱钩”，不认同中国深度介入与南亚国家的合作，试图占据亚洲地区的龙头地位。

从未来印度区域认同发展的视角来看，在上述内部逻辑之下，历史文化与英属印度的“辉煌”，似乎让印度生活在区域认同的幻觉之中，印度要发挥区域合作的引领作用，需要有开放、包容与合作的新型区域认同观。作为南亚地区的大国，首要的是凝聚区域所在国家的认同共识，为其他国家提供平等参与、共享利益的机会。南亚区域内关系特别是印巴的和解与合作，对于南亚地区、印度洋地区的合作至关重要。

印度与中国为邻，尽管中国不是南亚地区成员，但作为接邻国家，与印度和其他南亚国家有着直接的利益关系。印度排斥中国甚至敌视中国的区域政策与战略，对其区域利益是有害的，也不利于南亚地区、印度洋地区合作的发展。中国作为世界第二大经济体，对印度和南亚地区的发展都有着重要的推动作用。从地缘角度来说，印度与中国共处一区，山水相连，又都是发展中大国，需要在推动开放、包容与合作的新型区域观与区域政策方面推进共识。印度区域认同的努力目标应当是将南盟或者其他地区组织凝聚成为一个能够独立与其他行为体互动的行为体，成为其他行为体互动与合作的重要舞台，一如东盟曾经以及正在发挥的作用。要实现这样的目标，印度需要在区域认同的内部逻辑认知方面做出调整。

欧洲认同构建的历史与现实

周弘*

何为欧洲？欧洲为什么是欧洲？欧洲人从哪里来到哪里去？这是欧洲人及关注欧洲的人经常讨论的基本问题。欧洲不像美洲、大洋洲、非洲那样，在地理上跨海与其他大洲相隔。欧洲和亚洲同处欧亚大陆，人为地用乌拉尔山、乌拉尔河、大高加索山等并不十分明显的地理特征，加上黑海、里海、土耳其海峡等水道与亚洲分割。欧洲仅占到世界陆地面积的6.8%，看上去更像是欧亚大陆的一个半岛。它雄踞欧亚大陆最为富庶的一隅，坐拥丰饶的世界财富，孕育了众多世界领先的科技发明、思想观念和体制机制，但却战乱不断，是两次世界大战的发源地和主战场。二战后，欧洲开启区域合作的先河，建立了超国家的区域治理制度。从区域认同的角度，欧洲经历了区域—国家—区域的历史转变与构建。

一、研究欧洲的几种视角

如果将欧洲作为一个整体来研究，就离不开“国别”与“区域”这两个概念或视角。毕竟，欧洲国家之间虽然从语言到文化再到发展水平和产业结构都有巨大的国别差异，但欧洲之所以为欧洲，必然存有不同于非欧洲的特性。张蕴岭先生的概括是结构性的：“世界是一个整体，在构成结构上，分为三个层次：国家—区域—世界。”[①]在世界这个整体结构中，欧洲既含有区域结构，又由众多国家构成。陈乐民先生强调欧洲的非欧洲特性，他习惯于用

---

* 周弘，中国社会科学院欧洲研究所原所长，国际学部主任。

① 张蕴岭主编：《国际区域学概论》，山东大学出版社2022年版，第1页。

统一或与欧洲整体相互关联的概念来贯通对欧洲的研究。用他自己的话来说，他晚年撰修《欧洲文明的进程》，其实就是想要用“文明”的尺度衡量整个欧洲在“物质文明”“精神文明”和“功能性文明”（或简言之，体制机制的文明）方面的生发、演化乃至传播与扩张。[①] 陈乐民先生虽然没有系统地规范“欧洲学”，但已经开始在“欧洲文明”的框架下勾勒研究欧洲整体的框架，即体现为“欧洲主义”的整体（或认同）的欧洲与体现为“民族主义”的多样性的欧洲之间存在着矛盾与综合的关系。与张蕴岭的主张相似，陈乐民也倡导对欧洲的多学科研究，即哲学（含伦理学和美学）、社会科学（含政治学、经济学和法学）以及基督教精神和科学实践。[②] 这种视角将国际关系学作为研究整体欧洲的一个工具。而王剑锋则把“区域国别研究”与国际关系理论、国际关系史、国际政治基本原理等并列，作为国际关系研究知识体系的组成部分，认为国别区域研究对国际关系理论有“纠偏”“修补”和“建构”的功能[③]，但是没有也很难从这个角度界定区域国别学的学科范围、主要方法、基本理论和实际内容。

十数年来，对欧洲的分科分类研究（如政治认同、经济一体化、文化认同、法律框架等的研究）获得了快速发展，如裘元伦先生等出版的“欧元与欧洲经济丛书”[④]、房乐宪的《欧洲政治一体化：理论与实践》[⑤]、邝杨和马胜利主编的《欧洲政治文化研究》[⑥]等著作，首先是经济学、政治学等各学科领域的著作；而郭华榕和徐天新主编的《欧洲的分与合》[⑦]、陈乐民和周弘的《欧洲文明的进程》[⑧]以及中国社会科学院欧洲研究所出版的“欧洲模式研究丛书”则将重点放在讨论欧洲特性上，是以“欧洲”为限定词的研究。

对于欧洲方方面面的研究固然十分繁复深入，但对于一个整体的欧洲，

---

① 参见陈乐民：《我们眼中的欧洲文明》，陈乐民、周弘：《欧洲文明的进程》，生活·读书·新知三联书店2003年版，序言第3页。

② 参见陈乐民：《我们眼中的欧洲文明》，陈乐民、周弘：《欧洲文明的进程》，生活·读书·新知三联书店2003年版，序言第7页。

③ 参见王剑锋：《中国的区域国别研究与国际关系理论的矛盾：相互供给的不足》，王逸舟等主编：《区域国别研究和比较政治学》，上海人民出版社2020年版，第128、135页。

④ 由裘元伦主持，裘元伦、王鹤、杨伟国等撰写和翻译的“欧元与欧洲经济丛书”（社会科学文献出版社2002年版），从货币理论、欧元生成规律等方面进行了系统论述。

⑤ 参见房乐宪：《欧洲政治一体化：理论与实践》，中国人民大学出版社2009年版。

⑥ 参见邝杨、马胜利主编：《欧洲政治文化研究》，社会科学文献出版社2012年版。

⑦ 参见郭华榕、徐天新主编：《欧洲的分与合》，京华出版社1999年版。

⑧ 参见陈乐民、周弘：《欧洲文明的进程》，生活·读书·新知三联书店2003年版。

或者用约翰·赫斯特(John Hirst)的话来说,对"一个混合体"[①]的欧洲来说,避不开的主题是国家与区域的关系,在欧洲则表现为民族主义和欧洲主义的关系、民族国家和超国家机制的关系。然而,在这个领域里的讨论尚欠彻底。欧洲先后是民族国家和超国家机制的发祥地,两者之间从思想、实践到体制机制等方面都存在着难以割裂且对立统一的关系。这种关系或起或浮,或进或退,或生或灭,或深或浅,贯穿于欧洲的思想史、政治史、经济史、社会史、法制史、外交史和文明史之中,乃是国际关系学尚未解释而区域国别学需要解释的议题。

二、"欧洲"作为区域整体概念的由来

我们的首要任务是界定"欧洲"作为一个区域的概念。关于"欧洲之所以为欧洲",或者欧洲作为区域的概念的主要源头,有很多说法。多数欧洲人将希腊作为"欧洲"的起源,不仅是因为根据神话传说,"欧洲"一词(也就是"欧罗巴",Europa)作为一个地理概念是希腊人叫出来的。其实,各种考据证明,希腊地区与古巴比伦和古埃及文明早有交集并相互影响,甚至关于"欧罗巴"的传说也带有小亚细亚的痕迹。因为根据传说,来自小亚细亚腓尼基王国的公主"欧罗巴"就是以克里特岛为核心的爱琴文明的祖先。[②]

但是,欧洲后世传承的希腊文明的精粹并不是亚洲的,而是实实在在产自于希腊的海洋和土壤,来自那些不仅创造财富,而且分门别类地研究科学,进行严肃的哲学思考和政治实践,认真地撰写历史并进行伦理思辨的人,来自摆脱了蛮荒而迈入文明的爱琴海人。希腊留给现代欧洲一个精神家园,给欧洲拓上了最初的文明烙印。希腊在地理上与当今欧洲重合的部分极小,它之所以被后世看作是"欧洲"的起源之一,是因为其创造的"爱琴海文明"在此后漫长的历史中融入了整个欧洲的文明。时至今日,爱琴海文明的璀璨精华仍然被奉为整个欧洲文明的瑰宝。柏拉图关于"正义"是"智慧"而不是"愚昧"的论断,苏格拉底及同时代希腊人对于"民主"政体的认识、实践和辩证,芝诺对于人的本性的探讨,希罗多德伟大的历史观,索福克勒斯笔下的安提戈涅代表的人性与法理之争……如此等等的文明痕迹深刻

① [澳]约翰·赫斯特:《极简欧洲史》,席玉苹译,广西师范大学出版社2011年版,第6页。

② Denis de Rougemont, *Europa vom Mythos zur Wirklichkeit*, München: Prestel-Verlag, 1961, p.13.

地影响了欧洲后世人的思想、行为、观念和制度。亚里士多德在《政治学》中给希腊精神冠以“自由”“独立”“民主”等特征，以区别于它的邻居，即来自亚洲的“异邦人”(或“蛮族”，barbarian)。①

希腊爱琴文明的直接继承者是罗马。罗马是希腊化时代的产物，这不仅体现在古老罗马版图上那些至今保留完好的希腊城邦遗迹，不仅是留给人类历史的生活富足、制造业发达、知识丰富的记忆②，也不仅是城市建设和公共设施的完备，军事行政体制以及移民、兵役和行省管理的别具一格，而且是像恩斯特·巴克(Enrest Barker)所说，更体现于罗马对希腊精神的传承，以及对周边民族的同化。希腊文明的贡献主要在精神领域，而罗马文明的贡献主要在政治和法律领域。③ 以发达的经济和先进的治理而著名的罗马产生的强大的同化作用，消除了民族差别，“高卢人、伊比利亚人、利古里亚人、诺里克人都不再存在，他们都变成罗马人了”④。

当然，罗马是地中海国家，它横跨欧亚非，与当今的欧洲地理位置重合部分也不多。罗马之所以被后世欧洲视为源头之一，除了对希腊精神的继承和发扬光大以外，还因为它贡献了欧洲的法治遗产。从罗马共和国到罗马帝国，罗马人认真地传承着希腊的人文精神，并孜孜不倦地根据希腊人文精神编撰着各个领域里的律法，用繁复的法律条文体现着罗马人对于天赋观念和自然规律的认识，还将这些认识化为管理复杂的社会生活、商品生产和货物交易、财产拥有、分配和继承的规范。所以孟德斯鸠说，罗马人是“世界上最懂得使法律为自己的意图服务的民族”⑤。罗马帝国衰亡以后，罗马公法的思想在英格兰得以保留，而罗马的习惯法则在大陆欧洲教会的统治下继续流行。当中世纪后期大陆欧洲的经济生活开始活跃的时候，罗马法提供了助力。

将基督教和欧洲中世纪作为当代欧洲的源头，理由是充分的。首先，随

① 参见[古希腊]亚里士多德：《政治学》，吴寿彭译，商务印书馆1983年版，第360—361页。

② 如文字、算数、官吏、财产、契约……参见张旭彭：《欧洲：一种文明观念的出现与建构》，石坚、易丹主编：《寻找欧洲一体化之魂》，四川大学出版社2008年版，第20页。

③ Enrest Barker, “The Concept of Empire”, in *An Introduction to the History of Civilization, Part II*, History of Department of Hartford University, Berkeley, CA.: McCutchan Publishing Corp, 1970, p.68.

④ 《马克思恩格斯选集》第4卷，人民出版社1972年版，第144页。

⑤ Montesquieu, *The Spirit of the Laws*, Volume Two, Translated and edited by Anne M. Cohler, China Social Sciences Publishing House, ChengCheng Books, Ltd., 1989, p.440.

着日耳曼各部族对古罗马摧枯拉朽的毁灭，那些马背上的蛮族纷纷皈依了从古罗马底层社会生长出来的基督教——基督教完成了欧洲历史上第一次大规模、全覆盖的欧洲化。恩格斯说："罗马世界帝国使得旧有的民族没落了……旧有的民族的神就灭亡了……新的世界宗教，即基督教……悄悄地产生了……在中世纪，随着封建制度的发展，基督教形成为一种同它相适应的、具有相应的封建教阶制的宗教。"①恩格斯的观察是："从中世纪早期的各族人民混合中，逐渐发展起新的民族……在这一发展过程中，大家知道，大多数罗马旧行省内的被征服者即农民和市民，把胜利者即日耳曼统治者同化了。"②

其次，基督教会建立了跨越当今南北东西欧洲疆域的统一的教会组织，掌握了文化垄断权、社会管理权和独立抽税权。同时，用"他者"和"异教徒"称谓土耳其人、美洲人和其他不信奉基督教的外邦人，将其认定为"不文明的"和"不开化的"，以区别于基督教欧洲。欧洲之不同于非欧洲，因此被冠上了新的特征：基督教欧洲。因此，基督教一度在文化上统一了欧洲。③

除了基督教和教会为欧洲划出了新的边界以外，在欧洲内部，基督教治下的欧洲采取了一种以自治和责任制为核心的封建制度。这种制度被很多欧洲人看作是当代欧洲制度的雏形。其基本原因在于两方面。

第一，欧洲中世纪实行的"封建制"(feudum)本质上是一种分权和分治的制度。"由地主贵族，俗人或僧侣，男爵或主教或住持在一定的领土方位内，对那里所有的居民办理行政、执行司法、征收赋税的制度。"④

第二，欧洲封建制的另外一个突出的特点是社会责任或社会契约关系，是把权利的分配和土地的分配联系起来，一定量的土地附带一定量的军役责任，将享有封地的权利和服从军役的义务连在一起。封建领地上的自治达到很高的程度，从法律的实施到道路的维修和铸币，封建领主都享有完全的自主权，并参照罗马习惯法实施。⑤ 所以，在民族国家出现之前，封建领地已经打破了一统天下的神圣罗马帝国，只保留有统一的罗马教会。

综上，从精神文明、物质文明和制度文明的角度观察欧洲的形成，可以

① 《马克思恩格斯选集》第4卷，人民出版社1972年版，第250—251页。

② 《马克思恩格斯全集》第21卷，人民出版社1965年版，第451页。

③ 参见郭华榕、徐天新主编：《欧洲的分与合》，京华出版社1999年版，第49—51页。

④ [美]汤普逊：《中世纪经济社会史》上册，耿淡如译，商务印书馆1997年版，第302页。

⑤ 参见陈乐民、周弘：《欧洲文明的进程》，生活·读书·新知三联书店2003年版，第45—53页。

确认，欧洲在进入现代以前，希腊的哲学概念和自由精神、罗马的行政和商业法规、基督教的伦理和中世纪的自治责任体系，均具备跨越时空演化为全欧洲遗产的特性，这些特性为更加具有自我意识的欧洲后人所传承，成为有关欧洲的学问中必不可少的组成部分。欧洲人也一直热衷于在看似各异的欧洲各国之间寻找上述遗产造成的认同，从制度、风俗、宗教、物质文明、商业文化、理性思维等去认识欧洲的共同性或同一性。

三、民族国家的兴起

民族国家出现于欧洲中世纪。根思・波斯特(Gaines Post)曾经说："民族国家是主权体，因此是独立的，在法理上不从属于世界上的任何上级权威。""但什么是国家呢？从根本上说它是从人民、社会组织、宪法秩序或政府以及主权独立等不同程度上推导出来的抽象概念。"而民族(nation)一词呢？"肯定是指比国家更本地的区域。"[①]根据恩格斯的论述，语族是建立国家的一定的基础，"每一个民族，也许意大利除外，在欧洲毕竟都有一个特别大的国家为其代表；所以，日益明显日益自觉地建立民族国家(nationale staaten)的趋向，是中世纪进步的最重要杠杆之一"[②]。

在欧洲，各国的君主也是推动民族国家兴起的重要力量。君主们为了满足他们对权力的渴求所发动的王朝战争与宗教战争相交织，战争的结果是王朝领地更加集中，各自领地上的权力也更加集中。1200年前后，英国、法国、西班牙等国君主脱离神圣罗马帝国的努力得到了教会和教皇的支持，而他们却借助从罗马公法和公共福利及公共安全等原则派生出权力集中的政府观念，在自己的领地上强化国家权力机器，扩充了警务，建立了行政系统，设立了常备军。民族语言和民族文化的发展助力了宗教和教会的民族化，民族化的宗教反过来强化了民族国家。国家权力和民族意识最终合成为民族国家。

用政治学家斯坦因・罗坎(Stein Rokkan)的理论解释上述进程就是欧洲中世纪中晚期出现了很多自治的"地理空间"(geographical space)。起初，地理空间与自然生长的"成员空间"(membership space)，也就是因循社会和

---

① Gaines Post, "Medieval and Renaissance, Ideas of Nation", in Philip P. Wiener ed., *Dictionary of the History of Ideas*, Volume Ⅲ, New York: Charles Scribner's Sons, 1973, p.318, 323.

② 《马克思恩格斯全集》第21卷，人民出版社1965年版，第452页。

文化的规律而存在的空间，这两者并不重合。[①]中世纪后期频仍的王权战争使疆域和边界的概念日臻形成，地理空间中的国家机器日趋完备，王权与市民联手开采矿山、发展工业、富国强兵，贵族被王族战争所消耗，地理空间被重新划定。让·布丹(Jean Bodin)的君主"无须向任何人负责"的理论因应了君权与教权的分离。君主们对内君临天下，对外要求独立自主。宗教改革打击了罗马教皇一统欧洲的局面，民族教会形成，民族语言版的《圣经》出现，改变了"成员空间"。语言成为民族国家的象征，是民族国家"成员相互认同的符号"[②]。各民族的民族意识和民族认同感加强，文化的成员空间与政治的地理空间逐渐重合。当新的、强大的、以"民族"为标志的领土边界切断了中世纪欧洲的经济和文化自然延伸的网络，一种新的政治力量就崛起了，一个新的以各大欧洲民族疆界划分的民族国家的时代开始了。[③]

关于欧洲民族国家的概念和内涵，有很多经典的论述。例如马基雅维利(Niccolò Machiavelli)最先提出君主作为国家的象征，建立包括强有力的军队在内的各种力量。让·布丹提出主权是国家的永恒属性。此后兴起的民族主义则信奉国家本位思想，主张把国家实力作为取得本国利益的前提，认为政治行为的动机永远是利益和权力，国家之间的竞争推动历史发展，国家是行为者和责任承担者。比之跨民族的，虽然实施分权割据，但对于有统一的法律规则和统一的基督教会的欧洲中世纪来说，欧洲民族国家的兴起代表着各大民族的进步，迈入了被冠以"现代"的新世纪。这种现代性虽然没有统一的概念，构成现代性的也不止一种理论，但是却都或多或少地否定了传统的旧势力和旧秩序，这样或那样地描画了新的国家形态、新的权力格局、新的资本主义的生产方式，乃至新的以民族为核心的国民概念和以国家为主权体的欧洲秩序，确立了"国家利益至上""天然疆界""势力均衡"等主权国家之间的关系概念。[④]

民族国家在欧洲的出现伴随着民族国家之间的角力、争夺、博弈和战争，推动了国家间关系的规范及国际关系的产生和发展。在17世纪欧洲各大民族参与了三十年战争后，各参与国通过《威斯特伐利亚和约》确定了民

---

① Stein Rokkan, et al., *State Formation, Nation-Building, and Mass Politics in Europe*, Oxford: Oxford University Press, 1999, p.104.

② [西]米格尔·西关:《多语言的欧洲》，朱伦等译，中国社会科学出版社2021年版，第32页。

③ 参见周弘:《民族建设、国家转型与欧洲一体化》,《欧洲研究》2007年第5期。

④ 参见郭华榕、徐天新主编:《欧洲的分与合》，京华出版社1999年版，第126—129页。

族国家间关系的基本原则，明确了国与国之间的地理边界和权力边界，语言和文化的民族化也更加明显。各国内部的改革各显神通，各国之间的原则突出"独立自主"和"排他性"。就像马克思和恩格斯观察到的，自由资产阶级到19世纪中叶很明确地把国家看作"自己的排他的权力的官方表现"[①]。

民族国家继续扩展的势头很快就演化为向海外的扩张。欧洲的各大民族在大航海中不断掠夺并扩展疆界，用"蛮族"来称谓"新发现的大陆"的居民，用欧洲的各种"文明的"特性证明"化外"或"未开化的"（savagery）非欧洲民族的"野蛮"，以及被侵略的合理性。民族国家时代很快就进入了帝国主义时代。马克思主义者认为，资本对扩张的持续需求与帝国主义之间有内在的关联，而帝国主义与战争相关联。列宁相信，随着第一次世界大战的爆发，帝国主义已直接导致了民族国家间的致命冲突。[②] 后来欧洲共同体的先贤之一、意大利人斯宾奈利（A. Spinelli）则指出："民族独立的思想意识曾经是人类文明进步的巨大动力，它克服了地方主义的混乱，实行了广泛的团结，共同反对外国统治者的压迫；它消除了人员交流和物质流通领域的种种障碍；它让人民在本土范围内享受教育，享有文明而有秩序的生活……但是我们这一代人目睹了从它身上又滋生了资本帝国主义机器扩张政策，直至出现集权国家，导致世界大战的爆发。"[③]

四、统一欧洲的思想与方案

在民族国家体制占主导地位的时代，统一欧洲的运动主要活跃于民间，特别是为欧洲精英所青睐。事实上，无论欧洲版图以封建领地划分，还是以民族国家划分，泛欧活动虽然没有成为政治主流，但在各个领域都没有间断，无论是跨越阿尔卑斯山的商路，还是文艺复兴，抑或启蒙运动，资本主义工业化和政治民主化都是跨越民族国家政治边界的活动。这些泛欧洲的活动上承希腊的人文主义，下启现代的理性主义和现实主义，不懈地彰显着"欧洲之所以为欧洲"的同一性文化，在生产和生活、思想和精神等领域展现着与欧洲以外世界不同的特性。

---

① ［德］马克思、恩格斯：《神圣家族，或对批判的批判所做的批判》，人民出版社1958年版，第158页。

② 参见［美］麦克尔·哈特、［意］安东尼奥·奈格里：《帝国：全球化的政治秩序》，杨建国、范一亭译，江苏人民出版社2003年版，第217页。

③ E. Rossi, A. Spinelli, The Manifesto of Ventotene, 1941.

当今的欧洲联盟将统一欧洲的思想回溯到15世纪的伊拉斯谟(Desiderius Erasmus)。为了纪念这位曾经毕生在英法意比等国游历讲学、促进各地不同文化和不同语言人民之间的相互了解的先驱,欧洲联盟设立了专项基金,资助青年学子继承伊拉斯谟的事业。同样是人文主义者的托马斯·莫尔爵士(Sir Thomas More),在他的《乌托邦》(1516年)中将欧洲描述成有相同历史和相似文化的土地。这些思想和概念中的欧洲带有一种浓厚的也是统一的基督教色彩。[①]

统一欧洲的思想不仅来自人文主义者,也来自现实主义者。其中最为突出的代表就是马基雅维利,他在《君主论》(1532年)中鲜明地提出,一个强大的君主也可以通过扩大领土的方式,最终使欧洲统一起来。这里没有解决的问题在于,如果没有一个足够强大的君主,欧洲统一将如何实现?对此,欧洲的贤哲和政治家们有过各种各样的方案和假设。例如波希米亚国王曾经建议波、匈、德共同签署协议,组成基督教区代表大会,维护基督教地区的和平稳定,在外来侵略时相互合作。代表大会要根据法规行事,其常务会议就称为"共同体"[②]。

关于统一欧洲的组织方式还有很多种提案,如苏利公爵(Duc de Sully)设想的"由所有欧洲国家组成的政治主体",克吕塞(Emeric Crucé)于1623年提出的各国参加的"世界性国联",以及圣-皮埃尔(St. Pierre)于1712年规划的单一共和国。[③] 这些方案的出发点和目标主要有两个,一是永久和平,二是便利贸易。

沿着欧洲发展的历史轨迹,可以看到每个时代都不乏关于欧洲统一的各种设想。各类人物出于不同的立场,提出不同的欧洲蓝图,都会涉及统一的欧洲与欧洲民族国家之间的关系问题。拿破仑战争后,圣西门(Claude Henri Saint-Simon)在1814年提出过《重组欧洲方案》,呼吁全体欧洲民众团结起来,在保持各国民族独立性的同时,建立共同的拥有超国家权力的组织

---

① 德国作家F. 维尔纳在《基督与世界》一书中称教皇庇护二世为第一个"欧洲人",因为后者主张欧洲联盟十字军抵抗土耳其人。参见[意]玛利娅·格拉齐娅·梅吉奥妮:《欧洲统一 贤哲之梦:欧洲统一思想史》,陈宝顺、沈亦缘译,世界知识出版社2004年版,第18页。

② 法语"Communauté",西班牙语"Comunidad",英文应当就是"Community"。参见[意]玛利娅·格拉齐娅·梅吉奥妮:《欧洲统一 贤哲之梦:欧洲统一思想史》,陈宝顺、沈亦缘译,世界知识出版社2004年版,第18页。

③ 参见[意]玛利娅·格拉齐娅·梅吉奥妮:《欧洲统一 贤哲之梦:欧洲统一思想史》,陈宝顺、沈亦缘译,世界知识出版社2004年版,第21—22页。

机构,形成欧洲一体化。梅特涅(Klemens von Metternich)在1815年提出过欧洲均衡和“神圣同盟”的协商一致原则。弗里德里希·李斯特(Friedrich List)研究过如何扩大德国关税同盟,建立整个欧洲的制度体系。统一意大利的缔造者马志尼(Giuseppe Mazzini)提出了“欧洲联邦”。意大利学者、意大利国会议员卡塔内奥(Carlo Cattaneo)参照美利坚合众国,提出了“欧罗巴合众国”。作家维克多·雨果在1849年巴黎和平大会上呼吁:“总有一天,我们将同时见到两个庞大的集团——美利坚合众国和欧罗巴合众国。”[①]哲学家尼采在《论道德家族,1887:民族和祖国》中提出:建立一个北美模式的国家联合体,疆界要重新划分,每个国家是一个州,有不同的内部政策和法律,共同的对外政策,内部政策与对外政策相关联,但不是隶属关系。[②] 德国关税同盟之父弗里德里希·李斯特(Friedrich List)主张欧洲各民族“联合在一起生活……同在一个法制国家,在持久的和平和自由贸易中……”[③]奥地利贵族里夏德·库登霍夫-卡莱基伯爵(R. N. Coudenhove-Kalergi)不仅重申只有成立欧罗巴合众国才能拯救欧洲的独立,而且制定了包括政治、经济、军事联盟以及共同签署的仲裁和保证条款等内容的行动计划,发动了泛欧运动,组织了泛欧联盟。[④] 泛欧运动俨然成为一种重要的政治运动,许多欧洲的政治家参与其中。法国外长白里安(Aristide Briand)提出了建立欧洲联邦的“白里安计划”,得到德国外长施特雷泽曼莱斯(Gustav Stresemann)的认同。后来就任了法国总理的白里安甚至提出过将部分国家主权转移到欧洲联盟层面上去,既要民族国家又要欧洲联合的设想。[⑤]

欧洲就是这样,一边经历着国与国之间的鏖战,另一边欧洲的政治家、思想家、学者乃至文学家们却在规划、憧憬、呼吁着整个欧洲的未来,要建立一个统一或整体的欧洲体系,通过统一关税、统一货币、统一立法,甚至某些

---

① [意]玛利娅·格拉齐娅·梅吉奥妮:《欧洲统一 贤哲之梦:欧洲统一思想史》,陈宝顺、沈亦缘译,世界知识出版社2004年版,第46页。

② 参见[意]玛利娅·格拉齐娅·梅吉奥妮:《欧洲统一 贤哲之梦:欧洲统一思想史》,陈宝顺、沈亦缘译,世界知识出版社2004年版,第49页。

③ [意]玛利娅·格拉齐娅·梅吉奥妮:《欧洲统一 贤哲之梦:欧洲统一思想史》,陈宝顺、沈亦缘译,世界知识出版社2004年版,第40页。

④ 参见李维:《欧洲合众国:库登霍夫-卡莱基“泛欧”思想研究》,北京大学出版社2017年版,第8—11页。

⑤ 参见李维:《欧洲合众国:库登霍夫-卡莱基“泛欧”思想研究》,北京大学出版社2017年版,第151—152页。

超国家的统一的政治机制，弥补民族国家的弊端。但即使是泛欧洲，或者影响欧洲整体的运动和思想，也往往来自民族。如"民族大迁徙"是日耳曼的业绩，"宗教改革"发自德国，"文艺复兴"是意大利的杰作，等等。[①] 整体的欧洲和欧洲的各大民族从来就是不可分割的。

在统一欧洲的规划中有两种截然不同的路径，即战争与和平。战争的方案，也就是帝国方案。拿破仑·波拿巴（Napoleon Buonaparte）认为："如果欧洲不是在一个首领、一个皇帝、一个摄政王领导下，并有足够能力把王国的土地分给他的臣民，天下就不会有安宁。"[②]拿破仑实现欧洲一统的铁蹄功亏一篑，即使在流放地还在憧憬着一个"欧洲联合会"，"一个欧洲代码，一个欧洲法院"，"单一的欧洲货币，统一的度量衡体系，以及完全一致的法律"。[③]

和平方案虽然也是基于欧洲现实，但是在蓬勃兴起的民族国家时代，其设计和思想必然更加理论化，其中伊曼努尔·康德（Immanuel Kant）的《永久和平论》（1795 年）具有代表性。在康德的实践理性哲学体系中，国家之间不存在制约国家战争的国际公权力，和平与幸福的普世价值观和人类的伟大理想不能通过民族国家体系得以实现。各个国家联合体的世界大同乃是人类由野蛮步入文明的一个自然而又必然的历史过程。康德还深入论证了独立自主国家的准则，对国家间的和平条约、独立自主国家应享有的权力和义务（例如不应当暴力干涉其他国家的宪法和政府）等行为准则进行了规范。康德甚至详尽地规划了国家之间为实现永久和平的正式条款或条件，例如"每一个国家的公民宪法都应当是共和制（republican）的""国际权利应当建立在自由国家的联邦制之上"[④]等。

相对于从民族国家衍生帝国，再通过帝国战争的方式实现统一欧洲的道路，欧洲历代的联邦主义者规划着在联邦和国家的各个层面上分权（包括对立的立法、行政、司法权力机构），在分权的基础上再建立统一的分层协调治理结构，分别负责防务、商务和外交，之后构建联盟和世界。

---

① 参见陈乐民、周弘：《欧洲文明的进程》，生活·读书·新知三联书店 2003 年版，第 294 页。

② ［意］玛利娅·格拉齐娅·梅吉奥妮：《欧洲统一　贤哲之梦：欧洲统一思想史》，陈宝顺、沈亦缘译，世界知识出版社 2004 年版，第 28 页。

③ 刘泓：《欧洲联盟：一种新型人们共同体的建构》，中国社会科学出版社 2008 年版，第 63—64 页。

④ Immanuel Kant, *Perpetual Peace*, New York: The Library of Liberal Arts, 1957, p.11, 16.

五、欧洲统一进程中的国家与区域

二战结束后，主权独立的民族国家体系通过《联合国宪章》再次得到巩固。《联合国宪章》中国家平等的原则和相互尊重领土主权的准则，减少了国家之间的一些恶斗，但是没有消除国家间竞争可能引起的其他诸多问题。在欧洲，两次世界大战的经历重创了欧洲的民族国家体系。特别是第二次世界大战，对于欧洲来说就是人间悲剧。约3500万的欧洲人（不含苏联人）或战死，或死于战争导致的屠杀、虐杀、饥饿、疾病；数以千万人背井离乡，土地荒芜、生产下降、商业凋敝，人们流离失所。到处都是断垣残壁，到处都是病弱伤残。在第二次世界大战的废墟上，孕育了数百年的欧洲联合和统一的思想强势绽放。欧罗巴合众国的选项再度浮出水面，以英国前首相丘吉尔为代表的欧洲政治人物公开呼吁："怎样救治这种主权国家？就是重新建造欧洲的大家庭"，就是"建立一种欧罗巴合众国"，而且这种政治形态不应当仅仅是思想和方案，"第一步就是成立一个欧洲委员会"。①

不仅是政治人物，欧洲民族国家内的社会各界都在找寻和平道路。二战结束前的欧洲思想界活跃着对"未来欧洲"的讨论。由于用战争和征服的方式统一欧洲的历次尝试给欧洲各国人民带来的不可承受之重，和平与统一的欧洲观念在思想界和政界都占据了上风。二战结束前，服刑中的斯宾奈利与同伴罗西(E. Rossi)共同撰写了《文托泰内宣言》(*The Manifesto of Ventotene*，1941)，宣称民族国家是有寿命的，应当在欧洲民族国家的基础上建设不同于民族国家体制的欧洲联盟。另外一个对欧洲统一方案至关重要的人物，被称为"一个欧洲的法国人，或一个法国的欧洲人"的让·莫内(Jean Monnet)则在1940年起草了法英联盟计划。该计划规划了一个拥有共同的防务、外交、财政和经济的法英联合结构，并且提出在关税同盟方面找到突破口。让·莫内的方案目标明确、措施具体，他说："若想安享繁荣和社会进步，就必须建立一个联邦形式的欧洲国家，或者有单一经济单位的欧洲实体。"②

---

① ［德］贝娅特·科勒-科赫等：《欧洲一体化与欧盟治理》，顾俊礼等译，中国社会科学出版社2004年版，第18—19页。

② Peter M. R. Stirk, *A History of European Integration since 1914*, London & New York: Continuum, 1996, p.77.

第二次世界大战结束在即，欧洲九国抵抗运动组织于1944年召开的代表大会发布了《联邦主义声明》，宣告“只有通过欧洲联合才能让德国融入欧洲大家庭”；提出建立一个由欧洲各国人民选举产生的，对欧洲选民负责的欧洲政府；建立一支欧洲军队，以遏制德国的重新武装；建立一个欧洲最高法院等具体方案。1945年8月，巴黎欧洲联邦主义积极分子大会在呼吁“结束欧洲各国人民之间的战争状态”的同时，提出“各国人民用自己的坚强意志，推动软弱的统治者”，敦促他们“放弃部分国家主权”。欧洲联合已经从各界精英的议论变为欧洲民众如火如荼的运动。丘吉尔主持了1948年5月7—11日声势浩大的海牙大会，大会汇聚了来自25个国家的社会各界人士，主题就是欧洲统一。[①] 大会通过了一系列的决议，包括建立欧洲政治经济联盟以保障安全和经济独立及社会进步，成立一个由政府派员参加的欧洲委员会，订立《欧洲人权宪章》和建立保障宪章实施的欧洲法院，欧洲统一的民意空前高涨。[②]

诚然，倘若没有各民族国家政府的参与，欧洲的统一运动将难以真正落地。在海牙大会上，两种不同的欧洲统一观点已经显现，法国、意大利、联邦德国及荷、比、卢代表赞成联邦主义观点，而英国、丹麦及斯堪的纳维亚代表主张国家合作方案。最后，一个历史的契机使得法国人让·莫内的提议落到实地。被称为“舒曼计划”的让·莫内方案被外交家们宣称是“可以防止战争”的方案，也就是1950年5月9日法国外长罗贝尔·舒曼(Robert Schuman)代表法国的声明：建议将法德的煤钢生产置于统一的高级别权威机构之下，并向欧洲其他国家开放。煤钢联营的政治动力来自冷战的升级和美国重新武装联邦德国的压力，经济动力来自规避国际格局的变化可能带给西欧工业国煤钢生产的恶性竞争，而煤钢联营这一解决方案将一个数百年来讨论的问题直接变为现实，从而创造出一种新的区域性治理机制，这就是为了煤钢联营而建立的超国家的、区域性的“高级别权威机构”(high authority)。1951年，法国和德国以及比利时、意大利、荷兰、卢森堡共同签署了建立欧洲煤钢共同体的《巴黎条约》，各成员国将部分权力出让给煤钢

---

① 参会者有政治家、企业家、工会领袖、教会人士、大学教师、作家等共1000多人，其中有200多名各国议会议员、12名前内阁总理或首相、60多名部长。

② Peter M. R. Stirk, *A History of European Integration since 1914*, London & New York: Continuum, 1996, pp.103-104.

共同体，而煤钢共同体的决策不属于单个成员国，而是共同智慧的结晶。“高级别权威机构”按照煤钢产业发展的经济规律进行管理和决策，这种方式逐渐向外溢出，由煤钢共同体发展为原子能共同体，继而是经济共同体。通过欧洲单一法案，完成了欧洲统一内部市场的建设，提出了经济货币联盟，一种不同于民族国家的制度体系的出现，带动了一系列超国家制度的建构，并且在地理上持续地向南、向北、向东扩大，使得欧洲的体制趋同（或一体化）。[①] 舒曼说，由于高级别权威机构的出现，“法德之间的一切战争不仅将是难以想象的，而且实际上也是不可能的”[②]。并且，由于有了这种新的体制，战争也是不必要的了。防止经济上的恶性竞争，避免擦枪走火爆发战争，创造新的高层治理模式——完成这一箭三雕的历史机遇是极其难得的，但由于欧洲人抓住了这个机遇，开启了一个区域性体制和民族国家体制共存的时代，开始了一个区域性体制在漫长的博弈中，缓慢地、分层地、分领域地替代国家体制的过程。

区域性超国家体制在欧洲的出现并不意味着民族国家的消失，在有些时候，超国家的体制甚至强化了国家的力量。欧洲一体化虽然逐步推进，但在一些领域里也遇到了民族国家的强烈抵抗。例如，1954 年法国议会否决了 1952 年签署的欧洲共同防务条约《普利文计划》；1962 年的欧洲共同农业政策问题保护的是法国的农业利益；1965 年还爆发了“空椅子危机”。2005 年，欧洲联盟的创始国法国和荷兰否决了《欧盟宪法条约》；2016 年，英国公投脱离了欧洲联盟。共同体的欧洲和成员国的欧洲一直处于争夺和磨合中。从经济学的视角考察，越来越多的权力被成员国让渡给欧洲联盟，欧元的问世、欧洲财政契约的生效、欧洲“单一监管机制”的形成、欧洲门户战略的推出，都在强化着那个民族国家之上的超国家体制。在其他许多领域里，民族国家的主导权使得欧洲的统一看上去遥不可及。在欧洲的国家与区域之间，政府间主义和欧洲主义的代表一直处于既合作又博弈的过程中。不过，由于欧洲区域新的权力机构的出现，“主权和民族国家的天然结合却要

---

① 从创始时的比利时、荷兰、卢森堡、法国、德国、意大利，扩大到英国、爱尔兰、丹麦（1973 年），向南扩大到希腊、葡萄牙、西班牙（20 世纪 80 年代），向北扩大到传统的中立国瑞典、奥地利、芬兰（1995 年），向东向南扩大到波兰、匈牙利、捷克、斯洛伐克、斯洛文尼亚、立陶宛、爱沙尼亚、拉脱维亚、塞浦路斯、马耳他（2004 年），保加利亚、罗马尼亚（2007 年），克罗地亚（2013 年），还有一批入盟候选国。

② 郭辉：《浅析舒曼计划原因及其意义》，《首都师范大学学报》（社会科学版）2005 年第 S1 期。

被打破”[①]。

六、欧盟治理领域里的国家与超国家

从欧盟治理的角度观察，国家主义与超国家主义的关系以不同的形式，通过构建不同的机制，表现在不同的功能领域中，这加深了外界理解它们的难度。

（一）功能领域

与民族国家的治理发展路径不尽相同，超国家机构首先并在相当长一段时间内出现在经济和贸易领域里。如前所述，煤钢共同体是一个经济性的多国组织，在煤钢的生产销售领域里享有超越国家的专属权力。煤钢共同体和原子能共同体，经过了关税同盟阶段[②]、统一大市场建设阶段[③]以及经济与货币联盟建设和欧元的诞生[④]，各个成员国在经济贸易领域里相互影响并与共同体逐步趋同，实现了一体化，其发展的动力主要是经济规律。虽然其中也有成员国与欧共体的博弈，但是各种博弈导致的妥协最终导向一体化的推进。超国家的共同利益覆盖了成员国的私利，或者成员国的私利在更深入和广阔的一体化中得到满足。于是依照经济规律，共同体建立起了超国家的权能。由于功能领域的相互关联，这种超国家的权能产生了一种扩展逻辑，即“溢出效应”，使超国家机构权能依照需求扩展到其他领域，最终导致更深层次的政治一体化。

欧洲超国家机构的合法性来源于国际性的条约，高级别权威机构的运行和规则需要法律的保障。欧洲共同体法律制度的诞生和发展，既是经济一体化的自然延伸和可靠保障，也是一种新的区域性政治性体制。欧盟法律体系并非面面俱到，而是根据不同的功能领域，与民族主权国家的权力进行了切割。继续享有主权的成员国保留了大量的政治、社会、文化和外交权力，但是在涉及共同经济利益的领域里，成员国却将关税、竞争等政策的制定权力移交给了超国家的欧盟机构，出现了超国家体制与民族主权国家分

① 陈玉刚：《国家与超国家：欧洲一体化理论比较研究》，上海人民出版社2001年版，第339页。

② 如共同农业政策、竞争政策、对外贸易政策以及“自有财源”“欧洲货币体系”。

③ 如“四大自由”的发展及扶持落后地区的结构基金，“公认基本社会权利宪章”的推出。

④ 参见中国社会科学院欧洲研究所、中国欧洲学会编：《欧洲联盟50年：2007—2008欧洲发展报告》，中国社会科学出版社2008年版，第6—9页。

权或权力共享的局面。这种分权和权力共享的制度格局既是欧洲的创造，也是欧洲的特色。

（二）治理机制

欧洲联盟的机构建立在民族国家制度的基础之上，而并非替代民族国家的制度体系。由于民族国家转让给欧洲共同体/欧盟的权力因领域而有所不同，因此就形成了欧盟机制在不同领域里与成员国不同的权力分配格局。有些欧盟机构和民族国家的机构名称相似，但内涵和权力却有所不同。例如，众所周知的欧洲共同体下属的机构享受独有的权能，而在内务与司法、外交与安全等领域，其中有些方面成员国享受独有权能，决策程序需要通过协商一致，在另外一些领域（如人类健康保护和改善、文化、旅游、教育培训、民事保护等等）欧盟机构则实施“支持权能”。这种权力分配格局革命性地改变了国与国之间的关系，竞争被化为合作，斗争演变为协商，强制和对峙变成了一些条约和律法。有些平等国家间的关系变成了超国家和成员国机制之间的上下级关系，国与国之间关系的理论很难触及这些复杂机制的内部运作。

结果是，欧洲联盟的机构看上去与主权国家类似，例如有欧洲议会、欧洲法院、欧洲委员会（“总理府”），替代单一首脑的首脑会议和各部长组成的理事（体现着多元一体），甚至审计院、廉政局等。但是如果与主权国家机构进行比对就会发现，此议会非彼议会，此法院非彼法院。事实上，欧盟不是作为完全独立的政治体而存在，而是与各方有着频繁的互动关系。在立法进程中，欧盟委员会从技术角度，欧洲议会从民众呼声角度，部长理事会从捍卫国家利益的角度，地区委员会和经社委员会从社会团体的角度，各自发出自己的声音，结果是一个各种利益和权力平衡的过程。这些过程，包括立法程序，也与民族国家极为不同。国家机器与超国家机器在欧洲的并存使得欧洲既是国别的欧洲，也是区域的欧洲。

（三）治理方式

特殊的体制决定了特殊的决策方式和决策逻辑，从而产生了不同于主权国家的治理原则和治理方式。如授权原则，即欧盟只能在成员国在条约中授权的范围内行事；默认原则，即一切未被授权的权能仍由成员国行使；辅助性原则，即在非专属权领域，只有当成员国无法完成拟议中的行动目标，而欧盟能更好地完成时，才由欧盟采取行动；比例原则，即欧盟采取行动的形式和内容不能超出实现条约既定目标所需的范畴。在决策的各个领域和各个环节，都规定了成员国和欧盟的权力范围和权力结构。[①]

由于不同的权力范围和构成，欧盟的方式也有别于传统意义上的"国家"。奥利维耶·科斯塔(Olivier Costa)和娜塔莉·布拉克(Nathalie Brack)认为，如果不算相对独立的超国家"集中式监管"，欧盟的决策和治理方式主要有三种。[②] 首先是"共同体方式"，代表共同体内的超国家性。在欧共体可以主导的领域，受欧盟法规范，主要适行于单一市场调控、共同农业政策、市场配套政策、某些行业政策及部分社会政策领域。"共同体方式"意味着欧委会享有专属权力，控制欧盟议程，与欧洲议会一道推动各类法律规范的制度，并负责法律文件的实施，理事会负责使议案合法化，法院监督决策过程。委员会的合法性来源于得到成员国批准的各类国际条约。

其次是"政府间方式"，承认主权国家的核心作用，民族国家没有过时，欧洲一体化强化国家，主权国家与超国家机制共享权能，民族国家的利益是欧洲一体化的驱动力。欧委会只是主权成员国家的秘书处，是政策协调机构。政府间方式主要适行于成员国享有的"核心主权"领域(如外交、安全与防务、司法与警务、货币、税收等政策领域)。"政府间方式"决定了欧洲一体化进程受到成员国控制，只有在获得成员国一致同意的情况下才能进行。欧委会要与成员国分享动议权，欧洲议会只是一个协商机构或拥有知情权，欧洲法院的作用十分有限，欧洲理事会采取一致通过方式，因此在这些领域里也就活跃着各种交易和博弈。

"第三种方式"在被程序化之后称为"开放式协调"(OMC)，体现欧盟的"支持权能"：各个成员国家无须承诺制定共同政策，而是使用一些总体指导原则和标准，以会议的方式相互影响、交流经验、"向最佳实践学习"(learning from best practices)，承诺在涉及本国政策时遵守原则并对标欧盟。在整个程序中，成员国都是主角，共同体的参与度并不高，除了商定原则标准以外，只能在成员国提交报告的基础上进行分析并向理事会提交决议。

从以上三种主要治理方式可以看出，作为整体的欧洲联盟与多元的成

---

① 关于授权原则、辅助原则和比例原则，参见[法]奥利维耶·科斯塔、娜塔莉·布拉克：《欧盟是怎么运作的》，潘革平译，社会科学文献出版社 2016 年版，第 6 页。

② 参见[法]奥利维耶·科斯塔、娜塔莉·布拉克：《欧盟是怎么运作的》，潘革平译，社会科学文献出版社 2016 年版，第 251—257 页。

员国权力结构、适用领域和决策方式都不一样。成员国的权力在不同领域里以不同程度嵌入欧盟治理模式中。共同体方式是超国家的，采取自上而下的方式，适用于经贸货币领域。政府间方式是成员国为核心，由成员国动议并左右，采取自下而上的方式决策，适用于外交、防务等领域。此外，在政府、政党、利益群体之间还存在大量的开放式协商互动，采取横向决策方式，适用于社会问题领域。欧盟的治理模式诠释着欧洲民族国家和超国家机构的共存方式。

结语：欧洲特色的国家与区域

欧洲事务的推动力来自不同的国家。如果不了解各国的利益诉求，也无法理解欧盟。例如，英国原首相撒切尔夫人解释英国批准《单一欧洲法令》的原因时说，希望其他国家无法使用单一否决权妨碍英国利益（例如英国保险公司自由进入德国）的实现。从成员国的角度来看，所谓的共同体就是所有成员的共同行动和共同责任，当然最后也是共同受益。

但是，从整体上看，单个的国别研究远远不足以透视欧洲整体。从整体的角度看，欧洲数百年以来的历史不乏联邦主义者。他们相信，“民族国家从本质上讲是自我毁灭的”。民族国家对于谋求民族独立和自主发展的国家来说，曾经是进步的象征。但它后来演化为帝国主义扩张和世界大战的根源。因此，在联邦主义者看来，民族国家是没有前途的，代表整个欧洲未来的欧洲联盟才是“新生的制度”。①

事实上，欧洲不仅是民族国家的发祥地，而且是区域制度的发祥地。国家和区域分别代表着局部和整体，采取的是不同的治理制度。它们之间既有继承关系，也有对立和博弈关系，这些关系在不同领域里呈现不同的权力格局和治理方式，从整体上看，目前处于一种多元一体的共存关系中。就像弗代里科·卡博德（Federico Chabod）在《欧洲思想史》中所说：“贯穿整个现代史的重大命题是，涉及同整体关系的问题，也就是公认的欧洲文明统一性和局部关系问题，也就是同任何个人所属的祖国的关系问题。这里还产生了关于和平的两种对立的倾向，一方面是为了争取和平而成立的‘联盟’、

---

① E. Rossi, A. Spinelli, The Manifesto of Ventotene, 1941.转引自［意］玛利娅·格拉齐娅·梅吉奥妮：《欧洲统一　贤哲之梦：欧洲统一思想史》，陈宝顺、沈亦缘译，世界知识出版社 2004 年版，第94 页。

'协会'、欧罗巴合众国,另一方面是民族教条主义,只强调本国的作用,渴望自己祖国的强大。"[①]

从单个欧洲国家和整体欧洲的双重角度出发,可以观察每个国家不同的文化和制度,更可以看到贯穿欧洲历史和遍及欧洲大陆的制度与文化的同一性和相似性,即从希腊传承的自由精神,从罗马继承的法治传统,中世纪遗留下来的自治一体,基督教价值观、文艺复兴、启蒙运动、工业现代化、政治民主化、欧洲一体化等等塑造出来的欧洲物质文明、精神文明和制度文明,以及在当代通过各种国际条约搭建起来的法律框架。

欧洲就像是一个复杂的"矩阵",用单一学科和单一学说无法充分地对其进行彻底剖析。在欧洲研究领域里,传统的现实主义只解释了欧洲一体化运动的部分初始动力,功能主义无法解释超国家机构对于国家否定统一原则的保留,新功能主义强调了欧洲一体化的特殊性,用"溢出效应"解释超国家机构权能的扩展,但是不能解释"空椅子危机",民族国家偏好自由理论,用国内政治学方法分析国家目标,强调政府在国家间关系中的关键作用,也只能解释部分现象。超国家制度主义创造"政治企业家"概念,新制度主义强调"路径依赖",建构主义揭示欧盟的行为、偏好和身份特性,公共政策学研究权力的合法性、权力的博弈、国家和跨国社会的转型,治理理论撇开主权和政治权力,讨论功能领域里的多层治理、网络治理,国际关系的社会学和新区域主义研究欧盟的思想、价值观、文化的传播条件,界定欧盟区域是"民事力量"还是"规范性力量"。

然而,欧洲既是民族国家的欧洲,也是不同地区的欧洲,还是不同领域的欧洲,每个领域都有着不同边界、不同内部组织形式和不同的内容。因此,研究欧洲的学问只能是多学科的。欧洲还是一个不断变动中的空间,政府、主要政治人物、利益群体、欧盟机构各显神通。房乐宪观察到,欧洲的一体化是经济与政治互动的。[②] 当然不仅是政治与经济的互动,还有其他领域与经济和政治的互动,而且互动的方向和方式也不同。欧洲的国别与区域需要用历史学的眼光进行综合分析,同时又要分不同学科去解释各个领域

---

① Federico Chabod, *Storia dell' idea d' Europa*, Roma-Bari: Laterza, 1964. 转引自[意]玛利娅·格拉齐娅·梅吉奥妮:《欧洲统一 贤哲之梦:欧洲统一思想史》,陈宝顺、沈亦缘译,世界知识出版社2004年版,第27页。

② 参见房乐宪:《欧洲政治一体化:理论与实践》,中国人民大学出版社2009年版,第317—318页。

的局部现象。任何单一学科的简单解释都可能使之简单武断，甚至可能偏离欧洲这样一个历史悠长、文明发达、制度复杂的对象。“欧洲学”（或历史与当代的欧洲研究）是一个多学科的学术体系。“一定要记住欧洲联盟的特殊性：它的体制结构是独一无二的。”[①]

---

① [法]奥利维耶·科斯塔、娜塔莉·布拉克：《欧盟是怎么运作的》，潘革平译，社会科学文献出版社2016年版，第15页。

欧洲区域认同与欧洲一体化

丁纯　纪昊楠*

由于构建了以欧盟为中心的区域组织，如今，欧洲区域认同已经与欧洲一体化认同高度重合。一方面，伴随第二次世界大战后欧洲一体化进程的开启与逐步深入，对欧洲一体化实体的归属感成为欧洲区域认同的重要组成部分，"欧洲区域认同"与"欧共体认同""欧盟认同"在许多时候高度重合；另一方面，欧洲的地域、文化、宗教等认同在欧洲一体化认同背后若隐若现，对欧洲一体化认同的发展产生了复杂的作用。

随着主权债务危机、难民危机、英国脱欧等欧洲一体化多重危机的爆发，欧洲区域认同暴露出民众基础不牢、相关政策乏力等问题，疑欧主义(euroscepticism)思潮泛滥，一体化的"认同赤字"(identity deficit)凸显。[①] 欧盟政策的嬗变也对欧洲区域认同的概念、经济基础、度量方式和前景产生了深刻的影响。

一、欧洲区域认同的基本特征与影响因素

(一)欧洲区域认同的基本特征

欧洲区域认同特别是欧洲一体化认同，是在与"他者"的比较中建立起来的。在一体化的进程中，这种欧洲独特性主要体现在社会发展认同和政治制度认同，也包含传统文化认同。"社会发展认同"指的是欧洲的社会发

---

* 丁纯，复旦大学欧洲研究中心教授；纪昊楠，复旦大学欧洲问题研究中心研究助理。

① T. Chopin, "Europe and the Identity Challenge: Who Are 'We'?", *European Issues*, No. 466, 2018, pp.1-6.

展模式不同于其他国家和地区,大部分欧洲国家实行高税收、高福利政策,注重社会公平。这种社会发展模式的差异成为欧洲与外界(包括资本主义世界的其他区域)相区别的重要特征。从这种意义上说,欧洲社会发展模式甚至比"自由""民主"等西方政治价值观念更加具有欧洲特性(特别是在冷战期间美国领导整个西方阵营强调自由世界的背景下),更足以成为构建欧洲区域认同的一个重要因素。所谓"政治制度认同"指的是欧洲人,或者说一体化范围内的大部分个人,对公民权利以及自由、正义价值观在政治共同体内达成的共识,它表现为"一种新型的,与族属意识、族籍身份相互分离"的公民认同。尽管欧洲区域认同的经济基础不断变化,一体化所面临的国际环境也发生了如冷战结束、两德统一、欧盟东扩等剧变,但只要欧洲一体化没有涵盖世界上所有国家和地区,欧洲的社会发展模式与政治制度独特性仍在,欧洲身份就能不断寻找到"他者",被赋予新的含义。同时,一体化内外部环境的剧变往往也容易引起欧洲一体化认同的危机和调适。

欧洲区域认同尤其是欧洲一体化认同,始终是模糊和多元的。一方面,历史上的欧洲是一片民族、文化、宗教形态多元的地域,而一体化也是分支柱、分领域、有反复的进程。另一方面,尽管欧洲在社会发展模式、政治制度上存在一定的共识,但其内部包括欧共体和欧盟内部的经济社会模式和具体政治制度仍然存在着明显的地区国别差异,更遑论欧洲一体化的路径就有联邦主义和政府间主义的分歧。所谓"联邦主义",即强调欧洲的统一或一体化要在欧洲国家之间建立联邦制政体,实现欧洲层面(中央)和成员国(地方)之间的分权,既维护欧洲的和平,又保障广泛的民主。"欧洲之父"让·莫内深信,解决欧洲问题"唯一的办法就是成立欧洲联邦",他设计的欧洲煤钢联营建有高级机构、共同议会和共同体法院,具有主权国家的架构,是"联邦主义"的典型代表。而"政府间主义"主张超国家机构的作用有限,强调成员国及其政府在欧洲一体化中的地位和作用,认为欧共体和后来的欧盟更类似于其他国际组织,重视欧洲一体化过程中成员国的重要性。基于对欧洲一体化路径的不同理解,欧洲区域认同的含义也有所区别。这些差异和分歧的直接现实后果是,欧洲决策者在打造欧洲区域认同时始终优先考虑欧洲一体化的核心目标,即将欧盟的稳定和延续放在第一位,而对塑造完整的欧洲区域认同兴趣寥寥。

欧洲一体化认同或"欧洲身份"的内涵是在欧洲精英手中构建和塑造

的,但民众的作用正在增强。欧洲一体化是一个“精英项目”。[①] 一体化历史上的多次公投反映了一体化中精英与民众的分歧,如法国和荷兰两个一体化创始成员国公投否决《欧洲宪法条约》、英国公投“脱欧”等。从政治体制的视角看,20 世纪 50 年代,欧洲一体化进程开始时,欧洲议会是一个没有立法职能的机构,其成员由成员国任命而不是直接选举产生,民众参与欧洲一体化决策的途径较为狭窄。而今选民能够通过欧洲议会选举和有关公投直接影响一体化进程,也能通过国内的政治机制以选票表达对欧盟决策的意见,欧洲区域认同的政治话语逐渐占据欧盟成员国政治领域的重要地位。值得注意的是,在精英使用的欧洲一体化政治话语中,尽管一体化精英常常在涉及认同问题上将欧洲与欧共体或欧盟混用(如保卫欧洲生活方式),但并未实质上消除欧洲区域认同和欧洲一体化认同的区别。这个过程固然推动了一体化的快速发展,但也遗留下了民主赤字等一系列问题。随着民众在一体化进程中的参与度提高,这些问题将持续困扰欧洲一体化认同。

欧洲区域认同和其他区域认同一样,存在个人和国家两个不同的层次,且这一特征在欧洲的表现尤为明显。本文所讨论的“区域”均是超国家区域,这些区域单元内存在着多个主权国家,这些主权国家对这一区域往往制定了区域政策,表现出相应的认同(或不认同)态度。在欧洲,一体化的基本参与单元是成员国,成员国对欧洲一体化整体进程及具体政策也有不同的政治态度。因此,除了个人层面对欧洲身份或欧共体/欧盟身份的认同之外,国家层面也有欧洲区域认同问题。欧洲区域认同的一大特殊之处在于,一体化议题在成员国政治中扮演重要角色,通过成员国日常的政治实践可以观察出其对一体化的认同程度。

(二)欧洲区域认同的影响因素

现有的国家认同理论探讨政治认同通常聚焦民族国家认同的建立,通常与族裔、历史上形成的领土范围、文化层面共同的历史记忆和大众文化、法律层面的权利和义务、共同的经济活动等因素有关。[②] 但与民族国家认同的构建不同,当代欧洲区域认同主要与欧洲一体化这一超国家进程有关。

---

① Heinrich Best, “Elite Foundations of European Integration: A Causal Analysis”, in Heinrich Best, György Lengyel, Luca Verzichelli eds., *The Europe of Elites: A Study into the Europeanness of Europe's Political and Economic Elites*, New York: Oxford University Press, 2012, pp.208-233.

② 参见[英]安东尼·D. 史密斯:《民族认同》,王娟译,译林出版社 2018 年版,第 18、41 页。

而欧洲一体化过程既没有限定特定的“领土范围”，也缺乏对应的“历史记忆”，因而经济基础扮演着重要的角色，欧共体和欧盟也试图通过政策维护这一经济基础，并塑造共同的文化认同。对于欧洲一体化中的个人而言，欧洲区域认同的影响因素可以大致归纳为经济基础、政策、文化心理、外部冲击等四个方面。

经济基础是一体化认同的主要来源，“欧共体的首要承诺就是成员国的经济增长”[①]。但是，成员国的经济表现并不总是同步的。随着全球化的发展与欧洲一体化的深入，资本、商品和劳动力自由流动的同时，财政一体化的缺失、转移支付受阻加剧了社会财富分配的马太效应，进而导致成员国经济趋异、社会分化，从而导致一体化认同甚至欧洲区域认同下降。这种下降在遭遇外部冲击、更加需要转移支付时尤为明显。与其他因素不同，经济基础在一体化不同时期对一体化认同发挥着不同的作用，因此将在后文作较为详细的讨论。

根据对欧洲区域认同的影响方式，政策可以分为两种类型。第一种类型涵盖欧洲一体化的各类政策，它们通过影响欧洲区域认同的经济基础和一体化的政治制度，间接影响欧洲区域认同。其中最突出的是欧盟的凝聚力政策（cohesion policy）。第二种类型是直接影响欧洲区域认同的政策，包括欧盟及成员国相应的文化政策，以及其他为欧洲区域认同提供直接工具的政策。

凝聚力政策，又称区域政策（regional policy），是欧盟旨在减小内部地区间差距、提升欧盟凝聚力的政策，涵盖经济、社会、文化等多个层面。它从20世纪70年代初步建立开始，逐渐成为欧盟政策体系中相对独立的一环，在欧盟预算中占据重要地位。随着统一大市场的建立，经济社会发展相对落后的成员国和地区面临巨大挑战，欧共体和欧盟通过拟定多年期投资方案，重点关照欠发达地区，从早期的关注经济差距到鼓励增长就业，再到当下关注可持续等多个目标，凝聚力政策试图发挥缩小经济社会差异、增强文化凝

① C. Richard Eichenberg and J. Russell Dalton, “Europeans and the European Community: The Dynamics of Public Support for European Integration”, *International Organization*, Vol. 47, No. 4, 1993, pp.507-534.

聚力的作用。但是，长期以来欧盟凝聚力政策面临广泛批评，其效果众说纷纭。[①] 学者指出，区域政策一方面似乎缩小了欧盟地区间和成员国间的差异，另一方面似乎又使欧盟成员国内部地区间的差异有所扩大。[②] 2003 年的萨皮尔报告《欧洲发展议程》(*An Agenda for a Growing Europe*)对欧盟地区政策提出了深刻的质疑。随着欧盟的东扩，凝聚力政策的重要性日益突出，但其目标似乎远未实现。凝聚力政策的不尽人意成为疑欧主义者的论据之一，对一体化认同造成了一定挑战。后文也将讨论欧盟不同阶段经济发展趋同或趋异的问题。

在文化政策层面，欧盟主要通过塑造欧洲共同文化象征和促进内部文化交流两方面消除隔阂，强化一体化认同和欧洲区域认同。1970 年，欧共体委员会提出“经济扩张不是欧共体的唯一目标”，它还应该“重视欧洲范围内各种具有文化价值的东西”。1983 年，欧盟理事会发布了《神圣宣言》，提出增强共同文化遗产意识，以塑造未来的欧洲区域认同。1991 年，《马斯特里赫特条约》规定了欧盟的盟旗和盟歌，并将舒曼计划的诞生日 5 月 9 日定为欧洲日，这为培养和强化欧盟认同提供了直接工具。在这个意义上，欧元及其标志等也起到了类似的作用。今天，欧盟的主要机构悬挂盟旗，网站上展示盟旗，在重要场合播放盟歌，在欧洲日当天在全球范围对欧盟进行广泛宣传，塑造和突出欧洲共同文化象征，强化了欧盟的存在，一定程度上促进了对欧盟的认同。除去对文化象征、文化遗产的强调，文化政策作为一个整体也和欧盟认同建立了紧密的联系。1993 年的《哥本哈根宣言》中首次出现了欧洲集体认同的概念，提出应该培养欧共体的集体认同。[③] 在此基础上，欧盟鼓励成员国之间开展语言学习、教育交流，保护欧洲考古遗产，为消解民族隔阂、塑造欧洲区域认同起到了积极作用。欧盟通过“2000 文化框架计划”，专门拨款协调和加强内部文化活动。2001 年，欧盟理事会通过了“文化在欧盟建设中的地位和作用”决议，进一步强调了文化政策的地位。欧盟通

① 支持者如 Gabriela Borz et al.，“The Impact of EU Cohesion Policy on European Identity：A Comparative Analysis of EU Regions”，*European Union Politics*，Vol.23，No. 2，2022，pp.259-281；反对声音如 Sebastian Meredith，“The EU，the Visegrád Group，and Southeast Europe：Conflicting Perspectives within an Enlarging European Identity”，*East European Politics and Societies*，Vol.36，No. 4，2022，pp.1292-1314。

② 参见臧术美：《欧盟地区政策研究：改革、效应与治理》，时事出版社 2020 年版。

③ 参见《欧洲共同体条约集》，戴炳然译，复旦大学出版社 1993 年版，第 138 页。

过评选欧洲文化城市、举办欧洲文化艺术节和欧洲遗产日等活动，提高了成员国民众之间的相互了解和对历史遗产的认同，甚至可以说塑造了成员国民众的“欧洲记忆”。作为一个整体，欧盟文化政策在塑造欧洲区域认同和一体化认同上起到了积极的作用。欧盟成员国的文化政策则较为复杂。一方面，在欧盟文化政策的框架下，欧盟成员国也实行了一系列有助于强化欧洲区域认同的文化政策，包括参与欧盟文化活动，为跨成员国语言学习、考古活动提供便利，等等。另一方面，成员国也不乏强调自身民族文化的文化政策，例如举办具有本民族文化特色的文化节日、强化本民族文化形态等等。这些政策或许符合欧盟“多元一体”的坚持，但也容易激发民众的民族情感、强化本民族情感，在一定程度上阻碍对欧盟、欧洲的认同。例如，匈牙利等东欧国家的政治力量就常在“性别文化”等议题上与欧盟产生严重分歧，其支持者认为欧盟是在试图对本国强加文化。从更长远的角度看，文化政策是否能消弭成员国之间的文化分歧，同时面对文化全球化的冲击特别是美国文化的冲击，能否塑造出一种欧洲共同文化，进而巩固一体化认同的文化基础，是欧盟在文化领域面临的重要课题。

一体化认同的文化心理是一个更为复杂的议题。不可否认的是，在欧洲一体化开始之前，欧洲就广泛存在着形形色色的欧洲联合思想。圣-皮埃尔、边沁、康德对于欧洲和平的哲学思考，库登霍夫-卡莱基的泛欧思想，“白里安计划”以及二战中抵抗运动和盟国中的欧洲联合思潮，它们成为一体化思想的先驱，并且作为一种思想遗产仍然广泛影响着一体化过程中精英和民众的想法。同时，欧洲当然也存在着形形色色的民族主义思想，有些在一体化的进程中与疑欧主义思潮交织，成为一体化认同的妨碍因素。在个人和国家层面，由于现实和思想语境的不同，主体接触和援引的思想文化资源也有很大差异，对于欧洲区域认同的看法必然存在着许许多多不同的文化因素。而且，这些文化因素的激发往往受到政治周期的影响，例如在欧洲议会选举刚结束时民众往往对欧盟的认同较高，而当一届欧盟机构任期趋近结束时对欧盟的认同往往走低。当前，欧洲区域认同和一体化认同面临的主要长期文化心理挑战是疑欧主义。

欧洲一体化认同还受到外部冲击的影响。这些外部冲击包括外生经济危机、地缘政治剧变、社会文化事件等，不一而足。外部冲击既能够影响一体化经济基础、政策资源，进而影响欧洲一体化进程，也能在一定程度上改变甚至塑造欧洲个人的文化心理。这些外部冲击不是欧洲一体化进程的产物，许多时候欧洲一体化进程还必须对这些冲击加以应对和调适。欧洲应对和调适的结果也将影响欧洲认同的演化。例如，难民危机不仅冲击了许多欧盟成员国的原有经济社会制度安排，也在很大程度上改变了欧洲的文化心理，而欧盟在难民分配、庇护制度改革上的争论与迟疑，对一体化认同产生了深远的负面影响。当前，2022 年爆发持续至今的俄乌冲突再次从外部冲击欧洲一体化认同，后文也将基于当前情况加以探讨。

总之，全球化背景下，在当前一体化提供的经济基础上，由于一体化面临的经济政治挑战，特别是深化向欧盟让渡权力受阻，导致财政一体化尤其是转移支付缺失，经济趋异、社会分化，从而导致欧洲个人和欧盟成员国对一体化的认同下降；一体化认同的下降进一步导致了向欧盟让渡权力更加困难。同时，欧盟持续通过文化政策和凝聚力政策试图修补经济基础、加强文化认同，疫情的外生冲击也使欧盟的作用凸显，一体化认同仍维持了相对的稳定。但经济趋异、社会分化的趋势尚未得到很好的修复，欧洲区域认同仍面临严峻的挑战。

二、对欧洲区域认同的测量

从欧洲一体化进程开始起，不同成员国的经济社会发展程度和治理水平就是不同的，因而不同成员国民众对一体化的关注重点和评价也往往不同。而上文所提及的认同影响因素本身又是动态变化的，使得欧洲区域认同与一体化认同的度量变得较为困难。尽管如此，我们还是能通过一些指标和政治现象一窥欧洲区域认同的情况。

（一）个人层面欧洲区域认同的测量

个人层面，欧洲区域认同的测量主要依赖以欧洲晴雨表（Eurobarometer）为代表的调查工具。欧洲晴雨表项目于 1974 年由信息总干事雅克-勒内·拉比尔（Jacques-René Rabier）在欧共体委员会内发起，其初始目的就是为了调查一体化成员国内部民众对欧洲一体化的看法[①]，一体化认同始终是晴雨表调查的重要内容。在一体化整体看法调查之外，欧洲晴雨表也发布对

① S. Nissen，"The Eurobarometer and the Process of European Integration：Methodological Foundations and Weaknesses of the Largest European Survey"，*Quality & Quantity*，Vol.48，No.2 2014，pp.713-727.

具体欧盟政策的民意调查,辅助欧盟机构的决策。自 2007 年起,欧洲议会开始委托晴雨表进行关于选举等议题的系列调查,也为观察选民对一体化的态度提供了一个视角。欧洲晴雨表采取随机抽样的调查方法,每个国家或地区抽取至少 1000 名 15 岁及以上的公民,对于人口少于 100 万的国家或地区样本量缩小为 500 名。

基于欧洲晴雨表的系列调查,可以发现欧洲区域认同经历了一个由降转升的过程。2007—2015 年,欧盟公民对欧盟及其机构的信任度大幅下降,长期低于 50%。但自 2015 年以来,大多数成员国民众对欧盟的信任度有所上升。2019 年大选后,68%的公民支持欧盟,为 1983 年以来的最高水平。2020 年,公民对欧盟的信任度有所波动,但仍旧处于高位。

2023 年春季的欧洲晴雨表显示,欧盟认同处在相对稳定的阶段。45%的欧盟公民对欧盟持正面看法,18%持负面看法,37%持中性看法。在所有成员国中,积极的看法略多于消极的看法。47%的受访者倾向于信任欧盟,而 32%的受访者倾向于信任各成员国政府,45%的人倾向于不信任欧盟。[①] 2022 年冬季的欧洲晴雨表则显示,74%的受访者认为自己是欧盟的公民,这一比例是 2010 年首次在欧洲晴雨表调查中引入这一问题以来的最高水平,25%的受访者不觉得自己是欧盟的公民,而 1%的受访者表示"不知道"。超过 1/5 的受访者认为,经济、价值观、文化和团结协作是最能在欧盟公民中产生共同体感受的原因。从欧洲晴雨表来看,一体化认同似乎达到了相当高的水平。

但是细究之下,这种高水平背后依旧存在问题,"认为自己是欧盟公民"这一类型既包括了不到总数 1/3 的表达完全肯定的受访者,也包括了表示"一定程度上是"(Yes, to some extent)的受访者,而欧洲晴雨表并未对这个"程度"给出详细说明,这一调查结果并不能打消人们对欧盟"认同赤字"的担忧。欧洲晴雨表还面临学界的其他批评。批评者指出,欧洲晴雨表的调查主题和表达逐渐为欧委会所"垄断",例如晴雨表中出现的"全球化"等名词缺乏准确定义,且问题越来越体现欧委会的政策导向而非民众的自发看

---

① Eurobarometer, Standard Eurobarometer 99-Spring 2023, 2023-7-31, https://europa.eu/eurobarometer/surveys/detail/3052.

法。[①] 在欧洲晴雨表之外，欧洲高校学者、智库等也不定期发布关于欧洲区域认同的调查研究，尤其是在英国脱欧公投前后，众多欧美民意调查机构进行了关于欧盟认同的调查。但是，进一步度量和理解欧洲区域认同，还有待更加中立、全面、定期的民意调查的出现，也有赖于更多深入田野的定性研究，以揭示个人层面的认同机制。

除了通过民意调查观察一体化认同，欧洲议会选举也是观察成员国选民对欧盟认同的渠道。从选举投票率看，2019 年欧洲议会选举的投票率创下近 20 年来的新高，说明了民众对欧盟事务的关心程度上升，部分说明民众对欧洲议会这一体制的认同增加。但 2019 年欧洲议会选举投票率比 1979 年欧洲议会首次选举投票率低了 10 个百分点以上，也从一个侧面说明了更长时段内认同的下降。从选举结果看，疑欧主义议员席位的变化反映了一体化认同面临的挑战。2004 年，欧洲议会内的部分英国、波兰、丹麦和瑞典的 37 名议员组成了“独立与民主”小组，试图阻止欧洲宪法条约的制定，其中已经出现了要求退出欧盟的英国议员。这个小组在 2009 年的欧洲议会选举中减少到 32 个。但在 2014 年的选举中，疑欧主义政党席位大幅上升。2019 年选举，尽管疑欧主义思潮有所退潮，但仍有不少疑欧政党取得席位。虽然由于英国正式协议脱欧，英国议员退出了欧洲议会，但其他成员国的疑欧主义政党仍在欧洲议会中占据一定席位。欧洲议会中疑欧主义政党势力的消长与欧洲晴雨表的民意调查出现了一定的差别，这一方面是由于选举反映的民意信息带有一定滞后性，另一方面也说明晴雨表对欧洲区域认同的调查具有一定局限。

（二）国家层面欧洲区域认同的测量

成员国对一体化的认同主要体现在成员国与欧盟（欧共体）的互动上。这种互动大体可以分为四个层次：首先，国家层面决定加入或退出欧盟体现了对一体化最直接的认同或不认同。其次，国家层面决定加入或不加入一体化的具体进程体现了国家对一体化具体领域的认同程度。再次，政党层面，成员国的选举结果，尤其是疑欧主义政党势力的消长，也侧面体现了成员国对一体化的认同程度高低。最后，政策层面，成员国对一体化认同相关

① Eurobarometer, Standard Eurobarometer 98-Winter 2022-2023, 2023-2-28, https://europa.eu/eurobarometer/surveys/detail/2872.

政策的执行程度也能部分反映出该成员国对欧盟的认同。鉴于本文篇幅所限，将不讨论具体每个成员国的欧盟认同问题。

但值得注意的是，欧洲一体化已经走出了各成员国齐头并进的时代，成员国间存在对一体化的不同态度和构想是不争的事实。早在2017年，时任欧委会主席容克提出“多速欧洲”概念之前，申根区、欧元区的实践已经体现出欧盟内部对一体化的不同态度。追溯到一体化更早的时期，1997年签订的《阿姆斯特丹条约》第五部分规定“在特定前提下，部分成员国可以相互之间建立更为紧密的合作”，从而第一次在制度上为“多速”一体化提供了可能性。但《阿姆斯特丹条约》规定了尤为苛刻的“紧急刹车”条款，即欧盟理事会通过有效多数表决来决定是否授权进行更紧密的合作，但任何成员国均可反对授权。在这种情况下，即使更紧密合作的提案被递交至欧洲理事会，也需一致同意才能通过，这赋予了成员国否决此类合作的权力。而2001年成员国政府代表签署的《尼斯条约》则规定，成员国可以在《阿姆斯特丹条约》规定的经济和司法、内务合作领域以及共同外交和安全政策领域实施“加强型合作”，并且规定启动“加强型合作”的成员国数目至少为9个，且明确禁止了成员国否决“加强型合作”项目的权力。在《尼斯条约》的框架下，统一离婚法进行加强型合作、统一专利加强型合作已经展开。目前正在进行的“永久结构性合作”联合防务机制，是“多速欧洲”[①]的一个主要体现。这些现象表明一方面所有成员国一体化的“集体认同”有所下降，部分成员国在特定领域对一体化持保留态度，甚至出现了英国“脱欧”退出许多一体化合作的现象；另一方面，从这些合作的开放性看，具体成员国对于一体化的“认同”没有完全消失，一体化认同仍有上升的空间。

三、欧洲区域认同的经济基础

在欧盟成立初期，已经有不少国外学者对欧盟成员国和公民的一体化认同与经济因素的关系进行了实证研究。有研究指出，在国家层面，只有有限的经验证据表明客观的国家经济状况（GDP、通货膨胀、失业率）以及欧盟

---

① 关于“多速欧洲”，参见丁纯、张铭心、杨嘉威：《“多速欧洲”的政治经济学分析——基于欧盟成员国发展趋同性的实证分析》，《欧洲研究》2017年第4期。

预算中国家占比，与国家层面支持一体化的支持率差异具有统计上的显著关系。① 在个人层面，欧盟公民对一体化的支持随着职业技能、教育、财富等利益差异而变化。② 而对 1973—2004 年的长时段研究表明，对欧洲一体化的支持受到分配问题以及对绝对经济表现的影响。③ 对 1975—2009 年间 12 个国家的 79 次欧洲晴雨表汇总调查进行的研究也证实，收入不平等的加剧会强化疑欧主义。④ 不难看出，一体化认同有赖于经济和社会趋同。因此，下文将讨论不同阶段欧盟内部经济社会趋同的状况。

考虑到欧盟成员在 2004 年与 2007 年进行了两次主要针对中东欧和波罗的海沿岸国家的扩大，理论上，绝对经济表现和分配问题将受到更大的挑战，尤其是欧债危机的爆发对经济表现和成员国间的分配问题造成了巨大的冲击。因此，不妨以欧债危机前后欧盟经济社会发展的趋同性为研究对象，探讨一体化认同的经济基础。在经典的 β 趋同模型基础上，建立检验模型：

$$[\ln(y_{i,t+T}/y_{i,t})]/T=\alpha+\beta\ln(y_{i,t})+yX_{i,t}+\varphi_i+\varphi_t+\varepsilon_{i,t}$$

其中 T 为年份跨度，取 $T=1$；$y_{i,t+T}$ 为 i 国 $t+T$ 年的经济变量，$y_{i,t}$ 为初期的各类经济变量，$X_{i,t}$ 为控制变量，φ_i 和 φ_t 分别表示国家固定效应和时间固定效应，$\varepsilon_{i,t}$ 为误差项。这一模型主要通过 β 的正负来判断经济变量的趋同趋异性，β 为负时所考察的变量趋同，β 为正时变量趋异。第一，检验欧盟成员国经济增长速度是否存在趋同性，被解释变量为成员国实际人均 GDP 的对数增长率，解释变量为实际人均 GDP 的对数值，控制变量包括影响经济增长的资本积累速度（各国总资产形成速度）、储蓄率、人口增长率和技术增长率（各国研发投入的增长率）。第二，检验欧盟成员国就业情况的趋同性，被解释变量为失业率变动，即失业人口占劳动人口的比重，解释变量为初期的失业率，考虑到就业状况主要受经济增长速度的影响，控制变量

---

① R. C. Eichenberg, R. J. Dalton, "Europeans and the European Community: The Dynamics of Public Support for European Integration", *International Organization*, Vol.47, No.4, 1993, pp.507-534.

② M. Gabel, H. D. Palmer, " Understanding Variation in Public Support for European Integration", *European Journal of Political Research*, Vol.27, No.1, 1995, pp.3-19.

③ R. C. Eichenberg, R. J. Dalton, "Post-Maastricht Blues: The Transformation of Citizen Support for European Integration, 1973-2004", *Acta Politica*, Vol.42, 2007, pp.128-152.

④ T. Kuhn, E. Van Elsas, A. Hakhverdian, W. van der Brug, "An ever Wider Gap in an ever Closer Union: Rising Inequalities and Euroscepticism in 12 West European Democracies, 1975-2009", *Socio-Economic Review*, Vol.14, No.1, 2016, pp.27-45.

设置为人均 GDP 的对数增长率。第三，检验欧盟成员国间贸易收支状况的趋同性，被解释变量为各国在欧盟内部贸易的经常账户余额占 GDP 的比重变化，解释变量为各国欧盟内部贸易的经常账户余额占 GDP 的比重，控制变量选取本国 GDP 对数，欧盟其他国家 GDP 之和的对数以及单位劳动成本平减的实际有效汇率。第四，检验欧盟成员国间通胀水平的趋同性，被解释变量为调和消费者物价指数的变动，解释变量为初始的调和消费者物价指数，控制变量包括人均 GDP 对数增长率和广义货币 M2 的增长速度。第五，检验欧盟成员国财政收支状况的趋同性，被解释变量为政府净借贷占 GDP 的比重的变化，正数表示财政盈余占比增加或者财政赤字占比减少，解释变量为政府净借贷占 GDP 的比重，控制变量设置为人均 GDP 对数增长率。

从 2002 年欧元正式投入流通使用到 2016 年欧债危机直接影响基本结束、英国共同脱欧之前的这段时间，大体可以分为三个阶段。第一阶段为 2002—2008 年，处于欧债危机爆发之前；第二阶段为 2008—2012 年，是欧债危机爆发期间；第三阶段为 2012—2016 年，是欧债危机爆发后。27 个欧盟成员国则可以分为两组：一是老成员国组，成员为欧盟 15 国；二是新成员国组，成员为新入盟的 12 国。根据欧盟统计局的数据，以 2005 年数据为基期，三个阶段的经济社会趋同发展情况呈现出明显的差别(检验结果见本文附表)。

第一阶段，无论经济、政府债务还是就业，欧盟 27 国在欧债危机前都存在趋同性。在经济层面，欧盟 27 国经济规模的整体差异显著缩小，但是这一差异缩小的主要因素是新成员国的贡献，欧盟 15 国的经济规模差异几乎没有变化。在债务问题上，新成员国的债务差异在 2006 年之前不断扩大，老成员国则是大体上呈轻微下降态势。由于欧盟 15 国的权重较大，最终欧盟 27 国的总体债务差距在 2004 年以后稳中有降。2006 年后，新老成员国债务走势相反，但不改欧盟债务的整体差异稳中有降的格局。在失业问题上，2007 年之前欧盟总体差距显著缩小，2008 年虽然新成员国差距有所缩小，但是老成员国差异扩大，由于权重的关系，2008 年欧盟整体的就业差距扩大。[①]

---

① 参见丁纯、李君扬：《欧债危机的表现、影响、治理与展望》，《同济大学学报》(社会科学版)2013 年第 6 期。

第二阶段，欧债危机爆发后，欧盟 27 国政府债务差异缩小、经济趋同停滞、失业差距显著拉大。在经济层面，由于欧债危机爆发，新成员国经济趋同的进程在 2009 年被打破，差异显著增大，但自 2010 年开始再次趋同，且 2012 年的差异程度还小于 2008 年。同时，老成员国的差异在 2009 年由于经济整体变差而有轻微缩小，自 2010 年起，经济差异开始不断扩大。在政府债务问题上，欧债危机爆发后，由于各国债务情况普遍恶化，所以无论欧盟整体，还是新、老成员国，政府债务差距都在显著缩小。在失业问题上，欧债危机爆发后，在老成员国就业差异显著加大的强力推动下，欧盟就业的总体差异不断扩大。新成员国在 2010 年前就业差异也有所扩大，但自 2011 年起差异又开始缩小。

第三阶段，欧盟 27 国经济增长、通胀水平、失业率、贸易收支状况和财政收支状况均表现出趋异性。在经济层面，金融危机和欧债危机对各国的冲击以及危机后经济恢复速度存在较大差异。在通胀问题上，成员国通胀水平存在明显的趋异性，初始通胀率较高的国家，通胀水平越来越高。在就业层面，初始失业率低的国家就业情况趋好，初始失业率高的国家就业情况趋于更差。另外，欧盟成员国间贸易收支状况也存在趋异性。这是因为欧元区内劳动生产率较低的国家因欧元启动，事实上承担了实际汇率升值的代价，德国等生产率较高的国家则因欧元启动获得了好处，而统一的欧元又限制了逆差国通过贬值改善贸易收支的手段，贸易长期失衡会进一步加剧经济增长的趋异性。此外，欧盟成员国间财政收支状况也呈现出显著的趋异性。

欧债危机爆发后，欧盟内部经济社会趋异发展与欧洲晴雨表显示的表示信任的欧盟公民的占比总体下降趋势相一致，“多速欧洲”成为现实的选择。一体化认同在欧债危机后遭受严峻的挑战，幸而英国“脱欧”没有引发多米诺骨牌效应，随着欧洲经济的恢复、英国在财政一体化等问题上掣肘的消失，一体化认同进入了相对稳定的阶段。疫情期间，“下一代欧盟”(Next Generation EU)复苏计划迈出了财政转移支付的实质性一步，欧盟经济社会趋异发展展现出了转圜的余地。当前，欧盟失业率处在历史最低水平，但由于乌克兰危机导致的欧洲能源危机，通货膨胀率高且国别差异明显。能源危机与此前的全球新冠疫情叠加，不少成员国政府赤字扩大，而贸易长期失衡没有得到明显改善，因而一体化认同仍然面临着不小的压力。这些压力不仅有本节提到的经济基础问题，也有下文将探讨的政治领域的疑欧主义及民主赤字问题。

四、欧洲区域认同面临的挑战

（一）疑欧主义

疑欧主义包括彻底反对欧洲一体化的思潮，也包括有条件性或者有限地反对欧洲一体化的思潮。[①] 疑欧主义有复杂的思想历史渊源，如果把反对一体化作为疑欧主义的实质，那么自一体化进程开始，疑欧主义思潮就存在于欧洲政界中。历史上的疑欧主义既有排斥欧洲区域认同，强调民族国家或者英联邦等其他政治联系的思潮，也有基于欧洲区域认同但不认同欧洲一体化进程的思潮。当下，右翼的疑欧主义普遍强调民族认同，主张“捍卫国家主权”和民族身份；左翼的疑欧主义则批判欧洲一体化的新自由主义特质，强调欧洲一体化的一系列社会、环境等后果。无论是强硬的还是温和的疑欧主义、左翼的还是右翼的疑欧主义，都对欧洲区域认同的巩固和深化造成了负面影响。在国家层面，疑欧主义政党通过推动反一体化的政策议程造成一体化的国别差异乃至倒退，扩大一体化政策趋异，甚至鼓动成员国退出一体化进程；在个人层面，疑欧主义思潮通过强化特定意识形态，质疑欧洲身份或降低对欧盟机构的信任，进而改变民众的政治态度，妨碍跨国跨文化的一体化认同形成。疑欧主义在欧洲目前已经成为一种普遍现象，在2019年的欧洲议会选举中，包括英国在内的21国均有疑欧主义政党获得席位。

疑欧主义的兴起有其特定的历史、经济、政治和文化因素，既和欧盟整体经济、政治、文化的发展有关，也和特定国家与社会语境有关。从历史的角度看，冷战结束，一体化的外部压力骤减，疑欧主义获得了更广阔的舆论空间。一体化老成员国与原苏东阵营国家经济社会发展差别巨大，历史记忆不同，构建跨越东西的身份认同实属不易。在经济领域，欧盟经济社会发展趋异，疑欧主义政治势力则可借机强调欧洲一体化进程中精英与大众、新成员国与老成员国之间的分歧，渲染一体化给本国带来的“经济损失”和“治

---

① J. Fitz Gibbon, B. Leruth, N. Startin, *Euroscepticism as a Transnational and Pan-European Phenomenon: The Emergence of a New Sphere of Opposition*, London: Taylor & Francis, 2016, p.184.

理成本”。在政治层面，欧盟政治领域机构和程序复杂，代表性欠缺，地缘政治影响力低迷，各国政治领域时常各自为政，欧洲政治公共领域缺失，为疑欧主义者批判欧盟官僚主义泛滥、内政外交缺乏作为提供了依据。在文化层面，一体化认同尚未取代民族认同，民族主义在全球范围内还不乏拥趸，而欧盟东扩的意图和实践触及了巴尔干、土耳其、高加索等区域等等，造成了认同的文化难题。这些因素在难民危机中集中爆发，先是大量穆斯林难民涌入，令波兰等中东欧国家采取拒斥态度，后是波兰等国的拒斥令欧盟难民配额与庇护制度改革陷入僵局，加剧了其他国家的不满，并且广泛刺激了欧盟范围内的保守政治势力，进而引发了疑欧主义的广泛崛起。2016 年，英国脱欧公投中，51.9％的投票者支持脱离欧盟，宣告了疑欧主义的高潮。但是已经深入的一体化令英国脱欧的经济政治成本极大，历经三任首相三年多谈判，英国才达成了与欧盟的脱欧协议。伴随着难民危机的暂时退潮，疑欧主义的一个浪潮逐渐过去。但是，由于疑欧主义已经形成了相对稳定的民意基础，政党已经在欧洲政治舞台上登堂入室，疑欧主义还将长期蛰伏在一体化认同身旁。

未来的欧洲一体化势必与疑欧主义相伴相随。一方面，欧盟的民主程序始终为疑欧主义势力保留了活动空间。另一方面，欧盟经济社会发展趋异，一体化进程伴随着相对的“赢家”和“输家”的现实难以改变。实际上，欧洲一体化过往的成功是在与疑欧主义形成互动、达成平衡的过程中实现的，未来一体化的改革措施也必须与疑欧主义达成均衡。

（二）民主赤字

所谓“民主赤字”，指的是欧盟民众在欧盟政治过程中缺乏代表和参与。随着一体化的持续深入，一体化的许多政策不仅需要征得成员国政府的同意，而且需要民众，或至少是民众的代表的认可。在此过程中，由于制度设计缺失等因素，欧盟政治系统与民众的疏离愈发明显，复杂的欧盟政治阻碍了欧盟民众形成对欧盟制度的认同。尽管欧洲一体化过程中欧洲议会的设立和为主要条约举行的公投体现了对人民主权的尊重，但与成熟的民族国家相比，欧盟的民主赤字仍然突出。当前，民主赤字的表现至少体现在以下三个方面。

第一，欧洲一体化进程往往伴随着行政权力的扩张和国家议会控制的减少，而欧洲议会未能填补议会控制的空白。欧盟内政外交的诸多事务通过欧洲理事会，即各国家政府首脑的会议决定，而极少征求议会的意见。欧洲理事会的权力跨越了立法和行政，且其决定往往由不公开的外交协商做出。而欧洲议会的决议不具有强制效力，许多决议沦为单纯的政治表态。尽管理论上欧洲议会具有决定欧盟机构主要领导人的权力，但实际的政治运行中，由于欧洲议会选举的候选人在成员国内进行竞争，选出的欧洲议会议员往往受其自身所属本国党派首脑（通常也是政府首脑）的控制，反映政府意志却未必回应选民偏好。

第二，从过往欧洲选举的经验看，在欧盟成员国选民眼中，欧洲议会选举与欧洲整体事务的关联不高，往往沦为“次级国内选举”（second-order national contests）。选民们对国内事务和本国在欧洲利益的关切压倒了对欧洲事务的关切，欧洲议会的选举结果未能反映民众对欧盟当时主要事务的意见。[①] 在此基础上，选民的欧盟认同增长有限，国家认同反而得到强化。

第三，“多速欧洲”的现实意味着欧盟政治离民众的距离越来越远。由于一体化的差速，欧盟政治程序愈发复杂，且出现明显的地区和国别差异。这意味着普通欧盟民众个体更难理解欧盟的政治过程和其他成员国的公民的政治处境，不利于形成普遍的政治身份认同，进而影响一体化认同的建构。

归根结底，欧洲一体化自始至终存在的一对矛盾是：作为政治构想的欧洲一体化必然只存在于少数人设想中，但作为政治实践的欧洲一体化却不得不需要大多数民众至少在政治程序上的配合。然而，没有政治精英对一体化的推动，一体化无法面对突如其来的危机所带来的冲击，也无法克服跨国政治信任的缺失及其在涉及安全等领域可能导致的停滞不前。如疑欧主义一样，民主赤字问题也将长期伴随一体化的发展。更广泛的公众辩论可能可以推动欧盟决策更加民主，但这也势必使欧盟就共同问题达成解决方案变得更加困难。[②] 一体化必须在精英与大众之间取得动态平衡，塑造不同于国家和一般国际组织的超国家认同。

---

① A. Follesdal, S. Hix, “Why There is a Democratic Deficit in the EU: A Response to Majone and Moravcsik”, *Journal of Common Market Studies*, Vol.44, No.3, 2006, pp.533-562.

② S. B. Hobolt, C. E. De Vries, “Public Support for European Integration”, *Annual Review of Political Science*, Vol.19, 2016, pp.413-432.

（三）其他方面的影响

2022年爆发的乌克兰危机对一体化认同产生了剧烈的影响。在欧盟看来，乌克兰危机直接威胁了欧盟的东部安全，因此对俄罗斯进行了制裁，对乌克兰给予了持续的人道主义援助和军事援助，安全问题也压倒发展问题成为欧盟暂时的战略重点。伴随着乌克兰危机，欧洲能源危机爆发，依赖俄罗斯廉价能源的欧盟成员国面临能源价格暴涨、企业被迫减产停产、生活成本迅速增加等问题，经济增长失速与通货膨胀高企困扰着欧盟。由于主流欧洲舆论将俄罗斯作为危机的根源，乌克兰危机在观念上很大程度增强了一体化的向心力。短期来看，欧盟对乌克兰危机的应对稳定了民众的欧盟认同，争取了民众对欧盟政策的支持。2022—2023年冬季欧洲晴雨表调查结果显示，45%的受访者认为欧盟的形象是正面的，36%认为欧盟形象是中性的，18%认为欧盟形象是负面的，62%的受访者对欧盟的未来感到乐观。[①] 绝大多数的受访者支持欧盟对俄罗斯的制裁和对乌克兰的援助，能源转型也得到了压倒性支持。

但乌克兰危机的一系列经济社会后果似乎也将阻碍一体化认同的发展。同时，欧盟内部对纾困政策包括补贴政策和限价政策的分歧，引发了成员国之间关于扭曲市场的争议。如果乌克兰危机继续陷入僵局，欧洲的能源危机迟迟得不到解决，政府债务持续增加，将引发又一轮欧盟成员国经济社会发展趋异，欧盟和成员国的政府或许将不得不承担相应的政治后果，面临来自选民的压力，一体化认同将可能迎来严峻的挑战。另外，乌克兰危机及其经济军事后果也刺激了欧盟内部的极右翼势力，不少具有疑欧主义色彩的右翼民粹党派支持率正在上升，未来也可能对一体化认同造成打击。

国际格局的演变，包括美欧关系、中美关系的变化，促使欧盟将“战略自主”从早期的防务领域扩大到对外关系、经济、技术各个领域。欧盟强化其地缘政治硬实力，“打造一个更团结、更强大欧洲”的意图愈加明显。2019年，新上任的欧盟委员会提出打造“地缘政治委员会”，强调欧盟在国际格局中的独立身份，从一体化的对外关系层面强化了“欧洲身份”。但由于美国政治形势的变化、全球疫情的冲击、乌克兰危机等背景下中东欧国家对美国

---

① Eurobarometer, Standard Eurobarometer 98-Winter 2022-2023, 2023-2-28, https://europa.eu/eurobarometer/surveys/detail/2872.

安全依赖的加深，欧盟追求战略自主的道路出现了不少波折，内部对战略自主始终存在不同看法。

结　语

欧洲区域认同是国际区域认同中的一个特殊个例，既有其独特的历史传统、文化心理，也有其以欧洲一体化认同为代表的独特的当代内涵。一体化认同没有完全取代欧洲区域认同，对"欧洲"的地域和文化认同不等同于对一体化及其实体代表的认同。但一体化成功塑造了一种"欧洲身份"，这种身份不仅代表了某种地域空间状态和文化特质，也代表了特定的政治过程和经济社会安排，是世界上其他地区尚不能比拟的。从这个角度来说，一体化认同的塑造是成功的。

但是，与经济政治制度和文化传统相对稳定的现代欧洲民族国家相比，欧洲一体化仍是一条充满变数的探索之路。随着一体化的扩张和深化，欧洲一体化认同的对象、机制都在发生复杂的变化，同时也面临越来越复杂的挑战。其经济基础受损尚未完全修复，经济社会发展的趋异性形势没有完全扭转，甚至可能在当前乌克兰危机与能源危机的冲击下被放大。内部民主赤字的问题持续困扰着欧盟政治，民粹主义的火苗不息，而乌克兰危机和中美对峙格局的演化又对一体化认同提出了新的挑战。如国际关系专家切克尔和卡赞斯坦所言，欧洲区域认同的航船正在驶向未知的水域。① 至于这艘航船能否驶过未来的波涛，作为舵手的欧盟恐怕需要谨慎改革，推动一体化协调发展。

附表　2008—2016 年欧盟经济的趋同(异)性检验

被解释变量	(1)	(2)	(3)	(4)	(5)
	$\Delta \ln GDP_{i,t}$	$\Delta Ue_{i,t}$	$\Delta Nx_{i,t}$	$\Delta HICP_{i,t}$	$\Delta De_{i,t}$
$\Delta \ln GDP_{i,t}$	0.0899*				
	(0.0528)				

① J. T. Checkel, P. J. Katzenstein, "The politicization of European identities", in J. T. Checkel and P. J. Katzenstein eds., *European Identity*, Cambridge: Cambridge University Press (Contemporary European Politics), 2009, pp.1-26.

续表

被解释变量	(1)	(2)	(3)	(4)	(5)
	$\Delta \ln GDP_{i,t}$	$\Delta Ue_{i,t}$	$\Delta Nx_{i,t}$	$\Delta HICP_{i,t}$	$\Delta De_{i,t}$
$\Delta Ue_{i,t}$		0.180***			
		(0.0340)			
$\Delta Nx_{i,t}$			0.134*		
			(0.0802)		
$\Delta HICP_{i,t}$				0.335***	
				(0.0349)	
$\Delta De_{i,t}$					0.793***
					(0.0690)
Constant	0.257*	0.0137***	10.90*	0.336***	−0.0219***
	(0.155)	(0.00313)	(5.623)	(0.0296)	(0.00438)
控制变量	是	是	是	是	是
Country FE	是	是	是	是	是
Year FE	是	是	是	是	是
Observations	150	216	134	216	216
R-squared	0.832	0.646	0.536	0.765	0.609

注：* 表示回归系数的显著性水平，*** $p<0.01$，** $p<0.05$，* $p<0.1$。

俄罗斯区域认同的历史与现实

冯玉军*

国际区域认同(简称"区域认同")简单地说就是某一国家及其国民对区域归属的认知,即区域身份认同,它包括"我属于哪个区域"和"哪个区域属于我"两个层面。"区域"本身是客观存在的,但是基于多种因素,无论是国家还是公民个人、群体,对区域的认同存在很大差别。

所有的认同都是建构出来的,认同的社会建构"通常发生在一个标示为权力关系的脉络里","所运用的材料来自历史、地理、生物、生产与再生产制度、集体记忆及个人的幻想、权力机器及宗教启示等",通过处理这些材料,"重新安排它们的意义"。① 俄罗斯作为一个历史上几起几落的世界大国,其区域认同也曾发生过剧烈的变化,直至今天仍然变动不居。国力兴衰、文明取向、与外部世界的关系、社会意识等多重因素影响着俄罗斯区域认同的历史演变,而区域认同的变化又影响着俄罗斯的世界观与国际战略观,影响着俄罗斯的对外政策行为以及与外部世界的关系。

一、有关俄罗斯区域认同的传统叙事

一个民族的自我意识和身份认同是在其生存发展的历史长河中逐渐形成、演变的。身份认同是区别于他者的自我认知,它总是需要在不同维度构成的坐标系里才能确定自身的定位。正如俄罗斯著名哲学家别尔嘉耶夫所说:"东方与西方两股世界历史之流在俄罗斯发生碰撞……俄罗斯民族不是

---

* 冯玉军,复旦大学国际问题研究院副院长、俄罗斯中亚研究中心主任,教授。

① 参见[美]曼纽尔·卡斯特:《认同的力量》,曹荣湘译,社会科学文献出版社 2006 年版,第 4 页。

纯粹的欧洲民族,也不是纯粹的亚洲民族……在俄罗斯精神中东方与西方两种因素永远在相互角力。"[①]对于俄罗斯来说,"只有在东方和西方问题的语境下,俄罗斯才能认识自己,意识到自己在世界中的使命"[②]。从15世纪俄罗斯有创造性的思想活动开始,经由一个漫长的过程直至19世纪上半期,具有独立意义的俄罗斯思想才真正出现。而它的出现,恰恰也是围绕着俄罗斯的区域认同所形成的。

从15世纪中期开始,莫斯科公国不断地扩张使其逐渐走出了"罗斯之地",开始了与欧洲的接触。但无论是从器物、技术,还是从制度、思想的角度而言,当时的俄国都落后于欧洲。因而,"无论是彼得一世的改革还是叶卡捷琳娜二世的'开明专制',都是为了从他们所羡慕的西方中汲取营养,使俄国强大,从而成为西方的一员"[③]。

及至拿破仑战争后,亲身体验了欧洲文明的俄国官兵和知识分子切身感受到了贫穷落后且处于专制之下的俄国与欧洲的落差。在西方民主思想的感染下,俄国爆发了"十二月党人"起义。而在之后的几年里,彼得·雅科夫列维奇·恰达耶夫撰写了系列文章并于1836年以《哲学书简》为题结集出版。在此书中,恰达耶夫首次系统性地阐述了"西方派"的观点,不仅批评俄国的社会思想现状,宣称俄国远远落后于西方,而且彻底否定俄国的历史道路。他认为:"我们不属于人类大家庭中任何一个伟大的种族,我们既不属于西方,也不属于东方,我们没有任何西方的传统,也没有任何东方的传统。我们站在时代之外,没有被人类的启蒙所触及。"[④]西方派认定,为了不再脱离"世界潮流",不再陷入一种"死气沉沉的萧条",俄国应该转向欧洲共同进步的道路,沿着西方文明的资本主义道路发展,不仅要引入西方先进的物质文明成果,更要吸收其精神内涵。

斯拉夫派的观点是在同西方派的激烈思想争论中形成的。"作为西方派的对立面,斯拉夫派思想构成的主要方面是对民族特殊性的强调。而斯拉夫主义学说的本质在于,对于俄国历史发展独特道路的信念和与之相联的俄国与西方相比所赋有的特殊使命的信念。"[⑤]斯拉夫派不满足于俄罗斯

---

① Н. А. Бердяев, Судьба России. ЭКСМО, 2007, с.2.

② Н. А. Бердяев, Судьба России. ЭКСМО, 2007, с.145.

③ 张昊琦:《俄罗斯帝国思想初探》,知识产权出版社2012年版,第89页。

④ [俄]彼得·雅科夫列维奇·恰达耶夫:《哲学书简》,刘文飞译,译林出版社2011年版,第2页。

⑤ 白晓红:《俄国斯拉夫派思想探源》,《求是学刊》1998年第2期。

历史与西方历史的外在差别,不仅反对西方派宣扬的“俄罗斯远远落后于欧洲”的观点,反而将村社与东正教看作是俄国优于西方的特殊性因素,相信历史发展的独特性。斯拉夫派认为,在物质落后情形下引进西方理性主义物质成果是许可的,但在精神、思想、气质上必须要固守俄国的传统。

19世纪末20世纪初,有关“西方的没落”的观念盛极一时,而第一次世界大战又使“欧洲中心论”的观念受到严峻挑战。十月革命后,急剧的转变在形式上阻断了俄国的思想文化传承。但在20世纪20年代后,流亡欧洲的俄国侨民知识分子中产生了欧亚主义思潮。欧亚主义者认为,俄罗斯在地理上处于东西方之间,是东西文化的交汇点,所以俄国是一个欧亚国家,俄罗斯文明是单独的一种兼容东西方的欧亚文明,必须坚持自己独特的欧亚发展道路。欧亚主义者否定西方文明的普世性,主张世界文明的多样性。他们突出东方对俄罗斯历史的作用和影响,认为蒙古人对罗斯和俄罗斯政治历史的影响最大,正是蒙古人的入侵才使得俄罗斯成为一个地跨欧亚两大洲的大国,并将欧亚两大洲的优点集于一身。弗拉基米尔·索洛维约夫认为“俄罗斯位于东方与西方之间,是东—西方,其使命就是要在引导人类统一的过程中起到伟大的作用”①。欧亚主义者将俄罗斯定位为“欧亚世界”,其代表人物彼得·萨维茨基说:“俄罗斯不仅是一个可以加入或者脱离欧洲的民族,而且是比其自身更广阔的某个世界的精神化身和载体。”②欧亚主义者把过去“西方派”和“斯拉夫派”之间“东方—西方”二元对立的框架演化成了“东方—西方—俄罗斯”三维构架,突出了俄罗斯的特殊地位和使用。欧亚主义在苏联时期被视为异端学说而遭到排斥,但仍有以古米廖夫为代表的本土欧亚主义思潮。这一思潮反对欧洲中心主义和以美国为首的单极世界的观点,强调“如果俄罗斯要重新崛起,只能是作为欧亚强国,而且只有借助于欧亚主义才能实现”③。

二、帝国认同:俄罗斯区域认同的真正内核

然而,上述有关俄罗斯区域认同的传统叙事主要还是从宗教哲学和历史哲学的抽象形态中加以阐述的。而要真正理解俄罗斯的区域认同,必须

---

① Н. А. Бердяев, Судьба России. ЭКСМО, 2007, с.31.

② В. В. Зеньковский, Русские мыслители и Европа. Изд-во Республика, 1997, с.82.

③ 毕洪业:《欧亚主义政治思潮与俄罗斯外交》,《俄罗斯学刊》2011年第2期。

把它放在历史发展和现实政治的宏大场景中加以考察。

美国历史学家玛丽·帕米利认为："历史上，俄罗斯人主要集聚在其三大河流域。这些动脉滋养了，事实上是创造了这个奇异的帝国。伏尔加河，通过七十五个河口汇入里海，如同一个怠惰的怪兽从东方引来了股股潮流；第聂伯河，缓缓流入黑海，打开了与拜占庭帝国的交流窗口，而拜占庭文化又为俄罗斯的发展打下了最深的烙印；最后，在相对较近的近代，涅瓦河如同欧洲文明涌入俄罗斯的教化清泉，成就了一个现代国度，并最终使其加入了欧洲的民族大家庭。"[①]她认为："这块我们现在称之为俄罗斯的土地注定要成为一个帝国。因为它没有任何一个部分能独立于其他区域单独存在。从莫斯科、诺夫罗哥德一直向北到北极圈，是其森林带。而最东南的里海北部和通往亚洲的门户地带是贫瘠的干草原，虽不适宜农耕和文明生活，但有利于畜牧业发展，这也是为什么亚洲的游牧民迁徙到此并落地生根。"[②]俄罗斯历史学家安德列·萨哈罗夫也强调："从斯拉夫人踏上东欧平原起，生存压力下的扩张便注定了俄罗斯未来的大国主义意识形态。这是俄罗斯民族独一无二的历史命运。"[③]

基辅罗斯建国后，罗斯人在南部和东南部与占领黑海北岸草原地带的亚洲游牧民族突厥人、哈扎尔人、佩切涅格人和波洛夫齐人相邻，在北部和东部与定居的芬兰-乌戈尔人毗连，西北部隔波罗的海与瓦良格人相望，西南部黑海对岸是具有高度文明的拜占庭希腊人。罗斯人与相邻民族既有和平交往，也有兵戎相见，与游牧民族的关系则战争多于和平。在长期的历史过程中，俄罗斯文化同突厥文化、芬兰-乌戈尔文化、瓦良格文化和拜占庭文化相互交流，逐渐融合。所以，俄罗斯文化不是纯粹意义上的俄罗斯民族文化，甚至也不是纯粹意义上的东斯拉夫文化，它一开始就具有多元文化的特点。事实上，与亚洲游牧民族的斗争与融合也是罗斯国家发展及其世界观和区域认同形成的重要环节。历史上，匈奴人、阿瓦尔人、乌戈尔人、保加尔人、哈扎尔人、佩切涅格人、突厥人、波洛夫齐人以及蒙古人，都对罗斯土地进行过不同程度的攻击，以至于俄国著名历史学家克柳切夫斯基痛切地表示："千年来和草原上凶恶的亚洲人敌对的邻居关系，仅这一点在俄国的历

① [美]玛丽·普拉特·帕米利：《俄国简史》，黄亚松译，南海出版公司 2018 年版，第 3 页。

② [美]玛丽·普拉特·帕米利：《俄国简史》，黄亚松译，南海出版公司 2018 年版，第 3 页。

③ История России. Под ред. А.Н. Сахарова, Просвещение, 1995, с. 5.

史生活中已足以超过欧洲的全部缺点。"[①]这种沉重的历史记忆，使俄罗斯形成了对亚洲人疑虑和不信任的民族心理[②]，同时也形成了在心理和文化上"非亚洲"的区域认同。

近代俄国是由莫斯科公国发展起来的。莫斯科公国原来只是金帐汗国统治下的一个蕞尔小邦，其领土仅限于莫斯科城及其近郊的一隅。在金帐汗国统治后期，莫斯科公国不断兼并邻邦的土地，逐渐成为罗斯各邦中的霸主。及至摆脱了蒙古人的统治，莫斯科公国发展成为沙皇专制主义的俄国，迅即大规模地向外扩张。"从15世纪中叶到19世纪末的400年间，俄罗斯帝国约以每天50英里的速度向外扩张，到1914年它的领土达到866万平方英里，成为一个以俄国欧洲部分为中心、地跨欧亚两大洲的庞大的殖民帝国。"[③]就此，"一个与留里克王公帝国的延续性微乎其微的莫斯科公国在'蒙古奴役的血腥泥潭'中代之而起"[④]。持续扩张不仅使俄国的领土面积不断扩大，也使其对周边的诸多民族进行了接连不断的征伐与统治，与其他国家经历了不同形式和规模的战争。这些经历无不深刻地影响着俄罗斯民族的世界观，使其形成了独特的区域认同。虽然这并不妨碍俄国在亚洲的地缘政治扩张，但无论亚洲部分在俄罗斯领土构成中的比例有多大，从区域认同的角度而言，俄罗斯始终对亚洲是保持拒斥态度的。

近年来，国内学者对于俄罗斯区域认同的分析多以融入西方、欧洲主义或者"转向东方"这种单一的地缘政治取向作为分野。但从根本上说，自近代以来，俄罗斯区域认同的本质是"帝国认同"。

16世纪末，伊凡四世逐渐统一罗斯诸公国并开始了向"自然疆界"扩张的努力，与当时的欧洲大国波兰和瑞典展开了争夺。但在当时及17世纪的大部分时间里，俄国与欧洲相比仍然是一个落后国家，不仅被欧洲国家排斥

---

① ［俄］瓦·奥·克柳切夫斯基：《俄国史教程》第1卷，张草纫、浦允南译，商务印书馆1992年版，第61—62页。

② 参见曹维安：《俄国史新论——影响俄国历史发展的基本问题》，中国社会科学出版社2002年版，第4页。

③ ［美］亨利·赫坦巴哈等：《俄罗斯帝国主义——从伊凡大帝到革命前》，吉林师范大学历史系翻译组译，生活·读书·新知三联书店1978年版，出版说明第1页。

④ 陈乐民：《俄英争霸、分化欧洲："十八世纪外交史内幕"笔记》，《中国社会科学院研究生院学报》1987年第1期。

于威斯特伐利亚体系之外,也“把自己看成欧洲文明与欧洲传统的门外汉”[①]。

彼得一世时期是俄罗斯区域认同变化的重要转折点。正如马克思所言:“彼得大帝确实是现代俄国政策的创立者,但他之所以如此,只是因为他使莫斯科公国老的蚕食方法丢掉了纯粹地方性质和偶然性杂质,把它提炼成一个抽象的公式,把它的目的加以普遍化,把它的目标从推翻某个既定范围的权力提高到追求无限的权力。他正是靠推广他的这套体系而不是靠仅仅增加几个省份,才使莫斯科公国变成为现代俄国的。”[②]

从“莫斯科公国”到“现代俄国”的身份转换,其本质是俄国对外扩张政策发生了由地域性蚕食体制到世界性侵略体制的转变。马克思对此做出了精辟论断:“对于一种地域性蚕食体制来说,陆地是足够的;对于一种世界性侵略体制来说,水域就成为不可缺少的了。”[③]彼得大帝时期,俄国竭力在波罗的海和黑海争夺出海口,最终通过长达20年的北方战争夺取了波罗的海沿岸的部分土地并迁都彼得堡。迁都彼得堡,一方面使俄国拥有了“俯瞰欧洲的窗户”,使俄国参与到了欧洲国际体系当中;另一方面“有意给他的领土制造了一个外偏中心”,从而将其“置于一个不能保证安全,甚至不能保证不受屈辱的地位”。[④] 这种冒险行为既表明俄国的边界还没有划定,也刺激着俄国人进行更大规模的扩张。[⑤] 由此,俄国的区域认同也从地域性认同而上升为世界性认同(世界级帝国认同)。

俄罗斯帝国的世界性征服思想(世界级帝国认同)集中体现在规划了俄国数百年地缘政治目标和行动的“彼得遗嘱”上。这份遗嘱野心勃勃,规划了俄罗斯向北、向西、向南三个战略方向扩张的主要路径和策略。[⑥] 尽管关于这份遗嘱的真实性众说纷纭,但“遗嘱中所反映的背景情况是真实的,它提出的一整套扩张战略基本上符合彼得一世及其继承人的真心实意意图和

---

① Hedley Bull and Adam Watson, *The Expansion of International Society*, Oxford: Oxford University Press, 1984, p.64.

② [德]马克思:《十八世纪外交史内幕》,人民出版社1979年版,第77—78页。

③ [德]马克思:《十八世纪外交史内幕》,人民出版社1979年版,第80页。

④ [德]马克思:《十八世纪外交史内幕》,人民出版社1979年版,第80—81页。

⑤ 参见陈乐民:《俄英争霸、分化欧洲:“十八世纪外交史内幕”笔记》,《中国社会科学院研究生院学报》1987年第1期。

⑥ 参见刘祖熙:《关于彼得一世的遗嘱问题》,《世界史研究动态》1979年第4期。

扩张行径”[①]。彼得一世的继承者们不懈地执行着他的意志，叶卡捷琳娜二世不仅通过对土耳其的战争为俄罗斯夺得了黑海出海口，通过三次瓜分波兰把俄国的疆域扩展到欧洲的心脏地带，制订了南下黑海、瓜分巴尔干的“希腊计划”，还甚至妄图建立一个包括彼得堡、莫斯科、柏林、维也纳、君士坦丁堡、阿斯特拉罕六个都城的俄罗斯帝国，进而入侵波斯、中国和印度。[②]

可以看到，从18世纪初开始，俄国的区域认同就从欧洲扩展到了全球，积极谋求成为一个世界性帝国。正如俄罗斯当代哲学家谢尔盖·尼科尔斯基所说：“从拜占庭沦陷至今，对俄罗斯人来说最重要的思想也许是帝国和成为帝国的思想。我们一直都知道，我们居住的国家的历史是一个不间断的领土扩张、征服、吞并、防御、暂时损失和新征服的链条。帝国的概念是我们意识形态包袱中最有价值的概念之一，我们向其他国家宣扬了它。正是通过它，我们让世界其他地方感到惊讶、高兴或恐慌。”[③]可以说，俄罗斯几百年的对外交往史就是一部其从国际体系边缘走向舞台中央的历史。“但它并非总是如愿，而是始终徘徊于体系的中心与边缘之间。”[④]因而，俄罗斯的区域认同也就游走于中心与边缘两者之间，扩张顺利时就倾向于世界性或地区性帝国；而在扩张失利时则往往大幅收缩，减少与外部世界的联系，“孤岛”意识明显上升。但就近现代俄国整体历史而言，不同形式的帝国认同无疑是俄罗斯区域认同的主流，而孤岛意识只是帝国认同回潮过程中的短暂过渡。

18世纪末19世纪初，俄国与欧洲各国组建了六次反法同盟，并借助反拿破仑战争的胜利在重建欧洲国际关系体系的过程中发挥了主导作用。在1815年的维也纳会议上，俄国、普鲁士、奥地利组建了以正统主义原则为基础的“神圣同盟”，俄国一度成为“捍卫欧洲文明社会中的共同精神、宗教和社会价值，反对弥漫于欧洲各大国中革命性力量”[⑤]的“欧洲宪兵”。19世纪中叶，俄国日益膨胀的帝国野心与英法两国的利益在近东直接冲撞，最终因

---

① 李际均：《军事战略思维》，军事科学出版社1998年版，第130页。

② 参见王福春、张学斌：《西方外交思想史》，北京大学出版社2005年版，第150页。

③ Сергей Никольский, После империи: Стратегической задачей становится переход России к гражданскому единству, 2013-10-9, https://www.ng.ru/ideas/2013-10-09/10_empire.html.

④ 张昊琦：《俄罗斯帝国思想初探》，知识产权出版社2012年版，第101页。

⑤ Hedley Bull and Adam Watson, *The Expansion of International Society*, Oxford: Oxford University Press, 1984, pp.71-72.

在克里米亚战争中的失败而从欧洲国际体系的中心再次滑向边缘。此后，俄国外交大臣戈尔恰科夫在欧洲推行隐忍政策，同时加紧向中亚和远东的扩张以弥补在欧洲的损失。19 世纪末，欧洲两大军事同盟形成，俄国再次参与到欧洲国际体系的角逐中来。然而，帝国野心与国内政治的张力最终使俄国爆发了 1917 年大革命，不仅统治了俄国 300 多年的罗曼诺夫王朝垮台，俄罗斯帝国也一度分崩离析。但令人诧异的是，尽管俄国的势力一度收缩而且因遭遇外国武装干涉几乎成为一座“孤岛”，但很快，“第三国际”所领导的世界革命就使俄国在全球范围的影响以另外一种方式全面扩展。二战前后，苏联通过各种各样的方式向外扩展势力，并最终在战后成为与美国平起平坐的两个超级大国之一，成为世界体系两大对立阵营之一的核心。此时，俄国的区域认同毫无疑问是全球性的，它的目标是终结腐朽、没落、垂死的西方帝国主义的全球统治，把红旗插满全世界。

三、俄罗斯区域认同的当代演变

苏联解体 30 多年来，新俄罗斯的区域认同也经历了从“大西洋主义”经由“新欧亚主义”向帝国意识回归的明显变化。

苏联解体之初，浪漫情绪充斥俄罗斯社会，欧洲—大西洋主义承袭了起源于 19 世纪中叶的西欧派思想，推崇西方的文明和价值观，强调俄国的欧洲属性，蔑视甚至否定东方文明，认为复兴俄国必须走西化的道路，俄国对外政策最优先的方面是尽快加入西方“文明大家庭”；现代斯拉夫主义延续了传统斯拉夫派的主要观点，强调俄国有着独特的历史传统和地缘政治属性，俄国的发展必须弘扬历史传统，推崇东正教，寻求独特的发展道路，完成俄国所肩负的“特殊历史使命”；以新欧亚主义为重要内容的俄式保守主义重拾 20 世纪 20 年代的欧亚派思想，突出俄国的“欧亚文明”属性，主张保持俄国社会文化特点和历史传统，强调国家观念和强国论，认为俄国必须以欧洲和亚洲“中介人”的身份，通过建立以俄国为核心的欧亚联盟，恢复俄罗斯的世界大国地位。[①]

尽管这三种思潮（区域认同）同时存在于俄罗斯社会，但它们的现实影响却不尽相同。欧洲—大西洋主义在苏联解体之后曾经风行一时，但很快

① 参见王树春、林润苗：《新欧亚主义，还是欧洲—大西洋主义？——冷战后俄国对外政策中的主导思想流派研究》，《俄罗斯学刊》2014 年第 4 期。

就被俄罗斯大多数人所抛弃；现代斯拉夫主义尽管调门不高，但却成为相当一部分俄罗斯精英和民众的思想“内核”；而包罗万象、庞杂纷乱的俄式保守主义实际上成为俄罗斯的主流社会思潮。俄式保守主义的“实质是弥赛亚思想、欧亚主义思想、斯拉夫文明（种族）优越论、俄国例外论、反西方主义以及‘生存空间论’等各种学说的大杂烩”①。

普京总统是俄式保守主义的最主要推动者。他特别强调，代替苏联时代价值观的只应该是回归传统的价值观，而“传统价值观”的思想内核恰恰是帝国观念和认同。近年来，“俄罗斯通过举办一系列重大国家纪念活动和编写统一的历史教科书，俄罗斯史学界掀起了帝国史研究的热潮，发展并巩固了具有官方背景的‘帝国史流派’。由此，进一步为‘帝国’概念恢复了名誉，甚至于把‘帝国’概念看成了‘伟大强国’的同义语。通过对帝国史的研究，确认了俄帝国对国际政治的参与，认为这是决定国家领土疆域广袤的重要因素。这样，就把俄帝国视为由历史、文化、宗教和语言传统结合而成的各种种族集团组成的社会，肯定了其在治理庞大疆域、多民族地区中的特有优势。这种‘帝国热’和对帝国传统思想的肯定，从特定角度反映了‘普京主义’的特征”②。

俄罗斯战略学界对此的表述更加直白。俄罗斯战略研究所所长、克格勃中将列昂尼德·列舍特尼科夫在其《回归俄国：第三条道路抑或无望的死胡同》一书中表示：“俄罗斯自身的历史注定了它要么再一次成为帝国，要么注定失败或者毁灭。”③俄罗斯新欧亚主义的代表人物、极端民族主义者亚历山大·杜金也强调：“对于俄罗斯来说，对于在全球化竞争中的国家来说，仅仅有一个出路，这就是保卫自己的主权、自己的自由和独立。我们有责任再次成为帝国。逻辑非常简单，如果俄罗斯自身停止成为帝国，它就会成为其他攫取我们的财富和资源的帝国的猎物。”④

除了国家刻意塑造和精英有意引导外，大多数俄罗斯民众的内心深处

---

① 冯玉军：《俄乌冲突的地区及全球影响》，《外交评论（外交学院学报）》2022年第6期。

② 马龙闪：《“普京主义”推出政治强国模式——解读俄罗斯总统助理苏尔科夫〈普京的长久国家〉一文》，《人民论坛》2019年第12期。

③ Леонид Решетников，Вернуться в Россию. Третий путь или тупики безнадёжности，Издательство М. Б. Смолина（ФИВ），2017，с. 99.

④ Александр Дугин：Либо Россия будет Империей，либо ее не будет вообще，2007-11-4，https://ruskline.ru/news_rl/2007/04/11/aleksandr_dugin_libo_rossiya_budet_imperiej_libo_ee_ne_budet_voobwe.

也有一种挥之不去的“帝国情结”。俄罗斯政治学者维克多·米罗年科分析道:“过去和现在,俄罗斯人一般认为,小俄罗斯人和白俄罗斯人多多少少是平等的同一种宗教的信徒,但是仍然认为他们在社会地位上比自己低一等。不幸的是,这种俄罗斯人的主导意识被保留下来,并且代代相传……正是这种情结,这种不可动摇的帝国情结,贯穿了我们社会的各个阶层。贯穿克里米亚和乌克兰东部的战争之后的俄罗斯的宣传,强化了这种情结。我认为这是一个非常完美的心理路线。原则上,对一个正常人来说,你很难去攫取本不属于你的东西。但是,如果你不断地被告知,这就是你的,只属于你,不属于任何的别人,这样做就变得容易多了。”①俄罗斯政治学者塔吉扬纳·沃罗热金娜也谈到这种帝国怀念情结:“所有的那些曾经属于俄罗斯的,无论是属于俄罗斯帝国或者是苏联的,还是被征服的或是被吞并的,都被认为是我们的。这适用于普通民众,也适用于那些自视为自由派或民主派的人。”②

俄罗斯民众心底深处的“帝国意识”和官方及精英的意识形态塑造相辅相成、相互推动,成为决定俄罗斯政治走向、对外政策以及区域认同的根本动力。在这一点上,苏尔科夫提出的“深层人民”概念并非虚妄之言。苏尔科夫认为,俄国历史上一共只存在过四种国家形式,一是15—17世纪伊凡三世所建立的莫斯科和全俄大公国,二是18—19世纪彼得大帝建立的俄罗斯帝国,三是20世纪列宁建立的苏联,第四个就是普京在21世纪建立的当代俄罗斯联邦的国家形式。他指出,尽管这四种国家形式不同,但其内在本质上是一致的,俄罗斯历史结构的要素是一致的,这也是普京主义的基础——俄罗斯拥有“深层人民”。苏尔科夫使用“深层人民”这一概念是为了说明,俄罗斯政治不同于西方资本主义,俄罗斯拥有的不是“深层政府”而是“深层人民”。不论是哪一种国家形式、处于哪一个历史时期,俄罗斯的深层人民始终存在着。他们可以是国家公务员,可以是工人,也可以是农民,散布在全国各地,他们没有统一的标识也无法从社会调查中凸显出来,而一旦俄罗斯进入衰败或转折时期,这些深层人民就会将国家重新拉回正轨。不

---

① “How Russians See Ukraine’s Independence”, 2016-8-24, https://euromaidanpress.com/2016/08/24/how-russians-see-ukraines-independence/. 转引自韩克敌:《民族意识与帝国思维:乌克兰独立与俄乌纷争》,《俄罗斯东欧中亚研究》2020年第6期。

② “How Russians See Ukraine’s Independence”, 2016-8-24, https://euromaidanpress.com/2016/08/24/how-russians-see-ukraines-independence/.转引自韩克敌:《民族意识与帝国思维:乌克兰独立与俄乌纷争》,《俄罗斯东欧中亚研究》2020年第6期。

论这个俄罗斯此刻实行的是保守主义、自由主义还是社会主义，这些深层人民总能保证国家最终实行的是符合俄罗斯传统价值观的发展道路。[①] 从苏联解体后俄罗斯30多年的转型来看，俄罗斯的“深层人民”确实是存在的。更确切地说，是俄国沉重的历史传统和思想观念依然对俄罗斯民众产生着广泛而深刻的影响，俄罗斯民族思想与文化还远未实现现代化的更新与再造。实践证明，包括帝国意识、弥赛亚思想在内的俄式保守主义，“不仅远远落后于21世纪时代的发展，甚至会给国家的战略决策和前途命运构成根本性伤害”[②]。

“俄罗斯世界”是当代俄罗斯“帝国认同”的重要思想内核和政策实践。这一概念自20世纪末以来被大力宣传，并成为俄罗斯对外政策的重要指标。俄罗斯东正教大牧首基里尔宣扬：“如果我们谈论文明，那么俄罗斯就属于比俄罗斯联邦更广泛的文明。我们称这个文明为‘俄罗斯世界’。”他认为“俄罗斯世界”不仅仅是今天俄罗斯联邦领土界限内的区域。“俄罗斯世界”起源于基辅受洗，是一个特殊的文明，属于今天自称为俄罗斯人、乌克兰人和白俄罗斯人的人们。那些不属于斯拉夫世界，却理解这个世界的文化和精神作为其特别构成的人，可以属于这个世界。[③]

从思想史的角度上说，“俄罗斯世界”这一概念的首倡者是19世纪俄罗斯哲学家尼古拉·丹尼列夫斯基。在其1871年出版的《俄罗斯和欧洲》一书中，丹氏否认人类普遍理想的存在，提出了文化历史类型理论，阐述了文明的多样性观点，确定了十一种文化类型。他特别对欧洲文化进行了批评，强调了俄罗斯文化的特殊性，认为欧洲应被俄罗斯取代，而俄罗斯的使命是团结所有斯拉夫民族。此后，萨维茨基、索洛维约夫、古米廖夫等俄罗斯思想家都间接地谈到了“俄罗斯世界”问题，他们都强调俄罗斯民族和历史的特殊性，认为东正教通过俄罗斯可以改变整个人类文明系统，历史要求俄国站在全世界文明的前列，俄罗斯承担着拯救人类命运和整个世界的使命。“俄罗斯世界”概念的当代阐释者是俄罗斯哲学家谢德罗夫茨基，在他看来，“俄罗斯世界”是用俄语来思考和发言的大的和小的社会共同体组成的网状

---

① Владислав Сурков，Долгое государство Путина：О том，что здесь вообще происходит，2019-2-11，https://www.ng.ru/ideas/2019-02-11/5_7503_surkov.html.

② 冯玉军：《俄乌冲突的地区及全球影响》，《外交评论（外交学院学报）》2022年第6期。

③ Патриарх Кирилл：Русский мир — цивилизационное，а не политическое понятие，2014-9-8，https：//www.pravmir. ru/patriarh-kirill-russkiy-mir-tsivilizatsionnoe-a-ne-politicheskoe-ponyatie/.

结构,“俄罗斯世界”的空间不局限在俄罗斯。在当代,“俄罗斯世界”概念囊括了海外侨民、地缘政治、文化和文明认同三重内涵。[1] 尽管为了减少其他原苏联国家的恐惧和担心,亚历山大·杜金竭力渲染“俄罗斯世界”是一个明显多极化的世界,俄罗斯在这个世界上的统治只会是这种多极化的保证,俄罗斯是一个帝国解放者,不是征服者。俄罗斯不会强加自己的价值体系给别人,而是保证价值观的多样性及其自由发展。但从本质上讲,“‘俄罗斯世界’其实就是这样一个与‘西方世界’相对立的概念。‘俄罗斯世界’不是东正教国家文明身份的表达,而是一种带有民族主义因素的帝国意识和思想”[2]。

从地缘政治的角度而言,“俄罗斯世界”的本质就是要重新整合除波罗的海三国(已经加入欧盟和北约)之外的“后苏联空间”,通过欧亚区域一体化(经济上的欧亚经济联盟、安全上的集体安全条约组织)和强制式军事行动(2008年俄格战争、2014年克里米亚危机、2022年俄乌冲突)等方式重新把原苏联国家聚拢在俄罗斯周围,直至实现俄罗斯的“帝国复兴”。

理论上讲,“俄罗斯世界”从文化、文明认同角度而言意味着拥有独一无二的有着共同特点、共同历史、共同语言、共同价值的俄罗斯族群文化,他们不只居住在俄罗斯。“俄罗斯世界”无可争议的部分是那些在不同历史时期离开俄国并且保留了对俄语的了解的人,而且在不同程度上保留了对俄罗斯的忠诚和感情。但是在实际当中,海外侨民、地缘政治、文明认同三种内涵如何能够截然分清?而它们的相互渗透、相互混杂又将对俄罗斯、地区稳定、世界秩序产生怎样的影响?这些倡议都是不能不深入思考的问题。深入分析俄罗斯发动对乌克兰“特别军事行动”的官方叙事,我们可以清晰地看到,这是一场打着保卫俄罗斯“海外侨民”、捍卫俄罗斯“文明认同”旗号的地缘政治行动。“俄罗斯世界”的底层逻辑与现代国际法体系对于独立、主权、领土完整等基本原则的清晰而明确的法律概念格格不入。如果任由这种“俄罗斯世界”所谓“文明型国家”的思想蔓延,将在现实国际政治中带来无尽的冲突甚至战争。

俄罗斯文化的一个突出特点就是在两个极端之间的急剧摇摆。俄国思想家尼古拉·别尔嘉耶夫曾写道:“俄罗斯民族是最两极化的民族,它是对

① 参见那传林:《“俄罗斯世界”概念的起源和内涵研究》,《世界政治研究》2021年第3期。

② 那传林:《“俄罗斯世界”概念的起源和内涵研究》,《世界政治研究》2021年第3期。

立面的融合……在俄罗斯人身上可以发现矛盾的特征:专制主义、国家至上和无政府主义、自由放纵;残忍、倾向暴力和善良、人道、柔顺;信守宗教仪式和追求真理;个人主义、强烈的个人意识和无个性的集体主义;民族主义、自吹自擂和救世主义、全人类性……奴隶主义和造反行动。”[①]在区域认同方面,与“帝国认同”相反相成的另一个极端是俄罗斯的“孤岛”意识。也就是在扩张不利的情况下,俄罗斯往往会在一段时间内自我封闭起来,大幅度减少与外部世界的交往,暂时隐忍。

2014 年克里米亚危机后,俄罗斯遭遇欧美制裁,国际环境开始恶化,俄罗斯区域认同中的“孤岛”意识开始回潮。2018 年 4 月,曾长期担任普京总统的政治顾问、素有俄罗斯政坛“灰衣主教”之称的弗拉季斯拉夫·苏尔科夫在《全球政治中的俄罗斯》杂志发表《混血儿的孤独》一文。他在文中回顾了自 17 世纪初以来俄罗斯不断谋求融入西方的努力,对“即便俄罗斯变得如此卑微、如此逆来顺受,它仍然没能迈入西方的门槛”表达了强烈的不满,表示“俄罗斯的西行之路已经终结”。但他同时也否定了“转向东方”的设想,因为俄罗斯在蒙古帝国统治时,东方模式已经试过,留下了烙印,不堪回首。他认为,作为一个现代国家,虽然俄罗斯要继续和外界贸易往来及参与国际多边组织,但是要认识到身为“不西不东”的个体,俄罗斯是孤独的,不能再牺牲自己来盲目依附西方。“欧亚主义”是自我安慰,亲近中国也只是权宜之计。最终决定要做量力而为的独行者,还是孤注一掷追求做全球领导者,将是俄罗斯人民的选择。但无论如何,现在俄罗斯要走自己的路,可能要承受百年,甚至两百年、三百年的孤独。[②]

2022 年俄乌冲突爆发后,俄罗斯在国际社会遭遇大面积孤立,被迫“转向东方”。俄罗斯战略界人士德米特里·特列宁认为,这一转变是根本性的,“是抛弃彼得大帝的遗产、已持续 300 年的传统——将俄罗斯定位为欧洲大国、欧洲大陆力量平衡的组成部分,而且也是泛欧文明不可分割的一部

---

① [俄]尼·别尔嘉耶夫:《俄罗斯思想:十九世纪末至二十世纪初俄罗斯思想的主要问题》,雷永生、邱守娟译,生活·读书·新知三联书店 1995 年版,第 1—2 页。

② Владислав Сурков. Одиночество полукровки. *Россия в глобальной политике*. №.2, 2018 Март/Апрель.

分”[①]。他强调:“俄罗斯无法遵守在没有自己参与的情况下制定的规则,这些规则使其在欧洲统一体处于从属地位……分歧、分道扬镳,然后与西方彻底决裂,持续了15年,其合乎逻辑的后果是,俄罗斯不仅需要将自己视为独立于西方平台的政治实体,而且需要作为独立的、首先是相对于欧洲的独立存在的文明。”[②]特列宁认为“俄罗斯无法遵守在没有自己参与的情况下制定的规则”,但是,难道他忘记了苏联是二战后国际体系规则最重要基础的《联合国宪章》的签署国吗?难道他忘记了苏联也是确定“战后欧洲边界不可以武力加以改变”的《赫尔辛基最后协定》的签署国吗?苏联尽管解体,但俄罗斯联邦是苏联的合法继承国,它既然可以继承苏联作为核大国和联合国安理会常任理事国的地位,那么也就必须承担苏联理应承担的国际责任与义务。

那么,这种“独立存在的文明”的本质是究竟是什么?特列宁认为:“现代俄罗斯不再是一个帝国,但它也不是一个欧洲意义上的国家。我国正式界定为一个多民族国家。然而,更确切地说,俄罗斯被称为文明强国。这种文明在许多方面源于欧洲,但其根源是来自拜占庭的东正教及其政治文化和对亚洲的开放性。”他强调:“自主和主权紧密地交织在俄罗斯国家性的DNA之中,融入人民及其统治层的意识中……俄罗斯的思想可以被称为俄罗斯的真理——世界观的基础和一套基本原则,其中心支柱是正义的绝对权威。”[③]

尽管俄罗斯官方人士和学者竭力以各种“新概念”来为其历史叙事撑门面,但实际上自近代以来,俄罗斯区域认同的主流就是“帝国认同”,只不过在不同时期它披上了不同形式的“外衣”而已。

正如俄罗斯学者伊戈尔·雅科文科所揭示的,俄罗斯“社会意识对帝国的解体从未进行反省,也未恰如其分地细加研究。在俄罗斯,未见有负责任

① Дмитрий Тренин. Кто мы, где мы, за что мы-и почему? Отклик на приглашение Фёдора Лукьянова к дискуссии о международном пути России. *Россия в Глобальной политике*. №.3, 2022 Май/Июнь.

② Дмитрий Тренин. Кто мы, где мы, за что мы-и почему? Отклик на приглашение Фёдора Лукьянова к дискуссии о международном пути России. *Россия в Глобальной политике*. №.3, 2022 Май/Июнь.

③ Дмитрий Тренин. Кто мы, где мы, за что мы-и почему? Отклик на приглашение Фёдора Лукьянова к дискуссии о международном пути России. *Россия в Глобальной политике*. №.3, 2022 Май/Июнь.

的社会力量勇敢地宣称:就俄罗斯人民自保和重生的观点而言,苏联解体乃是近半个世纪以来最大的成功。倒是发现了一批有影响力的政治势力,它们已开始助长怀旧情绪并将其用于政治目的。此类花招特别糟糕之处在于,那些具有政治能力的人在利用缅怀帝国的意念之时清楚地知道,任何形式的复辟都是不可能和灾难性的"[①]。像尼娜·赫鲁晓娃所评价的那样,"俄罗斯不会吸取教训,不会忏悔,不会道歉。俄罗斯不会前进,因为它的全部总是蜷缩在过去之中。我们在绕着圆圈。我们只有过去,我们几乎没有现在"[②]。

① Игорь Яковенко. Украина и Россия:сюжеты соотнесенности. *Вестник Европы*. №.16, 2005.

② "Is Putin Reassembling Soviet Union? Q&A With Nina Khrushcheva, Nikita Khrushchev's Granddaughter Khrushcheva Explains What Lies Behind the Turmoil in Crimea and Speculates about Its Future", 2014-3-4, https://www.nationalgeographic.com/history/article/140303-crimea-putin-russia-ukraine-khruschev-khruscheva-world.

海湾国家的区域认同与区域合作

孙德刚*

传统区域认同理论认为，相似的政治制度、文化价值、意识形态和历史传统会增强区域认同的凝聚力和向心力。这一假设难以解释高度同构的海湾合作委员会六国文化认同处于高位，政治认同处于中位，而安全认同却处于低位。研究发现，文化同质、经济互补、政治依存和安全共生是区域认同的四大支柱。在文化同质的前提下，战略资源和战略目标互补的国家更易于构建“利益共同体”，从而形成相互依存的“利益共生关系”；区域组织内部各成员之间只有消除地区领导权之争，才可以形成“政治共同体”；域内各成员国力量分布相对均衡，有助于“安全共同体”的构建。海湾阿拉伯国家合作委员会（简称“海合会”）六国虽文化同质，但经济同构、政治竞争和安全博弈，故各国既追求区域一体化，又保持战略自主。2017 年沙特、阿联酋、巴林同卡塔尔交恶，2023 年沙特和阿联酋外交摩擦，这都表明：相似的文化价值增强了海合会区域认同的韧性，但产业结构同质化、争夺政治领导权和对政权安全的担心使彼此之间缺乏互信，海合会区域合作低位运行，区域认同貌合神离。

一、海湾国家认同的复杂因素

海湾阿拉伯国家合作委员会成立于 1981 年。其内部成员国拥有相似的文化价值、政治制度、意识形态和历史传统，其外部面临伊朗伊斯兰革命

* 孙德刚，复旦大学中东研究中心主任、研究员，博士生导师。

和两伊战争的共同威胁，一度形成了中东地区一体化程度最高的政治联盟。然而，自成立之日起，海合会安全一体化步履蹒跚，且内部矛盾不断。2014年，沙特、阿联酋和巴林从卡塔尔召回大使；2017年，沙特、阿联酋、巴林联合埃及、也门哈迪政府、毛里塔尼亚和马尔代夫等11国集体与卡塔尔断交；2020年，卡塔尔退出沙特领导下的欧佩克（Organization of Petroleum Exporting Countries，OPEC）；2023年，沙特和阿联酋发生外交摩擦，两国在苏丹危机问题上存在分歧，阿联酋威胁退出欧佩克，沙特要求跨国公司的地区总部必须设在沙特，对阿联酋构成了冲击。为什么冷战后拥有相似西方文化价值观、政治制度、意识形态的欧盟即便在苏联解体、外部威胁明显减弱后仍能够维持长期的稳定性，而面临伊朗、恐怖主义等多重外部威胁的海合会却危机四伏，区域认同凝聚力低？

海合会区域认同度低、区域合作有限，目前在经典的区域认同理论中很难找到令人信服的答案。建构主义学派大多将观念、认知等社会心理学概念引入到联盟形成和管理的研究上，普遍认为同质化国家选择强化区域认同的可能性更大，在区域组织中国家间关系也更加稳定，因为具有相似政治制度的国家相互欣赏，可以增强这些国家政治和经济发展模式的合法性，也有利于形成一致的对外政策，从而使军事共同体变成政治共同体。[①]

以亚历山大·温特为代表的建构主义学派主张从规范（norm）、认同（identity）和文化（culture）等身份政治的视角来认识区域组织，认为国家的行为不是由“有形结构”（即权力分配）所决定，而是被“观念”（相互作用和学习）所左右；相似国情更容易强化共同体意识。除了物质结构以外，国际政治领域还存在社会结构。理解利益的构成有助于揭示理性主义所误解和忽视的许多国际现象。[②] 温特还认为，社会结构形成的关键是行为体的集体认同，而决定集体认同的因素有意识形态、经济发展水平、文化价值观等。[③] 正如多伊奇和布莱登（Christopher Bladen）所指出的：具有共同价值观和政治

① Randolph M. Siverson and Juliann Emmons, “Birds of a Feather: Democratic Political Systems and Alliance Choices in the Twentieth Century”, *Journal of Conflict Resolution*, Vol.35, No.2, 1991, pp.285-306.

② Michael N. Barnett, “Identity and Alliances in the Middle East”, in Peter J. Katzenstein ed., *The Culture of National Security: Norms and Identity in World Politics*, New York: Columbia University Press, 1996, pp. 400-447.

③ Alexander Wendt, “Collective Identity Formation and the International State”, *American Political Science Review*, Vol.88, No.2, 1994, p.167.

制度的国家会进一步增加它们的凝聚力，并向整合的方向发展。各国精英相互交往促进了信息的交流，各国领导人行为的可预见性增强了社会共同体意识。[①] 这样，联盟成员学会了相互妥协，它们之间价值观的相互兼容性也越来越强。当共同体意识达到一定程度时，成员之间的合作就会超出“权宜之计联盟”的范围，成为一种内在的需要。

托马斯·里斯-卡彭（Tomas Risse-Kappen）借鉴了自由主义和制度主义的主要思想，并吸收了民主和平论的核心论点，认为国情相似的国家形成联盟有助于增强共同体意识和归属感（a sense of belonging）。他系统考察了文化认同与共同理念等因素在建构主义联盟关系构建中的作用，并提出三个假设：一是国际政治的主要角色不是国家，而是在社会背景下形成的个体，包括政府、国内社会和国际体制；二是政府在分析国家利益时表现出的倾向性既是对外部物质要素的反应，也是国内结构和社会需求的结果；三是在国家利益判断、政策倾向性和政策选择方面，由价值观、规范和知识组成的观念具有十分重要的作用。[②]

泰德·霍普（Ted Hope）提出了兼容理论（compatibility theories）[③]，认为相似的特性如地缘邻近性、共同的历史和文化记忆、相似的国家规模、经济发展水平和意识形态可以在对外政策方面形成强烈的合作倾向性。这正如卡尔·多伊奇所认为的，相互依赖（interdependence）、命运共同体（common fate）、同质性（homogeneity）和自我约束（self-restraint）能够强化集体认同，使地区一体化成为一种内在的需要，即由自我思维模式（the mode of me thinking）向我们思维模式（the mode of we thinking）的转变。

在中东区域研究中，学者们也普遍认为，盟友之间的共性有助于联盟的稳定性。麦克尔·贝内特（Michael N. Barnett）在《中东地区的认同与联盟》一文中详细阐述了认同与联盟构建的关系，并从身份政治（the politics of

---

① Julian R. Friedman, Christopher Bladen and Steven Rosen, *Alliance in International Politics*, Boston, Mass.: Allyn and Bacon, Inc., 1970, p.125.

② George F. Liska, *Nations in Alliance: The Limits of Interdependence*, Baltimore: Johns Hopkins Press, 1968, pp.364-365.

③ Amos A. Jordan, *American National Security*, Baltimore: The Johns Hopkins Press, 1989, pp.500-501.

identity)出发,认为认同与安全威胁的判断之间存在重要关联。[①] 贝内特不仅将决策者的意图看作影响联盟构建的一个变量,而且视作首要变量。他指出,认同一致会促使国家选择加入与自己相同的共同体,认同冲突则会促使某些国家选择退出共同体,认同的变化常常是由领土边界、政治经济和人口构成变化造成的。贝内特以泛阿拉伯主义为例,论证了阿拉伯国家之间合作关系的建立与解体是阿拉伯集体认同变化的结果。[②]

如果按照上述联盟理论,海合会六国因为共同的文化传统、历史记忆、逊尼派为主体的宗教信仰[③]、海湾阿拉伯民族特性和地缘临近性,应该形成更加牢固的联盟关系,至少比缺少共同的文化传统、历史记忆、宗教信仰与民族共性的东南亚国家联盟和非洲联盟牢固,但事实并非如此。自 1981 年开设,海合会形成了最高理事会、外长理事会和秘书处(位于沙特)。[④] 1984 年,在两伊战争背景下,海合会成立了“半岛之盾”军事组织;2004 年,海合会成立情报共享组织;2009 年,成立货币委员会。然而,截至 2023 年,海合会仍未形成制度化的军事一体化,未形成统一市场和统一货币。

海合会国家区域认同处于浅层次的根源,目前在政策研究中也很难找到令人信服的答案。学界大体有以下三类不同解读:第一类学者认为,美国的“分而治之”“各个击破”政策打破了海湾地区的联盟体系,造成了海合会成员国在伊朗政策上的分歧,稀释了海合会区域认同[⑤];第二类学者认为,科威特、卡塔尔、阿联酋、沙特都想成为海湾地区经贸枢纽——卡塔尔复制阿联酋迪拜和阿布扎比的发展模式,成为新的经济、贸易和航运中心,引起阿联酋的嫉恨,故阿联酋“公报私仇”,借助沙特打压卡塔尔,成为海湾搅局的“小斯巴达”[⑥];第三类学者认为,卡塔尔和土耳其支持穆斯林兄弟会(以下简

① Michael N. Barnett, “Identity and Alliances in the Middle East”, in Peter J. Katzenstein ed., *The Culture of National Security: Norms and Identity in World Politics*, New York: Columbia University Press, 1996, pp.403-408.

② Michael N. Barnett, “Identity and Alliances in the Middle East”, in Peter J. Katzenstein ed., *The Culture of National Security: Norms and Identity in World Politics*, New York: Columbia University Press, 1996, pp.413-436.

③ 在海合会六国当中,巴林以什叶派穆斯林为主,但是执政政府以逊尼派为主;阿曼主体公民信仰的伊巴德教派是一个特殊的伊斯兰教思想流派,既不属于逊尼派,也不属于什叶派。

④ 2023 年 1 月,贾西姆·布代维(Jasem Al-Budaiwi)被正式任命为海合会秘书长。

⑤ 参见唐志超:《美国的中东伙伴危机持续加深》,《世界知识》2017 年第 15 期;Talmiz Ahmad, “Trump Doctrine's First Casualty”, *Indian Express*, June 7, 2017。

⑥ 参见丁隆:《阿联酋:搅动海湾的“小斯巴达”》,《世界知识》2017 年第 16 期。

称"穆兄会"),利用"半岛电视台"鼓动埃及和海湾阿拉伯国家的反对派对抗政府,威胁到了沙特、阿联酋、巴林等国的政权安全[①]。

上述研究成果主要从外部因素、经济因素和政权安全因素三个视角出发,分析了海合会区域认同低下的原因。本文从区域认同的动能出发,考察海合会区域认同的根源。

海合会六国位于阿拉伯半岛,部落认同是文化认同的基础。海合会六国的部落认同是在血缘的基础上形成的动态和松散的文化共同体。部落认同采取"我们"和"他者"的二分法,在部落长老和舒拉(协商议会)的基础上形成了对内聚合、对外排斥的身份认同。[②] 海合会六国都是海湾阿拉伯国家,都是君主制伊斯兰国家,除阿曼信仰伊巴德教派外,其他掌握政权的五国上层都是逊尼派。

然而海合会区域文化认同强,经济和安全认同弱。2017 年 6 月,沙特阿拉伯以卡塔尔资助恐怖组织、利用半岛电视台干涉他国内政、与伊朗发展关系等行为违背了 2014 年双方签订的《利雅得补充协议》为由,宣布与卡塔尔断交。沙特与卡塔尔交恶在阿拉伯-伊斯兰世界迅速产生连锁反应:阿联酋、巴林、埃及、科摩罗、马尔代夫、毛里塔尼亚、也门哈迪政府、利比亚东部托布鲁克政府、塞内加尔、乍得等相继步沙特后尘,宣布与卡塔尔断交;约旦、吉布提和尼日尔降低与卡塔尔外交关系等级。在此事件的后续发展中,为迫使卡塔尔回到"正确轨道",沙特开出复交 13 项条件,包括关闭半岛电视台,停止土耳其在卡部署军事基地,降低与伊朗外交关系等级,驱逐伊朗伊斯兰革命卫队在卡塔尔的驻外人员,终止与伊朗情报合作,停止资助哈马斯、真主党、穆兄会、"伊斯兰国"等中东极端组织和恐怖组织,停止利用各国反对派干涉他国内政,对有关国家做出相应经济补偿等。[③] 在沙特的胁迫面前,卡塔尔不仅没有屈服,反而指责沙特、阿联酋和巴林等国违反国际法,侵犯了其外交主权,并于 2017 年 8 月全面恢复与伊朗的外交关系,同时允许土耳其部署永久军事基地。海合会区域认同下降,军事一体化遭受挫折。

① 参见姜浩峰:《从诸国与卡塔尔断交,看美国把中东带向何方?》,《新民周刊》2017 年第 24 期。

② Abdulla Al-Etaibi, "Identity and Globalisation: Tribal Identity in the Age of Social Media", in Md Mizanur Rahman and Amr Al-Azm eds., *Social Change in the Gulf Region: Multidisciplinary Perspectives*, Singapore: Springer, 2023, pp.45-47.

③ Patrick Wintour, "Qatar Given 10 Days to Meet 13 Sweeping Demands by Saudi Arabia", *The Guardian*, June 23, 2017.

海湾地区是世界上民族、教派冲突较为集中的地区，20 世纪 80 年代以来先后爆发过两伊战争、海湾战争、伊拉克战争、2016 年沙特与伊朗交恶以及 2017 年沙特与卡塔尔断交等。海合会因沙、卡断交而陷入分裂，为伊朗、土耳其和以色列趁机“选边站”提供了机会，也推动了美国、俄罗斯和欧洲大国中东联盟战略的调整。海合会区域认同度低，主要是由以下因素造成的。

二、经济结构同质化与区域经济认同

海合会是海湾地区重要军事、政治和文化联盟。海合会作为符合联盟，存在的主要基础有三：一是共同的阿拉伯-伊斯兰文化，二是共同体的经贸和能源利益，三是共同的安全诉求。经济基础决定上层建筑。盟国之间经济结构差异性越大，互补性利益就越强，就越有可能形成利益共同体，其开展合作的动力就越强。相反，成员国拥有相似的经济结构，可供交换的利益就越少，联盟的密切程度就越低。

海合会六国在经济结构方面具有高度相似性，不仅难以形成利益共同体，反而在经济层面形成竞争关系。[①] 首先，这六国都拥有丰富的油气资源，油气出口是各自国民收入的主要来源。2000—2017 年，石油收入占海合会六国财政收入的 80%，占外贸出口的 65%和国内生产总值的 42%。海合会内部贸易依存度小，非石油贸易规模有限，2016 年仅占海合会国际非石油贸易额的 10%。[②]

沙特是世界上第二大原油生产国，原油储量 2670 亿桶，占世界的 25%，90%的国民开支和 40%的国民生产总值来源于石油。卡塔尔天然气储量居世界第三位，和伊朗共有南帕尔斯油气田，两国天然气储量占世界的近一半。南帕尔斯天然气储量占世界的 15.5%，成为卡塔尔和伊朗形成利益共同体的重要纽带。由于海合会国家均是油气出口大国，在贸易、投资、能源生产和定价等各方面合作程度有限。[③] 受此影响，海合会内部成员相互间贸易额非常小，进口仅占六国进口总额的 18.34%和出口总额的 20.1%，而沙

---

① Steffen Hertog, “The GCC and Arab Economic Integration: A New Paradigm”, *Middle East Policy*, Vol.14, No.1, 2007, pp.60-62.

② International Monetary Fund, “Trade and Foreign Investment—Keys to Diversification and Growth in the GCC”, 2019, pp.4-9.

③ Mohammed Nuruzzaman, “Conflicts between Iran and the Gulf Arab States: An Economic Evaluation”, *Strategic Analysis*, Vol.36, No.4, 2012, pp.548-551.

特仅有3.8%的贸易是在海合会成员国内部发生的。[①] 同样，卡塔尔最大的商品进口国是中国（占比11.9%），然后是美国（11.3%）、阿联酋（9.0%）[②]、德国（7.7%）和日本（6.7%），最大的商品出口国则依次为日本（25.4%）、印度（14.6%）、中国（8.4%）、阿联酋（6.8%）和新加坡（5.6%）。沙特与卡塔尔外交危机后，卡塔尔能够被断的只是路，而非货源。[③]

其次，沙特和卡塔尔都在实现经济转型，都提出了发展实体经济、再工业化、科技创新、优先发展港口、建立科技城等，两国发展战略也具有同构性。冷战结束后，阿联酋率先实现经济转型，摆脱对能源产业的依赖，大力发展非石油经济，成为地区航运、贸易和金融中心，尤其是阿联酋航空、迪拜港务成为世界级龙头企业。卡塔尔近年来也开始复制"迪拜模式"，重点发展的也是航空和港口。卡塔尔航空、多哈哈马德机场等对阿联酋区域地位造成了有力冲击，成为阿联酋的重要竞争对手，两国经济结构日益出现"同构性"。[④] 2011年，卡塔尔政府制定了国家首个五年发展计划（2011—2016年），拟将卡塔尔建设成海湾地区的教育和医疗中心，以及比肩迪拜的金融中心和商业中心。目前，卡塔尔交通运输、媒体、金融和房地产领域已处于国际领先水平。未来卡塔尔经济发展目标是以非能源产业取代传统能源产业，使非能源产业成为带动国民经济增长的主要力量，大力发展港口运输、航天、金融、房地产、旅游、通信等服务业以及加工制造业，实现经济多元化发展，注重吸引外资和技术。[⑤]

如果说卡塔尔发展战略复制"迪拜模式"，沙特未来发展则在某种程度上是复制"卡塔尔模式"。2014年，国际油价低迷和沙特石油出口收入大幅下跌，倒逼沙特推动经济体制改革。时任沙特副王储穆罕默德·萨勒曼讲话指出："我们沙特已经对石油产生了严重依赖。未来我们不允许自己成为国际大宗商品价格波动和国外市场变化的受害者。"[⑥]沙特的经济改革包括资源配置从依靠政府干预转向依靠市场支配，政府财政收入从依靠石油收

---

① Mohammed Nuruzzaman, "Politics, Economics and Saudi Military Intervention in Bahrain", *Journal of Contemporary Asia*, Vol.43, No.2, 2013, pp.363-378.

② 主要是转口贸易，卡塔尔进出口商品经阿联酋前往或来自中东、非洲、欧洲、东亚或南亚等。

③ 参见陶短房：《卡塔尔外交危机：做得下去和做不下去的生意》，《南方都市报》2017年6月23日。

④ 参见丁隆：《阿联酋：搅动海湾的"小斯巴达"》，《世界知识》2017年第16期。

⑤ 参见姜英梅：《卡塔尔经济发展战略与"一带一路"建设》，《阿拉伯世界研究》2016年第6期。

⑥ Sean Foley, "When Oil Is Not Enough: Sino-Saudi Relations and Vision 2030", *Asian Journal of Middle Eastern and Islamic Studies*, Vol.11, No.1, 2017, pp.107-120.

入转向扩大非石油收入，产业结构从过度依赖石油经济转向新能源和矿业等多样化领域，企业所有制结构从国有化转向私有化，投资资金来源从本国资本转向国外投资，劳动就业从依靠外籍侨工转向“沙特化”。[①] 2016 年，时任沙特副王储、现任沙特王储穆罕默德·萨勒曼力排众议，推出“沙特 2030 愿景”(Saudi Vision 2030)，试图通过科技创新摆脱对传统石油化工产业的依赖，发展多元经济，成为亚、欧、非枢纽。沙、卡两国未来经济发展战略的高度相似性对当前卡塔尔区位优势也将产生重大冲击，两国“利益共同体”受到弱化，从而对两国联盟关系产生消极影响。

在海合会六国中，巴林和沙特形成了互补性“利益共同体”，因而联盟关系更加牢固。巴林是贫油国，2016 年公共债务占国内生产总值的比例从上一年的 60.3%上升到 72%，财政遇到了较为严重的困难。沙特成为巴林最重要的外援大国，外援使巴林不仅维持了经济的正常运转，而且预防了政治危机的爆发。由于巴林油气资源储量有限，沙特慷慨地从阿布·萨法(Abu Saafa)油田向巴林输送了大量原油，以满足后者的消费需要。[②] 在沙特的大力支持下，巴林建成了世界上最大的炼油厂——巴林石油公司希特拉炼油厂(BAPCO Sitrah)，日产原油 26.7 万桶，仅 1/6 原油来自巴林本国，其余 5/6的原油全部来自沙特。沙特成为巴林最大的贸易伙伴，巴林 26.7%的进口商品来自沙特，而巴林和伊朗的贸易额仅占 1%。[③] 沙特和巴林的利益共同体强化两国相互依存的军事联盟关系，与沙、卡交恶形成鲜明对比。同样，沙特和阿联酋也存在经济产业同质化竞争。2020 年，沙特将增值税率从 5%提高到 15%；到 2024 年，任何跨国公司如果不把地区总部设在沙特，沙特将撤销与其签署的合同。届时阿联酋有可能像卡塔尔一样退出石油输出国组织欧佩克。因此，经济结构同质化削弱了海合会区域经济认同。

三、政治诉求的趋同性与区域政治认同

除经济结构的相似性外，海合会国家争夺地区领导权和话语权，削弱了区域政治认同度。海合会六国拥有丰厚的主权财富基金，各国领导人都有

① 参见陈沫：《沙特阿拉伯的经济调整与“一带一路”的推进》，《西亚非洲》2016 年第 2 期。

② Eman Ragab, “Beyond Money and Diplomacy: Regional Policies of Saudi Arabia and UAE after the Arab Spring”, *The International Spectator*, Vol.2, No.2, 2017, pp.37-53.

③ Mohammed Nuruzzaman, “Politics, Economics and Saudi Military Intervention in Bahrain”, *Journal of Contemporary Asia*, Vol.43, No.2, 2013, pp.363-378.

拓展政治领导权、培养代理人的雄心与抱负。这六国同为美国在中东地区的重要盟友，沙特、阿联酋、卡塔尔等都试图利用此优势提高在阿拉伯—伊斯兰世界的影响力，也都希望成为美国在海湾地区的枢纽、沟通伊斯兰世界和美国的桥梁和纽带。数十年来，在"以石油换安全"的基本逻辑下，沙特和美国形成了重要的政治相互依存关系；沙特获得大量美式武器，一度成为美国中央司令部前沿总部所在地，并获得美国在中东"桥头堡"的地位；沙特也巩固了自己在阿拉伯—伊斯兰—逊尼派国家的地位，这种地位因沙特是麦加和麦地那两座圣城的守卫者角色而进一步得以强化。[①] "9·11"事件后，美国将中央司令部的前沿总部从沙特迁往卡塔尔，关闭了美国在沙特的军事基地，而卡塔尔成为美国在中东最重要的军事基地东道国。沙特和卡塔尔在美国军事战略中的地位一升一降，加剧了海合会内部政治主导权竞争。

卡塔尔人口仅为260万，从体量上来看是中东地区的小国，但近年来经济增长强劲，2013—2016年经济增长率分别为4.4%、4%、3.6%和2.7%，2017年估计为3.5%，国内生产总值估计达1678亿美元，人均国内生产总值达68184美元，不仅远远超过沙特，而且在海湾乃至世界上也遥遥领先。[②]尽管卡塔尔从宗教影响力、经济总量等方面无法与沙特相提并论，但是1995年卡塔尔王储哈马德通过不流血政变上台后，试图把卡塔尔打造成海湾地区的"瑞士"，利用对外援助积极干预地区事务，试图成为继沙特和阿联酋之后的海合会"第三种力量"，加剧了海合会内部的主动权之争。

在政治上，卡塔尔实施"小国大外交"，积极调解巴以冲突、黎巴嫩内战、阿富汗问题，与哈马斯、穆兄会、伊朗甚至黎巴嫩真主党保持密切往来，开展"零敌人"外交，发挥"四两拨千斤"的作用，在沙特、伊朗、土耳其、阿联酋和埃及之间玩平衡。[③] 2008年5月，在卡塔尔政府的大力斡旋下，黎巴嫩冲突各方达成《多哈协议》，为建立联合政府、恢复黎巴嫩和平与稳定铺平了道路。2010年年底阿拉伯剧变爆发后，卡塔尔以援助为筹码，积极介入利比

---

① Kylie Baxter, Kumuda Simpson, "The United States and Saudi Arabia Through the Arab Uprisings", *Global Change, Peace & Security*, Vol.27, No.2, 2015, pp.1-13.

② "Qatar-Economic Outlook", *Middle East Monitor*, Vol.54, No.9, 2017, p.10.

③ Birol Başkan, *Turkey and Qatar in the Tangled Geopolitics of the Middle East*, New York: Palgrave Macmillan, 2016, pp.33-35.

亚、阿富汗、叙利亚、也门和埃及内政，在中东转型国家培养代理人。[①] 2017 年，在卡塔尔的调停下，叙利亚北部实施了部分什叶派和逊尼派穆斯林的对等迁移。沙特对此显然不满，对卡塔尔和伊朗的合作早已生厌。[②]

卡塔尔修建伊斯兰艺术博物馆，提升在伊斯兰世界的文化软实力，试图改变沙特一家独大的局面。在体育赛事方面，卡塔尔成功举办亚运会和 2022 年世界杯。卡塔尔还多次承办国际和地区组织大会，包括召开每年一度的多哈论坛，与巴林麦纳麦论坛争夺影响力。在媒体层面，卡塔尔积极支持半岛电视台，提升卡塔尔的国际话语权。[③] 半岛电视台每年获得卡塔尔政府超过 4 亿美元的拨款，驻全球各地的记者站增至 60 个，充当阿拉伯各国反对派和政治伊斯兰力量对外发声的最大集散地和高频解码器，报道力度与效果远超西方主流媒体。[④] 卡塔尔软实力的综合提升，加上以援助为杠杆，提升了其与沙特和阿联酋全面竞争的资本。

不仅如此，卡塔尔还积极培养穆兄会、哈马斯等政治伊斯兰力量，与沙特、阿联酋、巴林等支持的传统伊斯兰力量相抗争。2012 年 8—12 月，卡塔尔向埃及穆尔西政府提供 50 亿美元援助(含 10 亿美元无偿援助)，同时向加沙的哈马斯提供 4 亿美元。[⑤] 叙利亚内战爆发后，海合会均支持叙利亚反对派。由于反对派鱼龙混杂，海合会六国逐渐选择了各自代理人。卡塔尔扶植叙利亚全国委员会中穆兄会力量——不仅提供重要经济援助，而且提供了必要的武器装备，而沙特则支持全国委员会中萨拉菲力量，如“伊斯兰军”(Jaysh al-Islam)。[⑥]

沙特、阿联酋和巴林在政治上也毫不示弱，2016 年和 2017 年分别与伊朗和卡塔尔断交。为积极拉拢伊斯兰合作组织成员国，沙特向苏丹、索马里、吉布提、埃及、利比亚东部政府、巴林、马尔代夫和塔吉克斯坦等国提供

① Benedetta Berti, Yoel Guzansky, “Saudi Arabia's Foreign Policy on Iran and the Proxy War in Syria: Toward a New Chapter?”, *Israel Journal of Foreign Affairs*, Vol.8, No.3, 2014, pp.25-34.

② 参见唐见端:《沙特掌控下的阿盟宣布开除卡塔尔:卡塔尔究竟做了什么?》,《文汇报》2017 年 6 月 7 日。

③ 参见马晓霖:《断交风暴:沙特聚众群殴卡塔尔的台前幕后》,《华夏时报》2017 年 6 月 12 日。

④ 参见王猛:《卡塔尔 VS 沙特:谁才是阿拉伯新时代的领头羊?》,《世界知识》2013 年第 23 期。

⑤ 参见王猛:《卡塔尔 VS 沙特:谁才是阿拉伯新时代的领头羊?》,《世界知识》2013 年第 23 期。

⑥ Kim Sengupta, “Saudi Arabia will be Infuriated by Qatar's Decision to Resume Ties with Iran”, *Independence*, August 24, 2017.

了大量援助。[①] 由于卷入地区纷争，长期以丰厚的石油美元著称的海合会国家在财政上日渐捉襟见肘，外汇储备持续下降。截至 2017 年上半年，其外汇储备仅剩 4900 亿美元，为 2011 年 5 月以来最低水平。[②]

2017 年 6 月，沙特、巴林等国宣布同卡塔尔断交后，沙特、阿联酋、巴林利用自己的影响力，对卡塔尔采取经济封锁、政治孤立、外交打压的“组合拳”，联合埃及等 10 个国家与卡塔尔断交。此外，沙特还利用自己的影响力，将卡塔尔逐出干涉也门内战的伊斯兰多国联军。[③]

同样，2020 年以来，阿联酋坚持战略自主，削弱了沙特的政治领导地位。阿联酋率先与以色列建交，恢复与叙利亚巴沙尔政府的关系，组建美国—印度—以色列—阿联酋“四方机制”(I2U2)，成为海合会国家中首个民用核电站并网发电的国家，还成为第一个发射火星探测器的中东和阿拉伯国家。海合会国家内部尤其是沙特、阿联酋和卡塔尔政治领导权之争，削弱了海合会区域政治认同。

四、威胁认知与区域安全认同

1979 年伊朗伊斯兰革命和 1980 年两伊战争的爆发，使海合会意识到海湾阿拉伯国家唯有抱团取暖、形成阿拉伯君主制国家的“神圣同盟”，才能维护政权安全。[④] 海合会一度在地区安全一体化中表现出强大的凝聚力。然而，“阿拉伯之春”事件后，海合会六国对各自国家面临的主要威胁存在不同认知，甚至视内部国家如沙特为实现本国安全的威胁和潜在挑战。海合会难以形成心心相印的“安全共同体”，区域安全认同处于低水平。

2010 年底的“阿拉伯之春”从北非蔓延到西亚，海合会国家形成了共同安全观，并认为君主制国家主要面临三类威胁。

一是伊朗利用地区什叶派力量、干涉阿拉伯国家内政。包括 2011 年策动巴林街头政治，军事介入叙利亚内战、支持巴沙尔政府，2014 年指使也门胡塞武装推翻逊尼派哈迪政府。1783 年以前，巴林曾是波斯统治下的领土，

① 参见[索马里]卡迈勒·阿丁谢赫·穆罕默德·阿拉伯：《海湾危机对非洲的影响解读国家立场》(阿拉伯文)，半岛电视研究中心研究报告，2017 年第 6 期。

② 参见孙德刚：《沙特国王访俄 中东外交“天平”摇摆》，《新民晚报》2017 年 10 月 13 日。

③ 参见马晓霖：《断交风暴：沙特聚众群殴卡塔尔的台前幕后》，《华夏时报》2017 年 6 月 12 日。

④ 参见[伊拉克]艾哈迈德：《在变化的安全环境下的新战略平衡》(阿拉伯文)，巴格达学术界出版社 2015 年版，第 98—148 页。

故巴林现政府视伊朗为头号威胁。“阿拉伯之春”发生后，沙特和伊朗军备竞赛升级，有学者称海湾将迎来战争的4.0版。[①] 尤其是2017年特朗普访问沙特、两国签订1150亿美元军火大单后，美国和俄罗斯分别宣布将向沙特出售“萨德”系统和“S-400”系统，伊朗加紧研发射程为2000公里的“霍拉姆沙赫尔”弹道导弹，海湾地区军备竞赛进一步升级。沙特外交大臣阿德尔·朱拜尔(Adel bin Ahmed Al·Jubeir)指出：“伊朗是本地区最好战的国家，谋求地区霸权，并把其他国家的缓和姿态视为软弱可欺。”巴林驻英国大使法瓦兹(Fawaz bin Mohammed Al Khalifa)也认为：“伊朗支持下的什叶派武装是巴林、黎巴嫩、科威特和也门局势动荡的根源，这些武装也是伊朗扩张主义者的工具。”[②]为共同应对也门胡塞武装，2015年阿联酋宣布将在厄立特里亚部署军事基地，2017年2月宣布将在索马里兰部署军事基地；沙特与吉布提达成协议，宣布将在吉布提也部署军事基地，以从红海对岸打击胡塞武装。

尽管在对抗伊朗问题上，阿联酋和巴林与沙特步调一致，但卡塔尔奉行“第三条道路”，乐见沙特和伊朗相互制衡。科威特和阿曼则充当“斡旋者”，不愿意为沙特和阿联酋火中取栗。卡塔尔埃米尔塔米姆、沙特王储穆罕默德·本·萨勒曼、阿联酋总统穆罕默德·本·扎耶德虽都是年轻一代王室成员，但威胁认知存在差异。沙特东部省属于什叶派为主的地区，是沙特的重要产油区；巴林70%的人口属于什叶派；阿联酋与伊朗有岛屿争端，而卡塔尔什叶派人口较少，并不担心伊朗构成的威胁。2017年5月19日，鲁哈尼再次当选伊朗总统后，卡塔尔埃米尔塔米姆与其通话，表示希望与伊朗建立“超越以往”的密切合作关系。鲁哈尼给予积极回应。此后不久，卡塔尔新闻社援引埃米尔塔米姆在一场军方庆典上的讲话，表示伊朗是“不容忽视的伊斯兰强国”，并且“对伊朗怀有敌意是不明智的”，一度引起沙特政界一片哗然。尽管卡塔尔政府称其受到了黑客攻击，但消息传出后，沙特等国立即宣布与卡塔尔断交。[③]

---

① Ben Rich, “Gulf War 4.0: Iran, Saudi Arabia and the Complexification of the Persian Gulf Equation”, *Islam and Christian-Muslim Relations*, Vol.23, No.4, 2012, pp.471-486.

② Simon Mabon, “Muting the Trumpets of Sabotage: Saudi Arabia, the US and the Quest to Securitize Iran”, *British Journal of Middle Eastern Studies*, Vol.45, No.5, 2017, pp.742-759.

③ 参见王水平、于杰飞：《中东局势再起波澜，沙特等国集体与卡塔尔断交》，《光明日报》2017年6月6日。

二是穆兄会的影响。沙特和阿联酋认为穆兄会的威胁与伊朗的威胁同样严峻，包括穆兄会在巴勒斯坦的分支机构哈马斯以及在海湾的分支机构革新党(al-Islah)，后者多次要求沙特、阿联酋和其他海湾君主制国家推动政治变革。[①] 穆兄会和哈马斯被沙特列为恐怖组织，因为前者否定沙特的君主制，但受到卡塔尔的资助。卡塔尔和土耳其一道积极扶植各国穆兄会力量，不仅未将穆兄会视为威胁，反而为穆兄会上层人物提供庇护所，在半岛电视台开辟专栏，为穆兄会宣传政治思想提供平台。[②]

三是沙特、阿联酋和巴林均发生了不同程度的"街头政治"，对外部力量尤其是卡塔尔半岛电视台鼓动反对派上街游行示威、颠覆政权保持高度警惕。自2011年巴林发生骚乱以来，沙特、阿联酋和巴林三国形成联合军队，在叙利亚、也门打击"伊斯兰国"组织和应对政治伊斯兰等方面，形成了一致政策。[③] "阿拉伯之春"事件后，海合会国家对威胁的不同认知，导致海合会区域安全认同淡化。

在区域认同中，成员国之间往往存在支配与从属、牵连与抛弃、依附与自主、控制与反制的矛盾，从而使成员国之间存在"退出区域组织"的外交选项，削弱了区域认同。如果成员国在一体化问题上无替代选择，其维持联盟稳定性的可能性就较大；如果成员国有其他的结盟选择，且能够获得更多的收益，其退出联盟的可能性则会大大增加。21世纪以来，中东地区多极化趋势日益明显，"忽敌忽友、亦敌亦友"的动态联盟不断出现，美国、俄罗斯、伊朗、土耳其、以色列等试图将海合会成员国纳入自己的战略轨道，对海合会区域安全认同造成了巨大冲击。

2017年6月，沙特、阿联酋和巴林三国同卡塔尔断交后，前者开出了复交条件，称根据卡塔尔与海合会其他成员国签订的2013年《利雅得协议》和2014年《利雅得补充协议》，要求卡塔尔承诺不对周边海湾国家以及埃及和也门境内的反对党和敌对政府的组织提供支持，停止支持恐怖组织如哈马斯和穆兄会，关闭涉嫌煽动阿拉伯国家反对派的"半岛电视台"，停止与伊朗

---

① Eman Ragab, "Beyond Money and Diplomacy: Regional Policies of Saudi Arabia and UAE after the Arab Spring", *The International Spectator*, Vol.52, No.2, 2017, pp.37-53.

② Eric Trager, "The Muslim Brotherhood Is the Root of the Qatar Crisis", 2017-11-25, http://www.washingtoninstitute.org.

③ Eman Ragab, "Beyond Money and Diplomacy: Regional Policies of Saudi Arabia and UAE after the Arab Spring", *The International Spectator*, Vol.52, No.2, 2017, pp.37-53.

的关系等,但是沙特等国的最后通牒并不能形成有效的胁迫力量。相反,卡塔尔积极改善与土耳其、伊朗、阿曼和摩洛哥的关系,接受土耳其和伊朗提供的重要生活日用品,感谢伊朗对卡塔尔开放领空,宣布阿曼成为卡塔尔新的航运中转站等,使沙特等国对卡塔尔的立体封锁难以迫使其放弃战略自主。如 2017 年 8 月,卡塔尔与阿曼签订合作备忘录,卡塔尔航运公司(Qatar Navigation)宣布将自己的运营枢纽从阿联酋的杰布阿里港迁移到阿曼的苏哈港(Port of Sohar)。① 多元化的替代联盟,使卡塔尔对沙特的制裁有恃无恐,甚至加剧了其离心离德行为。

美国是卡塔尔替代联盟的首选。"9·11"事件后,美国中央司令部从沙特转移到卡塔尔,乌代德空军基地驻有美军 1.1 万人,是美国在中东最大、也是最重要的军事基地。沙、卡外交危机爆发后,尽管当时的特朗普总统力挺沙特,但是国务卿蒂勒森和国防部长马蒂斯均宣布支持卡塔尔,美卡联盟关系进一步升温。② 2017 年 7 月和 10 月,蒂勒森两度访问卡塔尔,两国不仅达成了《打击恐怖主义融资协议》,而且签订了卡塔尔从美国购买 10 架"F-15"战机的军事协议,协议额达 120 亿美元,这增强了卡塔尔与沙特斗争的决心。

土耳其是卡塔尔替代联盟的第二选项。沙特、阿联酋和巴林与卡塔尔断交,并从海、陆、空全方位封锁卡塔尔,导致海合会的分化。埃尔多安领导下的土耳其政府未像埃及那样与卡塔尔断交,反而抱怨沙特等国封锁卡塔尔的政策是不明智的。③ 土耳其和卡塔尔一道支持穆兄会,与穆兄会在巴勒斯坦的分支机构——哈马斯交往甚密。在卡塔尔受到沙特全面封锁后,土耳其伸出援助之手,不仅向卡塔尔提供了重要食品等生活物资,而且保证在卡塔尔军事基地完工后将驻卡塔尔军事力量增加至 3000 人,使卡塔尔增强了与沙特讨价还价的筹码。④

伊朗是卡塔尔替代联盟的第三选项。尽管沙特警告卡塔尔不要与伊朗关系走近,但在 2017 年 8 月 25 日,卡塔尔以捍卫"外交主权"为由,在沙特等

---

① EIU, *Country Report*: *Qatar*, 2017, p.22.

② Kim Sengupta, "Saudi Arabia will be Infuriated by Qatar's Decision to Resume Ties with Iran", *Independence*, August 24, 2017.

③ 参见[埃及]穆罕默德·阿卜杜勒卡德尔·哈立勒:《错误的偏见——土耳其对海湾危机的态度》(阿拉伯文),埃及金字塔报政治和战略研究中心报告,2017 年。

④ 参见孙德刚:《土强化军事存在加剧海湾动荡》,《中国国防报》2017 年 6 月 23 日。

国与伊朗断交一年半后，向伊朗重新派出了大使阿里（Ali bin Hamad al-Sulaiti），卡塔尔与伊朗关系全面改善，伊朗对卡塔尔出口贸易额增加了60%。[①] 卡塔尔主动改善与伊朗的关系，拓展了自己的生存空间，也加剧了与沙特的矛盾。2017年9月，沙特王储穆罕默德·萨勒曼宣布：鉴于卡塔尔的不合作态度并向伊朗重派大使，沙特将终止与卡塔尔的一切对话。[②]

俄罗斯是卡塔尔替代联盟的第四选项。卡塔尔是海合会成员国中对俄进行大规模投资的国家。2016年1月，卡塔尔埃米尔塔米姆访问俄罗斯，就能源合作和天然气定价问题展开磋商。根据俄卡两国元首达成的协议，2017年1月卡塔尔投资局（Qatar Investment Authority）与英国伙伴公司合作，联合投资俄罗斯能源产业的上游项目，总投资额达113亿美元。[③] 由于卡塔尔与沙特集团的安全竞争，海合会区域安全认同处于低水平。沙特和巴林视伊朗为头号威胁，阿联酋担心穆兄会及其分支机构的颠覆活动，卡塔尔更担心海合会其他国家而不是伊朗颠覆其政权。安全威胁认知的差异性削弱了海合会安全认同。

结　语

区域组织形成后，接下来面临的重要问题是如何根据国际和地区形势的发展需要管理多边组织，尽可能满足盟友之间的安全和利益诉求。本文通过海合会区域认同的专题研究发现，对于广大发展中国家来说，文化价值、政治制度、意识形态和历史传统的相似性不是区域认同的充分条件，文化认同、经济认同、政治认同和安全认同相互影响，缺一不可，成为区域认同的一个整体。

海合会国家尽管在文化价值、政治制度、意识形态和历史传统等方面拥有同质化，但是受经济结构的相似性、政治诉求的趋同性和威胁认知的差异性影响，联盟往往出现“空心化”，区域认同往往成为“想象的共同体”。从冷战时期到今天，同为复兴社会党执政的伊拉克和叙利亚、同为阿拉伯君主制国家的沙特和卡塔尔、同为马格里布组织的摩洛哥和阿尔及利亚不仅爆发

---

① EIU, *Country Report*: *Qatar*, 2017, p.21.

② “Saudi Arabia Suspends Any Dialogue with Qatar: SPA”, 2017-9-8, https://www.usnews.com/news/world/articles/2017-09-08/saudi-crown-prince-talks-with-qatari-emir-on-gulf-crisis.

③ Alexander Shumilin, Inna Shumilina, “Russia as a Gravity Pole of the GCC's New Foreign Policy Pragmatism”, *The International Spectator*, Vol.52, No.2, 2017, pp.115-129.

冲突，而且最终分道扬镳，乃至相互敌对。甚至在非国家行为体层面，如在埃及穆兄会和沙特瓦哈比主义之间，以及在土耳其正义与发展党与居伦运动之间，意识形态的同质化和追求目标的相似性不仅未能促进合作，反而导致冲突。这些案例无不说明，在缺乏充足的共同利益、并行不悖的政治诉求、共同的安全认知情况下，基于传统部落认同之上的海合会的脆弱性与不稳定性始终是常态。

2021 年，卡塔尔与沙特、阿联酋和巴林关系正常化；2022 年，世界杯在卡塔尔举行，海合会六国向国际社会展现了团结和统一，阿曼为沙特和伊朗关系正常化积极开展外交斡旋。2023 年，在中国的积极斡旋下，沙特和伊朗宣布复交，卡塔尔与巴林复交。中东“和解潮”背景下，随着海湾国家关系的回暖，海合会区域认同在进一步增强。

展望未来，海合会国家将从经济、政治和安全三个层面入手，多管齐下，求同存异、求同化异，增强区域认同。在经济层面，海合会国家应避免经济结构和经济发展战略的同构性，在产业规划层面，应形成错位竞争和优势互补，构筑相互依存的“利益共同体”；在政治层面，海合会成员国应在叙利亚、伊拉克、也门、利比亚、索马里等放弃寻找代理人的做法，避免教派纷争造成海合会分裂，防止恶性竞争和内耗，而是相向而行，形成“政治共同体”；在安全层面，海合会应避免大众传媒卷入国家间政治，避免媒体的“工具化”和“政治化”，相互理解各自的安全关切，形成“安全共同体”。

在海合会文化认同、经济认同、政治认同与安全认同相互作用的背景下，海合会国家需要加强制度化建设，将区域一体化放在优先位置，而不是放在与大国关系之后，通过机制化建设，形成统一的政治、经济、金融和安全一体化政策，实现主权让渡，从而将海合会打造成相互依存的“命运共同体”。在当前中东缓和的背景下，海合会国家若能从以上四个层面下功夫，或许能跳出中东区域认同“碎片化”的困境，避免海湾地区历史上因“同质化联盟”而导致的兄弟国家自相残杀的悲剧。

泛非主义在非洲区域认同中的角色

张宏明*

无论是区域合作还是区域一体化进程，都是建立在该区域的国家和人民的区域身份认同基础上的，从这个意义上说，所谓“非洲区域认同”系指非洲国家和人民对其所在区域身份的认同。比较研究显示，非洲是在洲际层面较早形成区域认同的大洲，而泛非主义（Pan-Africanism）在激发非洲人的区域意识和促进非洲一体化方面发挥着不可或缺的作用，甚至堪称是非洲区域认同之酵母。泛非主义既是一种文化思潮，也是一种政治运动，但它本质上首先是一种情感。① 泛非主义涉及的内容十分广泛，由诸多要素构成。这些要素包括：非洲是非洲人和世界各地非洲裔人的家园；促进非洲与世界各地非洲后裔的团结；非洲拥有自身独特的历史和文明；对非洲传统文化和价值观念的自豪感；致力于非洲的解放、统一与复兴等。概言之，泛非主义是一种将非洲、非洲人和海外非洲后裔视为一个整体的政治文化现象。②泛非运动（Pan-African Movement）是近现代史上由黑人知识分子发起的旨在争取黑人种族合法权利的思想启蒙运动，它起源于美洲，后经欧洲传播到非洲。在非洲，泛非运动逐步演化为民族主义先驱领导民众争取非洲自由与解放的政治运动，并成为引领非洲一体化的理论基础和指导思想。

---

* 张宏明，中国社会科学院西亚非洲研究所研究员。

① Colin Legum, *Pan-Africanism: A Short Political Guide*, New York: Praeger, 1962, p.14.

② P. Olisanwuche Esedebe, *Pan-Africanism: The Idea and Movement 1776-1963*, Washington: Howard University Press, 1982, p.3.需要指出的是，P.O.伊塞迪贝的定义是针对第二次世界大战后泛非运动回归非洲本土以后的泛非主义而言的。

一、泛非主义与黑人种族身份认同

站在历史延续性的视角，非洲区域认同是由泛非认同演化而来的，但两者所对应的地理空间并不是从一开始就重合的。早期泛非主义和泛非运动[①]实际上是“泛黑人主义”(Pan-Negroism)和“泛黑人运动”(Pan-Negro Movement)，并不包括北非地区以及生活在该地区的阿拉伯柏柏尔人。作为泛非主义的原生形态，以种族意识觉醒著称的“泛黑人主义”旨在促成世界各地黑人的大联合，反对种族歧视和殖民压迫，争取黑人种族的平等权，实现“非洲祖国”的解放、统一和复兴。依据泛非运动的活动区域，截至第二次世界大战终结，泛非主义多以“跨美洲泛非主义”(Trans-American Pan-Africanism)、“跨大西洋泛非主义”(Trans-Atlantic Pan-Africanism)、“全球泛非主义”(Global Pan-Africanism)和“撒哈拉以南泛非主义”(Sub-Saharan Pan-Africanism)的形态呈现。[②]由此可见，早期泛非认同所对应的地理空间和认同主体既非局限于非洲和非洲黑人，亦非指生活在非洲大陆的各族人民，而系指整个黑色人种，它涵盖了非洲黑人和散居在世界各地的黑人后裔。换言之，“泛非”一词原初的含义并非地域概念，而系种族概念。与之相对应，早期泛非认同实际上是黑人对其种族身份、文化传统的认同。

(一)基于黑人种族身份的认同

早期泛非运动表现为在两个不同领域平行发展的运动：一是英语黑人世界的泛非政治运动，它萌发于散居在美国和西印度群岛的黑人知识分子之中；二是法语黑人世界的泛非文化运动，它盛行于在法国学习的非洲和安的列斯群岛的黑人知识分子之中。当然，这是相对而言的，实际上，在英语黑人世界也存在文化泛非主义，法语黑人世界的泛非文化运动同样也蕴含着政治诉求。然而，无论是威廉·博加德·杜波依斯领导的“泛非大会运动”和马库斯·加维领导的“返回非洲运动”，还是艾梅·塞泽尔和列奥波尔德·桑戈尔发起的“黑人传统精神运动”，均属于“泛黑人运动”的范畴。虽然它们的侧重点有所不同，但其出发点和目标是一致的。早期泛非认同之

---

① 泛非主义思想可以追溯到奴隶贸易时期，不过，早期泛非运动的时间跨度一般被界定为1900年第一次泛非会议至1945年第五次泛非大会。

② Ali A. Mazrui, “Ideology and African Politic Culture”, in Teodros Kiros ed., *Explorations in African Political Thought: Identity, Community, Ethics*, London: Routledge, 2001, p.108.

所以表现为非洲黑人特别是散居在美洲、欧洲的黑人后裔对种族身份、文化特性和“非洲祖国”的认同，是非洲及黑人在近代史中的不幸经历使然。因此，以种族意识觉醒著称的早期泛非主义，首先是黑人精英对种族主义和殖民主义等外部刺激的感受和反应。

泛非运动发轫于19世纪末20世纪初的殖民时期，但是站在更广阔的时空背景来考察，泛非主义的源流则可追溯到奴隶贸易时期。[①]事实上，泛非主义就是在非洲、美洲和欧洲之间的“三角贸易”（奴隶贸易）或“三角关系”中孕生和发展起来的。[②] 15世纪中叶至19世纪末，非洲和黑人的遭遇是一部血泪斑斑的历史，在长达400年的时间里有千百万非洲黑人沦为奴隶被贩卖到美洲种植园从事强迫劳动。19世纪末，非洲被欧洲列强瓜分完毕，沦为殖民地的非洲黑人饱受摧残：他们的主权被剥夺，资源被掠夺，族体被肢解，文化被亵渎，历史被否定。诚如肯尼亚学者阿里·A.马兹鲁伊所言，“非洲黑人或许不是近代历史上最受虐待的人”，但是“没有任何一个其他群体会像非洲人一样，在几个世纪中遭受如此大规模的奴役和侮辱”。[③]奴隶贸易、殖民主义和种族主义，近代史上的这三种罪恶构成了非洲与外部世界关系的内涵和特征。奴隶贸易、殖民主义是以西欧为中心的资本主义经济体系的派生物，而作为奴隶贸易、殖民主义伴生物的种族主义则是欧洲殖民者留给黑人最可怕的精神遗产。从功能上说，种族主义在泛非主义孕生过程中所起的是一种反作用。确切地说，种族歧视和种族压迫对黑人种族意识的觉醒从反面起到了催化作用。

“人类不平等”理论由来已久，但是针对黑人的种族主义理论则是在18世纪中期逐步发展、完善起来的。[④] 因为只有证明黑人是劣等种族，命中注定只配做白人的奴隶，才能解释继续在非洲进行黑奴买卖及维系美洲奴隶制和强迫劳动的合法性。然而，具有讽刺意味的是，作为泛非主义的早期形

---

① 非洲学者P.O.伊塞迪贝在探究泛非主义思想的起源时就将之上溯至18世纪中叶。（P. Olisanwuche Esedebe, *Pan-Africanism: The Idea and Movement 1776-1963*, Washington: Howard University Press, 1982, pp.1-44）

② Colin Legum, *Le panafricanisme à l'épreuve de l'indépendance*, Paris: Éditions Saint-Paul, 1965, p.16.

③ 近代史中，被最为残忍对待的族群是受到白人入侵者种族灭绝性攻击的美洲和澳大利亚的土著居民。（Ali A. Mazrui, “Ideology and African Politic Culture”, in Teodros Kiros ed., *Explorations in African Political Thought: Identity, Community, Ethics*, London: Routledge, 2001, p.107）

④ 参见张宏明：《反黑人种族主义思潮形成过程辨析》，《西亚非洲》2008年第1期。

态,以种族意识觉醒著称的“泛黑人主义”也正是从种族主义的污秽中诞生的。由于这一时期黑人面临的主要问题是种族歧视和种族压迫,作为黑人种族代言人的黑人知识精英,其反应必定也是种族的反应特别是种族的抗争。正是在这种时空背景下,1900 年 7 月在伦敦召开的首次泛非会议[①]揭开了全世界黑人团结斗争的帷幕,同时也标志着泛非运动的诞生。会议在“非洲是非洲人的非洲”宗旨的指导下,“严肃认真地考虑了黑色人种面临的形势和前途”,并对黑人所遭受的不公正待遇特别是对反黑人的种族主义进行了抨击。会议主张恢复黑人的尊严,强调黑人应与白人享有平等的权利。会议还号召全世界黑人团结起来,为争取自身的解放而斗争。此次会议的成果集中体现在由杜波依斯起草的《致世界各国呼吁书》中。[②]

关于非洲和黑人的不幸经历与黑人种族意识觉醒之间的关系,非洲学者有许多精辟的论述。布基纳法索历史学家约瑟夫·基-泽博在《黑人的历史和意识》一书中指出,虽然奴隶贸易对非洲来说是一次大出血,它破坏并耗尽了非洲的物质和社会活力,因为在奴隶贸易时期,几乎所有非洲社会都有一种异化感,一种自我丧失感;不过从客观上说,超越了氏族或部落意识,而且超越了王国或帝国意识的一种波及整个大陆的“非洲意识”的觉醒也正是奴隶贸易冲击的结果。肯尼亚学者阿里·A.马兹鲁伊亦指出,黑人种族意识的觉醒是种族主义催生的结果,它从反面促使遭受种族奴役的非洲各族人民懂得了他们的真正身份,使他们彼此形成了“非洲兄弟”的共识。也正是在种族主义反作用力的驱动下,非洲人产生了“一种非常强大的、共有的、具有非洲特性的情感”,因此,欧洲人编织种族主义理论的过程也是帮助非洲实现“泛非化”的过程。[③] 需要指出的是,把这种意识或情感称为民族主义是不恰当的,因为“这并不是非洲人对国家意识或国家地位的追求……非洲人斗争的深层根源是对尊严的追求——包括个人的尊严和种族的尊

① 泛非会议与泛非大会不是同一系列的会议。泛非会议只举行过 1 次,而泛非大会共举行了 7 次。

② J. Ayo Langley, *Ideologies of Liberation in Black Africa, 1856-1970: Documents on Modern African Political Thought from Colonial Times to the Present*, London: Rex Collings Ltd., 1979, pp. 738-739.

③ 参见[肯尼亚]阿里·A.马兹鲁伊主编:《非洲通史》第 8 卷,屠尔康等译,中国对外翻译出版公司 2003 年版,第 6—8 页。

严”[①]。

由奴隶贸易、殖民主义特别是种族主义来充当催生黑人种族意识的酵母虽然颇具讽刺意味，但这却是一个不可回避的客观事实。原因在于，在奴隶贸易和殖民时期，黑人面临的主要问题是种族歧视和种族压迫，因此黑人的反应必定也是种族的反应。实际上，近代非洲思想便是黑人知识分子对其所处环境的感受和反应，尤其是对种族主义傲慢态度的理论回应，关于这一点也可以从近代非洲思想的主题和内涵中得到印证。[②] 正是鉴于近代非洲思想更多的是反映黑人知识分子种族意识的觉醒，不少学者将之界定为“泛黑人主义”。泛非运动之父杜波依斯就将早期泛非主义运动界定为“泛黑人运动”。[③]实际上，早期泛非主义思想家和泛非运动领导人大都把黑人视为一个整体，例如，近代非洲思想的集大成者爱德华·布莱登的“非洲个性”(African personality)学说，当代非洲思想家利奥波德·桑戈尔的“黑人传统精神”(Négritude)学说都是建构在种族观念基础上的。[④]原因在于，早期泛非运动面临的主要问题始终是“种族界限的问题”。[⑤]

泛非主义并非空穴来风，其萌生除了与上文提及的奴隶贸易、殖民主义和种族主义等因素相关外，还有着深刻的思想渊源。身处逆境的黑人知识分子在探索自由、解放的过程中曾受到当时盛行于欧美的各种政治思潮的影响，而民族主义的影响尤为强劲。如果说种族主义对泛非主义的产生起到反作用的话，那么民族主义的输入与传播则从正面为泛非主义的孕生奠定了思想基础。近代非洲或黑人思想尽管纷繁复杂，但其发展轨迹的主脉却是清晰可辨的，其核心也是围绕着民族主义这一高亢的主旋律而展开的。比较研究证实，尽管具有泛非性质的思潮和运动的称谓与表现形式有所不同，但在这种多样性的表象下面又都存含着一种带有共性的东西——民族主义。无论是泛非主义的政治层面还是文化层面，反映到意识形态层面则

---

① Ali A. Mazrui, “Ideology and African Politic Culture”, in Teodros Kiros ed., *Explorations in African Political Thought: Identity, Community, Ethics*, London: Routledge, 2001, p.107.

② 参见张宏明：《非洲近代思想经纬：18、19世纪非洲知识分子思想研究》，社会科学文献出版社2008年版。

③ Colin Legum, *Pan-Africanism: A Short Political Guide*, New York: Praeger, 1962, p.24.

④ 布莱登认为，种族的概念与欧洲19世纪的民族概念是相通的。(S. Azombo Menda, M.Enobo Kosso, *Les philosophes africains par les textes*, Paris: Nathan, 1978, p.19)

⑤ J. Ayo Langley, *Ideologies of Liberation in Black Africa, 1856-1970: Documents on Modern African Political Thought from Colonial Times to the Present*, London: Rex collings Ltd., 1979, p.738.

都是与民族主义结合的产物，后者支撑着前者并包含了前者的本质特征，不同的只是其表现形式在初期是以“泛黑人主义”“非洲个性”或“黑人传统精神”等种族意识的觉醒为特征罢了。这主要与非洲民族过程的特殊性相关。由于受到主客观因素的影响和制约，非洲民族过程缓慢，甚至因奴隶贸易和殖民化而被打乱。这使得非洲的民族主义既不同于欧洲亦不同于亚洲，其实际上是一种尚不具备民族现实基础的民族主义，更多地体现为非洲黑人和散居在世界各地的黑人后裔重塑“非洲祖国”的意愿和决心。因此，所谓的“泛黑人主义”实际上就是构筑在种族意识基础上的“黑人民族主义”。

（二）基于黑人文化特性的认同

黑人对其种族身份的认同，既是外部刺激的结果，也是黑人知识精英的主观反应使然，后者源于对非洲文明的自豪感和对黑人文化传统的认同感。非洲黑人文化具有两个基本特征，一是传统文化的多样性，二是文化传统的普同性。[①] 非洲地域辽阔，有数以千计的族群[②]，这些族群大小不等、强弱不一，处于经济发展或社会组织的不同阶段，几乎每个族群都有自己的宗教、语言和风俗习惯，从而使得非洲文化呈现出千奇百怪、丰富多彩的征候。然而，传统文化外延形态的多样性并不意味着其文化传统内涵本质的异质性，多样性只是非洲黑人文化外在的表现形式，普同性则是非洲黑人文化内在的本质特征。早期泛非认同，也即黑人对其种族身份的认同，既是基于尼格罗人种与生俱来的生物遗传基因，同时也是构筑在黑人的文化传统、文化特性和文化同一性基础上的，后者在非洲黑人和世界各地黑人的身份认同中发挥着黏合剂或纽带的作用。

非洲域内外学者的研究都印证了这样一种观点，即撒哈拉以南非洲存在着一种相对统一的文化传统。这些带有普遍性的文化特征见诸价值观念形态主要表现在以下几个方面：统一和谐的宇宙观，以人为中心的人本主义思想，注重现世生活的处世态度，群体本位的共同体意识，长幼有序的等级观念，宗教即生活的信仰意识等。[③] 黑人的文化同一性在传统宗教信仰层面

---

① 参见张宏明：《多维视野中的非洲政治发展》，社会科学文献出版社 1999 年版，第 93—106 页。

② 据不完全统计，目前非洲仍有 6000 多个族群。（Aloysius M. Lugira, *African Traditional Religion*, New York: Chelsea House Publishers, 2009, p.10）

③ 参见张宏明：《非洲传统价值观念的宗教源流探析》，《浙江师范大学学报》（社会科学版）2022 年第 5 期。

尤为凸显,事实上,作为非洲传统文化特别是精神文化的内核,传统宗教信仰同样也是上述非洲传统价值观念的重要源头。非洲传统宗教是一种族属宗教,每个族群的宗教信仰都富有浓郁的地域色彩和族群特征,这种多样性具体反映在各个族群所供奉的神祇名称各异,祭祀方式也不尽相同。[①]然而这只是一种表象,虽然非洲传统宗教的外在形式种类繁多,但其信仰内涵又往往大同小异,大都属于同一种或同一组模式。因为在这些差异性的表象背后蕴涵着遍及整个大陆的黑人宗教生活中的共同主题[②],其中的某些观念至今仍然规约着非洲人的思维方式和行为规范。因此肯尼亚学者约翰·姆毕蒂指出,尽管遥远的距离把非洲人分隔开来,但在他们的信仰中有许多内容是一样的,这使我们可以把非洲人对神的看法作为一个统一的东西,从全大陆的范围加以讨论。[③]唯其如是,塞内加尔学者阿拉萨纳·恩达乌认为,传统信仰内涵本质的同一性与其外延形态的多样性共同构成了非洲传统宗教的基本特征,并且较之崇拜形式的多样性,其信仰内涵的同一性更为重要。[④]

黑人文化同一性的观点得到了诸多非洲域内外学者的认同。利比里亚学者爱德华·布莱登率先提出了非洲黑人文化同一性的观点,并将之界定

---

① 关于非洲传统宗教多样性的案例,参见 Ernest Dammann, *Les Religions de l'Afrique*, Paris: Payot, 1964, pp. 15-58; Jacques Maquet, *Africanité traditionnelle et moderne*, Paris: Présence Africaine, 1967, pp.10-12。

② 非洲人宗教生活中的共同主题主要涵盖以下几个方面:(1)宇宙间的万事万物都是整体的一部分,神圣的事物与非神圣的事物之间并不存在本质性的不同;(2)在绝大多数族群的宗教信仰中都有一个至高神,它是宇宙万物的创造者、维系者和控制者;(3)至高神之下有诸多的次级神灵、中介神灵或守卫神灵,这些神灵与人间的联系更紧密,人类通过祭祀、祈祷等途径与这些神灵进行交流;(4)人类处于一种不完美的状态,疾病、痛苦以及死亡都是人类生命中重要的组成部分,这些不幸是因为当事人冒犯了神灵、先祖,或是破坏了自身与社会的和谐关系;(5)通过祭祀、祈祷等仪式,可以缓解人类在生活中面临的问题和遭受的痛苦,因为这些仪式能够帮助人们重新回归传统的价值观;(6)人类社会是一种群体性的社会,逝者、生者、来者(尚未出生的人)都是共同体不可或缺的重要组成部分;(7)人类需要与无处不在的精神世界进行互动交流,以维系世俗世界与超自然世界之间的和谐关系,后者有助于维系本族群内部的和谐关系;等等。(Aloysius M. Lugira, *African Traditional Religion*, New York: Chelsea House Publishers, 2009, p.16)

③ John S. Mbiti, *African Religions and Philosophy*, New York: Doubleday and Company, Inc., 1970, p.38.

④ Alassane N'Daw, *La penssée africaine: Recherches sur les fondements de la pensée négro-africaine*, Dakar: les Nouvelles éditions africaines, 1983, pp.209-210.

为“非洲个性”。[①] 布莱登的观点得到了塞内加尔思想家利奥波德·桑戈尔的认同。桑戈尔认为，存在着一种超越时空的“黑人传统精神”，它源于黑人种族的生物遗传基因，这种基因赋予黑人一种共同的心理特征。[②] 塞内加尔历史学家学者谢克·安塔·迪奥普则笃信“非洲黑人的文化统一并非是一种主观臆想，而确存于古老非洲的家庭组织、国家组织及非洲的哲学和道德体系之中”[③]。非洲域外学者同样对黑人文化同一性的观点持肯定态度。德国人类学家莱奥·弗罗贝纽斯在经历了在非洲多地长达20年的实地考察后写道，“我们所到之处都可以看到一种相似的文化、相似的精神、相似的特征和相似的本质”，据此，弗罗贝纽斯认为在整个非洲大陆都存在着一种同质性的文化并将之称为“埃塞俄比亚文明”，即非洲黑人文明。[④]英国宗教学家E.杰弗里·帕林德的研究结论是：“人们普遍认为每个非洲族群都是很特殊的，尽管不是独特的。不过，相似点比不同点更重要……非洲社会这种较大的同质性，在宗教领域是很明显的。”[⑤]概言之，非洲本土和域外学者均认为，非洲各个族群之间存在着一种跨文化的“精神统一”。

早期泛非主义之所以以“泛黑人主义”或“黑人民族主义”的面貌出现，换言之，早期泛非认同之所以表现为黑人对其种族身份的认同，是内部与外部、主观与客观等因素互动综合作用的结果。首先，泛非主义与非洲的自然地理特征和人文历史相关。非洲大陆被浩瀚的撒哈拉沙漠一分为二，沙漠南北的居民分属不同的种族，不仅彼此的历史、文化和信仰大相径庭，各自的经历也不同。撒哈拉沙漠以南地区的居民是黑肤色的尼格罗人，沙漠以北地区的居民则是白肤色的阿拉伯人和柏柏尔人。7世纪，北非被阿拉伯人征服，随着北非的伊斯兰化，其人文特征与西亚地区的相似度越来越高，交

---

① 关于布莱登非洲个性的观点，参见 Hollis R. Lynch, *Edward Wilmot Blyden (1832-1912): Pan-Negro Patriot*, London: Oxford University Press, 1967, pp.54-83; A. Irele, “Négritude et African Personality”, in A. J. Smet ed., *Philosophie africaine*, *Textes choisis*, *I*, Kinshasa: Presse universitaires du Zaire, 1975, pp.56-57。

② 关于黑人传统精神的内涵，参见 Léopold Sédar Senghor, *Liberté Ⅰ*, *Négritude et humanisme*, Paris: le Seuil, 1964, pp.22-24, 202-204, 252-264; Léopold Sédar Senghor, *Liberté Ⅲ*, *Négritude et civilisation de l'universel*, Paris: le Seuil, 1977, pp.69-79, 90-97, 398-404。

③ 谢克·安塔·迪奥普答记者问，文载《非洲生活》1960年3-4月号(*La Vie Africaine*, mars-avril 1960)。

④ Leo Frobenius, *Histoire de la civilisation africaine*, Paris: Gallimard, 1936, p.16, 105; Leo Frobenius, *Le Destin des civilisations*, Paris: Gallimard, 1936, p.95, 127, 131.

⑤ [英]E.杰弗里·帕林德：《非洲传统宗教》，张治强译，商务印书馆1992年版，第7页。

往也更加密切,因此北非又有“阿拉伯非洲”之别称。另外,受撒哈拉沙漠的阻隔,历史上撒哈拉以南非洲与北非之间的交往仅限于稀疏的商贸联系。殖民时期,随着“两地”与各自欧洲宗主国经济交往的密切,它们彼此之间的联系基本陷入停滞状态。其次,泛非主义起源于美洲,而非非洲本土。由于受到主客观因素的制约,撒哈拉以南非洲的民族进程进展迟缓,绝大多数非洲民众依然生活在以部落甚或氏族为单位的落后而闭塞的传统社会中,加之殖民分割所形成的割据状态,非洲人难以形成统一的“民族”或种族情感。在美洲则不同,由于从非洲各地贩运来的黑人奴隶往往被强迫在同一个矿山或种植园里劳作,流落异国他乡又饱受奴役侮辱,加之相似的文化传统和价值取向,他们比较容易打破原有的地域和族群界限,将来自非洲各地的黑人同胞视为一个整体。最后,泛非主义反映了海外黑人游子的寻根意识和非洲意识。虽然美洲各地的黑奴暴动或起义迫使英国、法国和美国相继宣布废除奴隶制,但由于种族主义因素使然,即便获得自由的黑人仍然有寄人篱下的感觉。他们深感自己并不属于“新大陆”,而是生活在白人世界中的异乡人。这种客观境遇和主观感受激发了美洲黑人回归非洲的寻根意识,在他们看来,黑人只有在自己的故乡才能过上自由、幸福的生活。这种想法促生了美洲黑人的种族意识和“非洲祖国”的概念,美洲黑人发起“返回非洲运动”就是在这种背景下兴起的,他们主张返回非洲,在非洲建立国家,作为所有黑人的祖国。

综上所述,虽然早期泛非运动与非洲和非洲人并不存在直接的关联,但其影响还是通过非洲域内外黑人精英之间的互动传播到了非洲大陆并引起了非洲本土知识分子的共鸣。另外,虽然早期形色各异的泛非主义多系由海外黑人精英发起或领导的侨民运动,但它们都秉持“非洲是非洲人的非洲”这一宗旨,并且都将非洲视为祖国和故乡,都致力于非洲的自由与统一。这为日后泛非运动的活动中心由海外“回归”非洲本土,以及泛非认同从黑人的种族身份认同向非洲人的区域身份认同转化奠定了基础。

二、泛非主义与非洲区域认同

泛非运动的内涵和目标不是静止不变的。如果说早期泛非运动是由海外黑人精英领导的争取黑人平等权的“侨民运动”,那么在非殖民化时期则逐步转变为非洲民族主义者领导的致力于非洲独立与统一的“本土运动”。

与之相对应，泛非认同所对应的地理空间和认同主体也处于动态变化中：以第五届泛非大会为界标，就世界范围而言，泛非认同由早期的非洲黑人特别是散居在世界各地的黑人后裔对其种族属性的认同逐步拓展为非洲各族人民和世界各地的非洲后裔对“非洲祖国”的认同；就非洲本土而言，泛非认同则从撒哈拉以南非洲黑人对其种族身份、文化传统的认同逐步转化为包括北非在内的非洲各族人民对其洲域身份的认同。[①]随着泛非认同的基础从黑人种族意识转化为非洲地域意识，泛非主义在意识形态层面也被赋予了新的内涵——“非洲民族主义”(African nationalism)。与基于种族属性、文化同一性的黑人身份认同不同，非洲区域认同依托的是全体非洲人的共同经历、共同利益或共同目标。它在非殖民化时期是基于推翻殖民秩序、争取非洲彻底解放的共同使命感，在后殖民时期则是构筑在非洲统一与复兴的理想或愿景基础上的。泛非主义由“撒哈拉以南泛非主义”转化为“跨撒哈拉泛非主义”(Trans-Saharan Pan-Africanism)一方面归因于泛非运动“回归”非洲本土，另一方面则得益于泛非运动与非洲民族独立运动的合流。

(一)得益于泛非运动从海外“回归”非洲本土

泛非运动的中心从海外移植到非洲本土并非一蹴而就，而是经历了一个持续的过程。促成泛非运动“回归”的因素有很多，诸如欧洲民族主义思想在非洲的传播、第二次世界大战后有利的国际环境等，尤其是非洲域内外知识分子之间的互动。诚如英国学者科林·勒古姆所言，泛非运动的生成与发展是两个政治思潮互动之结果。第一个思潮反映了流落异国他乡的黑人后裔的情感和愿望，他们希望能解放非洲大陆，重新回到“非洲祖国”。第二个思潮是非洲本土的黑人知识分子对殖民主义、种族主义和文化同化政策的感受和反应，他们致力于为非洲历史和文明正名，并使黑人成为非洲命运的主人。以上两种思潮相互作用并最终结合在了一起[②]，事实上，这也是“撒哈拉以南泛非主义”的由来。而从“撒哈拉以南泛非主义”转化为“跨撒哈拉泛非主义”，则得益于第二次世界大战后泛非运动内涵和目标的变化。

长期以来，非洲与美洲、欧洲通过人员交往、资料交换和思想沟通彼此保持着联系。这种互动不仅加速了泛非主义在非洲的传播，启蒙、造就了一

---

① Ali A. Mazrui, “Ideology and African Politic Culture”, in Teodros Kiros ed., *Explorations in African Political Thought: Identity, Community, Ethics*, London: Routledge, 2001, p.113.

② 《科林·利吉姆谈非洲问题》，《西亚非洲资料》1983年第91期。

批具有泛非主义思想的非洲民族主义者，其中包括声名显赫的凯瑟利·海福德、纳姆迪·阿齐克韦、乔莫·肯雅塔、克瓦米·恩克鲁玛、彼得·亚伯拉罕斯、列奥波尔德·桑戈尔、塞古·杜尔、阿里乌内·迪奥普和谢克·安塔·迪奥普等人。这为“泛非主义的重新非洲化”也即泛非运动，从海外黑人精英领导的“侨民运动”向非洲民族主义先驱主导的“本土运动”的转化做了有益的铺垫。[①]在泛非运动史上，1945 年 10 月在英国曼彻斯特举行的第五届泛非大会具有里程碑意义。较之以往由美国黑人精英主导的会议，本次会议主要是由非洲人发起、筹备、组织，其中恩克鲁玛、肯雅塔和亚伯拉罕斯发挥的作用尤大，大会关于非洲的报告和宣言也是由他们起草的。另外，会议的中心议题是非洲问题，大会决议表达了非洲人对战后时局的认识和要求，明确提出了非洲人的政治自决权问题，并强调所有殖民地人民都有掌握自己命运的权利，所有殖民地都必须摆脱帝国主义一切形式的控制。[②] 此外，会议在商讨殖民地政治独立的同时，还明确提出了非洲统一的主张。大会认为欧洲列强为瓜分非洲所人为划定的殖民边界是阻碍非洲人民实现政治统一的障碍，并呼吁非洲各族人民联合起来共同反对殖民主义和帝国主义。简言之，第五届泛非大会是泛非运动的一个转折点，其意义在于开启了泛非运动的活动中心从海外“回归”非洲本土的进程。

泛非运动的中心从海外“回归”非洲本土并在非洲大地生根、开花，与以恩克鲁玛、阿齐克韦、肯雅塔等为代表的具有泛非主义情怀的非洲本土政治家的积极作为是分不开的。这些领袖人物回到非洲后便将第五届泛非大会的决议精神转化为争取民族独立的目标，加快组建民族主义政党，并对殖民地人民进行思想启蒙和组织动员，进而促使民族独立运动在整个非洲大陆迅速蔓延。另外，在推进泛非运动“非洲化”的过程中，有两类泛非性质的会议也起到了助推作用：一个是由主权国家参加的“非洲独立国家会议”[③]，另外一个是由政党参加的非政府性质的“全非人民大会”[④]。它们的共同点是

---

① Ali A. Mazrui, “Ideology and African Politic Culture”, in Teodros Kiros ed., *Explorations in African Political Thought: Identity, Community, Ethics*, London: Routledge, 2001, p.113.

② 详见第五届泛非大会的决议。Colin Legum, *Pan-Africanism: A Short Political Guide*, New York: Praeger, 1962, pp.135-137.

③ “非洲独立国家会议”共举行过两次：第一次会议于 1958 年在加纳首都阿克拉举行，第二次会议于 1960 年在埃塞俄比亚首都亚的斯亚贝巴举行。

④ “全非人民大会”共举行了三次：第一次于 1958 年在加纳首都阿克拉举行，第二次于 1960 年在突尼斯首都突尼斯举行，第三次于 1961 年在埃及首都开罗举行。

都将整个非洲和全体非洲人视为一个整体，都致力于整个非洲的独立和统一事业，并且都试图为达成上述目标协调立场、采取共同政策。较之"非洲独立国家会议"，"全非人民大会"更具代表性，它在已独立国家与未独立国家领导人之间建立起联系。这些具有泛非性质的国际会议不仅开启了非洲国家通过集体对话商讨或处理共同关心的重大问题之先河，尤为重要的是，使泛非运动真正植根于非洲大地，并为日后非洲国家更大规模的团结合作积累了经验。

第五届泛非大会之后，泛非主义经历了两个转化：一是由各色"海外泛非主义"向"撒哈拉以南泛非主义"的转化，二是从"撒哈拉以南泛非主义"向"跨撒哈拉泛非主义"的转化。这一方面得益于第五届泛非大会明确将非洲全境彻底解放列入大会决议，另一方面得益于泛非运动的领导权逐步从海外黑人精英手中转移到非洲新生代泛非主义者手中，至此，泛非运动更多地关注非洲本土的问题和需求。诚然，早期泛非运动也关注非洲问题，不过那只是作为全球黑人问题的一部分，而在泛非运动"回归"非洲后则开始专注于非洲事务。随着泛非运动内涵和目标的变化，泛非认同的内涵也悄然从撒哈拉以南非洲黑人对其种族身份和文化特性的认同，转化为全体非洲人基于共同命运、共同利益和共同目标对其区域身份的认同。诚如尼日利亚民族独立运动领袖纳姆迪·阿齐克韦所言，虽然泛非主义源于泛黑人主义，但在泛非运动"回归"非洲后有必要重新界定泛非主义，尤其必须正确理解"非洲"和"非洲人"这两个概念的含义。阿齐克韦认为，如果在新形势下仍然"只把泛非主义界定为人种学或语言学上的术语，那将是无益的"，甚至会导致非洲的分裂，因此"我喜欢说的非洲各族人民，一般地讲，包括定居于非洲大陆的所有种族、语言和文化集团"[①]。

（二）得益于泛非运动与非洲民族独立运动合流

争取非洲独立和统一是泛非主义的理想和愿景。泛非运动"回归"非洲本土适逢非洲民族独立运动方兴未艾之时，非洲民族主义领导人也曾就非洲的独立与统一何者优先的问题展开过辩论。[②]基于轻重缓急，多数人认同"殖民地和附属国人民争取政治权利的斗争是走向社会、经济、政治的彻底

① J. Ayo Langley, *Ideologies of Liberation in Black Africa, 1856-1970: Documents on Modern African Political Thought from Colonial Times to the Present*, London: Rex collings Ltd., 1979, p.306.

② Yves Bénot, *Idéologie des indépendances africaines*, Paris: Maspéro, 1972, pp.139-141.

解放的第一步，也是必要的先决条件”[①]。恩克鲁玛尤其强调政治独立优先的重要性，其策略和名言是“首先寻求建立政治王国，其他一切都会唾手可得”[②]。需要指出的是，虽然非洲的独立与统一问题有先后次序之分，但实际上两者有时也是交织在一起的，因为在强大的殖民主义和帝国主义势力面前，任何一个殖民地或新生国家靠单打独斗都难以赢得或维系真正的政治独立，唯有团结合作方能形成合力彻底挣脱殖民枷锁。[③] 由于泛非运动在“回归”非洲后的首要目标是实现非洲大陆的完全解放，于是泛非认同所对应的地理空间也拓展至非洲全境。随之，认同主体不再囿于撒哈拉以南的非洲黑人，也包括北非的阿拉伯人和柏柏尔人。

在泛非运动“回归”非洲本土的进程中，其所面临的内外环境是比较有利的。在国际层面，反法西斯战争胜利后，迫于国际压力，同时也是为了兑现在战争期间对非洲殖民地支持其抗击轴心国的承诺，英国、法国、比利时等殖民宗主国相继开启非殖民化进程。在非洲本土，各殖民地争取民族独立斗争逐步高涨，这使泛非运动得以迅速与非洲民族独立运动相融合。这种合流促使泛非运动的目标由早期侧重于争取黑人平等权的泛黑人运动，转化为争取非洲独立和统一的真正意义上的非洲民族主义运动。恩克鲁玛、阿齐克韦、肯雅塔、朱利叶斯·尼雷尔、塞古·杜尔等非洲民族主义领导人都站在这一运动的前列，他们将泛非主义思想同非洲殖民地的现实状况和实际需求相结合，有力地推进了整个非洲的民族独立运动。北非和西非民族独立运动的进展尤为迅捷，继利比亚、苏丹、摩洛哥、突尼斯率先赢得政治独立后，恩克鲁玛领导下的黄金海岸（今加纳）和塞古·杜尔领导下的几内亚通过开展全国性的群众运动，最终迫使英国和法国做出让步，先后于1957年和1958年挣脱殖民枷锁的束缚。在这些国家的示范作用下，1958年9月，肯尼亚、乌干达、坦噶尼喀、桑给巴尔和尼亚萨兰（今马拉维）的民族主义领导人在坦噶尼喀的姆万扎集会，以协调和推动东部非洲和中部非洲民族解放运动。会议通过的《东非和中非泛非自由运动组织章程》和《自由宪章》确立了“以泛非路线建立为非洲人所有、为非洲人所治、为非洲人所享

---

① Colin Legum, *Pan-Africanism: A Short Political Guide*, New York: Praeger, 1962, pp.136-137.

② Kwame Nkrumah, *Ghana: The Autobiography of Kwame Nkrumah*, New York: International Publishers, 1957, p.164.

③ 非洲一体化问题的特殊性就在于，这一进程萌发于绝大多数非洲国家尚未赢得独立的“非殖民化”时期。

的政府"[①]的目标和宗旨。

20世纪五六十年代,随着民族独立运动在非洲蓬勃发展及一些国家先行赢得政治独立,迫切需要非洲各国协调彼此之间的立场和行动,以加速非洲全域解放的进程。尼雷尔认为:"非洲人民遭受压迫,这是整个非洲的历史。我们团结一致,结束这种受压迫的状态,这是整个非洲共同的使命。"[②]恩克鲁玛特别强调非洲独立国家支持未独立国家解放斗争的重要性,他笃信"除非一个属地的自由运动最终与解放整个非洲大陆的泛非运动联系起来,否则非洲人和世界各地的非洲人的后裔都没有希望获得自由和平等"[③]。原因还在于"非洲是一个整体。除非我们整个大陆都能从殖民主义和种族主义中解放出来,否则没有哪一个非洲国家的独立是安全的"[④]。正是基于这种泛非精神,1958年4月,在恩克鲁玛的倡导下,8个独立国家(加纳、埃及、苏丹、突尼斯、摩洛哥、利比亚、利比里亚和埃塞俄比亚)在加纳首都阿克拉召开了首次"非洲独立国家会议"。会议强调应加强已独立国家间团结协作以全力支持非洲的解放事业,并明确表示对未独立国家的支持是历史赋予它们的责任和义务。[⑤]同年12月,在阿克拉召开的第一届"全非人民大会"再次要求已独立国家尽一切可能、最大限度地援助殖民地和附属国人民的解放斗争,以迅速实现非洲全境的解放。会议重申不仅支持以和平方式实现非洲主权的回归,也支持以武力方式争取民族独立的斗争。会议强调"在争取自由与独立的斗争中必须建立统一战线","非洲的命运和政体必须由非洲人自己来决定和缔造"。[⑥]在此后召开的历届"非洲独立国家会议"和"全非人民大会"都会通过类似的决议,其要旨是号召非洲各国团结协作、相互支持以加快非洲大陆彻底解放的进程。值得称道的是,这些会议决议并没有停留在文本上,绝大多数非洲国家都在用行动践行着将非洲视为一个整

---

① J. Ayo Langley, *Ideologies of Liberation in Black Africa, 1856-1970: Documents on Modern African Political Thought from Colonial Times to the Present*, London: Rex Collings Ltd., 1979, pp. 776-779.

② [坦桑尼亚]朱利叶斯·尼雷尔:《尼雷尔文选》第3卷,王丽娟等译,华东师范大学出版社2014年版,第276页。

③ [加纳]K. 恩克鲁玛:《恩克鲁玛自传》,国际关系研究所翻译组译校,世界知识出版社1960年版,第47页。

④ [坦桑尼亚]朱利叶斯·尼雷尔:《尼雷尔文选》第4卷,谷吉梅等译,华东师范大学出版社2015年版,第182页。

⑤ Colin Legum, *Pan-Africanism: A Short Political Guide*, New York: Praeger, 1962, pp.139-140.

⑥ Colin Legum, *Pan-Africanism: A Short Political Guide*, New York: Praeger, 1962, pp.223-226.

体的泛非主义思想，这在已独立国家对以武力方式争取民族独立的政党或政治组织[①]的援助行动中体现得尤为明显，这些支持包括政治支持、外交承认[②]、军事援助、物资援助和人员培训等。

综上所述，泛非运动“回归”非洲本土及其与非洲民族独立运动的合流是促使泛非主义由“黑人民族主义”转化为“非洲民族主义”的重要因素。泛非运动目标的变化使得“泛非”概念中种族色彩趋于淡化，地域色彩逐步增强，泛非认同也从狭隘的黑人种族身份认同拓展为全体非洲人对其区域身份的认同。换言之，泛非认同不再局限于生物遗传学上的定义，而将其构筑在非洲人的共同利益和共同愿景之上。不过，需要指出的是，泛非主义的非洲化并不排斥其他形态的泛非主义，非洲不仅依然是生活在非洲和散居在世界各地的黑人的祖国和故乡，而且也是非洲各族人民和散居在世界各地的非洲后裔的祖国和故乡。例如，塞内加尔历史学家谢克·安塔·迪奥普就是一位坚定的“撒哈拉以南泛非主义者”，他始终主张建立从撒哈拉沙漠到好望角的“黑非洲联邦国家”。[③]

三、泛非主义与非洲一体化进程

争取非洲独立和统一是泛非运动“回归”非洲后面临的两大任务，也是同一个过程的两个方面。自“非殖民化”伊始，泛非主义在协调各个殖民地民族独立运动、推进非洲全域解放的同时，也在引领非洲一体化进程。20世纪五六十年代，随着非洲独立国家数量的增加，非洲一体化问题被实质性地提上了非洲政治发展的议事日程，泛非运动也因此步入了促进非洲统一的新阶段。不过，非洲一体化进程并非坦途。基于泛非主义的理想，虽然多数非洲政治领导人对非洲统一的必要性持肯定态度，但由于各国的国情和需求不同，彼此在实现非洲一体化的方式、路径、步骤、模式等问题上发生了分歧。在非洲统一组织（以下简称“非统”）成立前出现了多种一体化方案，诸如建立大一统的“非洲合众国”，在区域一体化基础上推进大陆一体化，建立松散的国家间合作组织等，非洲国家也因此形成了不同的派别或国家集团。

---

① 这些政治组织或政党是“南非非洲人国民大会”“阿尔及利亚民族解放阵线”“几内亚和佛得角非洲独立党”“安哥拉人民解放运动”“津巴布韦非洲民族联盟”“西南非洲人民组织”和“莫桑比克解放阵线”等。

② 在这些政党尚未领导本国赢得政治独立之前就给予其外交承认，并将其确认为代表殖民地的唯一合法政治力量。

③ Cheikh Anta Diop, *Nations Nègres et Cultures*, Paris: Présence Africaine, 1954, pp.7-14.

作为各方妥协的产物，“非统”只是一个松散的主权国家间合作组织，而非大一统的超国家机构，但它的成立和运行标志着非洲国家走上了团结合作、联合自强的发展道路。实践证明，“非统”不仅在塑造和强化非洲人的区域身份认同中发挥了积极作用，而且也为日后非洲一体化迈向更高层次奠定了基础。

（一）泛非主义是非洲一体化的思想基础

就洲际层面而言，非洲是一体化进程起步较早的大洲，这主要得益于泛非主义思想在非洲的传播，特别是非洲本土的泛非主义思想家的理论探索。较之世界其他地区，非洲的一体化确有其特殊性。在常态情况下，洲域层面的一体化一般是在各成员国的民族国家建设及民族国家意识达到一定程度的情况下启动的，而非洲一体化则始于非殖民化时期和主权国家时代交错的时期，这意味着非洲国家尚未独立或独立伊始便步入了一体化进程。然而，由于现代意义的非洲国家先于民族而产生，确切地说，非洲国家只是国际法意义上的主权国家，而其社会仍处于四分五裂状态。加之大陆层面的政治一体化进程与国家层面的民族一体化进程同步进行①，这使得非洲一体化进程受到非洲主权国家的抵制，表现在观念层面就是民族主义与泛非主义之间的矛盾冲突（关于这部分内容，详见下文）。为了破解上述难题和推动非洲一体化进程，一批胸怀泛非主义理想的非洲政治家、思想家进行了积极的理论探索，并且从政治、经济、历史和文化等不同的视角阐述了非洲统一的重要性和必要性。

加纳政治思想家恩克鲁玛无疑是非洲统一这一泛非主义理想最坚定的拥护者和践行者。恩克鲁玛的非洲统一观是构筑在“跨撒哈拉泛非主义”之上的，其目标是建立政治、经济、安全、外交四位一体、大一统的“非洲合众国”。在恩克鲁玛心目中，一个完整的非洲不仅在地域上应包括北非和撒哈拉以南非洲，而且在文化遗产上应该由传统的非洲、受伊斯兰文明影响的非洲和受基督教文明影响的非洲三部分组成，并强调它们是一个不可分割的整体。②据此，恩克鲁玛认为非洲人必须抛弃欧洲列强在瓜分非洲时所人为划定的边界，因为一个分裂、虚弱的非洲是难以维护自己的独立和主权的，

---

① Ali A. Mazrui, “Ideology and African Politic Culture”, in Teodros Kiros ed., *Explorations in African Political Thought: Identity, Community, Ethics*, London: Routledge, 2001, p.113.

② Kwame Nkrumah, *Consciencisme*, London: Heinemann, 1964, pp.68-70.

更谈不上发展。这也是恩克鲁玛发出“非洲必须统一,否则即死亡”的警示的缘由所在。在恩克鲁玛大一统的“非洲合众国”构想中包含全非性的“大陆议会”和“联邦政府”,其功能或职责是规划、制定全非性的社会、政治、经济、安全、外交等方面的共同政策。①恩克鲁玛还把其非洲统一思想写进了1960年加纳宪法,郑重申明加纳将采取一切合法的手段促成建立“非洲合众国”,并愿为此让渡部分甚或全部主权。起初,恩克鲁玛还赞同实现非洲统一可以分步骤、分阶段进行,即先行建立区域性国家联盟,再逐步扩展到整个大陆。为此,加纳还率先垂范,于1958年11月与几内亚组成了非洲第一个独立国家联盟——“加—几联盟”。但随着非洲国家在一体化问题上分歧的加大,以及因此而形成的竞争性国家集团(两大对立派别)对非洲团结危害的显现,恩克鲁玛对实现非洲统一愿望愈加迫切,甚至主张尽快一步到位地实现非洲统一。非洲的现实使恩克鲁玛意识到,建立任何地区性联盟都有可能成为非洲统一的新障碍,最好的方法是从一开始就培养各国人民的非洲意识和对非洲的忠诚。②恩克鲁玛多次呼吁:“我们应抓住这个契机,以证明非洲人民有智慧有能力在主权国家时代克服分裂主义倾向,为非洲的更大荣耀和幸福而迅速走到一起。”③即便在下野后,恩克鲁玛仍然积极呼吁非洲要尽快实现真正意义上的统一,并坚持认为非洲一体化必须构筑在共同的外交政策、经济发展计划、货币政策和防务政策之上。④

坦桑尼亚政治思想家朱利叶斯·尼雷尔的非洲统一观同样也是构筑在将非洲视为一个整体的泛非主义基础上的,他反复强调“非洲是一个大家庭”,应该“从整个非洲的角度去看待非洲问题”。⑤ 此外,尼雷尔还将非洲统一视为“去殖民化”的重要步骤和手段,目的是消除殖民遗产和后遗症,以免非洲落入新殖民主义的陷阱。尼雷尔认为,把非洲各国分割开的殖民边界是欧洲列强瓜分非洲时人为设定的,如果非洲不统一,这些边界就会成为非洲国家间冲突的根源,届时每一个弱小的非洲国家都会任由大国摆布,但是

---

① Kwame Nkrumah, *Africa Must Unite*, London: Heinemann, 1963, pp.218-221.

② Kwame Nkrumah, *Africa Must Unite*, London: Heinemann, 1963, pp.214-215.

③ Kwame Nkrumah, *Africa Must Unite*, London: Heinemann, 1963, pp.221-222.

④ Kwame Nkrumah, *Revolutionary Path*, New York: International Publishers, 1973, p.314.

⑤ [坦桑尼亚]朱利叶斯·尼雷尔:《尼雷尔文选》第3卷,王丽娟等译,华东师范大学出版社2014年版,第276页。

如果非洲实现了统一就可以整合资源，维系非洲的稳定与发展。① 不过，较之恩克鲁玛，尼雷尔在推进非洲一体化的方式、路径和步骤上的主张更加温和、务实。例如，他主张在非洲国家自愿、平等协商的基础上实现非洲统一，非洲统一应该循序渐进，可在区域一体化的基础上推进非洲统一。与尼雷尔持相近观点的还有尼日利亚政治思想家纳姆迪·阿齐克韦。早在1937年出版的《复兴的非洲》一书中，阿齐克韦就明确表示非洲唯有走一体化之路，复兴才有希望，一个分裂的非洲无异于自毁前程。②但阿齐克韦同样也是一位务实的政治家，他不赞成非洲的统一必须一步到位，而主张采取渐进式的方法分步骤进行。20世纪50年代末，阿齐克韦的非洲统一思想趋于成熟，其要旨可以概述为非洲经济和社会一体化是政治一体化的基础③，非洲一体化可先在次区域层面推进，并以此为基础拓展到整个大陆。④肯尼亚总统乔莫·肯雅塔讲得更加直白："我想首先看到的是东非的统一和联合，然后才是整个非洲的统一。"⑤持相同观点的还有阿拉伯埃及共和国总统迦玛尔·阿卜杜尔·纳赛尔。纳赛尔虽然认同非洲国家之间更为广泛、更为紧密的合作有助于加强非洲的经济实力和外交影响力，但也主张非洲统一的进程应循序渐进。⑥

塞内加尔经济学家马马杜·迪亚和贝宁社会活动家阿尔贝·特沃杰雷则从经济层面阐述了非洲统一的必要性。迪亚认为，鉴于殖民地国家性质、经济的对外依附性以及地缘政治碎片化的现实，任何非洲国家以单打独斗方式发展经济都难以使效益最大化，只有建立区域经济体或实现非洲一体化，方能实现资源的优化配置，使非洲加速摆脱不发达状态。据此，迪亚提出应该调整或改变殖民化所人为造成的不合理的边界，并在此基础上组建几个地域范围广阔、资源配置合理、具有经济互补性的区域经济体。⑦ 迪亚

---

① 参见[坦桑尼亚]朱利叶斯·尼雷尔：《尼雷尔文选》第2卷，李琳等译，华东师范大学出版社2015年版，第152页。

② Pieter Boele Van Hensbroek, *Political Discourses in African Thought: 1860 to the Present*, Westpor, Connecticut and London: Praeger Publishers, 1999, p.92.

③ Zik, A *Selection from the Speeches of Nnamdi Azikiwe*, London: Cambridge University Press, 1961, p.72.

④ J. Ayo Langley, *Ideologies of Liberation in Black Africa*, 1856-1970: *Documents on Modern African Political Thought from Colonial Times to the present*, London: Rex Collings Ltd., 1979, p.305.

⑤ Colin Legum, *Pan-Africanism: A Short Political Guide*, New York: Praeger, 1962, p.65.

⑥ 参见[英]罗伯特·斯蒂文思：《纳赛尔传》，王威等译，世界知识出版社1992年版，第255页。

⑦ Mamadou Dia, *Les Réflexions sur l'économie de l'Afrique*, Paris: Présence Africaine, 1953, p.49.

在《非洲经济》一书中强调指出，实现非洲统一不再是一种政治理想，而已成为加速实现非洲工业化和现代化的实际需求。[①]特沃杰雷的观点与迪亚不谋而合，他在《泛非行动——非洲和马达加斯加联盟的重要情况》和《反叛的非洲》等著述中，从社会经济发展效率的角度对非洲统一的必要性作了诠释，并强调非洲国家如欲摆脱不发达状态，只有走团结合作、联合自强的发展道路。[②]

上述非洲泛非主义者主张非洲统一，一方面是为了实现泛非主义的伟大理想，另一方面则旨在弥合殖民化对非洲的创伤，以利于非洲的长远发展。诚然，他们之中有些人关于非洲统一的某些思想或主张可能不合时宜，也可能因为超前而不被多数人所认同，但其出发点和方向是没有错的。阿里·A.马兹鲁伊就曾告诫非洲人："我们应该继续铭记的是，非洲一体化不仅仅是一个区域和国家的进程，它也是一个大陆现象。"[③]也正是在这些非洲泛非主义者的努力下，非洲开启了一体化进程。后来的非洲一体化实践表明，这种探索是有益的，它不仅促成了"非统"的诞生，而且引领着非洲一体化向着更高层次迈进，非洲联盟（以下简称"非盟"）同样也是这种理论探索的结晶。

（二）泛非主义在非洲一体化中的作用

非洲的泛非主义者不仅为非洲一体化做了思想舆论上的铺垫，而且也在行动上践行其非洲统一的思想主张。以恩克鲁玛为代表的非洲泛非主义者为推动非洲一体化进程做出了诸多努力和尝试，突出体现在：作为泛非大会的延续，20 世纪 50 年代末 60 年代初集中召开的三次"全非人民大会"和两次"非洲国家独立会议"通过了多项关于非洲统一或非洲一体化问题的决议。其中，1958 年 12 月在加纳首都阿克拉召开的首届"全非人民大会"通过的《全非人民大会章程》，将促进非洲各族人民之间的了解和团结、在非洲各族人民中培养一种大家庭的情感、加速使非洲摆脱帝国主义和殖民主义、为"非洲合众国"的建立而奋斗确立为大会的宗旨和目标。[④] 据此，会议号召地

---

① Mamadou Dia, *L'Economie africaine*, Paris: P.U.F., 1957, p.90.

② Albert Tévoéjiré, *L'Afrique révoltée*, Paris: Présence Africaine, 1958, pp.129-132.

③ Ali A. Mazrui, "Cultural Forces In African Politics: In Search of a Synthesis", in Isaac James Mowoe and Richard Bjornson eds., *Africa and the West: The Legacies of Empire*, New York and London: Greenwood Press, 1986, p.42.

④ Colin Legum, *Pan-Africanism: A Short Political Guide*, New York: Praeger, 1962, pp.233-234.

理上接近、经济上相互依赖、语言和文化相似的非洲独立国家先行联合成立若干区域性国家集团，以便为实现泛非主义的最终目标——建立覆盖非洲全境的大一统的“泛非联邦”或“非洲合众国”奠定基础。会议还特别强调，建立区域性国家集团不应损害最终目标的实现。①

第一届“全非人民大会”在泛非运动史的意义并不逊色于第五届泛非大会，它不仅标志着泛非运动的中心已从海外正式“回归”非洲本土，而且还将泛非运动融入争取非洲独立和统一的运动之中，突出体现在它为“非洲统一组织”的诞生制定了框架性文件。继阿克拉会议之后，1960 年 1 月在突尼斯召开的第二届“全非人民大会”通过的《关于非洲统一的决议》明确指出，“鉴于伟大的泛非主义思想是构成非洲人民民族意识的一种新的要素”，“决定以这一思想为中心动员非洲大众，并以这一思想为其行动和思考的基本目标”。②同年 6 月，在埃塞俄比亚首都亚的斯亚贝巴举行的第二次“非洲独立国家会议”也通过了《关于推进非洲统一的决议》和《关于建立非洲经济合作组织的决议》。继而，1961 年 3 月在开罗召开的第三届“全非人民大会”又通过了《关于非洲统一和团结的决议》，并在“政治统一是实现非洲实际统一的首要条件”“经济统一是一切政治统一所不可缺少的存在条件”等问题上达成共识。为加快非洲统一的进程，会议还呼吁筹建全非性的政治、经济、军事、外交、文化等机构以及全非统一的工、青、妇组织。③

恩克鲁玛可谓是泛非主义理想最忠实的践行者。1957 年加纳独立后，他便成为非洲一体化的主要推动者④，首届“非洲独立国家会议”和首届“全非人民大会”便是在他的积极倡导下召开的。另外，在恩克鲁玛的积极运作下，1958 年 11 月，加纳与几内亚组成了非洲第一个独立国家联盟“加—几联盟”。继而，1960 年 8 月，恩克鲁玛与刚果（金）总理卢蒙巴签署秘密协议，两国以联邦方式结成“加—刚联盟”。恩克鲁玛的初衷是将区域性的非洲国家联盟作为非洲一体化进程的过渡形态，最终目标是建立大一统的“非洲合众国”。然而，恩克鲁玛的非洲统一观在当时却是曲高和寡，甚至被指责为不

---

① Colin Legum, *Pan-Africanism: A Short Political Guide*, New York: Praeger, 1962, pp.230-231.

② Colin Legum, *Pan-Africanism: A Short Political Guide*, New York: Praeger, 1962, p.241.

③ 关于“决议”的具体内容，参见唐大盾选编：《泛非主义与非洲统一组织文选（1900—1990）》，华东师范大学出版社 1995 年版，第 85—86 页。

④ 参见[索马里]阿卜杜勒卡维·A. 优素福：《泛非主义与国际法》，万猛等译，法律出版社 2019 年版，第 18 页。

合时宜的轻率冒进。毋庸讳言,非洲国家在实现非洲一体化的方式、路径、步骤、模式等问题上存在严重的分歧,并因此形成了两个互相对立的派别(国家集团)。一派以“卡萨布兰卡集团”[①]为代表,主张在非洲实现政治、经济、文化、外交和防务上的全面合作,故被认为是非洲一体化运动的激进派;另一派先以“布拉柴维尔集团”[②]为代表,之后以“蒙罗维亚集团”[③]为代表,主张开展区域经济合作、协调外交行动,但不急于谋求政治上的联合或统一,故被称为非洲一体化运动的保守派。虽然“卡萨布兰卡集团”的主张更接近泛非主义理想,但“蒙罗维亚集团”在国家数量上占据明显的优势。

非洲国家或国家集团虽然在一体化问题上发生了分歧,但联合自强、复兴非洲仍然是多数非洲国家的共识。关于这一点,亦可从这一时期各种泛非性质的会议以及各国家集团所通过的决议或宣言中得到印证。值得欣慰的是,基于泛非主义精神,分歧各方最终还是就非洲一体化问题达成谅解。1963 年 5 月,来自全非的独立国家领导人云集埃塞俄比亚首都亚的斯亚贝巴举行盛况空前的非洲国家首脑会议,会议通过《非洲统一组织宪章》,决定成立“非洲统一组织”(简称“非统”)。毋庸讳言,作为各方妥协的产物,“非统”只是一个松散的对成员国没有约束力的主权国家间合作组织,它更多地反映了“蒙罗维亚集团”的主张,与恩克鲁玛构想的“非洲合众国”相距甚远。这在《非洲统一组织宪章》中也得到了相应的反映,尽管将“促进非洲国家的统一与团结”置于“非统”宗旨最显要的位置,但同时也将“尊重各个成员国的主权与领土完整”确立为“非统”的原则[④],并且 1964 年首届“非统”峰会还专门通过了《关于非洲边界不得改变的决议》,这种自相矛盾的表述无疑加大了非洲一体化向更高层次提升的难度。事实上,在“非统”成立的头 30 年,非洲一体化进程基本上处于裹足不前的徘徊状态,直到冷战终结后,非洲一体化进程方有所起色。

虽然“非统”存在这样或那样的瑕疵,但它毕竟是依据“跨撒哈拉泛非主

---

① “卡萨布兰卡集团”于 1961 年 1 月成立,成员国有加纳、几内亚、马里、埃及、摩洛哥和阿尔及利亚。

② “布拉柴维尔集团”于 1960 年 12 月成立,由喀麦隆、刚果(布)、象牙海岸(今科特迪瓦)、达荷美(今贝宁)、上沃尔特(今布基纳法索)、毛里塔尼亚、尼日尔、塞内加尔、中非、加蓬、乍得和马达加斯加 12 个法语非洲国家组成。

③ “蒙罗维亚集团”于 1961 年 5 月成立,成员国除了“布拉柴维尔集团”12 国外,还包括利比里亚、尼日利亚、利比亚、塞拉利昂、索马里、突尼斯、多哥和埃塞俄比亚。

④ 参见唐大盾选编:《泛非主义与非洲统一组织文选(1900—1990)》,华东师范大学出版社 1995 年版,第 164—165 页。

义”原则建立的首个完全由非洲人主导的全非性合作组织，而“跨撒哈拉泛非主义”强调的是“黑非洲国家”与“阿拉伯非洲国家”的团结。因此，“非统”的成立对培育和塑造非洲国家和非洲人的整体意识意义重大，它不仅为非洲一体化奠定了坚实的组织基础，也为非洲区域认同提供了具有法律约束力的制度保障。诚如《非洲统一组织宪章》郑重申明：“非统”是“为促进我们各国人民之间的了解与国家间的合作，以符合我们各国人民在超越种族与民族差别的更大规模的统一中加强兄弟情谊和团结的愿望”而成立的；“非统”在体制上对应的地理空间涵盖非洲全境，其宗旨是促进非洲国家的团结与统一。[①] 从这个意义上说，“非统”是非洲一体化进程中一次有益的尝试，也是泛非主义最重要的政治成果。另外，“非统”成立后继续致力于泛非运动未竟的事业，它在推进非洲全境的彻底解放、捍卫非洲国家的独立和主权、加强非洲国家间的团结与合作、调解非洲国家之间的纠纷和冲突等方面所发挥的积极作用是不容低估的。此外，“非统”在维系和推动非洲国家间团结合作的同时，也注重在对外关系中“用一个声音说话”，并通过协调行动向国际社会展示非洲整体形象。“非统”的上述努力从内部和外部两个方向塑造着非洲国家和非洲人民的区域认同意识，从而为非洲一体化在21世纪向更高层次迈进做了有益的铺垫。

（三）非洲一体化进程面临的主要障碍

非洲国家在政治统一问题上的分歧及非洲一体化进程的坎坷经历是由内部与外部、主观与客观、历史与现实等诸多因素交互作用的结果，其中的深层次原因是主权国家时代民族主义与泛非主义之间的矛盾冲突。较之世界其他地区，非洲一体化的特殊性在于，“在非洲殖民统治的最后阶段，以领土为基础的民族主义拥有至少两个层次——国家范围和大陆范围”[②]，但轻重缓急或优先次序则在相当大程度上取决于各国领导人的政治意愿、利益取向和政治抉择。大陆层面的一体化是基于泛非主义的理想和非洲发展的需要，而国家层面的一体化则是基于国家统一和政权安全的考量。尽管非洲第一代领导人中或多或少具有泛非主义思想，尽管在殖民时期和非殖民

---

① 参见唐大盾选编：《泛非主义与非洲统一组织文选（1900—1990）》，华东师范大学出版社1995年版，第163—164页。

② Ali A. Mazrui, “Ideology and African Politic Culture”, in Teodros Kiros ed., *Explorations in African Political Thought: Identity, Community, Ethics*, London: Routledge, 2001, p.113.

化时期非洲统一的泛非主义理想得到多数领导人的赞同，但在赢得政治独立后，他们在行动上还是表现出越来越强烈的民族主义倾向。虽然尼雷尔曾发出这样的警示：非洲民族国家应该是非洲统一而不是分裂的工具，民族主义如果同时不是泛非主义的话，那将是无意义的、逆时代潮流的，也是危险的。[①] 然而基于本国利益和个人政治安全的考量，在理想与利益的天平上，多数非洲国家领导人还是倒向了民族主义。

虽然在非殖民化时期泛非运动可以同非洲民族独立运动合流，但时过境迁，在步入主权国家时代后，民族主义与泛非主义的关系则变得越来越不协调，它们之间的冲突甚至成为20世纪后半叶非洲一体化进程徘徊不前的主要障碍。原因在于，主权国家时代泛非主义的利益取向难以满足多数非洲国家的利益需求，在这种情况下，要求非洲国家领导人牺牲本国和本人的现实利益来迎合泛非主义的理想显然是不现实的。这是由非洲一体化的特殊性使然。由于大陆层面的政治一体化与国家层面的民族一体化是在非洲国家独立伊始同步进行的，这使得非洲一体化进程面临两对相互关联、相互缠绕的矛盾：一是民族主义与泛非主义之间的矛盾冲突，二是民族主义与部族主义之间的矛盾冲突。这两对矛盾是由非洲国家形成的特殊性、非洲民族过程的特殊性、非洲国家政治发展的特殊性造成的，而追根寻源，主要归咎于非洲国家的殖民地性质。具体而言，非洲政治版图呈现出“原子化”的破碎状态与非洲国家形成的特殊性密切相关，后者导致民族国家建设成为非洲国家独立后政治发展的首要任务，而这一切又都与非洲殖民化的经历息息相关。殖民统治在非洲绝大部分地区存续的时间虽然不足百年，但其对非洲政治版图、非洲民族过程和非洲国家政治发展的影响却是广泛而持久的，有些甚至是根本性的。

其一，非洲各个独立国家的地理形状或“政治空间”乃至整个非洲的政治版图是殖民化的产物。在常态情况下，国家的出现是一个自然社会历史过程，而非洲大陆形成国家“自然进程”却被殖民化中断或打乱。一方面，欧洲列强的殖民入侵和殖民征服导致非洲大陆原来一些较大的酋长国、王国和帝国的解体，从而使得生活在上述疆域内的居民“重新部落化”；另一方面，当柏林会议确认了对非洲领土的瓜分原则后，殖民分割和殖民统治便以

---

① 参见[坦桑尼亚]朱利叶斯·尼雷尔：《尼雷尔文选》第1卷，韩玉平译，华东师范大学出版社2015年版，第139页。

制度化的形式打破了非洲大陆原有的自然或人文联系，殖民地的政治边界穿越并割裂了原有的部落、王国或帝国长期形成的疆域，从而造成了非洲大陆形成国家“自然进程”的紊乱。[①] 尤为严重的是，欧洲列强的殖民分割使得非洲大陆的政治单位急剧增加，诞生了数十个政治实体，这亦可谓殖民主义给非洲留下的最大也最富争议的“政治遗产”。而当非洲领土的“巴尔干化”以一种制度化形式被固化之后，实际上是在强化日后非洲国家的主权意识，这无疑会加大非洲统一的难度。后来的事实也印证了这一点，虽然独立后一些非洲国家试图在地理疆域上联合成更大的政治实体，但是这种努力成功的概率却微乎其微，无论是“加—几联盟”“马里联邦”[②]，还是“加—刚联盟”，均以失败告终。另外，根据“非统”在《关于非洲国家之间边界争端的决议》中所确立的国家边界不可变更和不可侵犯的原则，殖民时期划定的边界线在非洲国家独立后很少发生过变化。[③]

其二，除极少数非洲国家与前殖民时期有着历史延续性外，绝大多数国家创始于殖民地行政单位，即在列强界定的殖民疆域上形成，是人为的、强制性地被从外部设定的。现代非洲国家国界的划定大致源于如下两种情况：一是不同列强为了侵占非洲领土所划定的“势力范围线”，二是同一列强为了便于行政管理而对其辖下的殖民区域所划定的“行政管理线”。然而，无论是“势力范围线”还是“行政管理线”，欧洲列强更多的是基于其自身的利益，根本没有考虑非洲所固有的自然地理或人文历史因素。其结果是，一方面，具有相同历史、文化、信仰、语言的族体被无情分割、肢解到几个不同的殖民地；另一方面，历史背景不同，文化、信仰、语言相异，甚至在历史上就存有间隙甚或敌对的一些族体又被强行拼凑、框定到同一个殖民地。非洲大陆国家形成的特殊性反映在社会结构特别是民族结构上，绝大多数国家都是多族体国家（或称复合族体国家），少则几个、十几个，多则几十个、上百个，从而导致殖民地内部严重的“文化不纯”。这种殖民分割现象被一些非洲学者形象地称为对非洲领土和族体所动的“野蛮的外科手术”，不仅中断并打乱了非洲民族过程的“自然进程”，而且使之复杂化。一方面，一国内部的部族纷争撕裂了社会，使许多非洲国家自独立伊始就经历着民族意识的

① 参见张宏明：《多维视野中的非洲政治发展》，社会科学文献出版社 1999 年版，第 49—50 页。

② 1960 年 4 月，法兰西共同体内的苏丹共和国（今马里）和塞内加尔组成“马里联邦”。

③ 参见张宏明：《多维视野中的非洲政治发展》，社会科学文献出版社 1999 年版，第 209—210 页。

危机。另一方面，跨界（跨国）部族问题则成为独立后非洲国家间关系紧张，甚或领土争端、边境冲突不断的一个重要原因。[①]

其三，殖民化的结果导致非洲大陆现代意义的国家先于民族而生成[②]，进而导致一国之内的社会成员“普遍缺乏民族意识，很难感受到自己是独立国家的一部分”，民族意识淡薄被视为遍布非洲的“瘟疫”。这一由殖民化所人为造成的后果到了非洲国家独立后已成为一种既存的客观现实。部族意识、部族矛盾或部族冲突便根植于一国内部不同族体间的利益关系之中，产生于它们对各种资源争夺的斗争中。于是，在挣脱了殖民枷锁之后，非洲国家特别是撒哈拉以南非洲国家的内部政治斗争开始从“种族舞台”转向“部族舞台”。在非洲许多国家的社会内部，各个部族或地方利益集团日益增长的对政治权力、经济资源、社会福利等“配额”的争夺，进一步强化了部族的自我意识。部族主义由此被注入了新的政治内涵：部族主义不仅存在于不同部族之间的族际利益冲突中，而且同时存在于部族利益与国家利益之间的冲突中，后者反映在观念形态上就是部族意识与民族意识或部族主义与民族主义之间的矛盾冲突。非洲第一代领导人也普遍意识到，虽然新生的非洲国家以“民族国家”的身份或形象出现在国际舞台，但其社会内部仍处于四分五裂状态。这使得多数非洲国家的政治发展同时面临着政治一体化和政治民主化的双重任务，而发展的逻辑又促使非洲国家领导人优先考虑民族国家建设，因为对新生的非洲国家来说，维护政治统一、政局稳定和政权安全是第一位的。这也是在独立初期多数非洲国家领导人虽然在口头上赞同泛非主义，而在行动中倾向于民族主义的缘由所在。

结　语

非洲统一组织成立后，随着国家间合作的有序展开，盛极一时的泛非运动大潮平落，但泛非主义精神继续引领着非洲一体化进程。冷战终结后，国际形势的变化特别是非洲发生的一系列重大事件深刻地影响着非洲一体化进程。首先，1990 年纳米比亚的独立和 1994 年“新南非”的诞生标志着非洲“非殖民化”进程的终结和非洲最后的种族主义政权的瓦解，非洲全境的彻

① 参见张宏明：《多维视野中的非洲政治发展》，社会科学文献出版社 1999 年版，第 50—51 页。

② Maurice Kamto, *Pouvoir et Droit en Afrique Noire*, Paris: Librairie Générale de Droit et de Jurisprudence, 1987, p.333.

底解放使非洲人真正成为非洲的主人，也为非洲一体化开辟了新的前景。其次，政治民主化加速了经济自由化，进而消除了以往非洲国家在意识形态和发展道路方面存在的差异和分歧，政治制度和经济体制的趋同无疑有助于非洲各国协调立场、采取集体行动、制定共同政策。最后，在经济全球化背景下，“非统”松散的非洲国家间合作机制的弊端暴露无遗，为了摆脱贫困化特别是被边缘化的危境，非洲国家再次聚集在泛非主义旗帜下，试图通过建立更加紧密的合作机制以实现非洲的伟大复兴。凡此种种都为徘徊不前的非洲一体化进程注入了新的动力。

进入 21 世纪，在非洲是非洲人的非洲、非洲的事情必须由非洲人做主、非洲各国人民有着共同的命运和使命、非洲的前途在于联合自强等泛非主义精神的引领下，非洲国家在一体化征程中又取得新进展，2002 年“非盟”取代“非统”便是这一进展的具体反映。从“非盟”的一系列战略构想和实践行动中都可以寻觅到泛非主义精神的踪影。泛非主义在维护和加强非洲国家团结合作的同时，也强化了非洲国家和人民对非洲的整体认同感，突出体现在非洲国家以“非盟”为依托或平台，在诸多重大国际问题上“用一个声音说话”。而非洲整体认同感的增强又推动非洲一体化向更高层次迈进，这在“非盟”的制度性安排和机构设置中亦有所反映，例如在非洲自由贸易区和集体安全机制建设层面均涉及一定程度的主权让渡。

南部非洲区域认同与区域合作

沈晓雷[*]

根据非洲联盟对非洲各区域的划分，南部非洲共由 10 个国家构成，分别为安哥拉、博茨瓦纳、斯威士兰、莱索托、马拉维、莫桑比克、纳米比亚、南非、赞比亚和津巴布韦。[①] 然而，由于南部非洲区域合作的主要载体南部非洲发展共同体除南部非洲 10 国外，还包括东部非洲的科摩罗、马达加斯加、毛里求斯、塞舌尔、坦桑尼亚和中部非洲的刚果(金)，因此本文在分析南部非洲区域合作时，也将这些国家包括进来。南部非洲为非洲的五大区域之一。在非洲的五个区域中，南部非洲的区域认同程度最高，区域合作成效最为显著。尤其是自 20 世纪 80 年代以来，以南部非洲发展协调会议和南部非洲发展为制度化载体，南部非洲区域合作在政治、经济与社会诸领域均取得丰硕成果，南部非洲区域认同也随之逐步深化。尽管如此，南部非洲区域合作在当前仍面临一系列挑战，只有克服这些挑战，南部非洲区域合作才能真正向区域治理迈进，南部非洲区域认同也才能逐步超越国家认同，变成南部非洲国家共同的身份认同。

一、南部非洲区域认同的基础

南部非洲区域认同，是指南部非洲域内国家和国民对南部非洲的区域身份认同，这是一种超越国家和国民身份的认同，是南部非洲国家以共同地缘为基础，在历史、民族、文化和经济等要素的共同作用下形成的集体身份

* 沈晓雷，中国社会科学院西亚非洲研究所副研究员。

① African Union, "Member States", 2023-9-10, https://au.int/en/member_states/countryprofiles2.

认同。南部非洲区域认同既是南部非洲区域合作的重要基础，又在南部非洲区域合作中不断加强和深化。探讨南部非洲区域认同，首先需要对推动该认同形成的要素进行分析。

（一）历史要素

南部非洲拥有辉煌的历史和古代文明。南部非洲的先民曾创建了诸多王国，这些王国存续的时间有长有短，覆盖的疆域有大有小，且相互之间既有贸易往来，又有争斗、劫掠乃至战争，但它们均成为塑造南部非洲区域身份认同历史记忆的一部分。在这些王国中，存在于15—19世纪的穆塔帕王国疆域辽阔，一度横跨今天的赞比亚、津巴布韦、莫桑比克、博茨瓦纳和南非等国。

在南部非洲近代以来的历史发展进程中，共有三个对塑造区域认同影响最大的历史事件。一是19世纪上半叶的姆法肯战争和迪法肯战争。这两场战争分别由恩古尼人和索托-茨瓦纳人发动，影响范围包括今天的南非、莱索托、博茨瓦纳、津巴布韦、赞比亚、莫桑比克和坦桑尼亚等国。作为南部非洲历史上最大规模的部落兼并战争，这两场战争不但导致了南部非洲民族大迁徙和大融合，还为南部非洲现代国家的建立奠定了重要基础，如莱索托便萌生于迪法肯战争所造成的混乱状态。①

二是19世纪下半叶欧洲殖民者对南部非洲的殖民侵占，使南部非洲国家拥有了共同的殖民记忆和历史情感。尤为重要的是，塞西尔·罗兹创立的英国南非公司在1895年建立罗德西亚，后在1897年分成南罗德西亚（今津巴布韦）和北罗德西亚（今赞比亚）。1953年，南罗德西亚、北罗德西亚和尼亚萨兰（今马拉维）共同组建中非联邦，该联邦虽在1963年就被解散，但为津巴布韦、赞比亚和马拉维之间的区域认同奠定了良好的基础。

三是20世纪70年代后民族解放运动中的相互支持与相互配合。早在20世纪60年代，已经独立的赞比亚便向津巴布韦民族解放运动提供了力所能及的支持。1974年，坦桑尼亚、赞比亚、博茨瓦纳和莫桑比克四国组建前线国家，讨论南部非洲局势，协调对津巴布韦和纳米比亚独立斗争的行动。随着安哥拉（1975年）、莫桑比克（1975年）和津巴布韦（1980年）独立后相继加入，前线国家成为反对南非种族主义、应对南非经济封锁和推动纳米比亚

① 参见郑家馨：《南非史》，北京大学出版社2010年版，第94—114页。

独立的地区组织。南部非洲国家以前线国家为基础进行的政治合作，为南部非洲区域认同打下了最为坚实的基础。

（二）民族要素

非洲是世界上民族最多、民族分布最为复杂的地区，南部非洲也是如此。在漫长的历史发展进程中，受经济交往、民族迁徙、部落征战和国家兴亡等因素影响，南部非洲有许多民族散居在不同的国家。如绍纳人散居在津巴布韦、南非、博茨瓦纳和赞比亚，恩德贝莱人和文达人散居在津巴布韦和南非，茨瓦纳人散居在博茨瓦纳、南非、纳米比亚和津巴布韦，聪加人散居在南非、津巴布韦、斯威士兰和莫桑比克，斯威士人散居在斯威士兰、南非和莫桑比克，索托人散居在莱索托和南非，马拉维人散居在马拉维、津巴布韦和莫桑比克，以及通加人散居在赞比亚和津巴布韦等。民族跨界而居虽然给相关国家的民族管理带来了一定的困难，但也为超越国家的区域认同提供了民族认同层面的动力。

（三）文化要素

在南部非洲的文化与人生哲学中，普遍存在着乌班图精神。“乌班图”一词来自遍布南部非洲的恩戈尼语系，意指人性或为人的资格，蕴含了好的人生等理想和理念，强调只有通过他人才能成就自我，也就是“我在因为我们在，我们在故我在”。一个具有乌班图精神的人应珍视与他人的社群关系，应在社群中塑造自己的身份和认同感，应创造和维护一种能够参与联合行动且能够协调彼此间行为的社群关系，并在认同、团结与合作中实现共同的目标。乌班图的这种“我在因为我们在”的社群主义观念所指向的是一种建构主义本体论，在定位上是集体主义，所表达的是协作、合作与社群的价值。从这个意义上来说，乌班图塑造了南部非洲区域认同的文化内涵与精神世界。[①] 除乌班图精神外，《南部非洲研究杂志》和南部非洲文献研究中心等学术行为，也为构建南部非洲区域认同做出了一定的贡献。

（四）经济要素

早在欧洲殖民者到来之前，南部非洲各王国相互之间便有着密切的经

① Thaddeus Metz, “Ubuntu: The Good Life”, in Alex C. Michalos ed., *Encyclopedia of Quality of Life and Well-Being Research*, New York: Springer Science, 2014, pp.6761-6764；李安山：《乌班图：国家建构与非洲团结的精神基础》，《中国社会科学报》2023 年 3 月 16 日。

济往来。20 世纪末殖民统治确立后，随着南非和南罗德西亚工业、农业和矿业的发展，南部非洲逐步形成了以这两个国家为中心，以北罗德西亚、尼亚萨兰、莫桑比克、贝专纳兰（今博茨瓦纳）、巴苏陀兰（今莱索托）、斯威士兰和西南非洲（今纳米比亚）等为外围的殖民经济网络。外围国家不仅向中心国家提供资源，还向中心国家输入了大量流动劳工。[①] 这一时期塑造南部非洲地区认同的另一重要经济要素是 1969 年成立的南部非洲关税同盟，该联盟可追溯到 1889 年开普殖民地与奥兰治自由邦之间的关税同盟协定，1910 年，该协定被延伸至南非全境和巴苏陀兰、贝专纳兰、斯威士兰和西南非洲。[②] 当然，塑造南部非洲区域认同最为重要的经济要素还是 1980 年成立的南部非洲发展协调会议，该组织的成立也标志着南部非洲区域认同最终开花结果，南部非洲区域合作正式向制度化迈进。

二、南部非洲区域合作的进程

区域认同是区域合作的重要驱动因素。一般而言，区域认同感越强，区域内各国内聚性越高，就越容易达成区域合作共识的意愿。[③] 南部非洲区域认同也是如此，它不但为南部非洲区域合作奠定了良好的基础，而且为南部非洲区域合作的制度化提供了重要的建构主义与认识论层面的保障。与此同时，南部非洲区域合作尤其是区域合作的制度化，反过来又在制度和利益层面为南部非洲区域认同的深化提供了重要驱动力。

南部非洲区域合作可追溯到 1969 年成立的南部非洲关税同盟和 1974 年成立的前线国家，而其正式开端为 1980 年成立南部非洲发展协调会议（以下简称“南协会”）。以南协会的成立为标志，南部非洲区域合作的制度化建设共经历了三个发展阶段：第一个阶段从 1980—1992 年，为南部非洲区域合作制度化的初始阶段；第二个阶段从 1992—2001 年，为南部非洲区域合作制度化的发展阶段；第三个阶段从 2001 年至今，为南部非洲区域合作制度化的深化阶段。

---

① Francis Wilson, “International Migration in Southern Africa”, *The International Migration Review*, Vol.10, No.4, 1976, pp.453-461.

② 具体可见南部非洲关税联盟官方网站（https://www.sacu.int/index.php）。

③ 参见张蕴岭主编：《国际区域学概论》，山东大学出版社 2022 年版，第 192 页。

(一)区域合作的初始阶段(1980—1992年)

20世纪70年代末,为了进一步推动南部非洲民族解放斗争,降低对南非种族隔离政权的依赖,以及协调利用各国资源和加强各国经济合作,前线国家开始探讨建立区域经济合作组织的可行性。1979年7月,前线国家在坦桑尼亚阿鲁沙举行负责经济事务的部长会议,确定了建立经济合作组织的日程,并决定邀请区域内其他已经独立的国家参加。1980年4月1日,安哥拉、博茨瓦纳、莱索托、马拉维、莫桑比克、斯威士兰、坦桑尼亚、赞比亚和津巴布韦在赞比亚首都卢萨卡成立南协会。

南协会的成立,标志着南部非洲区域合作正式进入制度化阶段。根据各成员国共同签署名为《迈向经济解放》的《卢萨卡宣言》,南协会的主要目标包括四个方面:一是降低成员国对南非的依赖;二是利用相互联系创造真正公平的地区一体化;三是调动成员国资源推动实施国家、国家间和区域政策;四是协调行动以在经济开放的战略框架内进行国际合作。[①]

1981年7月,南协会在津巴布韦首都哈拉雷举行第二届首脑峰会,与会各国签署《关于南部非洲发展协调会议机构设置的谅解备忘录》,据此成立五个常设机构:国家与政府首脑峰会、部长理事会、高官常设委员会、产业委员会和秘书处,南协会正式进入制度化运转阶段。南协会成立后,通过制定与实施各项经济发展规划,且根据各成员国资源禀赋和产业发展状况而按照国别对发展项目进行分工与协调,为推动南部非洲经济发展,进一步夯实南部非洲区域认同尤其是经济认同打下了坚实的基础。正是由于这方面的原因,纳米比亚在1990年独立后便加入南协会,成为该组织的第10个会员国。

(二)区域合作的发展阶段(1992—2001年)

20世纪80年代末,随着南部非洲区域合作的逐步深化和南部非洲局势的逐步缓和,南协会在1989年8月的哈拉雷首脑峰会上决定用协定、宪章或条约来取代谅解备忘录,以赋予该组织适当的法律地位,从而进一步强化其制度建设。此后经过三年的筹备,在1992年8月温得和克首脑峰会上,各成员国签署《南部非洲发展共同体宣言与条约》(简称《南共体条约》),南

---

① Southern African Development Community, "History and Treaty", 2023-9-13, https://www.sadc.int/pages/history-and-treaty.

部非洲发展共同体(简称“南共体”)取代南协会,成为南部非洲区域合作制度化的载体。

这一时期,南共体主要从四个方面推动了南部非洲区域合作的制度化进程。一是进一步完善机构设置。除在原有五个常设机构的基础上,新增第六个常设机构法庭外,还设立国家联络站和行业联络站等协调联系机构,设立政治、外交与安全机构,以及确定会旗和将8月17日确定为南共体日。

二是全面更新和细化南共体的目标,具体包括八个方面的内容:通过地区一体化实现发展与经济增长,减贫,提高南部非洲人民生活水准和质量,支持弱势群体;发展共同的政治价值观、制度和机构;提升和维护和平与安全;在成员国集体自立和相互依存的基础上推动自我维持的发展;实现国家和地区战略与规划的互补性;推动生产性就业和资源利用最大化;实现自然资源可持续利用和有效保护环境;加强和巩固区域内民众长期形成的历史、社会与文化联系。①

三是签署了一系列议定书,为南部非洲区域合作的制度化与法治化合作打下了坚实的基础。相关议定书包括《能源议定书》(1996年)、《贸易议定书》(1996年)、《交通、通讯和气象议定书》(1996年)、《打击非法贩毒议定书》(1996年)、《教育和培训议定书》(1997年)、《矿业议定书》(1997年)、《旅游业发展议定书》(1998年)、《野生动物保护和执法议定书》(1999年)、《医疗卫生议定书》(1999年)和《法律事务议定书》(2000年)等。

四是新增南非(1994年)、毛里求斯(1995年)和刚果(金)(1998年)3个成员国,至此南共体成员国扩大至14国。除南部非洲10国外,还包括东部非洲的坦桑尼亚和毛里求斯及中部非洲的刚果(金)。

(三)区域合作的深化阶段(2001年至今)

进入21世纪之后,尽管南共体在推动区域合作方面取得了诸多成效,但随着成员国的增多与合作领域的扩大,南共体在目标、战略、行动计划和机构设置之间缺乏协调性的问题日益突出。为了改善这一问题,2001年3月9日,南共体在纳米比亚温得和克峰会上通过《南共体条约修正案》,各成员国于当年8月14日签署《修订南共体条约的协议》。以此为标志,南部非

① *Declaration and Treaty of the Southern Africa Development Community*, Namibia, Windhoek, 1992, p.5.

洲区域合作制度化进入深化阶段。

一是南共体的常设机构最终定型。除原有的六个机构外，新增两个机构，共由八个机构构成，分别为国家或政府首脑峰会，政治、防务与安全机构，部长理事会，部长协调委员会，高官常设委员会，秘书处，“三驾马车”(由南共体现任主席、前任主席和下任主席组成)，法庭和南共体国家委员会。①

二是南共体的法律框架得以继续完善。除 2001 年外，南共体还先后在 2007 年、2008 年、2009 年和 2015 年对《南共体条约》进行了修改。更重要的是，自 2001 年以来，南共体继续出台和签署了一系列重要的议定书，包括《控制枪支、弹药及其他武器议定书》(2001 年)、《渔业议定书》(2001 年)、《反腐议定书》(2001 年)、《文化、信息与体育议定书》(2001 年)、《引渡议定书》(2002 年)、《林业议定书》(2002 年)、《促进人员流动议定书》(2005 年)、《金融与投资议定书》(2006 年)、《性别与发展议定书》(2008 年)、《科学、技术与创新议定书》(2008 年)、《服务贸易议定书》(2012 年)、《环境管理与可持续发展议定书》(2014 年)和《就业与劳工议定书》(2014 年)等。至此，南共体几乎所有合作领域都以议定书的方式从法律层面加以制度化。

三是以战略规划推动区域合作向区域治理迈进。为了顺利推进区域一体化进程，并逐步推动区域合作向区域治理迈进，南共体在这一时期陆续出台了 30 多个综合性与行业性战略规划，几乎覆盖所有合作领域。相关重要战略规划包括《区域指导战略发展规划(2005—2020 年)》《区域指导战略发展规划(2020—2030 年)》《政治、防务与安全合作机构战略指导规划》《工业化战略和路线图(2015—2063 年)》《区域农业政策》《区域基础设施发展总规划》《林业战略(2010—2020 年)》《关税合作小组委员会指导战略规划(2012—2016 年)》《气候变化战略与行动计划》《灾害风险管理战略与行动计划(2022—2030 年)》《绿色经济推动可持续发展战略与行动计划》《旅游规划(2020—2030 年)》和《区域能力建设战略》等。

四是逐步确定区域合作的战略优先领域。经过近 30 年的区域合作实践，南共体逐步确定区域合作的战略优先领域，并最终于 2020 年 10 月出台《区域指导战略发展规划(2020—2030 年)》加以明确并进行战略分层。第一层为和平、安全和良治，这是区域合作的战略基础；第二层为三个战略支柱，

---

① Southern African Development Community, *Agreement Amending The Treaty of The Southern African Development Community*, 2001, p.7.

分别为工业发展与市场一体化，支持地区一体化的基础设施发展和社会与人力资本发展；第三层为跨领域议题，包括性别平等与妇女赋权，粮食、农业与自然资源，环境与气候变化，灾害风险管理和青年发展与赋权等。①

三、南部非洲区域合作的成效

以南共体为制度化载体的南部非洲区域合作，推动了南部非洲区域认同在政治、经济与社会等诸领域的发展与深化，促使各成员国在利益连接的基础上或主动或被动地向南共体让渡更多主权权益，并最终在很大程度上将南部非洲区域认同具体化为对南共体的身份与利益认同。这种对南共体的身份与利益认同不仅促使各成员国积极参加南共体在各领域所开展的区域合作与区域治理，更推动这些区域合作与区域治理取得丰硕的成果。

（一）政治与安全合作不断深入

在30多年的发展历程中，南共体一直将政治与安全合作视为南部非洲区域合作与区域发展的战略基础，并为此而确立了三项战略目标：一是加强冲突预防、管理和解决机制，建立能够追踪和监管政治、安全与社会经济威胁的早期预警机制；二是加强政治合作、民主、良治、法治、人权和人员安全；三是提升集体防务与安全体系，增强保卫区域领土完整的能力。在各成员国共同努力下，南共体在政治与安全领域已形成五个方面的区域认同：成员国主权平等，团结、和平与安全，人权、民主与法治，公平、平等与互利，以及和平解决冲突。在上述区域认同的引导下，南共体在政治发展、地区安全和共同外交等领域取得了一系列成果。

在政治发展方面，在首脑会议和“三驾马车”的授权与选举咨询委员会的支持下，南共体已建立成熟的选举观察制度，固定派遣观察团前往各国观察大选，并在选后进行评估和审查，以此规范各成员国选举进程并增加其可信性，防止出现选举骚乱和选举暴力，从而推动它们巩固民主与实现良治。南共体还积极介入各成员国政治纷争，努力推动政治纷争以和平方式加以解决，具体事例包括在2008年调解津巴布韦选举纷争，在2018年推动莱索托政府与反对派实现全国对话，以及同年推动刚果(金)各派政治势力顺利

① Southern African Development Community Secretariat, *SADC Regional Indicative Strategic Development Plan, 2020-2030*, Botswana, Gaborone, 2020, pp.47-57.

举行大选等。

在地区安全方面,最大的成果是建立常备军。南共体常备军于2007年正式建立,2008年8月开始组建,2016年7月获得全面作战能力,是南共体集体处理防务与安全事宜、保护成员国人民安全和维护南共体区域稳定的重要力量。南共体常备军由各成员国抽调军人、警察和文职人员组成,主要负责安全观察与监管、预防性部署和维和、人道主义救助以及进行军事干预以重建和平与安全等。[①] 2021年6月,南共体特别峰会授权常备部队出兵莫桑比克北部德尔加杜角协助反恐,为打击"伊斯兰国"中非省分支"先知的信徒"做出了重要贡献。

在共同外交方面,以共同身份认定和与外界互动中所形成的"界定性"区域认同为基础,南共体在对外政治、安全与经济交往中越来越采取共同的外交立场。如举办南共体—中国经贸投资论坛,进行南共体—欧盟高官政治对话和南共体—德国发展合作双边磋商,以及与非洲开发银行和世界卫生组织签署三边协议等。南共体共同外交最突出的例子,是其在2019年8月举行的第39届首脑会议上发布公报,呼吁美国立即取消对津巴布韦的制裁,并将10月25日确定为"反制裁日"。此后在每年的联合国大会上,南共体成员国均在会上集体呼吁美国取消对津巴布韦的制裁。

(二)经济体一体化稳步推进

经济一体化既是南部非洲区域合作的重心,也是推动南部非洲区域认同不断深化的利益基础。为了稳步推进区域经济一体化进程,南共体共设定了五个阶段的战略目标:第一个阶段为在2008年建立自由贸易区,第二个阶段为在2010年建立关税同盟,第三个阶段为在2015年建立共同市场,第四个阶段为在2016年建立货币同盟,第五个阶段为在2018年建立地区货币。从当前来看,除自由贸易区外,其他四个战略目标均没有按期完成。但尽管如此,南共体还是在经济一体化诸领域取得了一系列重大进展。

在贸易一体化方面,南共体16个成员国中,除刚果(金)和科摩罗外,其他14个国家均已加入自由贸易区,实现了85%的商品在区域内部零关税贸易。在自由贸易区的推动下,南共体内部贸易占其总贸易的比例,从2008

---

① SADC Secretariat, *Status of Integration in the Southern African Development Community*, Botswana, Gaborone, 2019, p.61.

年之前的16.3%增加到了2016年的21.6%,此后虽然有所下降,如2017年和2018年分别为20%和19.3%,但还是要高于2008年之前的水平。此外,南共体近年来在服务贸易领域也取得重大进展。2022年1月,《南共体服务贸易议定书》生效,博茨瓦纳、斯威士兰、莱索托、马拉维、毛里求斯、莫桑比克、纳米比亚、塞舌尔、南非、赞比亚和津巴布韦等11个国家正式开启服务贸易一体化进程。[①]

在金融一体化方面,最为重要的举措是在2013年7月启动南共体实时全额结算系统。该系统最初在斯威士兰、莱索托、纳米比亚和南非试行,后拓展到除科摩罗之外的其他国家。该系统当前结算货币为兰特,已有84家银行(包括中央银行和商业银行)参与结算业务。截至2022年4月,已有250多万项交易通过该系统结算,总金额高达9.65万亿兰特(约合6075.4亿美元)。除此之外,在资本、侨汇、外汇、证券和发展金融领域,南共体各成员国也正在开展各种形式的合作,如已着手筹建区域股票经纪人网络和地区发展基金等。

在基础设施一体化方面,南共体将建立高质量、一体化和相互连通的基础设施(包括跨境基础设施)与网络,作为推动人员、商品、服务和知识自由流通的关键所在。为此,南共体在能源、交通、信息与通信、气象、水资源和旅游等领域出台了一系列区域性法规和发展规划,并开展了一系列合作项目。仅以信息与通信基础设施为例,南共体便开展了如下一些合作项目:南共体区域信息基础设施、国家与区域互联网交换中心、国家与区域支持网络安全应急响应小组、数字地面电视、电子邮政平台和南共体漫游项目等。

(三)社会领域合作成效显著

随着南部非洲区域合作的不断推进和区域认同的不断深化,南共体将合作领域逐步从政治与经济领域向社会领域拓展,并将重点放在教育与技术培训、就业与劳工、医疗卫生,以及一些具有跨领域性质的社会议题,如性别平等、妇女与青年授权、农业与粮食安全、环境与气候变化和灾害风险管理等。由于社会领域关注的主要是人的基本权力与根本利益,如接受教育、提升技能、获得就业、降低贫困、扶助弱势群体和实现性别平等,因此更容易推进合作和取得成效。下文以教育与技术培训和性别平等两个领域为例进

---

① SADC, *Annual Report: Financial Year 2021/22*, pp.28-29.

行说明。

教育与技术培训是南共体在社会领域合作成效最为显著的领域。在2000年出台《教育与培训议定书》后，南共体开始筹划建立学历资格认证制度，以推动建立区域一体化教育体系。经过多年筹备，南共体在2017年批准《南共体学历资格认证框架》，以此推动各国以区域标准修订本国学历资格认证框架，从而实现学者、科研人员和技术人才在区域内自由流动。截至目前，博茨瓦纳、纳米比亚、塞舌尔、南非、赞比亚和津巴布韦已完成10级学历认证框架，斯威士兰、莱索托和莫桑比克即将完成这一工作，其他成员国在职业教育和培训方面也在向区域标准靠拢。除建立统一的学历资格认证制度外，南共体在2018年温得和克峰会上还决定筹建南共体转型大学。该大学将以线上方式教学，旨在通过人才培养实现南共体从资源驱动型经济向技术驱动型经济转型。2020年新冠疫情暴发后，南共体加大了线上教育和远程教育合作的力度，并为此出台了《公开与远程教学战略规划（2022—2030年）》，以此推动各成员国有效利用现有的信息通信技术和远程教育项目。

性别平等也是南共体在社会领域合作成效最为显著的领域之一。为了实现性别平等、推进妇女赋权、反对性别暴力和打击贩卖妇女，南共体在2008年出台《性别与发展议定书》，该议定书在2013年生效，后在2016年经过修订，目前已有12个成员国签署，分别为安哥拉、博茨瓦纳、刚果（金）、斯威士兰、莱索托、马达加斯加、莫桑比克、纳米比亚、塞舌尔、坦桑尼亚、赞比亚和津巴布韦。此外，南共体还通过了《妇女、和平与安全区域战略和行动规划（2018—2022年）》《区域性别暴力战略与行动框架（2019—2030年）》和《打击贩卖人口战略行动计划（2009—2019年）》等合作文件，以有效维护各成员国妇女的权益。需要指出的是，在性别平等与妇女赋权原则的指导下，南共体各成员国女性议员的比例在逐步攀升。到2018年，安哥拉、纳米比亚、南非、坦桑尼亚、莫桑比克和津巴布韦女性议员的比例均超过了30%，坦桑尼亚现任总统萨米娅·哈桑为女性，纳米比亚副总理兼国际关系与合作部部长内通博·南迪-恩代特瓦将作为执政党候选人参加2024年大选，如当选将成为该国第一位女性总统。

四、南部非洲区域认同与合作面临的挑战

随着南共体制度构建的逐步发展和南部非洲区域合作在政治、经济与

社会领域的深入推进，南部非洲区域认同也得到不断深化，尤其是各国民众对以南共体为制度化平台的区域合作的认可度不断增强。然而尽管如此，基于区域认同共识的南部非洲区域合作当前仍面临一系列挑战。

第一，南共体各成员国区域身份多有重叠。作为南部非洲区域认同的制度化载体，南共体在南部非洲区域合作中发挥着至关重要的作用。然而，一方面，南共体成员还包括东部非洲的科摩罗、马达加斯加、毛里求斯、塞舌尔、坦桑尼亚和中部非洲的刚果（金）；另一方面，南共体的许多成员国还是其他区域组织的成员，如坦桑尼亚和刚果（金）是东非共同体的成员，刚果（金）、马拉维、塞舌尔、斯威士兰、毛里求斯、赞比亚和津巴布韦是东部和南部共同市场的成员，安哥拉、刚果（金）、坦桑尼亚和赞比亚是大湖地区国际会议组织的成员。无论是成员国的跨地区性还是成员国身份的多重性，均会给南部非洲区域合作和区域认同带来复杂的影响，这其中包括区域认同身份交叉、多重承担义务、区域司法管辖权冲突以及区域经贸制度法律适用冲突等。[①] 此外，植根于泛非主义的非洲大陆一体化进程，也会对南部非洲区域合作与区域身份认同产生一定的消解作用。

第二，南部非洲区域合作制度化进程仍存在诸多障碍。自 20 世纪 80 年代初南协会建立以来，南部非洲区域合作制度化进程确实取得了重大进展，然而直到目前仍存在诸多障碍。其中最为突出的是南共体出台各项法律和政策框架文件后，成员国或者在签署和完成国内批准程序时进展缓慢，或者在后续执行中异常拖沓、有所保留甚至不予执行。以南共体通过的各项议定书为例，迄今仍有一些重要的议定书没有被成员国正式批准，其中包括《科学、技术与创新议定书》《促进人员流动议定书》《服务贸易议定书》《环境管理与可持续发展议定书》《就业与劳工议定书》和《税务援助协定》等。就执行层面而言，以为推动区域内人员自由流动而开展的签证合作而言，目前仅有毛里求斯、塞舌尔和津巴布韦对所有成员国免签，其他成员国均没有完全放开签证要求，如南非、莫桑比克、博茨瓦纳和纳米比亚需要刚果（金）和马达加斯加公民签证，莱索托、坦桑尼亚需要安哥拉和刚果（金）公民签证，安哥拉需要刚果（金）、莱索托、马达加斯加、马拉维和赞比亚公民签证等。

---

① 参见朱伟东、王婷：《非洲区域经济组织成员国身份重叠现象与消解路径》，《西亚非洲》2020 年第 1 期。

第三,南部非洲国家经济基础普遍比较薄弱。南部非洲国家大多数都是中低收入国家,除南非拥有较为完备的经济体系外,其他国家主要以农业、矿业或油气产业为主,工业基础薄弱,制造业落后,基础设施短缺,财政通常入不敷出。由此所导致的结果,一是区域国家没有足够的资源和能力来实施南共体为加强区域合作而出台的一系列经济与社会政策,这其中包括区域基础设施连通、环境保护、应对气候变化和发展绿色经济等;二是区域国家经济同质性强、互补性差、根据区域经济一体化理论,区域国家经济互补性越强,区域合作潜力越大,反之亦然。正是由于经济结构过于同质,一些国家在建立关税联盟、共同市场和货币联盟等方面踟蹰不前;三是南非在南部非洲一国独大,其国内生产总值比其他国家的总和还要多,这导致一些国家担心区域合作,尤其是区域经济合作完全为南非所主导。此外,南非近年来深陷政局动荡与经济低迷的泥淖,加之排外事件频发,即便希望成为南部非洲区域合作的领头羊,也心有余而力不足。

第四,南部非洲国家不愿为了区域合作而让渡过多国家主权。南部非洲各国在历史上均经历过殖民统治,且有些国家为了争取民族独立而经历了艰苦卓绝的斗争,这其中包括安哥拉、莫桑比克、津巴布韦、纳米比亚和南非。除此之外,南非种族隔离政权还给南部非洲其他国家带来了严重的侵害。受历史因素所影响,南部非洲各国均异常珍视国家独立与国家主权,有些国家甚至提出在政治独立之后,还要实现经济独立,唯有如此才能真正实现国家独立。此外,南部非洲各国独立时间均比较短①,当前大多还处于国家建构进程之中,对国家认同明显要比对区域认同更加重视。对于它们而言,即便区域合作可以带来诸多收益,但一旦需要让渡过多国家主权,也会犹豫不决甚至不予配合,这也是南共体出台的一些法律和政策框架文件迄今仍然没有被批准的重要原因。

结　语

南部非洲区域合作已经走过了40多年的历程。在这40多年的历史进程中,南部非洲区域合作取得了巨大的成就。通过参与和推动区域合作,为各国提供更好的发展环境、安全环境,这是成员国区域认同的基本共识。但

① 至2024年,在南部非洲各国中,独立时间最长的赞比亚和马拉维也不过60年,而新南非成立仅30年。

是出于多种原因,成员国在推动区域合作制度构建上存在认知差异,在承担区域治理责任上存在亏欠,使得区域合作的深化受到制约。区域合作的发展基础是成员国在区域认同上的共识,南部非洲国家在区域合作机制上多向参与对区域认同共识造成不利的影响。南部非洲区域合作还存在国家认同与区域认同如何协同的问题,由于各国都存在加强民族国家建构与国家治理能力提升的内在需求,对于区域治理的要求往往放在次要地位。但同时,越来越多的问题需要在区域层次上获得解决,因此各国又都有着参与区域合作的意识和动力。从未来发展的角度来看,南部非洲国家的区域认同观需要在区域合作中逐步加以培育,同时,区域合作的发展能够为各国带来切实的利益,也会增强各国的区域认同共识,二者是相互联系与相互影响的。

东部非洲区域认同与区域合作

李雪冬*

根据非洲联盟(以下简称“非盟”)对非洲各次区域的划分,东部非洲共包括 14 个国家:科摩罗、吉布提、厄立特里亚、埃塞俄比亚、肯尼亚、马达加斯加、毛里求斯、卢旺达、塞舌尔、索马里、南苏丹、苏丹、坦桑尼亚、乌干达。① 东部非洲在区域认同上有着历史、社会、文化和经济发展上的因素。东部非洲的区域合作历史悠久,且已经取得了明显的成果,东非共同体(以下简称“东共体”)的成立和发展是东部非洲区域合作的最重要成效。

一、东部非洲区域认同的基础

东部非洲区域认同,是指东部非洲域内国家和国民对东部非洲的区域身份认同,这是一种超越国家和国民身份的认同,是东部非洲国家以共同地缘为基础,在历史、文化、民族和经济等要素共同作用下形成的集体身份认同。东部非洲区域认同既是东部非洲区域合作的重要基础,又在东部非洲区域合作中得以不断加强和深化。探讨东部非洲区域认同,首先需要对推动该认同形成的要素进行分析。

(一)历史要素

东非历史悠久,多数国家的历史可以追溯到人类起源时期。尽管内陆大部分地区缺乏 19 世纪以前的文字材料,但有关沿海地区与内陆居民互动

---

* 李雪冬,浙江师范大学非洲研究院助理研究员。

① African Union, “Member States”, 2023-10-21, https://au.int/en/member_states/countryprofiles2.

与融合的史料较为丰富，足见东非地区认同有着深刻的历史根源。以沦为殖民地为时间节点，东非的区域认同可以分为前殖民地时期、殖民地时期、后殖民地时期三个主要阶段。

欧洲殖民者踏足之前，尤其17—19世纪中期，是东非各族群间持续迁徙和相互作用的时期。这段时期结束时，东非的族群和语言群体绝大部分呈现出他们今天的形式。[①] 在长期迁徙的进程中，各族群之间形成了一定的身份认同，典型的如大湖地区各大群体成员之间的认同，只是这种认同具有一定“流动性”：当地“社会”不是由具有明显边界的部落或种族组成的，与之相反，其主要特征表现为流动的、重叠的社会网络。个体具有多个群体成员身份，且群体之间的边界并不固定，而是视情势而定。[②]

19世纪末，东非各地纷纷沦为欧洲殖民者的殖民地。在英国统治东非各国时期，肯尼亚、乌干达与坦噶尼喀（今坦桑尼亚）就采取了各种形式的行政统一政策，包括1909年成立的“东非上诉法院”，1917年由肯尼亚殖民地和乌干达殖民地成立的“关税同盟”（坦噶尼喀于1927年加入），1920年成立的“东非货币事务委员会”，1948年成立的“东非高级委员会”，1961年成立的东非共同服务组织等。殖民者的制度性安排，客观上为东非的区域认同创造了条件。

20世纪50—60年代，在反抗英殖民统治、争取独立的过程中，各殖民地主要有两大政治任务：其一是相互支持、相互协调推进地区独立运动与独立进程；其二是推动区域联合，实现非洲统一。尤其泛非主义思想家、坦噶尼喀民族主义领导人尼雷尔虽然支持非洲统一，但在实现方式上，他持相对保守的态度，提议通过次区域一体化的方式来逐步实现非洲合众国的梦想。在20世纪60年代东共体初创时，东非国家的领导人确实致力于发展由尼雷尔和肯雅塔所从事的泛非联合。他们坚信东非地区在非洲地区秩序中享有独特地位，因而存在本地区的认同。[③] 在这样的背景与思想指导下，尼雷

---

① 参见[美]罗伯特·马克森著：《东非简史》，王涛、暴明莹译，世界知识出版社2012年版，第69页。

② Thomas Spear, “Neo-Traditionalism and the Limits of Intervention in British Colonial Africa”, *Journal of African History*, Vol.44, No.1, 2003, pp.11-15. 转引自赵俊：《非洲大湖地区族群政治探源》，《西亚非洲》2023年第3期。

③ 参见[匈]西克·安德烈：《黑非洲史》（第4卷·下册），吴中译，上海译文出版社1979年版，第14—15页。转引自赵军：《东非共同体与地区安全秩序》，浙江工商大学出版社2019年版，第78页。

尔于 1962 年提出建立东非政府联邦的建议，强调要把东非独立国家紧密联系起来。尽管东非联邦计划最终并未实际实施，但这一理念成为东非国家独立后密切合作的重要思想基础，更是东共体一体化建设终极目标“政治联盟”的思想来源。

（二）文化要素

国际区域文化认同是民族认同和国家认同的重要基础，为区域联系和发展提供了契机，进而成为构建区域共同体的一条精神纽带。[①] 以斯瓦希里语为主要表达形式的斯瓦希里文化在东非的区域合作与认同中即扮演了这一重要角色。由于一系列因素，包括商业、长途贸易、写作、宗教、殖民统治通讯、战争、教育和独立后的政府政策，该语言已经从 18 世纪的少数民族语言发展成为获得国际地位的语言。[②] 斯瓦希里语是坦桑尼亚、肯尼亚、乌干达的官方语言，是刚果（金）的国家语言之一，斯瓦希里语的方言科摩罗语是科摩罗的官方语言之一。在赞比亚、马拉维、布隆迪、卢旺达、索马里、莫桑比克等东非和中非的国家，斯瓦希里语被作为交际语言使用。非洲有超过 1 亿人的母语为斯瓦希里语。斯瓦希里文化是一种具有包容性的文化，在东非地区形成了一种持久的文化凝聚力和向心力，并为非洲东部广大地区的人们所接受。[③] 尤其东非地区早期的传教活动及今天的媒体广泛使用斯瓦希里语，强化了该地区居民之间的情感认同与融合。例如，伊斯兰教在东非地区的传播促进了斯瓦希里语的发展，与非洲其他地区的穆斯林相比，他们的关系非常密切。这种语言还被用于宗教学校、《古兰经》的写作和布道。可以说，斯瓦希里语是一个强有力的象征，表现为东非伊斯兰身份的情感价值。[④] 此外，坦桑尼亚、乌干达、肯尼亚的众多报纸、电台、电视台等媒体大量使用斯瓦希里语，在加强具有共同文化和历史价值的东非团结方面发挥了巨大作用。

（三）民族要素

在被殖民之前，非洲社会发展尚处于原始社会状态，没有现代意义上的

---

① 参见张蕴岭主编：《国际区域学概论》，山东大学出版社 2022 年版，第 152 页。

② Mwenda Mukuthuria, “Kiswahili and Its Expanding Roles of Development in East Africa Corporation: A Case of Uganda”, *Nordic Journal of African Studies*, Vol.15, No.2, 2006, pp.154-165.

③ 参见刘鸿武、暴明莹：《东非斯瓦希里文化研究》，浙江人民出版社 2014 年版，第 149 页。

④ A. A. Mazrui, *Swahili State and Society*, Nairobi: East African Educational Publishers, 1995, p.127.

国家概念，大部分地区没有严格的边界划分。经过殖民主义者划分势力范围边界，原先非洲国家的传统边界被取消，往往是同一民族的聚居区域被分割在不同的国家和地区，相互变成外国人。[①] 尽管同一民族或关系密切的不同民族被划分到不同国家，但是存续已久的经贸联系却没有因此中断。如分布在乌干达、刚果（金）和南苏丹三国交界地区的卡夸族，就是因被殖民者瓜分而一分为三。这三个国家相继独立后，友好相处，不设关卡，没有边防，不同国籍的卡夸人自由来往，互通有无。[②]

（四）经济要素

在沦为殖民地之前，东非各地之间便有着密切的经济往来。在殖民主义期间，为了将东非殖民地合而为一，殖民者进行了各种尝试。19 世纪 90 年代中期，英国开始对东非进行管理，并产生了统一东非的想法。此后多年，在肯尼亚、乌干达和坦噶尼喀这些东非领地上建立联邦政府一直是这些地区的定居者和英国殖民办事处不断追求的目标。1897—1901 年修建的肯尼亚—乌干达铁路开启了早期的东部非洲社会经济合作的序幕。[③] 为了进一步加强东部非洲殖民地的控制，同时为打开乌干达大门，加强对英属东非的控制，也为了遏制当时已臭名昭著的奴隶贸易，英国在 1897 年启动了为期三年跨越肯尼亚、乌干达和坦噶尼喀三国的铁路建设项目，并将其命名为“乌干达铁路”，于 1901 年建成。这条铁路打通了东部非洲的贸易运输渠道，提高了运输的速度和效率。同时，殖民者还通过设立各种机构与组织，推动各殖民地的经济合作。尽管殖民者的制度设计与落实客观上为塑造东部非洲区域认同创造了条件，但最为重要的经济要素还是 1967 年成立的东共体。该组织的成立也标志着东部非洲国家自觉加强区域认同，区域合作正式向自主设计的制度化方向迈进。

二、以东共体为中心的制度建设

20 世纪 60 年代，民族独立之风吹遍了非洲大陆的每个角落，肯尼亚、乌干达、坦噶尼喀三地区先后摆脱殖民统治，获得民族独立。为迅速摆脱殖民

---

① 参见顾章义：《非洲国家边界问题初探》，《西亚非洲》1984 年第 3 期。

② 参见魏翠萍：《列国志：乌干达》，社会科学文献出版社 2012 年版，第 48 页。

③ 参见[美]罗伯特·马克森：《东非简史》，王涛、暴明莹译，世界知识出版社 2012 年版，第 189—190 页。

主义的残余势力，发展民族经济，加之泛非主义在非洲大陆的广泛传播，坦桑尼亚、肯尼亚和乌干达三国于1967年建立了东共体。东共体成立初期发展较为顺利，对三个成员国的经济发展发挥了推动作用，一度被认为是非洲最有发展前途的地区性经济合作组织。然而，由于成员国之间的政治矛盾、经济纠葛等原因，成立仅10年，东共体便于1977年解体。

1999年11月，肯尼亚、乌干达与坦桑尼亚签署了恢复成立东共体的条约，并于2000年7月7日经三国议会完成批准手续后生效。后来，卢旺达、布隆迪、南苏丹和刚果(金)也先后加入东共体。

基于过去的经验教训，《东非共同体条约》在区域一体化问题上采取了更加谨慎的规定。条约第5条第1款规定主要涉及共同体的宗旨：主要是为了共同利益，制定相关政策与计划，扩大与深化各成员国在政治、经济、社会、文化领域及科研与技术、国防、安全、立法与司法事务方面的合作。第5条第2款进一步规定：为了实现前款规定，各成员国拟通过逐步建立关税同盟、共同市场、货币同盟及政治联盟，强化与规制各国在工业、商业、基础设施、文化、社会、政治等领域的合作，从而促进各国在这些领域的快速、协调与均衡发展以及经济活动的持续发展，各国公平享有发展成果。[①]

(一)东共体的制度化建设

东共体在区域合作制度建设上取得了很大的进展，主要机构包括政府首脑会议、部长委员会、常设秘书委员会、东非法院、东非议会和秘书处等，从架构上看，是比较完备的。

1.首脑会议

首脑会议由成员国的国家元首或政府首脑组成，是东共体的最高决策机构。首脑会议主席每年在成员国之间轮换。首脑会议负责在治理、经济、地区和平与安全方面为共同体提供指导，并有权任命东非法院法官、接纳新成员国、赋予第三方观察员地位、批准法案和其他法律文书。政府首脑会议中政府的行动、活动不对任何组织负责，会议不向公众开放。[②] 会议每年至少召开一次，不过，应主席要求可以随时召开特别会议。首脑会议针对与共

① Secretariat, EAC, *The Treaty for the Establishment of the East African Community*, Arusha, Tanzania, 2000.

② L. Olouch, "Legitimacy of the East African Community", *Journal of African Law*, Vol.53, No.2, 2009, pp.194-221.

同体管理有关的任何事项所做的决定，必须经过一致协商。批评者认为这种协商一致原则限制了首脑会议作为决策机构的能力，因为任何成员都可以否定其他成员同意的决定。[①]

2.部长委员会

《东非共同体条约》第13条对成员国政府部长委员会做了规定。部长委员会由与关税同盟有关的各主要部门的部长组成，受首脑会议轮值国的东非事务部长领导。部长委员会的作用是审查共同体计划的实施，保证共同体健康发展。部长委员会的职能是为各国政府提供政策指导和指引，并向首脑会议提出和提交法案。此外，部长委员会还负责讨论并通过预算方案、处理秘书处的行政及财务事宜。为了加快首脑会议指示的执行，委员会设立了14个部门委员会，即农业和粮食安全委员会、成员国法律协调委员会、标准局、教育和文化委员会、能源委员会、环境委员会、外交政策委员会、卫生委员会、移民委员会、劳工和就业委员会(《东非共同体条约》第14条)。部长委员会每年至少召开两次会议，就有关事项做出决定，其中一次会议应在政府首脑会议前召开。不过，部长会议主席可以要求召开特别会议。与首脑会议的议事原则相似，部长委员会也以协商一致为基础做出决定。但是，如果委员会无法就某一问题达成一致意见，则须将该问题提交给政府首脑会议决定。

3.协调委员会

协调委员会由成员国负责地区合作事务或指定政府部门的常任秘书组成，负责协调成员国之间与共同体区域一体化有关的活动。这些部门包括东非事务部、贸易部、财政部以及可由首脑会议决定的其他部门。委员会主席由首脑会议轮值国的东非事务部常任秘书担任。协调委员会负责审查各部门委员会提交的报告，执行部长委员会所作的决定。

4.部门委员会

部门委员会是东共体的附属机构，协助执行部长委员会的决定和指示。部门委员会对协调委员会负责，由各成员国政府的高级官员组成。部门委

① E. Mugisa, C. Onyango, P. Mugoya, *An Evaluation of the Implementation and Impact of the East African Customs Union*, East African Community, Arusha Tanzania, 2009; M. Nassali, "The East African Community and the Struggle for Constitutionalism: Challenges and Prospects", 2006-7-31, www.kituochakatiba.co.ug/EAC2000.htm.

员会负责落实为实现共同体宗旨而推行的计划的准备工作。《东共体条约》第20条规定在协调委员会之下设立25个部门委员会，即农业与粮食安全委员会；资本市场发展委员会；东共体统计委员会；成员国法律协调委员会；标准局；教育、文化与体育委员会；能源委员会；环境委员会；外交政策委员会；卫生委员会；移民委员会；劳工、就业与难民委员会；财政和行政委员会；财政事务委员会；性别和地区发展委员会；东非议会间委员会；国家间防务委员会；国家间安全委员会；维多利亚湖发展规划委员会；法律与司法事务委员会；贸易委员会；工业与投资委员会；旅游和野生动物保护委员会；交通委员会；通讯和气象委员会。

5.东非法院

东非法院是东共体的法律机构。法院的建立旨在确保各成员国遵守集体商定的条约规定。法院有权受理成员国之间的争端，向东共体各机关提供法律咨询。法院由一审法院和若干上诉审判庭组成，每个上诉审判庭由五名指定的法官组成。东非法院的法官由首脑会议从各成员国提名并附议的法官中任命。被提名者须为受人尊敬的政府在职法律工作者，任期为七年。对该任命制度的批评者认为，被提名者没有经过该地区任何独立性监督机构的审查，审查的缺失意味着无法消除因政治庇护而导致提名的可能性。因此，这种做法使东非法院被贴上了政府机构的标签。

6.东非议会

东非议会负责讨论和通过首脑会议同意之前的东共体立法。议会由32名议员组成，其中27名议员由坦桑尼亚、肯尼亚和乌干达三个成员国的国民大会任命，其余5名议员为前政府官员。其中3名议员为各成员国的区域合作部长，其余人员为秘书长与秘书处顾问。议员的任期为五年，可以连任。对立法机构的结构和组成持批评态度的人士认为，首先，由于各成员国的人口和构成情况不同，各国派出9名官员为东非议会的代表是不适当的。其次，有证据表明，各国代表并非条约所规定的由国民议会选举产生，各国政府主要以党派为依据分配9名国家代表。这引发了人们对东共体立法者公正性的怀疑。最后，条约并未明确规定东共体的哪个机构负责启动立法程序，从而导致部长委员会与东非议会之间的混乱和冲突。

7.秘书处

根据《东共体条约》第66条规定，东共体秘书处是该组织的执行机关。

秘书处由一名秘书长、若干名副秘书长与秘书处法律顾问组成。秘书处是共同体的协调机构，负责研究与宣传影响东共体实现目标的诸多问题，还负责协调制定法案和法律、管理共同体财产、总体实施共同体的有关活动。秘书处拟设立三个实施关税同盟议定书的机构，即关税理事会、贸易理事会及贸易救济委员会。然而，尽管共同体条约做了明确规定，但贸易救济委员会至今尚未建立。

8.关税理事会

关税理事会于 2004 年成立，负责执行三个成员国之间的区域性关税政策。关税理事会由三个部门组成：关税和估价部门、合规审查和执法部门、通关程序和便利部门。这些部门负责制定和执行共同对外关税方面的政策，以及海关管理条例和原产地规则。此外，关税理事会还负责协调各委员会与财政部长理事会之间的会议。[①] 理事会也负责与外部机构和援助伙伴合作，提高该地区实现关税同盟的目标。

9.贸易理事会

贸易理事会负责提高东共体各成员国、其他贸易集团和多边机构之间的贸易水平。理事会负责执行条约中有关贸易自由化和贸易发展的条款。这些条款包括：筹备三方会议，协调与南部非洲发展共同体、东南非共同市场、日欧经济关系伙伴协定、《非洲增长与机遇法案》签约方等国际贸易伙伴之间的区域贸易；执行世界贸易组织影响贸易自由化和发展的规定；协调和监督援助者的旨在提高东共体内部贸易水平的有关倡议，其中包括联合国工业发展组织和世贸组织资助的贸易发展项目；提高该地区与贸易问题有关的信息流通和意识。

（二）区域合作的成效

总体而言，自恢复成立以来，东共体各成员国为实现共同体目标和一体化积极努力，加强联系和沟通，尤其是关税同盟的建立为推动地区经济发挥了重要作用。相比之下，尽管各国早在 2009 年便正式签署了《东非共同市

① E. Mugisa, C. Onyango, P. Mugoya, *An Evaluation of the Implementation and Impact of the East African Customs Union*, East African Community, Arusha Tanzania, 2009, p.43.

场协议》[①]，但由于地区内政治、经济、外交及社会诸多方面的原因，共同市场目标并未实现，有关协定如同废纸，本地区内依然存在着各种各样的贸易壁垒和人员货物流动限制。因此，东共体建设目前仍停留在关税同盟向共同市场的过渡阶段，故本节重点介绍关税同盟的建设。

1.建立关税同盟

为了提高内部贸易商品，各成员国同意消除所有内部关税及对成员国间贸易具有相当于内部关税影响的其他费用，部长委员会有权随时决定尽快降低或消除任何关税率。不过，取消内部关税并非议定书生效后立即实施，而是为关税同盟的最终建立保留了五年过渡期。此外，各成员国同意针对共同体进口的所有产品实行三级共同对外关税，最低级税率为0%，中级税率为10%，最高为25%。各成员国同意在关税同盟建立五年后对最高共同对外关税予以审查。部长委员会有权审查共同对外关税结构，成员国因为实施该规定而遭受负面影响时，可批准采取任何补救措施，在特殊情况下，可决定采取措施维护共同体利益。各成员国一致同意，立即清除所有针对其他成员国出口到本国商品实施的非关税壁垒，为此各国须制定识别与监督清除非关税壁垒的制度。

2.区内经贸关系的发展

内部贸易与内部投资是东共体一体化建设最重要的两方面内容。但由于经济结构趋同且普遍较低，共同体内部投资水平一直很低，而内部贸易是该组织区域一体化建设最重要的内容之一，贯穿一体化建设的始终，是一体化建设水平的重要衡量标准。东共体历来十分重视发展内部贸易，并通过制定与实施相关战略促进其发展。尤其自关税同盟成立以来，该组织的内部贸易量不断提高，内部贸易在总贸易中所占的比重也呈现出总体上升的趋势，尽管其近年来的发展有放缓的趋势，但相比而言，东共体内部贸易水平在非洲主要次区域组织中一直排在前列。

从成员国角度来看，以肯尼亚、布隆迪为例。作为内部贸易总量最大的国家肯尼亚，其内部首要贸易伙伴是乌干达，其次是坦桑尼亚、卢旺达和布

---

① 2009年11月20日，东共体5个成员国总统在坦桑尼亚北部城市阿鲁沙正式签署了《东非共同市场协议》，这是继建立关税同盟后东非地区一体化的又一个重要里程碑。根据这项协议，东共体成员国之间将实现商品、服务、资本和人员的自由流动，从而建立拥有1.2亿人口和600亿美元经济总量的统一市场，进一步推动东非地区经济一体化进程。参见伊卡万(Ekaouel Hakilou)：《非洲经济一体化问题研究》，吉林大学博士学位论文，2010年。

隆迪。2005—2007年期间，肯尼亚的东共体内部贸易在其总贸易中所占比例为9.01%，但到了2017—2019年期间，其内部贸易额仅占其总贸易额的7.82%。可以看出，沿海国家的地理位置更有利于发展面向全球的贸易，肯尼亚区外贸易的重要性要远远大于其内部贸易，且略有下降的趋势。从贸易平衡来看，肯尼亚对内部其他四国均为贸易顺差。肯尼亚作为沿海国家，尽管国内交通基础设施并不十分发达，但相对低廉的海上运输成本为其从世界其他国家与地区进口提供了有利条件，而肯尼亚的经济水平相对较高，因此主要从经济更加发达的国家进口本国生产与生活所需要的产品。同时，由于东共体其他成员国均为世界最不发达国家，发达程度低于肯尼亚，因此肯尼亚向这些国家出口产品具有一定的利益。此外，肯尼亚还通过从东共体以外的国家进口原材料，加工为工业制成品后再出口给东共体其他成员国，石油提炼与出口就是一个典型的案例。

对于成员国中最小的经济体布隆迪而言，2005—2007年期间该国的共同体内部贸易在其总贸易中的比重为17.58%，2017—2019年期间该国的共同体内部贸易在其总贸易中的比重为15.86%。此外，布隆迪在东共体内部贸易中的一个显著特征是历年来均为贸易逆差。

从贸易产品角度来看，除肯尼亚外，食物与活体动物几乎一直是东共体内部贸易的主要产品，然后是饮料、烟草及不适于食用的原料，这对后加入的布隆迪与卢旺达尤其重要。制成品在肯尼亚对其他成员国出口中的地位越来越重要，而坦桑尼亚与乌干达的出口情况也有这一趋势。化工产品、燃料与润滑剂以及机械设备与运输设备在肯尼亚对其他成员国的出口中也占有重要地位。多数成员国均以肯尼亚市场为主要出口目的地。布隆迪与卢旺达对共同体其他国家出口的主要产品与其向世界其他国家与地区的出口情况基本一致。这些出口产品中或许包括转口贸易，值得进一步研究。

事实上，非正规贸易是东共体非正式一体化的主要形式，对内陆国家尤其重要。在东共体中，非正规贸易占有十分重要的地位，是很多东非人赖以生存的重要手段。但是，一方面，非正规贸易的开展较为分散；另一方面，受人力、资金及技术等条件的限制，各国海关及统计部门无法对非正规贸易进行监管与统计。此类贸易无法被官方统计数据计算在内，造成了东共体内部贸易水平并不高的假象。非正规贸易在东共体的内陆国家更为普遍。比如，作为七个成员国中地处中心位置、与其他国家各领域联系均十分紧密的内陆国家,乌干达与其他成员国的非正规贸易关系最为密切,尤其是刚果(金)与南苏丹的边境居民大多依靠与乌干达的非正规贸易维持生计。乌干达政府对非正规贸易问题的产生与解决也十分重视。

三、东非地区合作中的认同困境

尽管相比非洲其他次地区,东非的地区合作起步较早、程度较深,但在推动国家关系、实现区域经济共同发展和区域合作治理方面仍受到诸多制约。其中,重要的原因是成员国间的相互认同和对区域组织及合作制度认同感不强。

(一)成员国之间关系复杂矛盾

在各国的区域认同中,如何定位和发展与区域成员国的关系,不仅影响着国家之间的关系,而且也影响着区域认同的共识和区域合作。

在东共体内,肯尼亚与坦桑尼亚争做东共体领导者以及东非互联互通项目而产生的矛盾,在近几年发生的两件事例中表现得尤为突出:乌干达放弃将输油管道修往肯尼亚而选择通往坦桑尼亚,卢旺达宣布退出由肯尼亚主导的东非地区北部走廊铁路项目转而与坦桑尼亚讨论两国间铁路建设。这些矛盾体现在政治层面上,但是在特定的情况下却极易转化为对国家间经贸关系的影响,最终影响东共体经济一体化的建设。

卢旺达与乌干达长期不睦。两国矛盾源于20世纪末的刚果(金)内战,此后一直未有显著改善。近年来,两国相互指责对方破坏稳定。2019年,卢旺达关闭了卡图纳(Katuna)边境贸易站。为缓解两国紧张关系,安哥拉总统洛伦索和刚果(金)总统齐塞克迪至少举行了四次三方会议,两国外交部官员也举行了一系列各级别会议,但收效甚微。卢旺达仍旧指责乌干达进行破坏本国稳定的活动,包括支持卢旺达叛军及接纳卢旺达持不同政见者。

以胡图族及图西族为主的复杂的部族关系对卢旺达与布隆迪的国家间关系的影响甚大。从某种程度上来看,20世纪90年代中期以来,从卢旺达、布隆迪再到刚果(金)的战乱,是非洲大湖地区腹地的两大跨界族群图西族和胡图族之间的历史积怨长期作用的结果。尽管胡图人在该地区占据人口上的多数,但却并不是政治和军事上的主导者,图西族的社会经济地位以及在管理和军事上的能力一直要强于胡图族。因此,“泛胡图主义”与“泛图西主义”两股泛民族主义思潮在该地区逐步形成,两者之间的相互碰撞是这场地区族际冲突的内在动力。[①]

(二)身份重叠影响认同共识

东共体内成员国身份重叠,行为碎片化。南苏丹是东非政府间发展组织和东共体的成员;坦桑尼亚是东共体和南共体的成员;肯尼亚和乌干达是东南非共同市场、东共体和东非政府间发展组织的成员;卢旺达是中非国家经济共同体、东共体和大湖国家经济共同体的成员;卢旺达、布隆迪是东南非共同市场、东共体、中非国家经济共同体和大湖国家经济共同体的成员;非洲拥有区域经济组织成员身份最多的国家是刚果(金),该国于2022年正式加入东共体,而此前已经具有东南非共同市场、南共体、中非国家经济共同体、大湖国家经济共同体和几内亚湾委员会5个区域经济组织的成员身份。成员国身份的重叠性造成了对履行义务的口是心非,也导致各国的资源竞争、政策不一致、市场碎片化。

(三)对区域合作的制度认同度低

东共体关税同盟成立后,各成员国已于2010年消除了所有内部关税。但是,为了保护本国产业的发展与消费者利益,东共体各成员国均不同程度地设置了非关税壁垒。各成员国已认识到非关税壁垒制约了东共体内部贸易的发展,因此在相关文件中承诺为这一问题的解决付出努力。但由于履行这些文件主要依靠各成员国的自愿与自觉,缺乏具有强制性的配套措施及具有裁定权的相关机构,东共体为消除非关税壁垒采取的措施在实际执行过程中面临很多障碍。这些壁垒主要包括对贸易有负面影响的进口配额、卫生与动植物检疫措施、技术性贸易壁垒和原产地规则。此外,货物在东共体中的自由流动还有待实现,因为东共体仍然存有清关、征收关税等边境管控措施。

由于非关税壁垒通常具有不透明、形式多变等特点,因此其存在不仅增加了东共体内部贸易的经济成本,而且通常使货物延迟交付而抬高了贸易商的时间成本。同时,非关税壁垒的设置还为海关官员、税务人员以及交通警察等公务人员谋取私利提供了便利,贸易成本也因此增加。贸易的经济成本与时间成本最后都会体现在商品的价格中,而由最终消费者负担。因

---

① 参见葛公尚:《透析非洲大湖地区的动荡》,《中国世界民族学会第八届会员代表大会暨全国学术讨论会论文集》(下),2005年。

此，非关税壁垒的长期存在不但制约了东共体内部贸易的发展，其传导效应还抑制了以贸易为目的的生产性活动，从而影响了人民生活水平的提高。

东共体在诸多重要的文件中，通过列明既存非关税壁垒的内容、清除时间表及禁止新设非关税壁垒等方式，为切实解决非关税壁垒问题提供了政策依据。东共体在每次讨论非关税壁垒问题的高级别论坛召开后，都会报告共同体内非关税壁垒问题的状况。目前还不存在任何可以确保各成员国确定非关税壁垒的程序性机制，在某非关税壁垒被明确并公布后也没有取得共同认可的解决办法。对于有时间限制的行动缺乏监督机制，意味着各成员国有责任对列明的非关税壁垒予以取消或采取改革措施，即使不采取任何行动，也不会受到任何惩罚。这种"道德劝说"的做法至今未使东共体在取消非关税壁垒上取得任何重大进步。这与欧盟所采取的正式的法律约束机制形成了鲜明的对比。

（四）多元语言导致交流受限

以语言为重要纽带的文化相通性无疑是推动区域合作的基本保障，而语言恰恰成为东共体各国居民了解共同体政策、实现有效沟通的一大障碍。东共体成员国主要有三种官方语言，分别是英语、法语、斯瓦希里语。尽管三种语言均为该组织官方文件语言与工作语言，但由于各国教育水平普遍较低，普通民众语言水平有限，无法积极参与一体化建设。一体化建设最广泛、最重要的参与者无疑应是广大的普通民众，而且这种合作关系的最终目的也应是提高各国人民的生活水平。如果普通民众的基本诉求未能体现在一体化的制度设计中，其根本利益不能得到实现，那么在一定的时代背景下，由精英主导、为少数人谋利的一体化建设就会受到重创。东共体普通民众对一体化制度的设计缺乏参与，甚至对相关政策无从知晓，很多一体化措施成了政治领导人之间的游戏。尽管共同体的一体化进程实现了稳步推进，但是这部分是得益于科学的制度设计以及对规划的切实履行，同时在相当程度上也是因为普通民众脱离于制度安排的自发性行动，非正规贸易的广泛存在就是一个最好的例证。在一体化建设处于较低发展水平时，这一问题一般不会表现得十分突出。但是，从长远来看，如果该问题不能得到妥善解决，随着一体化逐步向前推进，普通民众的抵触情绪就会愈加强烈，甚至颠覆一体化建设，使所有努力功亏一篑。

(五)国家利益认同超越区域认同

出于对深度参与一体化建设而致国家利益受损的担忧,成员国普遍缺乏建设东共体的政治意愿,坦桑尼亚在这一问题上表现得最为突出。在东共体的建设中,土地、私人投资和旅行证件问题是坦桑尼亚的主要关切,这些问题影响到坦桑尼亚在该地区的国家利益,因为坦桑尼亚有一大片无人居住的土地,肯尼亚人和乌干达人可能会来到这些地区定居。坦桑尼亚威胁,如果解决不了这些问题,它就要退出新的东共体。也正是由于坦桑尼亚在土地和居住权问题上的立场,东非领导人未能在2009年4月29日签署拟议中的“共同市场议定书”。东共体领导人不得不将此事推迟到2009年11月,以便进行更多磋商。而坦桑尼亚的理由是,东共体条款不应寻求赋予凌驾于国家利益、政策和法律之上的权力。

结　语

区域认同是区域合作的重要基础与动力,区域合作反过来可以强化区域认同,甚至引起更多国家与群体的认同。东共体从初创时的三个成员国不断扩容至今天的八个成员国就是很好的证明。此外,埃塞俄比亚甚至南部非洲的马拉维也提出了加入该组织的申请,足见已加入及期望加入的众多国家对东共体的认同。总体而言,东部非洲的区域认同有以下三个特点,也是不同程度影响区域合作成效的重要因素。第一,国家与领导人的“顶层认同”。东非地区合作机制的设计与推进,各国及领导人发挥了主导作用,其根本原因在于他们对自身的地区身份有清晰的认知与认同。第二,普通民众的“底层认同”。这种认同主要存在于散落各国的相同或相似族群之间,具有碎片化特点。他们自发开展合作,而不是根据区域合作制度的安排进行合作。第三,合作机制中缺乏对加强区域认同的科学设计。尽管诸多制度性文件中不乏关于东非地区历史、文化和习俗共同性的阐述,但鲜见有关挖掘这些共同性、提升区域认同水平的具体措施,这正是“顶层认同”与“底层认同”之间存在真空地带的根本原因。因此,只有这一“真空”得以填补,东部非洲的区域认同与区域合作才能实现双向赋能。

美国区域认同的历史演变

杜娟*

国家是具有身份和利益的实体。身份是利益存在的前提条件，行为主体只有明确了身份认同，才能界定自身的利益。具体而言，国家具有四种身份：个人或团体身份、类属身份、角色身份、集体身份。个人或团体身份是其他身份的基点或平台。类属身份指的是一种社会类别，只有具有社会内容或意义的相同特征才能构成类属身份，其具有内在的文化向度。角色身份依赖于文化，只能存在于和"他者"的关系之中，即"自我"通过"他者"的眼睛看到的"自我"。集体身份是角色身份和类属身份的独特结合，诱使行为体把"他者"的利益定义为"自我"利益的一部分。① 因此，民族认同、国家认同和区域认同是逐渐递进的层级关系。美国的成长历程是一个不断建构自我、寻求共同体的过程，同时也是一个随着自身发展不断拓展区域利益和对区域进行认同定位的进程。在此基础上形成了"自我"和外部世界关系的区域认同。

一、以北美为基础的国家构建

美国早期的国家构建问题并非一个传统的史学命题，它还借鉴了政治学的"国家构建"理论。国家构建"涵盖了国家理念的形成和变化，国家制度的设置、调整和完善，国家的能力及其发挥的程度和后果"，侧重制度和能力

---

* 杜娟，中国社会科学院世界历史研究所副研究员。

① 参见[美]亚历山大·温特：《国际政治的社会理论》，秦亚青译，上海人民出版社 2014 年版，第 220—225 页。

的层面。国民克服族裔、文化、信仰、利益乃至人种上的差异所带来的不利影响，形成国家认同感，对国家保持忠诚，成为一个政治和文化的共同体。[①]

1585—1775 年，即独立战争前，是美国的奠基时期，这一时期殖民地居民的最高忠诚对象是大英帝国，而后才是其所在的殖民地。美国史学界的主流观点认为，美利坚民族身份认同并不是诞生于殖民地时期，也没有因独立战争的胜利而立即形成。[②] 对此，美国著名历史学家埃德蒙·摩根有一个精辟的论断："美利坚民族并非革命之父，而是革命之子。"[③]在草创时期，殖民地居民必须依赖英国的保护和支持才能立足，所以殖民地与母国的联系比殖民地之间更加紧密，两者之间很少出现政治争端。

17 世纪中叶以后，在建立较早的殖民地中，本地的政治势力日渐成熟，对母国的政策不再一味地唯命是从。与英国其他海外殖民地不同，北美殖民地和英国本土具有同样的法律地位，殖民地居民与英国本土居民享有相同的特权和豁免权。此外，与英国本土地方行政单位相比，北美殖民地各级政府拥有不同程度的自治权。随着殖民地精英政治力量日益增长，他们的政治意识开始觉醒，反对母国对殖民地官职的垄断，以争取更大的自治权。殖民地居民的自治能力在两个层面上迅速发展：一是普通民众拥有比英国人更加广泛的参政机会和权利，二是本地政治精英逐渐找到了发挥政治影响力的有效机制，议会下院的权力不断扩张。

与此同时，英国在北美殖民地实行的重商主义经济政策客观上催生了殖民地经济独立的发展诉求。英国颁布《海上贸易条例》，规定殖民地向母国输出原材料和半成品，大量进口母国的工业制成品，以此保持其对母国的依赖性和双方的互补性。除了控制殖民地贸易，英国还通过一系列政策法规限制殖民地制造业的发展，以经济手段维护国家权力、积累国家财富。英国还在北美开辟财源，向殖民地直接征税，以缓解因七年战争加剧的财政压力。这些政策致使北美殖民地长期处于贸易入超地位，债务规模不断扩大，制造业总体相对落后，税务负担日益繁重。为了争取经济发展权益，殖民地政治精英构筑起一套"权利话语"，指斥英国的政策是侵害北美居民权利的

---

① 参见李剑鸣：《学术的重和轻》，商务印书馆 2017 年版，第 121—122 页。

② 参见蔡梦竹：《美国史学界关于早期国族身份认同的研究》，《世界历史评论》2020 年第 4 期。

③ Edmund S. Morgan, *The Birth of the Republic, 1763-1789*, Chicago, IL: University of Chicago Press, 1956, p.100.

暴政，他们将自由和权利视为生活的最高价值和政治的最终目的。“从某种意义上说，‘自由情节’乃是殖民地居民寻求独立的深层动因，而‘权利话语’则是他们反对英国的有力工具。”①

北美殖民地居民的共同体意识为独立战争的爆发提供了心理支持。早期“英王臣民”或“英国人”的身份认同促使殖民地居民逐渐超越了狭隘的地域意识，他们在政治制度、经济生活、社会习俗和价值观念等方面的共性意识不断增强，并最终超越了“英国人”的身份认同，萌生出“美利坚人”的观念。各地商品的互通有无，媒体信息的传播交流，以及防卫法国人和印第安人过程中的协作，掺杂欧洲不同语言的殖民地英语，都为殖民地居民形成共同体意识提供了基础。

殖民地居民开始自觉地区分自己与英国人的不同，对于生活的“美洲”有着与日俱增的认同感和自豪感。北美幅员辽阔、物产丰富，远比英国本土的自然条件优越。更加重要的是，与英国本土相比，殖民地居民享有更多的宗教自由和政治自由。托马斯·潘恩就此指出：“宗教改革先于美洲的发现，仿佛是上帝慈悲为怀，有意为以后几年受迫害的人们开辟一个避难所似的，那时本国既不会给他们友谊，也不会给他们安全。”②1620 年乘坐“五月花号”远赴美洲的清教徒宣称，此行的目标就是与当地人一道建立一个文明公平的政体，从而享受到最好的秩序和保护。③ 此后三四十年，约有两万名清教徒怀着建立一个永久性新社会的梦想来到美洲。

美国是以信念立国的国家。④ 追求自由和权利成为北美殖民地民众共同的价值信念，也是他们引以为傲的独特之处和寻求共识的精神基础。他们将殖民地建立和开拓的历史描绘成先人争取自由的伟大篇章。这种狂热的自由精神，在英属殖民地居民中最为强烈。殖民地的自治传统和政治体制使英国人的自由理念在美洲落地生花，自由和平等已经化作神圣的东西积淀在每一个美洲人的心中。⑤

北美殖民地民众因自己居住的地域而拥有了一个共同的名字“美利坚

① 李剑鸣：《美国通史》第 1 卷，人民出版社 2002 年版，第 541 页。

② ［英］托马斯·潘恩：《潘恩选集》，马清槐等译，商务印书馆 2015 年版，第 25 页。

③ David George Hale, *The Body Politic: A Political Metaphor in Renaissance English Literature*, Paris: The Hague, 1971, p.11.

④ 参见［英］理查德·克罗卡特：《反美主义与全球秩序》，陈平译，新华出版社 2004 年版，第 47 页。

⑤ 参见王立新：《美国国家认同的形成及其对美国外交的影响》，《历史研究》2003 年第 4 期。

人”，人们的日常用语和书面文字中经常出现“America”和“American”的字样。在1741年北方的报纸上，为了与“美利坚人”区分开，文章提到英国人时用的是“欧洲人”的字眼。英国政府中也有人用“美利坚人”称呼北美殖民地民众。尽管这个词语开始在殖民地被普遍使用，但是对它的界定至今都存在着争议。1782年，来自法国的纽约居民埃克托尔·克雷弗克抛出了一个著名的问题：“作为新人的美利坚人，到底是什么样的人？”这就是关于美国文化身份和国民特性的所谓“克雷弗克之问”。在克雷弗克看来，“美利坚人”拥有种族和血统上的多样性，他们“抛弃了他所有的古老偏见和习惯，从他所接受的新生活方式、所服从的新政府和所享有的新地位中接受新的偏见和习惯”，“是按照新的原则行事，接受新思想，形成新观点的新民族”。[①]

“美利坚人”坚信自身拥有优秀的品质，北美这片“希望之土”拥有光明的未来。约翰·亚当斯坚信，美利坚人既有罗马人在那个共和国鼎盛而美好时代所具有的强烈情感，又有人道的仁慈感情和基督徒的高尚德行；他们出于习性对自由权利有着强烈的意识，同时又无上崇尚美德。需要指出的是，18世纪六七十年代，“美利坚人”仅仅是一个基于人文地理的泛称，还不具备严格的民族学意义。[②]

北美殖民地居民共同体意识的萌生就是寻找和塑造角色身份的过程，这一过程存在于界定“自我”和“他者”的关系中，而这个“他者”就是以英国为代表的“旧大陆”——欧洲。尽管殖民地时期北美地区的移民主要来自西欧，尤以盎格鲁-撒克逊人为主，英裔居民的制度、习俗、语言和生活方式决定着北美文化的基调，但是长期以来美国人并不承认他们与欧洲在文化上的亲缘关系。克雷弗克强调了欧洲与美洲的对立。他认为，欧洲代表着暴政、堕落、贫穷、压迫、等级制、贵族制、贫富分化，而美国象征着自由、平等、民主、繁荣、机会、宽容、勤劳和财富的公平分配。北美是“一个新大陆”，“一个现代社会”，与欧洲的景象迥然相异，“这里没有贵族家庭，没有宫廷，没有国王，没有主教，没有教会统治，没有少数显赫人士享有的隐形权力，没有雇用数千人的大工业，没有昂贵的奢侈品。这里的贫富差距不像欧洲那么大”[③]。

---

① J. Hector St. John de Crèvecoeur, Albert E. Stone, *Letters from an American Farmer and Sketches of Eighteenth-Century America*, New York: Penguin Books, 1981, pp.46-47.

② 参见李剑鸣：《美国通史》第1卷，人民出版社2002年版，第515—522页。

③ J. Hector St. John de Crèvecoeur, Albert E. Stone, *Letters from an American Farmer and Sketches of Eighteenth-Century America*, New York: Penguin Books, 1981, p.45.

独立后，美国建国一代的共同抱负就是与欧洲的旧制度和旧生活方式进行切割，在新大陆建设一个新社会。所以，与批判欧洲相对的就是强调美国制度和文化的独特性与优越性，尤其是在政治制度、阶级关系、社会生活等方面的优长。总之，美国建国后的一百多年间，一直将欧洲视为文化的“他者”，试图通过否定与欧洲的文化联系，突出其与欧洲的不同和对立，构建美国的文化身份、国家认同和区域认同。欧洲与美国二元对立的话语衍生出了“美国例外论”和“天定命运论”。

二、“泛美主义”与西半球地缘区域认同

与美国例外文化身份紧密相关的是大陆主义地缘政治思想。大陆主义把美国的地理位置、制度特征和国家理想融合在一起，主要包含三方面的思想。一是浩瀚的大西洋把西半球与欧洲分隔开，并形成难以逾越的地理障碍，使“新旧大陆”分属不同的地理和政治体系，美国的利益集中在西半球。二是欧洲是一个充满暴政和战争的凶险之地，对美国乃至整个西半球安全都构成威胁，因此美国应该避免卷入欧洲的事务，同时也要防止欧洲介入和干涉美洲的事务。三是美国是一个大陆国家，北美大陆是上帝留给美国进行伟大共和试验的舞台，美国应该占领除加拿大外的整个北美大陆，并在此建立一个与欧洲不同的独特的美利坚文明。①

大陆主义地缘政治思想投射到美国外交思想上就表现为孤立主义。孤立主义的产生源自新、旧大陆在地理空间上的遥远距离，英国人固有的“岛国意识”，以及殖民地人民在反抗英国殖民统治中产生的“联合自救”思想。1775 年，约翰·亚当斯首次提出“不卷入”思想。1796 年，华盛顿发表了卸任前的《告别演说》，该文件被视为“孤立主义”宣言。在这场演说中，华盛顿一方面告诫国人不要陷入党派之争，警惕结盟政治对美国独立和主权的侵害；另一方面，更为重要的是确立了不卷入欧洲政治的孤立主义原则。②1821 年，美国国务卿约翰·昆西·亚当斯在独立日发表演讲，称：“美国将只是自身自由和独立的捍卫者和支持者……一旦投入到其他国家而非自己国家的旗帜下，即便目的是寻求独立，也会卷入以自由的名义实则因争夺利

---

① 参见王立新：《美国国家身份的重塑与“西方”的形成》，《世界历史》2019 年第 1 期。

② George Washingtons, “Farewell Address”, 1796-9-19, https://www.senate.gov/artandhistory/history/resources/pdf/Washingtons_Farewell_Address.pdf.

益、阴谋及个人的贪婪、妒忌和野心而引发的战争中,从而失去拯救其他国家的力量。"[①]这些讲话充分反映出建国早期美国政治精英们对国家身份和国际角色的认识和界定,即美国是有别于欧洲的美洲国家,要与欧洲政治保持距离,避免卷入外部事务,心无旁骛地在"新大陆"进行共和试验。孤立主义奠定了此后一百多年美国对外关系的总基调。

美国的孤立主义是相对的。其一,政治和外交上的孤立并不意味着经济上的闭关锁国,相反却带有资本主义的外向性。其二,美国利用地理上的孤立状态,与欧洲保持一种不即不离的关系,既不陷入纠缠,也不超尘绝世,目的是在同欧洲列强争夺殖民地和市场的竞争中保持行动自由。其三,美国早期孤立主义在空间上只适用于欧洲,而在拉美和亚洲则是积极扩大影响实施控制。美国对欧洲的孤立,是用来保障自己在美洲扩张的行动自由,孤立本身包含防御与扩张、内向与外向的双重含义。美国孤立主义涵盖一系列口号,如"不结盟""中立""不卷入""不干涉""不纠缠""航行自由"等,这些概念可以在不同时期、不同地点、不同形势下,根据美国利益任意取舍和解释,带有极强的实用主义色彩。[②]

1812 年英美战争改变了美国国内的政治和经济格局,改变了民族心理和社会思想状态,也改变了其外交的目标、重心和性质。转口贸易不再是美国国民经济的重要支柱,海上权利问题不再突出,种植园和农业发展亟须开垦更广阔的土地,以及工业市场的扩大问题日益紧迫,对美洲的贸易日渐重要。因此,此后三十年间,美国外交的重心从大西洋逐渐转向美洲大陆,外交目标从争取海上贸易自由权逐渐转变为争取大陆扩张的自由权。

19 世纪初,拉美国家纷纷独立,西半球开始形成以共和制为主体的美洲政治体系,这与君主制的欧洲存在天壤之别,同时西半球的政治格局也处在深刻的变动之中。以绞杀革命为己任的欧洲神圣同盟妄图插手拉美独立运动,欧洲大国和美国围绕各自利益形成了错综复杂的外交关系。由于美国具有地缘优势,欧洲大国也不会轻视美国的存在。同时,美国的经济和军事实力离"大国"尚有距离,无法单凭自己的实力与欧洲大国在境外抗衡,防止欧洲大国在美洲获得领土或扩大实力范围成为美国政府拉美政策的出发

---

① Walter LaFeber, *John Quincy Adams and American Continental Empire: Letters, Papers and Speeches*, Chicago: Quadrangle Books, Inc., 1965, p.45.

② 参见王玮、戴超武:《美国外交思想史:1775—2005 年》,人民出版社 2007 年版,第 43、68—69 页。

点。美国利用英国与神圣同盟的矛盾，在风险最小的情况下抢先承认了拉美新独立国家，为日后单方面宣布独占美洲的外交原则创造了条件。1823年11月27日，国务卿约翰·昆西·亚当斯在致俄照会中提出欧美两大陆体系有别和互不干涉等原则。

1823年12月2日，门罗总统在致国会的年度咨文中详细阐述了对拉美的政策，即著名的“门罗宣言”，其中包含三大原则：“美洲体系原则”“互不干涉原则”“不准殖民原则”。“美洲体系原则”是门罗宣言的理论基础，是门罗和亚当斯等政治精英对早期孤立主义的进一步发展和扩充。主要体现在三个方面：一是除继续鼓吹美欧两个大陆天然的地理隔绝外，更多地强调二者在政治制度方面的本质区别；二是对欧洲的孤立从美国一国扩大到整个美洲，是为“集体孤立”；三是不再只追求不介入欧洲事务，还要求从美洲“集体孤立圈”中排斥欧洲势力，即双向的不介入。“互不干涉原则”主要指美欧两大陆互不干涉。门罗宣称：“任何欧洲国家为了压迫它们或以任何其他方式控制它们命运而进行的任何干涉，我们都视为对美国不友好的表现。”“不准殖民原则”主要是针对英国和俄国在美洲的殖民活动提出的。门罗宣告：“今后欧洲任何国家都不得把美洲大陆上已经独立自由的国家当作将来殖民的对象。”[①]该原则实际上是1811年“不转让原则”的深化，都是要维护独立后拉美的现状，限制和约束欧洲大国在这一地区的扩张。

门罗宣言隐含着“美洲是美洲人的美洲”之意，其实质是进一步拉大美洲与欧洲的距离，使美洲摆脱欧洲的政治和外交纠缠，成为相对独立的美洲共和政治体系，试图通过强调南北美洲利益的相同之处，以地理上的优势为美国与欧洲的竞争创造有利条件。它的产生标志着美国的孤立主义已经发展到更高的阶段，从消极的不卷入欧洲事务的防御性外交逐渐转变为积极的不让欧洲插手美洲事务的进攻性外交，使孤立主义具备了积极能动的特点，为即将到来的大陆扩张做铺垫。

事实上，尽管门罗宣言包含着自美国革命以来基本的外交政策理念和区域认同观念，但它在当时只是解决美国所面临外交问题的一项政策声明，并不是美国实力发展到成熟阶段的自然产物。对于美洲国家而言，其所谓

① “Message of President James Monroe at the Commencement of the First Session of the 18th Congress (The Monroe Doctrine)”, 1823-12-2, https://www.archives.gov/milestone-documents/monroe-doctrine.

的“美洲体系”只是一种理论说教，美国在实力不足的情况下不会与新独立的拉美国家建立共同对付欧洲干预的体系。因此，门罗宣言没有即刻成为美国外交的“主旋律”。鉴于此，门罗宣言发表后的二十余年被美国史学家称为“停滞时期”。

1845 年 12 月 2 日，波尔克发表了第一个国会咨文，标志着门罗宣言到门罗主义的演进过程大体完成。波尔克执政时期是美国大陆扩张的高潮，对得克萨斯实行军事占领，命特使赴墨西哥谈判，要求得克萨斯的边界由努埃西斯河推进到格兰德河，还要求“购买”新墨西哥和加利福尼亚地区。波尔克在咨文中重申了二十多年前门罗宣言中的美洲原则，并作了一些重要的补充和新的解释。他把门罗宣言的“互不干涉原则”引申为不准欧洲干涉美国在美洲任意合并他国的权利，服务于美国的领土扩张活动。同时，波尔克又指出，“不准殖民原则”主要适用于反对“任何欧洲国家在北美洲建立任何新殖民地的企图”。这反映出美国同以英国为主的欧洲大国争夺美洲势力范围的态势。波尔克对门罗宣言的重申大大提高了这些原则在美国外交政策体系中的地位。此后，这些原则在美国与欧洲大国在美洲的抗衡中不断发展，最终成为美国制定拉美政策的指导思想——门罗主义。事实上，这一阶段美国外交的重点仍然放在北美洲、中美洲和加勒比地区，对南美洲仍然力不从心。

大陆主义地缘政治思想和门罗主义外交思想发展出的区域认同观念就是“西半球观念”。18 世纪末至 19 世纪的“西半球观念”核心内容为：西半球的人民以一种特殊的关系团结在一起，这种关系使他们与世界其他地区区分开，最重要的是与欧洲相分离。[①] 在美国人看来，西半球国家在地理、历史、政治和安全方面存在高度关联。在地理空间方面，南北美洲相互链接，自成一体，与欧洲分隔大洋两岸。在历史经历方面，南北美洲共同遭受了欧洲人的殖民侵略，以及抗争独立。在政治体制方面，南北美洲都致力于建设共和制度，这与暴虐的君主制度截然不同。[②] 在国家安全方面，南北美洲的新生政权都面临着欧洲大国的威胁。

---

① Arthur P. Whitaker, “The Origin of the Western Hemisphere Idea”, *Proceedings of the American Philosophical Society*, Vol.98, No.5, 1954, pp.323-326.

② Tanya Harmer, “Commonality, Specificity, and Difference: Histories and Historiography of the Americas”, in Juan Pablo Scarfi and Andrew R. Tillman eds., *Cooperation and Hegemony in US-Latin American Relations*, New York: Palgrave Macmillan, 2016, p.73.

“西半球观念”为19世纪末泛美主义的兴起提供了思想基础,美国经济的迅速崛起和商业扩张则是其产生的根本动力。大陆扩张已近尾声,美国深感国内市场狭小不足,强大的工业垄断集团、采矿业、铁路运输业和银行业要求开辟新的势力范围。这种迅速膨胀的经济不仅为美国从自由资本主义向垄断资本主义过渡奠定了坚实的物质基础,也为其全面扩张政策的实行提供了强大的物质保障。泛美主义提出的目的就是要把欧洲国家排挤出西半球,使拉美国家完全成为美国的商品市场和原料产地。如果说门罗主义只是美国单方面在西半球对欧洲国家的政策,那么泛美主义则是美国妄图拉拢拉美国家,把单方面的对抗变成集体行动,以有效排挤外部势力。泛美主义是门罗主义在帝国主义时代的新发展,是美国欲控制整个拉美的新外交策略。

20世纪初,老罗斯福对门罗主义再次进行重要延伸,形成了“罗斯福推论”。为了防止欧洲国家借口讨债重新向美洲国家渗透,甚至可能导致对美洲事务进行干预的合法化和常态化,1904年,老罗斯福在递交国会的第四次国情咨文中宣称:“如果在西半球这种混乱或无能的情况特别严重,那么奉行门罗主义的美国只好勉为其难,不得已而充当国际警察。”[①]翌年,老罗斯福在致国会的第五次国情咨文中进一步阐发了他的西半球政策理念,认为没有任何政策能像门罗主义那样促进西半球的和平,并给予这片土地上所有国家走自己发展道路的机会。[②] “罗斯福推论”的实质就是将“门罗主义”所宣称的“美洲是美洲人的美洲”公然变成“美洲是美国人的美洲”,是以独霸为核心的势力范围思想。它不仅包括欧洲无权干涉美洲的内容,还进一步宣称美国有权依照自己的意愿和逻辑干涉美洲各国的事务,这种干涉可以是仲裁,也可以是军事介入,在美洲建立“保护制度”的区域秩序,由美国充当秩序的维护者即“美洲警察”,给门罗主义加上了“大棒”色彩。

在具体的政策实践层面,美国主要通过召开泛美会议和组建美洲国家组织践行其“西半球观念”的地缘区域认同。借助泛美会议,美国在组织上加强了对拉美国家的控制,进而影响它们的内外政策;在经济上企图借助关

① Theodore Rossevelt, “Fourth Annual Message”, 1904-12-6, http://www.presidency.ucsb.edu/ws/index.php? pid=29545&st=&st1=.

② Theodore Roosevelt, “Fifth Annual Message”, 1905-12-5, http://www.presidency.ucsb.edu/ws/index.php? pid=29546&st=&st1=.

税同盟让拉美国家给美国特惠权，推动美国的经济扩张；在对外关系上联合拉美国家共同排除欧洲势力，以使其成为自己的附庸。

1889—1933 年是泛美体系形成的奠基期。1889 年，第一次泛美会议在华盛顿召开，主要议题包含：促进美洲国家繁荣，建立美洲关税同盟，在美洲各港口间开通定期航班，建立统一关税规则，采用统一度量衡制度及保护知识产权和商标，采用共同的银币制度，建立美洲强制性仲裁体制等。[①] 此次大会成立了美洲共和国国际联盟，其执行机构是美洲共和国商务局。第一次泛美会议开启了现代泛美主义运动，西半球国家的合作也由此正式进入体制化阶段。[②] 1901 年，第二次泛美会议把美洲共和国商务局扩大为美国各国国际事务局，使其成为一个超国家权力的政治性机构，美国从中获得强制调解美洲国家争端的仲裁人地位，美国国务卿担任该理事局理事会主席。1906 年，第三次泛美会议进一步扩大美国各国国际事务局的职权，并将其改组为泛美组织的常设委员会。1910 年，第四次泛美会议把美洲共和国国际联盟改名为美洲共和国联盟，将常设机构改组为“泛美联盟”。该机构的主要领导人和工作人员大多由美国人担任，活动经费也基本由美国提供。受第一次世界大战的影响，本应在 1915 年召开的第五次泛美会议延期至 1923 年举行。这次会议通过了泛美联盟改组议案，规定美洲各国均可指派代表常驻泛美联盟，且理事会主席和副主席须由成员国选举产生。此次大会还设立了四个常设委员会，分别处理经济和商贸关系、国际劳工、公共卫生和文化合作等方面的事务。这表明泛美联盟的执行机构愈加专业化，其区域组织的特性逐渐显现出来。1928 年，第六次泛美会议通过了《关于内部纠纷时期各国的权利和义务公约》，宣布美洲各国一律平等，彼此尊重主权和独立，并对美国在加勒比地区的干涉活动进行谴责。总之，这一时期，随着美国实力的不断增长，其对泛美组织的控制力不断加强。与此同时，拉美国家也对美国在泛美联盟中的优势地位提出挑战，在一定程度上改组了泛美联盟。泛美体系的组成机构、制度框架和体系原则等已初步形成，并呈现出深化和扩张的势头。一方面，美洲国家围绕某些特定议题举行泛美会议；另一

---

① Samuel Guy Inman, *Inter-American Conference, 1826-1954: Historical and Problems*, Washington, D. C.: The University Press of Washington, D. C. and the Community College Press, 1965, pp.40-41.

② 参见孙若彦：《第一次泛美会议与现代泛美主义运动的开启》，南开大学世界近现代史研究中心编：《世界近现代史研究》第 17 辑，社会科学文献出版社 2020 年版，第 53 页。

方面,不同领域的泛美机构纷纷建立,促使美拉合作走向深入。

1933—1948年是泛美体系的成型期。20世纪30年代的经济危机使美国的经济遭受重创,同时冲击了美国对拉美的经济影响力。为了改善美拉关系,度过经济危机,罗斯福政府出台了"睦邻政策"。1933年,第七次泛美会议通过了《各国权利和义务公约》,确认了各国平等、不干涉别国内政和外交、和平解决争端、不承认领土征服和外国人的司法管辖等泛美体系重要原则,并形成了决议。1936年,泛美联盟召开了一次关于美洲国家维护和平的特别会议,在泛美体系历史上第一次提出应对美洲以外威胁的应对办法,规定:一旦美洲大陆受到威胁,美洲国家将通过共同协商制定维持和平的措施;美洲国家要和平解决一切纠纷;加强美洲国家团结与合作等。1938年,第八次泛美会议通过了《利马宣言》,基本确立了美洲国家战时合作的框架,确定了一致行动的原则,用以对付轴心国的军事进攻和秘密渗透活动。利马会议建立了一个新的机制——外长协商会议。二战期间,泛美体系通过召开外长协商会议与设立美洲国家防务委员会、美洲国家防务咨询委员会、美洲国家财政经济咨询委员会等,协调了美洲国家共同政治立场,进一步确立了以美国为主导的西半球防务联盟体系,为世界反法西斯战争做出了积极贡献。1945年,美洲国家外长会议通过了《查普德佩克公约》,强调对来自非美洲国家或美洲国家的侵略可采取包括使用武力在内的制裁,还决定成立由美洲各国参谋总部代表组成的常设泛美参谋部,此举使泛美体系进一步军事化。这次会议进一步加强了战时美国在西半球取得的优势地位,为战后建立美洲政治军事联盟奠定了基础。

二战后,美国以"反共"为名,将泛美联盟由一个行政—法律同盟逐步打造为政治—军事同盟。1947年,美洲国家维持大陆和平与安全会议通过了《美洲国家间互助条约》,规定任何一国对美洲一国的武装进攻应被视为对全体美洲国家的武装攻击,美国借此组织了西半球的军事防御联盟。1948年,在第九次美洲国家会议上,正式成立美洲国家组织,并就其性质、宗旨、原则和机构等做出具体规定,重申了包括"大陆团结""集体安全"等机制原则。该组织总部设在华盛顿,美国提供约60%的经费,下设法律、文化、经济、社会、国际事务等主要部门,并有数百个附属性专门会议和组织,原来的泛美联盟改组为该组织的秘书处。这次会议实现了美国对泛美体系改组的既定目标,泛美体系更加组织化和制度化。不过,它也成为日后美国干涉拉美国家内政的合法工具，美国借此将国际重大问题泛美化。《美洲国家间互助条约》的签订和美洲国家组织的建立，标志着美洲政治军事集团的正式形成。这是战后美国全球扩张战略中第一个地区性政治军事集团，为其以后建立类似集团提供了模板，1949 年北大西洋公约组织就是以此为原型打造的。

1948 年至 20 世纪 60 年代是泛美体系的发展期。美洲国家组织成立后，美国确立了其在西半球事务中的绝对主导地位，从军事、经济、政治等方面加强对拉美国家的控制和干涉，服务于其自身的国家利益。在军事领域，《美洲国家间互助条约》生效后，美国同大多数拉美国家签订了双边军事协定，在 17 个拉美国家派驻 43 个军事顾问团，建立了 400 多个军事基地。朝鲜战争期间，美国通过 1951 年第四次泛美外长协商会议迫使拉美国家提供援助。1962 年，美国建立了泛美防务学院，负责培养拉美国家的亲美高级军政官员。在经济领域，1959 年成立了美洲国家组织的专门机构美洲开发银行。1961 年，在该组织经济和社会理事会的埃斯特角会议上通过了美国提出的"争取进步联盟"计划。美国通过庞大的贷款、援助和投资，进一步控制了拉美国家的经济命脉。在政治领域，美国利用美洲国家组织加强对拉美国家内政的干涉，策划军事政变，武装颠覆民族主义色彩浓厚的政权，扶植亲美独裁政权。1954 年举行的第十次泛美会议强行通过了一项旨在为武装干涉危地马拉内政、推翻其民主政府制造借口的反共决议。1959—1964 年，美国多次利用美洲国家组织的会议机制指责和制裁古巴，妄图剥夺古巴的成员国资格，胁迫大多数拉美国家与其断交。1965 年，美国以"保护美侨"为名悍然出兵干涉多米尼加反独裁争民主的群众运动，并挟持美洲国家组织通过成立"泛美部队"的决议，为其侵略行径正名。由此，美洲国家组织成为美国维护其地区霸权、反苏反共的政策工具。

冷战后期，美国把更多资源和精力放在了应对全球冷战局面的演变上，对拉美国家的政策带有浓厚的政治意识形态和军事色彩，将其置于战略边缘地位，从而加剧了美拉关系矛盾，美洲国家组织的地位日渐衰落。随着拉美国家外交多元化以及区域合作和地区一体化进程加速发展，拉美国家反控制、反霸权的斗争日益加强，美国在泛美组织中的影响力和控制力都呈下降趋势，其欲通过操纵多数票迫使泛美组织通过它的提案变得愈加困难。美国人在美洲国家组织秘书处所占职员占比从 1953 年的 57%降至 1975 年的 17%,秘书长一职也不再由美国人担任。[1]

归根到底,美国基于地缘的西半球区域认同观念就是要谋求和巩固在西半球的霸主地位。"无论其他国家持有什么样的意识形态或动机,美国都不允许它们侵占西半球的领土及其施加的任何影响。"[2]为此,美国通过建立地区联盟体系、直接军事干涉、经济开发援助等途径实现这一目的,致使其拉美政策带有明显的"排他性",只是不同时段被排挤的区域外"他者"有所不同罢了:从 19 世纪 20 年代拉美国家独立运动时期的老牌殖民国家,到 19 世纪中后期至 20 世纪上半叶的英国,再到二战时期的法西斯势力,又及冷战时期的苏联。从这个意义上讲,泛美主义具有典型的二重性,它既反映出美国对拉美地区的霸权关系,又反映出美国和拉美国家联合起来排除外部势力影响的合作关系,从而使美拉关系呈现出冲突与合作并存的特征。

三、文明制度认同与大西洋联盟构建

20 世纪初以来,美国和欧洲国家在政治、经济和文化等方面的交往愈加密切。英国和法国的民主化加大了美国和西欧在政治制度上的趋同性,一战和二战表明了美国和欧洲国家在安全利益上的一致性,大萧条展示了双方在经济发展上的高依存度,这些都深刻改变了美国对于自身文明属性和美欧关系的认识,也改变了其区域认同观念。美国政治精英们逐渐意识到美欧在文化和制度上的同源性,开始把自身视为"西方文明"的一部分,并从外交战略、经济和军事层面着力打造大西洋共同体。

一战初期,威尔逊政府奉行"中立"外交。1914 年 8 月,威尔逊发表讲话称:"美国不仅必须在名义上,也必须在事实上保持中立。"[3]然而,战争的走势改变了美国的外交政策,致使其 1917 年对德宣战。美国与协约国联合的主要原因在于:在经济上,军工利益集团控制了美国的国内政治,推动政府做出参战决定;在军事上,德国的潜艇战对美国的安全利益构成威胁;在文化理念和政治制度上,美国与英法更为接近,形成了天然的联合倾向。[4]

---

① 参见沙丁、杨典求:《美洲国家组织的历史演变及其作用》,《历史研究》1980 年第 2 期。

② Lars Schoultz, *National Security and United States Policy toward Latin America*, Princeton, N.J.: Princeton University Press, 1987, p.225.

③ Henry Commager, *Documents of American History*, *Vol.2*, New York: Meredith Publishing Company, 1963, p.96.

④ 参见余志森主编:《美国通史》第 4 卷,人民出版社 2002 年版,第 385—386、401 页。

为了动员民众参战和巩固战时团结，美国政府塑造了新的“自我”和“他者”的形象。一方面，宣传强调美、英、法在文化传统、政治制度和意识形态方面的相似性，将自由、民主、进步和资本主义塑造成它们的共同传统和“西方文明”的核心特质，美国是为了促进全世界自由和民主事业而战。另一方面，用骇人的笔调把德国刻画成独裁、邪恶和反动的代名词，德军的威胁是企图掠夺欧洲并将征服世界的野心。这场战争被描绘成民主与独裁、自由与压迫、文明与野蛮、正义与邪恶、进步与反动之间的较量。

一战期间，美、英、法协同作战的经历使美国人更加深刻地意识到彼此利益和制度的一致性。1917 年，美国著名政论家沃尔特·李普曼提出了“大西洋共同体”的概念。他指出，大西洋两岸已经形成深度利益网，它把西方世界联结在一起，英国、法国、意大利、西班牙、荷兰、斯堪的纳维亚国家与整个美洲都属于同一个共同体，那就是大西洋共同体，美国是这个共同体的一部分，也是这一文明的一部分；而德国对英国、法国和比利时的战争就是对一个文明发动战争，它已经威胁这一共同体赖以生存的大西洋海上通道，美国要为这一共同体的安全而战，保卫大西洋共同体就是保卫西方文明。①

事实上，20 世纪二三十年代“大西洋共同体”的思想在美国仍然是少数人的主张，大陆主义的地缘政治观念和孤立主义的外交思想仍有很大的市场。一方面，美国问鼎世界霸权地位的时机和条件仍不成熟。另一方面，协约国与美国关于战债问题的纠纷，使得 20 年代的美国人对于卷入复杂的欧洲事务仍然十分警惕。1929 年经济大危机不仅冲垮了整个资本主义世界的经济秩序，也动摇了 20 世纪 20 年代的国际和平结构，法西斯势力的崛起以及英法的绥靖政策，致使欧洲再次陷入动荡，深陷危机泥潭的美国在外交上迅速滑向孤立主义和贸易保护主义。

1939 年，英法对德宣战，欧洲战争爆发。像一战初期一样，二战初期美国同样保持着中立，但是小罗斯福总统冲破了国内孤立主义的重重包围，摒弃了中立政策。1938 年 8 月，他曾警告称，文明是国际所共有的，美洲不再是远处他方的大陆，美国应成为世界和平中举足轻重的因素。② 1939 年 10

① Walter Lippmann, “The Defense of the Atlantic World”, *New Republic*, Vol.10, No.120, 1917, pp.59-61.

② 参见［美］富兰克林·德·罗斯福：《罗斯福选集》，关在汉编译，商务印书馆 2018 年版，第 254—256 页。

月，小罗斯福促使国会废除了中立法中的武器禁运条款。1940 年 5 月 26 日，他在一次“炉边谈话”中称：“以为我们地处远方，与世隔绝，因而是保险的，不必担心遍及四方的危险，这种幻想已经不复存在。”[①]同年 9 月 2 日，小罗斯福以行政协定的方式将 50 艘超龄驱逐舰出让给英国，在事实上结束了中立。1941 年 1 月，他在国情咨文中称，坚决反对美国或南北美洲任何其他部分被强迫孤立，并第一次完整阐述了“四大自由”思想。[②]

随着美国对国际事务的深度介入，其国内大西洋共同体的区域认同观念悄然复活。1941 年，李普曼刊文论述了大西洋对美国的重要性；同年 7 月，美国对外关系委员会主席弗朗西斯·米勒在《外交》季刊上撰文对美国的世界观和对外政策进行反思，称三百年来美国人大陆视角的世界观已经过时了，未来维护美国自由的生活方式将取决于对海上和空中的跨洋控制能力，而非对陆地的控制能力。他特别强调：“北大西洋地区是我们文明的摇篮，美国生活方式的存续取决于这一文明的存续。一千多年以来，我们的先辈一直致力于在大西洋沿岸建立一个共同的社会……大西洋已经成为自由的海洋。只要我们及与我们有共同的精神和物质利益的人能够控制北大西洋，那么自由，无论是政治自由还是经济自由，就会有在世界上存续的机会。如果我们失去了这种控制，我们将失去我们的自由。这就是我们开始主张控制(北大西洋)的原因。”[③]李普曼于 1943 年出版了《美国外交政策：共和国的盾牌》一书，对大西洋主义思想进行了详细阐述。他指出，大西洋不是欧洲和北美的边界，它是被地理、历史和生死攸关的需要联结起来的多国共同体的内海，美国的大陆界限从来与防务界限不一致，美国需要保卫的地区除了北美大陆，还有大西洋共同体。[④] 李普曼认为：“美国的天然盟友是大西洋共同体国家，即西欧和美洲国家。大西洋和作为大西洋臂膀的地中海将它们联结在一个共同的战略、经济和文化体系中。大西洋共同体的主要组成部分是英联邦、大西洋两岸的拉丁国家、低地国家以及瑞士、斯堪的纳

---

① [美]富兰克林·德·罗斯福：《罗斯福选集》，关在汉编译，商务印书馆 2018 年版，第 296 页。

② “Annual Message to the Congress”, 1941-1-6, http://www.presidency.ucsb.edu/ws/index.php? pid=16092#axzz1VXGTciBm.

③ Francis Pickens Miller, “The Atlantic Area”, *Foreign Affairs*, Vol.19, No.4 1941, pp.727-728.

④ Walter Lippmann, *U. S. Foreign Policy: Shield of the Republic*, Boston: Little Brown and Company, 1943.

维亚和美国。”[①]

大西洋共同体的区域认同观念是建立在“西方文明”概念之上的，两者一体两面、高度重合。从20世纪30年代开始，“西方文明”概念主要被用于批判特纳的“边疆说”，强调美国民主源于西方文明，而非美国西部的森林。1945年12月，时任美国历史协会主席卡尔顿·海斯对“西方文明”的传统进行系统的阐述，包括四个方面：“一是希腊—罗马传统，在文学和语言、哲学、建筑和艺术、法律和政治观念等方面有丰富的遗产。二是犹太—基督教传统，包括其深厚的灵性和伦理，它对个人和社会行为产生持久的潜移默化的影响，它坚定地在个人与民族、自由与权威、仁慈与正义、属于凯撒的和属于上帝的之间做出区分。三是在以上两大传统共同影响下产生的个人主义传统、对国家限制的传统、社会责任传统、反抗与革命的传统。四是扩张、传教和十字军东征的传统……在欧洲或西方文明的所有这些特征中，中欧、西欧和美洲的每个民族都有共同的特点。就边疆发展和文明程度而言，正是这些特征推动并体现在文明中。美国也不例外。”他指出，美国和欧洲“都属于欧洲文化或‘西方’文化，属于一个由欧洲和欧洲的边疆——美洲的遗产、观念和利用组成的共同体”。在关于西方文明的叙事中，大西洋被比喻成欧洲古典时期的地中海，英国和美国分别被喻为20世纪的希腊和罗马。海斯认为，“美国是大西洋共同体和作为这一共同体基础的欧洲文明的共同后代和培育者，未来很可能是领导者”，所以，“应该通过在一个以大西洋为内海的国际区域社会中辨明并占据美国应有的位置，基于国家利益和全世界福祉推行外交政策，更加忠诚且有效地进行合作……这是历史上欧洲文明特别是美国边疆的荣耀”。[②]

二战后，在区域认同观念发生巨大转变的基础上，欧洲对于美国的政治和文化都具有重要意义，因此美国以挽救和保卫西方文明和大西洋共同体的名义出台了遏制战略，实施了欧洲复兴计划，并组建了北大西洋公约组织。

美国政治精英从文明对抗的角度阐述遏制战略出台的合理性和必要性，把“自我”塑造为西方文明和自由世界的守护者，而把苏联塑造为威胁西

---

① Walter Lippmann, “The Cold War”, *Foreign Affairs*, Vol.65, No.4, 1987, p.875.

② Carlton J. H. Hayes, “The American Frontier-Frontier of What?”, *The American Historical Review*, Vol.51, No.2, 1946, pp.208-209, 213.

方文明生存和安全、与自由世界对立的“他者”。遏制战略的提出者乔治·凯南是西方文明体系论的坚定信奉者。在1946年向美国国务院呈送的8000字长电报中，凯南对战后苏联的理论、意图、政策和做法以及美国的对策等提出了全面的分析和建议。文中使用了19处“西方”“西方世界”“西方国家”“西方民族”“西方政府”“西方大国”等概念。这份电报的主要思想之一是阐明苏联的政策来自它的政治制度和意识形态，这一政策是同西方互为对立的，其目的是削弱西方国家的权力、影响力和联系，从理论上讲，只要这一政策取得成功，就会产生有利于共产主义苏联渗透的真空。[①] 随后，在解决希腊和土耳其问题上，1947年3月，杜鲁门总统向国会宣读了一份咨文，提出了所谓“杜鲁门主义”。咨文渲染“希、土危机”，声称“希腊和土耳其是内外受到共产主义威胁的自由国家”，一旦希腊的生存受到共产党政权的威胁，不但对土耳其产生直接严重的影响，还会危及整个中东地区，危及欧洲。“美国不能也不应该让这些国家孤立无援……我国的理想和传统要求我们去援助希腊和土耳其，要求我们让全世界知道，我们的政策就是不管在什么地方，如果自由受到威胁，我们就要加以援助。”[②]副国务卿迪安·艾奇逊直言，美国和苏联的对抗就如同当年雅典和斯巴达、罗马和迦太基之间的对抗，美国应当肩负起保卫西方文明神圣发源地希腊的重任，这也是保卫自由本身。[③] 美国国务院近东和非洲事务办公室主任洛伊·亨德森把共产主义对希腊的威胁比作蛮族对罗马的入侵，赞扬希腊创造了西方文明，如今正在为维护自身独立和保卫其后代抵御另一波野蛮主义浪潮的进攻而战。

在维护西方文明自由、安全和繁荣的话语中，杜鲁门政府实施了欧洲复兴计划。1947年6月5日，国务卿马歇尔在哈佛大学毕业典礼上发表演讲，呼吁为饱受战争蹂躏的欧洲提供经济援助。杜鲁门声称：“西方正面临日益加强的共产帝国主义的压力……如果能够引导欧洲国家把欧洲的经济问题看作一个整体而不是看作不相关联的各个国家的问题，来寻求自力更生的办法，并实行互相合作，那么美国的援助将更为有效，同时恢复后的欧洲的力量也更能持久。”当年12月19日，杜鲁门总统在国会发表咨文，正式提出

---

① George Kennan, “long telegram”, 1946-2-22, http://alphahistory.com/coldwar/george-kennan-long-telegram-1946/.

② [美]哈鲁·杜鲁门:《杜鲁门回忆录》下卷，李石译，东方出版社2007年版，第122—123页。

③ Lloyd C. Gardner, *Architects of Illusion: Men and Ideas in American Foreign Policy, 1941-1949*, Chicago: Quadrangle Books, 1970, p.218.

欧洲复兴计划。他在咨文中称，欧洲的复兴对于维护美国生活方式深植其中的西方文明至关重要。[①] 1948 年 4 月 3 日，美国国会以压倒性多数通过了《1948 年经济合作法案》，随后，杜鲁门总统签署了这项法案。在接下来的四年里，美国国会为欧洲经济复苏拨款 131.5 亿美元。马歇尔计划被誉为二战后美国对外经济技术援助最成功的计划，为欧洲重建提供了资金和物资，促进了西欧国家的联合和欧洲经济共同体(又称“西欧共同市场”)的建立。马歇尔计划的实施促进了美国商品和资本对西欧的输出，为美国利用经济手段直接控制西欧铺平了道路，并支持了西欧政府的发展。战后西欧一直是美国最大的出口市场和海外私人直接投资增长最快的地区。[②] 在美国政府看来，恢复 17 个西欧和南欧国家的经济，除了现实主义经济考量，主要目的是为西方民主制度的生存提供和平稳定的条件，这是基于共同文明价值理念基础上的“义举”，从而创造出反共反苏的有利环境。

两次世界大战改变了美国的区域认同观念和国家安全理念，拓展了安全的内涵和空间。二战前，美国国防主要涉及军事层面，保护美国本土、海外属地和西半球免遭外部军事攻击。二战后，安全不仅指军事防务，还包括维护经济贸易、金融和能源体系的稳定，维系美国民主制度和生活方式以及西方文明的生存和发展。安全的地域空间也从美国本土和美洲大陆，扩展到环北大西洋的西方文明圈，继而拓展到全世界。基于大西洋共同体集体防务安全的需求，1949 年 4 月 4 日，美国和 11 个欧洲国家共同签署了《北大西洋公约》。“序言”明确宣称，缔约国“决心捍卫各国人民的自由，以及建立在民主、个人自由和法治原则基础上的共同遗产和文明，并寻求促进北大西洋地区的稳定和福祉”。第五条最为重要，规定：“各缔约国同意对于欧洲或北美的一个或多个缔约国的武装攻击，应被视为对所有缔约国的武装攻击”，“缔约国在行使《联合国宪章》第五十一条所承认的单独或集体自卫权时，将协助受到此种攻击的缔约国采取安理会认为必要的行动，包括使用武力，以恢复和维护北大西洋地区的安全”。[③] 北约成立十年后，艾森豪威尔总统在北约部长级会议上致辞时，谈到成立该组织的初衷时称：“这不仅关系

① 参见[美]哈鲁·杜鲁门：《杜鲁门回忆录》下卷，李石译，东方出版社 2007 年版，第 136、138—139、143—144 页。

② 参见刘绪贻主编：《美国通史》第 6 卷，人民出版社 2002 年版，第 32—33 页。

③ “The North Atlantic Treaty”, 1949-4-4, https://www.nato.int/cps/en/natolive/official_texts_17120.htm.

到我们这些国家的安全免受军事攻击;真正的问题是我们是否有能力保护西方文明的精神基础,使其免受任何形式的无情侵略,无论这种入侵是军事的、经济的还是政治的。”[①]北约组织的建立是美国人一手操纵的,北约盟军最高司令由美国人担任,北约核打击力量的使用权完全操纵在美国总统手中。美国通过北约从政治上和军事上加强了对西欧的控制,逐渐在欧洲大陆组成了一个遏制苏联东欧的弧形半包围圈,美国和欧洲的安全利益被完全捆绑在一起,这彻底改变了美国不参与美洲大陆之外任何军事集团的传统安全政策,以保护西方文明不受侵犯,标志着美国以欧洲为重点的全球战略部署已初步完成。1989 年,老布什总统在北约首脑会议上提出“新大西洋主义”,这是美国处理大西洋关系的新原则和政策设想。其指导思想是按照美国的意图,改造欧洲现存的组织机构,包括北约、欧共体和欧安会,使其成为“欧洲新秩序”的三大支柱。“新大西洋主义”的提出标志着美国要同欧洲建立更加成熟和平衡的伙伴关系。

四、利益战略扩张与亚太、印太区域构建

除了对自身文化身份的界定,商业精神和扩张传统也是影响美国区域认同观念的重要因素。北美 13 个殖民地是英国重商主义的产物,商品经济的发展使美利坚民族比世界其他民族更具商业精神。美利坚民族商业精神的核心是“清教主义”。它不仅是一种宗教教义,也是价值观念、生活方式和伦理观念。清教主义颂扬工作勤奋和生活节俭,认为个人通过精神上的禁欲和劳动就可以实现与上帝同在;注重个人主义和平等意识,个人通过努力获得成功就能成为上帝的选民。基于清教主义发展出来的资本主义经济伦理“包含了一套与教会和绝大多数欧洲国家的古老惯例、公认的社会伦理系统及法律截然不同的经济行为准则和人际关系制度”[②]。商业精神衍生出了个人主义、冒险精神、勤奋竞争和开拓欲望,清教主义中的“宿命论”说教赋予了美国人强烈的使命意识和扩张动力,以实现盎格鲁-撒克逊人传播基督文明、征服野蛮民族和落后文明的“神圣使命”。

---

① Dwight D. Eisenhower, “Remarks at the Opening Session of the Ministerial Meeting of the North Atlantic Council”, 1959-4-2, https://www.presidency.ucsb.edu/documents/remarks-the-opening-session-the-ministerial-meeting-the-north-atlantic-council.

② [德]马克斯·韦伯:《新教伦理与资本主义精神》,阎克文译,上海人民出版社 2018 年版,第 12 页。

19世纪四五十年代，美国资本主义迅速发展，不同利益诉求交织在扩展疆域的契合点上，"天定命运论"应运而生。1845年，美国著名专栏作家约翰·奥沙利文首次使用"天定命运"这个术语。[①] 天定命运论是清教主义"宿命论"的新形态。该理论的鼓吹者秉持种族优越论，宣称美利坚人是最优秀的民族，具有扶持落后民族发展、向世界传播民主制度的能力和使命；杜撰所谓的"机体发育理论"，指出美国人口繁衍和迁移拓殖需要开辟新的发育空间；强调地理空间的"政治引力"必然导致领土兼并，只有美国人能根据上帝的旨意有效开拓利用土地，对土地拥有优先占有权。这套话语体系将美国领土和商业扩张活动神圣化、合理化，直接推动着大陆扩张步入高潮。天定命运论不仅在当时被广泛地用来论证美国吞并俄勒冈、兼并得克萨斯、侵略墨西哥的正当性，还在后来兼并古巴、购买阿拉斯加、吞并夏威夷中充当着重要的理论武器。在这轮扩张狂潮中，美国领土面积从独立时的80万平方公里扩大至19世纪70年代的930多万平方公里。

19世纪40年代，美国基本上完成了在北美大陆的扩张，美国国内又出现一批"海洋边疆"的拓荒者，代表性人物就是政治家威廉·亨利·西沃德，"他是建立美国太平洋帝国的鼓吹者和设计者"[②]。19世纪50年代，西沃德的扩张思想发生了三个重要转变：在扩张内容上，从大陆的领土兼并转变为海洋的商业扩张；在扩张方向上，从大西洋转向太平洋；在扩张方式上，从武力征服转变为商业合作。西沃德太平洋商业帝国的构想发端于19世纪40年代，成熟于50年代。他认为，只有太平洋上的贸易才是世界性贸易，当今世界重大的商业争夺战都在太平洋及其岛屿和大陆，所以只有控制太平洋才能建立海洋帝国。美国人的"使命"就是统治亚洲市场，成为"最伟大的国家"[③]。其海洋扩张思想的终极目标就是使美国获得世界商业霸权。为此，西沃德还提出了具体的政策构想：一是合并加利福尼亚，将其发展为太平洋贸易的集散地；二是修建横贯大陆的铁路和电报网，以此联结和控制欧亚之间的贸易，将美国打造为世界性商业帝国的中心；三是控制中美地峡的交通，控制两洋贸易的咽喉；四是发展远洋航运，建立世界统一的金融体系，使

---

① John L. O'sullivan, "Annexation", *United States Magazine and Democratic Review*, Vol.17, No.85/86, 1845, p.5.

② 徐国琦：《威廉·亨利·西沃德和美国亚太扩张政策》，《美国研究》1990年第3期。

③ Ernest N. Paolino, *The Foundations of the American Empire: William H. Seward and U.S. Foreign Policy*, New York: Cornell University Press, 1973, p.29.

世界金融体系的中心从伦敦转至纽约；五是沿南北两路建立贸易中转站，北为阿拉斯加和阿留申群岛，南为夏威夷、威克岛和中途岛。

西沃德设想的海洋帝国的重心在太平洋和亚洲。他指出，1848 年革命预示着欧洲文明的衰落，美国注定接过文明的火种继续前行，以其优越的制度将文明向西扩展，跨越美国大陆和太平洋，直抵亚洲，东西方两大文明即将在太平洋的海岸和岛屿上重新相遇。虽然欧洲的商业、政治、思想和活动仍然拥有较大实力，联系也更加密切，但其重要性在不断下降，今后太平洋及其海岸、岛屿和周边广大地区将要变成世界更伟大未来的主要舞台，美国人要从欧洲残存的影响和偏见中完全解放出来，代之以美国的观念和影响去改造东方的政体和风俗。①

尽管美国早期外交被称为"大西洋外交"，但是对商业利润的追求促使美国人从一开始就把目光投向太平洋彼岸的东方。在早期美国人的观念中，印度和中国是东方文明的两大代表。美国扩张区域的持续西移实际上是承继了欧洲列强的扩张主义路线。美国领土边界拓展到太平洋东岸"是（西方）对'通往印度的通道'长期探索的结果，一个伟大的商业帝国可以在亚洲商业的基础上发展起来"②。1784 年，美国商船"中国王后号"赴华首航，正式拉开了与中国贸易的帷幕，成为美国向太平洋彼岸挺进的开端。19 世纪 20 年代，美国在太平洋区域的海上贸易、捕鲸业等已经形成一定规模，为了保护本国的商业利益，政府开始建立常设性太平洋舰队。

西沃德的太平洋帝国理论将对华外交视为美国对亚洲外交的中心。1844 年，中美《望厦条约》的签署客观上为美国发展对华贸易提供了更加便利的条件，也标志着美国正式介入亚洲尤其是远东事务。为了扩大在华权益，并同欧洲列强在华平等享有经济竞争的权利，西沃德提出了对华政策的两项基本思想：贸易机会均等、保全中国的行政实体和领土完整。1868 年，中美签订的《蒲安臣条约》均能反映西沃德的对华思想。

俄勒冈和加利福尼亚分别于 1846 年和 1847 年并入美国，使其领土范围延伸至太平洋东海岸。太平洋通道对于美国扩大贸易市场的重要性日渐凸显，位于太平洋之内又靠近东亚大陆的日本迅速吸引了美国人的目光。

---

① 参见[美]泰勒·丹涅特：《美国人在东亚》，姚曾广译，商务印书馆 1959 年版，第 347—348 页。

② Charles Vevier, "American Continentalism: An Idea of Expansion, 1845-1910", *The American Historical Review*, Vol.65, No.2, 1960, pp.324-325.

日本不仅是一个未开发的通商市场，也能充当到东亚大陆开展贸易的美国商船的补给地。西沃德大力支持1853年美国远征日本。1854年美日两国签署《日美亲善条约》，1858年两国又签署《友好通商条约》，扩大了美日商贸活动和人员往来范围。同年，布坎南总统在致美国国会的年度咨文中自豪地宣称：“我们共和国的东部战线沿着大西洋延伸，西部战线沿着太平洋延伸，如果所有地区都通过安全、方便和快速的交通联系起来，我们必然会在欧洲和亚洲的贸易中占有很大的份额。我们最近与中国和日本签订的条约将使这些富裕和人口众多的帝国对我们的商业开放；世界历史证明，谁拥有与东亚的贸易，谁就会变得富裕和强大。”[①]

长达四年的美国内战暂时中断了西沃德太平洋帝国的实施计划，战争结束后他便立即着手推动，不断在太平洋上寻找支点，扩张势力。第一个行动就是购买俄属阿拉斯加。在西沃德及其支持者看来，阿拉斯加不仅资源丰富，它还是美国在太平洋地区扩张的跳板，将为美国打通通往中国和日本的贸易通道，届时北太平洋将会成为美国贸易和权力扩张的舞台，继而控制全世界的政治和商业。[②] 1867年，美国占领位于太平洋心脏地位的中途岛，后期成为其重要的战略要塞。随后，兼并夏威夷被提上美国的议事日程，“美国需要在太平洋沿岸与目前正向商业和基督文明开放的亚洲广大地区之间的海洋中寻找一个驻足点”[③]。美国看重的不只是夏威夷的商业价值，还有政治意义和战略意义。随后，美国通过一系列不平等条约，不断蚕食夏威夷的君权，逐步控制其政局。与此同时，美国还加紧同英国和德国在南太平洋萨摩亚的争夺，以及与英国在中美洲地峡的争夺，海外扩张的步伐越迈越大。

19世纪末，一股新的扩张思潮“新天定命运论”在美国甚嚣尘上。它是清教主义“宿命论”在海外扩张时期的新变种，主要包括以社会达尔文主义为依据的种族优劣论、边疆说、文明兴衰循环论和海权论。与19世纪40年代“天定命运论”着眼于美洲大陆不同，“新天定命运论”的焦点是海外，尤其

---

① James Buchanan, “Second Annual Message to Congress on the State of the Union”, 1858-12-6, https://www.presidency.ucsb.edu/documents/second-annual-message-congress-the-state-the-union.

② Ernest N. Paolino, *The Foundations of the American Empire: William H. Seward and U.S. Foreign Policy*, New York: Cornell University Press, 1973, pp.111-116.

③ Bary Rigby, “American Expansion in Hawaii: The Contribution of Henry A. Peirce”, *Diplomatic History*, Vol.4, No.4, 1980, p.359.

是太平洋地区。边疆说代表人物特纳指出，边疆的流动就是文明的扩张，一切扩张的目标都指向太平洋。他断言，美国成为世界强国是“向太平洋前进的合乎逻辑的结果，也是它占领自由土地和开发西部资源时代的赓续”①。文明兴衰循环论代表人物布鲁克斯·亚当斯认为，伟大的文明都是通过征服的方式建立的，并随着财富和边疆提供的机会由东向西发展，世界文明的中心最早出现在地中海沿岸地区，然后向西运动，目前这个中心在西欧，而未来将横穿大西洋来到北美大陆，转移到美国。因此，美国应该乘势向海外扩张，尤其向西、向太平洋和亚洲扩张，成为世界经济强国。② 海权论代表人物是军事理论家马汉，他强调只有建立和发展强大的海上实力，夺取并保持制海权，特别是与国家利益和海外贸易相关的交通线上的制海权，才能使国家强盛和繁荣。③ 在马汉看来，太平洋中的关键岛屿以及中美洲的巴拿马地峡都是对美国海权至关重要的战略要地。夏威夷群岛是“太平洋上的直布罗陀”，关系到今后美国在太平洋上的商业霸权和军事上的制海权，会成为美国控制整个太平洋地区的重要阵地，以此不仅可抵消英国在太平洋的影响力，还可通向中国市场；中美洲地峡则是控制两大洋的关键所在，如果美国控制运河区，就能增强海军作战的机动性，以及同欧洲国家争夺亚洲市场的能力，改善美国的战略地位。④

19 世纪最后几年，在“新天定命运论”的鼓动下，扩张主义气氛愈加浓厚，美国迈出了构建太平洋商业帝国的实质性步伐。1898 年，美国取得美西战争的胜利，两国签署《巴黎和约》，西班牙同意完全放弃古巴并承认古巴独立，将关岛和波多黎各割让给美国，还以 2000 万美元的价格将菲律宾群岛主权转让给美国。菲律宾的获得是 19 世纪末美国海外扩张最重要的成果。1898 年 7 月 7 日，美国国会批准了合并夏威夷的条约。1899 年 12 月，美德两国签署瓜分萨摩亚的协议，西萨摩亚沦为德国殖民地，东萨摩亚由美国统治。美国又在太平洋上获得一块“垫脚石”。购买阿拉斯加、占领中途岛、吞

---

① Frederick Jackson Turner, *The Frontier in American History*, New York: Robert E. Kireger Publishing CO. INC, 1976, p.315.

② Brooks Adams, *The Law of Civilization and Decay: An Essay on History*, New York: The Macmillan Company, 1897.

③ Alfred T. Mahan, *The Influence of Sea Power upon History 1660-1783*, London: Sampson Low, Marston Searle, 1892.

④ Alfred T. Mahan, *The Interest of America in Sea Power, Present and Future*, Boston: Little, Brown, and Company, 1897, pp.8-12.

并菲律宾、兼并夏威夷、瓜分萨摩亚都不过是美国打造太平洋商业帝国链条中的环节之一，而谋求在华商业霸权才是其主要战略目标。

美西战争后，欧洲列强的势力已经深入中国各地。美国当时的实力还不足以与欧洲列强相抗衡，它既不寻求武力入侵，也不寻求合作结盟，而是酝酿出台了自己的亚太新政策——“门户开放”政策。美国之所以在中国首先提出并实施“门户开放”政策，是因为当时美国已经把美洲纳入以“门罗主义”为名的体系内，而非洲早已成为欧洲列强的“囊中之物”，只有亚太地区尚有让美国扩张势力的空间。美国在承认列强在华“势力范围”和已经获得特权的前提下，要求“利益均沾”，其直接目的是最大限度地扩大美国在中国的经济利益，提高美国在亚太地区的政治地位。其本质是美国意图建立以自由贸易为基础的海外开放式商业帝国，是一种新型的殖民主义。从“门户开放”的政策内容来看，它与西沃德提出的“贸易机会均等”“保全中国的行政实体和领土完整”的思想是一脉相承的，标志着建立在太平洋商业帝国构想基础上的亚太政策正式形成。

一战和十月革命引起了西方列强在远东和太平洋地区力量对比关系的重大变化，引发了帝国主义国家在这一地区更加激烈的争夺和竞争。美国在一战中大发横财，垄断资本在战争结束后便提出重新分割世界特别是中国和太平洋地区的要求。美国和英国争夺世界霸权是这一时期帝国主义国家间的主要矛盾，具体到远东和太平洋地区，主要矛盾则是美日间的霸权之争。为了角逐霸权，美国大力发展海军力量，加强太平洋舰队，并在关岛、菲律宾和夏威夷设防。1921—1922 年举行的华盛顿会议是巴黎和会的继续和发展，它调整了列强在远东太平洋地区的利益分配，确立了太平洋国际格局的新均衡体制——华盛顿体系。但是，由于没有消除美国和日本争霸远东太平洋的矛盾根源，所以这个体系注定是极不稳定的。二十年后，美日矛盾终于兵戎相见，太平洋战争爆发。

二战彻底改变了远东太平洋地区的力量格局，英、法等欧洲国家遭到严重削弱，日本战败退出了争霸的行列，美国一家独大。然而，美国的全球战略遭受到苏联强有力的挑战，杜鲁门政府投入到势力范围的争夺中，出台了遏制政策。1945 年至 1950 年初，经过政治上的重新洗牌，西太平洋地区大体形成了政治、经济和意识形态上泾渭分明的两大阵营。1949 年中华人民共和国的成立、1950 年《中苏友好同盟互助条约》的签订彻底改变了西太平洋地区的政治力量对比，把这一地区大陆部分彼此分割的共产主义政权连成一个整体，苏联的影响从远东地区延伸到中国的东部沿海地区。为了遏制共产主义在亚洲的发展、维持远东地区均势、维护美国在该地区的利益，美国迅速促成对日和约的签订，妄图以日遏苏、联日制华，并与日本、韩国、菲律宾、中国台湾、澳大利亚和新西兰等国家和地区订立一系列双边或三边军事互助条约，又促成东南亚条约组织建立，形成了北起阿留申群岛，经日本、朝鲜半岛、琉球群岛、中国台湾、菲律宾到中南半岛，南到澳大利亚和新西兰的西太平洋集体防务体系。

除了意识形态、地缘政治和防务安全方面的考量，维护和扩大美国在亚太地区的经济利益始终是美国制定亚太政策的基本出发点。20 世纪 60 年代以来，亚太地区是世界上经济增长最为强劲的地区。70 年代中期以后，美国在该地区直接投资的增长速度和年净投资额已超过西欧。到 80 年代初，亚太地区取代西欧成为美国最大的贸易伙伴。随着欧共体和日本经济实力的迅速上升，资本主义世界形成了美、日、欧三足鼎立的格局。欧洲以统一大市场的模式加速政治经济一体化进程，美国的利益不断遭到排挤；同时，日本也利用地缘优势，积极倡导组建以日本为中心的“东亚经济圈”。在此背景下，美国为了与欧共体抗衡，与日本争夺在亚太地区的经济主导权，不断抛出经济合作理念，试图构建以美国为核心的环太平洋经济联合体。

1975 年，福特总统提出了“新太平洋主义”，直呼“美国是一个太平洋国家”，“美国的政治权力中心已经向西转移”，并提出了美国亚太政策六原则。[①] 从 20 世纪 80 年代中期起，美国开始实施“太平洋共同体”经济战略。1984 年，里根政府成立“太平洋经济合作会议美国委员会”。1989 年，老布什政府提出了建设“新太平洋伙伴关系”的战略构想，欲建立一个以北美为基点，包括日本、韩国、东盟国家和澳大利亚等在内的呈“扇形结构”的“太平洋共同体”，实现以美国为主导的亚太地区新秩序。1992 年底，美、加、墨签署北美自由贸易协定，这标志着美国构建太平洋共同体经济战略初见成效。1993 年，克林顿总统提出“新太平洋共同体”的构想，核心内容包括在美日间建立更新更强大的伙伴关系，更加开放的区域和全球经济，支持这一地区的

---

① Gerald R. Ford, “Address at the University of Hawaii”, 1975-12-7, https://www.presidency.ucsb.edu/documents/address-the-university-hawaii.

民主改革浪潮。[①] 1994 年，克林顿政府划定了重点开发的世界十大新兴市场，其中七个在太平洋地区（中国、印尼、韩国、印度、巴西、墨西哥、阿根廷）。美国政府决定把扩大对这七个市场的出口作为今后 20 年的战略重点，以加强美国在亚太市场上的地位。2008 年，小布什政府在出席亚太经济合作组织（APEC）工商领导人峰会时提出要建立"跨太平洋自由贸易区"的设想。[②]奥巴马政府在"巧实力"的概念下将战略重心转移到亚太地区。时任国务卿的希拉里提出了美国的"太平洋世纪"这一概念，并称"美国既是大西洋国家，也是太平洋国家"，21 世纪将是美国的太平洋世纪。[③]

随着中国的和平崛起，美国将西太平洋地区的头号竞争对手定位为中国，妄图在地缘政治上挤压中国，在经济贸易上压制中国。在 2011 年召开的 APEC 峰会上，奥巴马总统正式提出了"重返亚洲"的亚太战略。2012 年，在香格里拉对话会上，美国国防部长帕内塔提出了"亚太再平衡战略"，以使美国面对亚太地区的机遇和挑战时做出区域重点的再定位和再平衡，保证其全球领导地位和国内经济增长。奥巴马任内，美国还启动了《跨太平洋战略经济伙伴关系协定》（TPSEP）的谈判，并提出扩大《跨太平洋伙伴关系协定》（TPP），推行自己的贸易议题，全方位主导 TPP 谈判。特朗普政府大力实施"印太战略"，拉拢日、印、澳等印太盟友和伙伴协调集体行动，同时牵引英、法、德等欧洲盟友追随其后，以促进印太地区和跨大西洋地区的融合和相互支持，提升美国在这一区域的影响力和威慑力，用互利的同盟和伙伴关系形成任何竞争对手都无法比拟的持久的且不对称的战略优势。[④] 拜登政府全盘继承了其前任的"印太战略"，激活了美日印澳"四边安全对话""印太经济框架""五眼联盟""美英澳三边安全伙伴关系""四国组织"和"民主十国"，切实推动印太国家和欧洲国家建立紧密的联系，形成集体合力，强化

---

① William J. Clinton, "Remarks and a Question-and-Answer Session at Waseda University in Tokyo", 1993-7-7, https://www.presidency.ucsb.edu/documents/remarks-and-question-and-answer-session-waseda-university-tokyo.

② George W. Bush, "Remarks at the Asia-Pacific Economic Cooperation Business Summit in Lima", 2008-11-22, https://www.presidency.ucsb.edu/documents/remarks-the-asia-pacific-economic-cooperation-business-summit-lima.

③ Hillary Clinton, "America's Pacific Century: The Future of Geopolitics will Be Decided in Asia, not in Afghanistan or Iraq, and the United States should Be Right at the Center of the Action", *Foreign Policy*, No. 189, 2011, pp.56-63.

④ "Indo-Pacific Strategy Report", 2019-6-1, https://media.defense.gov/2019/Jul/01/2002152311/-1/-1/1/DEPARTMENT-OF-DEFENSE-INDO-PACIFIC-STRATEGY-REPORT-2019.PDF.

“对华战略竞争”。

事实上，自美国完成其在北美大陆的领土扩张后，欧亚大陆一直是美国最重要的地缘政治目标。欧亚大陆是全球面积最大的大陆和地缘政治中轴，欧亚大国和欧亚民族主导世界事务达五百年之久，其间它们为了争夺地区主导权而斗争，并力争成为全球性大国。[①] 近代以来，美国作为一个非欧亚国家，先后赢得了美西战争、一战和二战等一系列重要战争，在与欧亚新旧帝国的博弈中相继取胜。苏联解体后，美国更是成为世界上唯一的超级大国。在这段时期内及当下和可预见的未来，美国作为欧亚大陆以外的超级大国，一直通过防止欧亚大陆出现霸权国的方式来争夺对欧亚大陆控制权，借此方可进一步称霸全球。与历史上的霸权国不同，美国不仅注重超强实力的权势霸权，也注重体系层面制度建设的制度霸权。[②] 在寻求全球霸权的过程中，美国进行了从区域到全球的制度布局：构筑雅尔塔体系，筹划建立能够为其所操控的联合国，建立以美元为中心的国际货币金融体制和国际贸易体制，成立以其为主导的国际货币基金组织、世界银行和关贸总协定，缔结地区性军事同盟，并在海外部署数百个军事基地，海外驻军数十万人等。因此，美国在世界范围存在着广泛的政治、经济、军事利益，其全球战略旨在维护其在各个领域的优势地位。从这个意义上讲，美国的区域认同观念已经远远超出了单一具体的地理范畴，而具有全球性，形成了战略区域认同观念。

结　语

综上所述，美国的区域认同是基于国家认同基础上形成的，其认同理念并非是一成不变的，而是在不同时期根据不同的身份建构和利益诉求在不断丰富和变化着的，是受多重因素影响多维立体的，同时带有强烈的霸权色彩。

从建国后到第一次世界大战之前，美国在国家构建过程中的文化身份、国家认同和区域认同的基本思想为：美利坚文明是区别于欧洲旧制度和旧秩序的崭新而独特的文明，代表着人类文明的新方向，美洲国家在政治制

---

① 参见[美]兹比格纽·布热津斯基：《大棋局：美国的首要地位及其地缘战略》，中国国际问题研究所译，上海人民出版社2007年版，第26页。

② 参见秦亚青：《权势霸权、制度霸权与美国的地位》，《现代国际关系》2004年第3期。

度、社会文化和国家安全方面存在着广泛的共同利益，西半球是美国国家安全的地理范围，美洲国家应该以大西洋为屏障，不卷入欧洲的纷争，防止欧洲的干涉，这是一种美欧对立、美洲一致的思想。

一战和二战的经历推动着美国政治精英重新思考本国的文化身份认同，划定了新的利益边界和安全边疆，形成了新的区域认同观念，同时也培育了新的共同体身份。二战结束时，美国的文化身份观念已经被彻底重塑，认为存在一个从古至今延续下来的“西方文明”，美国和西欧同属于“西方文明”体系，之前强调以大西洋为屏障、美欧对立的孤立主义和大陆主义，已经完全被主张与西欧国家进行合作、以维护自由、民主、法治等共同价值观及安全利益的大西洋主义所取代。“大西洋两岸异质、多样、历史上曾彼此猜忌和仇恨的国家，被想象成具有亲密关系和兄弟情义的伙伴，欧洲列强不再是美国的敌人和西半球的威胁，相反，成为美国的安全盟友。”①在这种区域认同观念中，美欧不再对立，而是西方文明谱系里不同阶段的代表，美国成为“西方文明”的继承者和最新代言人，由此衍生出的对外政策是积极融入大西洋世界。

无论是“泛美主义”还是“大西洋主义”，都是美国调整自身文化身份后投射到区域认同观念上的结果。除此之外，商业精神和扩张传统也对美国区域认同观念的变化产生了重要影响。英国的重商主义统治政策和殖民地商品经济的发展催生出美国人的商业精神，在现实利益和宗教感召的驱动下，美国拉开了开拓疆域的大幕，其扩张历程总体展现出从东到西的大方向。19 世纪中叶，随着大陆扩张步入尾声，主张进行海外扩张的思潮应际而生。其中，西沃德构建“太平洋商业帝国”的理论最具代表性，且对后世的影响最大。此后出现的“新天定命运论”“门户开放”、太平洋集体防务体系，以及“新太平洋主义”“太平洋共同体”“印太战略”等理念和政策，无不打上这一理论的烙印。美国由传统的地域性大陆扩张转变为追逐商业利益的全球海外扩张，由领土兼并建立直接统治转变为以经济控制为主的新型商业帝国的控制模式。

由此可以发现，美国的区域认同在空间上是不断延展的，随着美国国力的不断提升、对国家利益界定的变化及国际地区局势的变迁，从最开始以北

① 王立新：《美国国家身份的重塑与“西方”的形成》，《世界历史》2019 年第 1 期。

美为基础的国家认同，到基于地缘固守美洲的“泛美主义”，再到积极融入“西方”的“大西洋主义”、拓展商业利益的“太平洋主义”，最终创造出以美国本土为中心、以美洲为基础、以两洋为侧翼、将欧亚大陆裹挟其中、覆盖全球的霸权体系。美国的区域认同观念不是以合作共同发展为目的，合作只是其在特定时段和特定历史条件下为排挤和打压第三方“他者”的手段，谋求和维护地区与全球的霸权地位才是其根本目的。

拉丁美洲区域认同的形成与演变

高程　王帅*

拉丁美洲区域认同自独立运动时期开始形成。由于来自美洲霸权美国的扩张威胁和来自欧洲列强觊觎的“内忧外患”，基于拉丁美洲地缘概念的区域认同在19世纪中期开始确立起来。随着拉美国家区域合作的发展，拉丁美洲区域认同的意识和共识性增加。然而，出于多方面的原因，拉美国家对区域认同的定位和区域合作的认知和政策存在很大的差别。鉴于此，尽管拉丁美洲国家开展区域合作较早，但发展缓慢，一些次区域合作走走停停。从未来发展看，该地区区域认同进一步升级的突破口在于，地区组织的发展取得进展。

一、拉丁美洲区域认同的形成

拉丁美洲的区域范围一般涵盖讲拉丁语系语言（主要指西葡语）的美洲大陆国家。在殖民时期，拉美大陆被划分成四个总督辖区，分别为新西班牙总督辖区（1535年）、秘鲁总督辖区（1542年）、新格拉纳达总督辖区（1718年）和拉普拉塔总督辖区（1776年），同时宗主国西班牙王室明令禁止殖民辖区间的往来。因此可以说，直到独立前基于整个区域概念的认同在这块大陆尚不存在。

19世纪初，拉美大陆的非殖民地化革命最先在新格拉纳达爆发，随后拉普拉塔、新西班牙、秘鲁辖区纷纷开启独立解放进程。共同的追求让不同次

* 高程，中国社会科学院拉丁美洲研究所研究员；王帅，中国社会科学院拉丁美洲研究所助理研究员。

区域的人们看到彼此共同的宿命，他们的命运被紧紧联系在一起，相互间的认同开始自然发生，此时他们都有一个共同的身份——争取自由、独立的人民。正是对这种相似身份的归属感，次区域的人们打破“本我”边界，他们联合起来要赶走共同的敌人——西班牙殖民者，以完成共同的使命。因此，在南美北部新格拉纳达的“解放者”玻利瓦尔和南美南部拉普拉塔的“解放者”圣马丁的共同努力下，秘鲁殖民辖区最终实现独立，西班牙南美殖民地获得全面解放。这一波澜壮阔的独立运动进程使得原来基于次区域的“我类”范围扩大到除由葡萄牙人殖民的巴西外的几乎整个南美大陆。而新西班牙辖区，由于共同的殖民经历、相似的文化基因，自然容易对处于同一历史进程的南美大陆产生认同，认可共同的、争取从西班牙殖民统治中独立的群体身份。至 1826 年，殖民时期的四大辖区均获得独立，如此“我群”的范围便从北美、中美扩展至南美，形成了除巴西外的“西班牙美洲”区域认同。

巴西是以另一种特殊的方式获得独立，它通过和平的方式实现了从总督辖区到王国、再到帝国的独立。[①] 由于语言、历史发展进程等的明显差异，葡语巴西对南美乃至拉丁美洲区域认同的生成路径与地区其他西语国家存在差别。不同于大陆其他西语国家自发形成的具有区域认同内涵的区域观，巴西并不具备类似的生成条件。在域外“他者”的眼中，讲西葡语的伊比利亚半岛殖民地区与盎格鲁-撒克逊后裔主宰的美洲区域截然不同，而巴西显然属于前者，只能被动接受这种基于种族文化以及地理范畴的划分——与那些自然生成认同的西语国家归属同一区域。

可以看到，自独立运动时期以来，在新大陆自发(巴西除外)形成了基于共同之处的“我群”归属认知，而当这种观念意识获得地理或地缘概念的框定时，区域认同便得以最终确立。对于新大陆区域的范围和名称早在独立运动早期就有人进行过思考和讨论。拉美独立运动的先驱米兰达在 1781 年参加北美独立战争时就初步形成了“西班牙美洲”的思想，在 1797 年，他还制定了一个范围更大的大美洲联盟计划；独立运动杰出领袖圣马丁也宣称，整个美洲是一个国家，南美国家必须组成联盟。可以看出，对这一区域的界定范围并未达成一致意见，“西班牙美洲”并未包含巴西，整个美洲将美国、加拿大等囊括其中，“南美洲”又将墨西哥和中美洲排除在外。最后，拉

---

① 参见林被甸、董经胜:《拉丁美洲史》，人民出版社 2010 年版，第 157 页。

丁美洲概念的出现似乎弥补了以上概念的不足，最终获得普遍共识。更为重要的是，独立后的新大陆国家逐渐发现，不仅欧洲殖民列强时刻伺机反扑，美国也意在将这一地区纳入自己的西半球话语，使美洲变成美国人的美洲。于是 1846 年美墨战争以后，拉美知识分子开始引用拉丁美洲这一地缘文化概念，以明确该地区的独立性和自主性，建立"我类"与"他类"间的区域性边界。基于认同的区域概念——拉丁美洲地区确立起来。

二、拉丁美洲区域认同与区域合作发展

基于共同之处而自发形成的认同是感性和观念上的，属于认同的初级阶段。对于区域认同而言，地区国家间的合作特别是形成了制度化机制的政府间合作，能够提高地区国家间的互动频次和规模，在国际社会以一个声音或集体形象示人，在形成"我类"与"他类"边界的意义上进一步塑造区域认同。独立运动时期自发形成的区域认同，在此后经历了由会议模式向国际惯例、多边机制、地区组织等制度化的国际合作演进，拉美地区的区域认同得到加强和深化。

（一）早期会议合作对区域认同的催生

独立后初期至 19 世纪上半叶，拉美国家间的联合主要发生在西班牙美洲国家之间，它们通过召开一系列多边会议而展开互动。[①] 有"一体化之父""拉丁美洲一体化倡导者"之称的玻利瓦尔在 1810 年提出了加强西属美洲国家间团结、建立政治联盟的思想。1826 年，在巴拿马召开的首次西属美洲新独立国家会议便旨在将这一思想付诸实践。然而，尽管巴拿马大会最终达成了若干协议[②]，但最终除了玻利瓦尔自己领导的大哥伦比亚共和国之外，其他与会国[③]议会均未批准大会协议，建立国家间联盟机制的初衷化为泡影。此后，墨西哥政府也曾试图继承玻利瓦尔遗志，提出了"大家庭协约"(Pacto de familia)的拉美国家联邦方案，然而历经多年游说终未能如愿。1846 年，因西班牙计划重新征服厄瓜多尔事件，秘鲁召集美洲国家召开利马会议，强调建立美洲联盟的必要性，然而仅有玻利维亚、智利、厄瓜多尔和新格拉纳达（1861 年改称哥伦比亚）派出代表与会。会后，也只有新格拉纳达

---

① 参见李德鹏、思特格奇：《拉美区域主义的特点及影响因素》，《拉丁美洲研究》2022 年第 4 期。

② 参见马嫚：《影响拉美区域主义发展的因素及区域主义的特点》，《拉丁美洲研究》2001 年第3 期。

③ 其他参加巴拿马大会的拉美国家有秘鲁、墨西哥和中美洲联邦。

批准了会议签订的全部条约，而随着其他国家放弃批准绝大多数会议条约，利马会议合作模式也宣告失败。[①] 19 世纪 50 年代中期，由于美国向拉美推行扩张主义，建立区域国家联盟再次被引用以作为抵御策略。值得一提的是，这次兴起的区域联盟主义还吸纳了巴西，促进了西班牙美洲国家与巴西的身份认同，而此前一直未能自发形成区域认同的巴西因缺乏对区域联盟的兴趣而游离于区域合作之外。1856—1857 年，在智利召开的圣地亚哥会议取得了本次战略性合作的最重要成果——签订《圣地亚哥大陆条约》，然而在美国的阻挠下，拉丁美洲区域联合再次偃旗息鼓。[②] 1864—1865 年，由于西班牙先后与秘鲁、智利发生冲突，在秘鲁的倡议下，拉美国家[③]召开了第二次利马会议。尽管会议初衷旨在实现建立抵御外部威胁的防御联盟、为地区各国在安全领域的争端建立仲裁机制、减轻或消除西班牙美洲国家间的贸易壁垒三个目标，但会议最终只在第一个目标取得突破：大会条约签署国在外交上形成"一致对外"的局面，捍卫了秘鲁对钦查群岛的领土主权，支持秘鲁、智利、玻利维亚和厄瓜多尔组成的联盟对西班牙宣战，最终迫使西班牙从太平洋撤军。然而值得一提的是，此次会议达成的拉美国家"共同的民族起源、法律上各国一律平等原则、建立货币联盟和自由人员流动"等共识，成为日后国际法的蓝本之一。[④]

独立后初期来自欧洲列强和"北方邻居"的外部威胁，使得拉美国家致力于加强彼此间的合作和联合，区域认同的边界在此过程中获得进一步塑造和巩固；然而，基于共同之处的合作具有脆弱性，会议型合作模式难以推动区域认同进一步升级，区域合作在此后的一段时间也陷入低潮。

（二）基于国际法原则的区域认同

19 世纪下半叶至二战后，拉美国家间的联合意识趋于弱化。一方面拉

---

① Germán A. De la Reza, "La Dialética del Fracaso: El Congreso Americano de Lima (1847-1848) y su Desenlace", *Cuadernos Americanos*, Vol.134, No.4, 2010, pp.11-26.

② Germán A. De la Reza, "As Confederações Como Dispositivo de Equilíbrio de Poder: O Tratado Continental de Santiago (1856)", *Passagens: Revista Internacional de História Política e Cultura Jurídica*, Vol.11, No.1, 2019, pp.91-110.

③ 与会国包括秘鲁、阿根廷、玻利维亚、智利、厄瓜多尔、哥伦比亚、萨尔瓦多和委内瑞拉。

④ Germán A. De la Reza, "Un Capítulo Inadvertido del Americanismo: El Segundo Congreso Americano de Lima y el Liderazgo de Justo Arosemena (1864-1865)", *Araucaria: Revista Iberoamericana de Filosofía, Política, Humanidades y Relaciones Internacionales*, Año 21, No.41, 2019, pp.537-552.

美国家在此阶段发生了多场因国家间利益冲突而爆发的域内国家间战争，如厄哥战争、巴拉圭战争、“鸟粪战争”、“硝石战争”、查科战争、秘厄战争等；另一方面，美国在同一时期取得地区“独大”地位，通过侵略、干涉直接控制了一些中北美和加勒比小国[①]，并以1889—1890年第一次美洲国家会议上成立的美洲共和国国际联盟（即美洲国家组织的前身）为抓手，打造以美国为核心的泛美体系。这些都导致区域化进程陷于停滞甚至倒退，区域合作在地区国家的议事日程中趋于边缘化。

国际形势发生的变化促使拉美国家开始重视国际法的作用，对国际法理论的发展做出了公认的重要贡献。首先，拉丁美洲国家拥有遵守国际法原则的传统，并将其写入本国宪法和二级法律文本中。[②] 其次，在这一地区发展出具有普遍意义的区域国际法——拉丁美洲国际法原则，不仅推动了国际法理论的发展，还约束着地区国家在国际交往中的行为并规范国家间关系，久而久之便形成了一套国际行为惯例。在广义上，国际惯例属于非正式的国际制度；而根据本文的分析框架，国际制度有利于地区国家开展合作，从而促进区域认同。对于拉丁美洲来说，形成的区域国际法有利于控制域内战争的规模、时长和烈度，降低战争爆发的可能性[③]，直至和平解决争端；同时维护了地区国家的自主性、自决性，并在一定程度上保护了独立战争时期自发形成的和独立后初期塑造的区域认同的基础，为日后联合思想的复兴和地区国际组织的兴起准备了必要条件。事实上，地区国家能够共同基于自身特征“因地制宜”地制定国际法也正是源于它们之间的团结。

拉丁美洲很早就开始了区域的国际法法典编纂运动，由于共同的历史等原因，地区前国家时期的习惯法构成了该区域国际法的底色。[④] 向前追溯至1826年，拉丁美洲国家就产生了编纂国际法的设想，在1901—1902年第二次泛美会议上，拉美国家首次提出制定国际法。19世纪中叶之后，拉美国家追逐国际社会的脚步开始了国际法法典的编纂运动，并设立了几个专门

---

① 参见李德鹏、思特格奇：《拉美区域主义的特点及影响因素》，《拉丁美洲研究》2022年第4期。

② Ana Elizabeth Villalta Vizcarra, “La Contribución de América al Derecho Internacional”, Curso de Derecho Internacional, OEA, 2006, pp.59-94.

③ 如国际法中的“保持占有原则”最早便出现于19世纪初的拉丁美洲，拉美国家在独立过程中遵守“各国有权占有独立之日时、原殖民地时期划定的行政边界内的领土”，即由殖民者划定的行政区界线被保留下来，而成为拉美各国独立后的国界线。这一原则有助于拉美各国对领土边界达成共识，实现边境的长期稳定。

④ 参见刘显娅：《拉美国际法之探讨》，《拉丁美洲研究》2007年第1期。

机构。在某种程度上,拉美国家将国际关系视同国际法。[①] 对国际法的思想传统和理论发展具有重要影响的拉美理论思潮[②]主要包括卡尔沃主义[③]、德拉戈主义[④]、托瓦尔主义[⑤]和埃斯特拉达主义[⑥]。卡尔沃主义是诞生于拉美地区、在国际上最负盛名的法学理论之一,它在拉美国家普遍盛行并且成为区域性国际惯例。[⑦] 卡尔沃主义的精神已被广泛应用于国际投资的争端解决机制以反对滥用外交保护权,主张采用国内法管辖,以维护国家主权的完整性和自主性。德拉戈主义以卡尔沃主义为理论基础,反对欧洲列强以向债务国索要债务为由进行武装干涉或实际占领美洲各国的领土,推动了禁止使用武力追讨债务的国际法准则的确立。托瓦尔主义和埃斯特拉达主义都是涉及对他国外交承认的原则,其中埃斯特拉达主义特别强调了外交关系中的不干涉原则。

这些指导拉美国家外交实践的思想和历次地区会议签署的条约准则都影响着区域国际法的发展。这种影响还进一步延伸至国际公法领域,许多由拉丁美洲贡献的国际规范得到国际社会的普遍接受,如美洲国家组织成立时通过的《美洲人类权利和义务宣言》,对《世界人权宣言》的起草做出了突出贡献;拉美地区最具代表性的外交准则——不干涉原则在 1933 年的美洲会议上被正式写入《美洲国家权利和义务公约》,而后又分别被《美洲国家组织宪章》和《联合国宪章》采纳;在海洋法领域,拉美国家更是签署了包括《圣地亚哥宣言》《蒙得维的亚海洋法宣言》《拉丁美洲关于海洋法的宣言》《圣多明各宣言》《关于海洋法的决议》在内的一系列条约,对《联合国海洋法公约》的确立做出了重要贡献。此外,还有诸如以和平方式解决争端、国民

---

① 参见贺双荣:《全球治理:拉美的作用及中拉互动的政治基础》,《西南科技大学学报》(哲学社会科学版)2017 年第 5 期。

② 参见徐世澄主编:《拉丁美洲现代思潮》,当代世界出版社 2010 年版,第 537—546 页。

③ 这是 1868 年阿根廷外交家卡洛斯·卡尔沃(Carlos Calvo)在其著作《欧洲和美洲国际法的理论和实践》中提出的国际法原则,即反对外国人通过外交保护等手段解决与东道国之间的争端,在一国域内外国人只能享有同本国国民同等的保护和无差别待遇的权利,不得享有治外法权。

④ 1902 年,由阿根廷外长路易斯·马里亚·德拉戈(Luis María Drago)提出。

⑤ 为尽可能结束拉美国家的内战,1907 年,厄瓜多尔外长卡洛斯·托瓦尔(Carlos R. Tobar)提出了托瓦尔主义的国际法理论,认为美洲国家应以签订公约的间接方式干预发生内战的国家,对通过政变上台的政府应拒绝予以外交承认。

⑥ 埃斯特拉达主义是 1930 年由墨西哥外长赫纳罗·埃斯特拉达(Genaro Estrada)提出的强调尊重各国自决权和不干涉原则的国际法理论,认为各国新政府的成立不需获得别国的承认。

⑦ 参见张磊:《论拉美国家对卡尔沃主义的继承与发展》,《拉丁美洲研究》2014 年第 4 期。

和外国人在法律面前平等地享有公民权利、外交庇护原则、交战国承认规则、对多边条约的保留规则、国际争端解决的仲裁机制[①]、界水的划定原则，等等。以形成地区国家行为的规范性共识、妥善处理地区国家间关系为宗旨的区域国际法在无形中构建了拉丁美洲长久的国家行为惯例，维护了在一定程度上遭到破坏的拉丁美洲区域认同。

（三）区域合作机制下的区域认同

随着在拉丁美洲日渐形成通过国际会议协商并签订协约的方式解决国家间争端、促进地区国家间合作的区域国际惯例，拉美国家建立起涉及多领域、灵活机动的多边合作机制。多边合作机制在本质上是试图通过集体的智慧和力量来解决个别国家难以解决的、与切身利益相关的问题领域。在拉丁美洲，多边合作机制的类型大致可分为两种：区域多边合作机制和拉美国家以集体身份参与全球治理。

20 世纪以来，在拉丁美洲就曾建立多项涉及几个国家的“小多边”合作机制或区域性合作框架。巴西、阿根廷和智利在 20 世纪初就曾缔结和平友好条约；就外国人的地位问题，拉美国家曾进一步签订美洲国家间《关于外国人地位的公约》；古巴导弹危机以后，拉美国家签订的禁止核武器条约（即《特拉特洛尔科条约》），使得该地区成为世界上首个“无核区”。在联合国和美洲国家组织成立后的一段时间里，拉丁美洲的区域多边合作机制曾一度发展较为缓慢，直到 20 世纪 80 年代，在马岛问题和中美洲冲突的推动下，作为一个地区的拉丁美洲整体观再次复兴，拉美国家通过协调一致采取联合行动，寻求提高自身的国际影响力和在国际事务中讨价还价的能力。[②] 1982 年，阿根廷收复马岛的战争得到大多数拉美国家的支持，并将其视为根除西方在拉美地区最后殖民力量的斗争。1983 年，为调解中美洲国家冲突、和平解决中美洲危机，墨西哥、委内瑞拉、哥伦比亚和巴拿马四国组成了孔塔多拉集团，建立了和平解决地区争端的多边合作机制；两年之后，又有四个拉美国家——秘鲁、巴西、阿根廷和乌拉圭在利马召开会议，成立了支持

---

① Hugo Caminos, “The Latin American Contribution to International Law”, *Proceedings of the Annual Meeting (American Society of International Law)*, Vol.80, 1986, pp.157-172. 转引自王钰鑫：《拉美小国参与全球治理的现状研究》，中国社会科学院大学（研究生院）硕士学位论文，2020 年。

② Olga Pellicer, “El Multilateralismo en América Latina: Retos y Posibilidades”, en Francisco Rojas Aravena ed., *Multilateralismo: Perspectivas Latinoamericanas*, Flacso-Chile, Editorial Nueva Sociedad, 2000, pp.117-125.

孔塔多拉集团、推动中美洲和平谈判、以调停活动解决冲突危机的利马集团。债务危机期间，拉美11个债务国成立了卡塔赫纳集团，目的是在债务问题上协调地区一致立场，共同寻求解决外债问题的办法。为进一步就国际和地区政治、经济、社会等重大问题进行磋商，协调域内各国立场，采取相应的集体行动，促进地区一体化进程的发展，孔塔多拉集团和利马集团最终合并，并于1990年正式命名为里约集团。而这一重要的地区多边机制即拉美和加勒比国家共同体(CELAC)的前身。

随着融入国际社会程度的加深，拉美国家越来越多地通过集体行动参与全球治理。早期拉美国家通过参与国际会议或加入国际机构来争取自身权益，如1907年在第二次海牙国际和平会议上，拉美代表团就集体提出反对以武力解决国际争端或追讨契约债务，而应诉诸仲裁手段；一战后成立的国际联盟会员国中有1/3来自拉丁美洲。

气候治理是拉美国家参与全球治理的重点领域。一方面，由于拉美地区是受气候变化影响较为严重的地区，气候问题关涉国家发展和安全等诸多利益[①]，与此同时随着极端天气的频率明显增多，气候治理对于全球发展和代际利益而言都越发刻不容缓，成为全球治理的核心领域之一；另一方面，在当前百年未有之大变局的背景下，气候变化议题作为拉美国家多年深耕的领域，有利于提升该地区的国际影响力和在国际事务中的话语权，从而强化区域认同。拉美国家已在环境问题和气候变化的原因和解决方案方面发挥重要作用，在气候治理领域扮演着积极进取的角色。拉美国家关于气候问题的理念走在国际社会前沿，早在2008年的联合国大会上，拉美国家就将气候变化纳入人类安全和人权的概念框架下考量。此外，拉美国家还是清洁能源领域富有潜力的未来领导者。[②] 2012年，拉美六国创建了旨在以集体身份参与气候变化谈判和全球气候治理的“拉丁美洲和加勒比独立协会”(AILAC)。截至目前，这一区域多边合作机制包括智利、哥伦比亚、哥斯达黎加、危地马拉、洪都拉斯、巴拿马、巴拉圭和秘鲁等八个地区中小国家。这些国家的气候政策普遍超前于一般发展中国家，在全球气候治理中

---

① 参见孙洪波：《气候变化对拉美的影响：基于安全角度的评估》，《拉丁美洲研究》2013年第6期。

② Walter Vergara, Claudio Alatorre and Leandro Alves, *Repensemos Nuestro Futuro Energético: Un Documento de Discusión sobre Energía Renovable para el Foro Regional* 3GFLAC, Banco Ineramericano de Desarrollo, Documento de Debate, No.IDB-DP-292, 2013.

发挥着领先的建设性作用。[①] 此外，加勒比国家加入的“小岛国联盟”(AOSIS)更是全球气候治理领域的中坚力量。然而，由于拉美国家在联合国气候变化谈判中分散于多个谈判集团，利益诉求的急切程度有所区别，立场各异，特别是地区大国巴西、墨西哥和阿根廷分别参加了不同的谈判集团，不利于地区国家在参与全球治理中用一个声音说话。[②] 而只有加强地区联合自强，拉丁美洲才可能成为国际新秩序格局下的一股独立力量。2021年4月，旨在保障人权和环境保护的区域性协定《埃斯卡苏协议》(全称《拉丁美洲和加勒比环境事务信息获取、公共参与和司法区域协定》)最终通过(至少获得12个国家的议会批准)。而截至2023年4月召开的第二次缔约方大会，拉美地区已有24个国家加入该条约，在15个国家获得批准。该协定被联合国气候变化大会纳入应对紧急气候变化的工具箱，成为在这一领域拉美国家成功集体亮相的重要一笔。

在美国霸权衰落、国际力量对比出现“东升西降”的背景下，全球治理越来越需要包括新兴经济体在内的发展中国家的智慧和力量。结合自身实力，拉美国家间的合作呈现出由多边合作向区域性合作方向发展的态势，意识到只有以集体的力量方能在国际舞台占据重要一极。而在这一过程中，拉美国家就具有共同利益的问题达成共识并采取集体行动，使区域认同得到强化而升级至较高级阶段。

(四)地区组织区块化的影响

“解放者”玻利瓦尔的大陆团结思想和“美洲联盟”倡议一直深刻影响着拉丁美洲国际关系的脉络。当二战后欧洲国家开始建立自己的一体化组织，拉美国家似乎找到了久久难以实现的梦想的变体和寄托。自20世纪50年代起，拉美地区区域和次区域一体化组织不断涌现。这些一体化组织主要受欧洲经济一体化实践的启发，并借鉴了西方的一体化理论，但直接影响因素是在该地区实行的进口替代工业化的政策导向，拉美国家基于共同的利益，以联合自强发展经济，克服来自“中心—外围”国际分工的“诅咒”。

初期的区域一体化组织旨在扩大地区国家间的经济合作。由于国内市场狭小无法满足进口替代战略的实施，因此通过经济一体化将国内市场向

---

① 参见李江春、张鹏:《拉美独立协会和全球气候治理》,《国别和区域研究》2017年第1期。

② 参见谌园庭:《中等国家参与全球治理的路径选择与现实困境:以拉美国家为例》,《拉丁美洲研究》2018年第6期。

内向的地区市场扩展。[1] 在20世纪50—80年代的地区一体化进程早期建立的区域和次区域一体化组织主要有:拉丁美洲自由贸易协会、拉丁美洲和加勒比经济体系(SELA)、中美洲国家组织、中美洲共同市场、加勒比共同体和加勒比共同市场、安第斯集团、拉普拉塔河流域组织、亚马孙合作条约组织等。[2] 早期"封闭的地区主义"受到20世纪80年代债务危机和新自由主义思潮的冲击而发展为"开放的地区主义"。[3] 90年代以后,拉美地区的国际组织迎来新一轮发展改革的高潮。拉丁美洲自由贸易协会由于未能实现建立自贸区的目标而解散,取而代之成立了拉丁美洲一体化协会(ALADI);原中美洲国家组织和中美洲共同市场重组成立了中美洲一体化体系(SICA);加勒比国家联盟(ACS)以加勒比共同体为核心得以建立;安第斯集团重组成立了安第斯国家共同体(CAN);除此之外,一批新兴地区一体化组织,如南方共同市场(MERCOSUR)、南美洲国家联盟(UNASUR)、美洲玻利瓦尔联盟(ALBA)、太平洋联盟(AP)开始崛起。

可以看到,无论是地区一体化组织发展的前期,还是进入改革的深化发展期,这一区域的地区组织均呈现出明显的块状次区域性,始终逃脱不开殖民时期总督辖区行政划分的缩影,即区域合作呈现次区域的地缘性。这在一定程度上与国家间的同质性、发展水平相当、国家利益诉求接近有关。有学者甚至将之称为"多层一体化"发展模式。[4] 这实际上不利于区域认同的巩固。地区组织中仅有的两个区域性组织——拉丁美洲和加勒比经济体系和拉丁美洲一体化协会,也仅涉及地区国家间在经济领域的合作,直到2011年CELAC成立。

事实上,认真审视当前拉美地区的区域和次区域组织,相较20世纪80年代之前的组织,已呈现一定的扩员和整合性。次区域组织开始立足本单元的地缘范围进行整合,形成了诸如中美洲国家的一体化体系、加勒比国家的联盟和基于南美洲国家的联盟等次区域圈。而墨西哥在实际上融入了北美国家的"联盟"(1992年北美自由贸易区成立以后开始),在拉美地区内部的区域合作中越发找不到自己的归属和位置。AP的成立也难以建立一种

---

① 参见刘宏松:《依附论视野中的拉美区域主义》,《江南社会学院学报》2005年第1期。

② 参见沈安:《从经济一体化走向政治经济联盟——拉美团结自强争取独立的历史道路》,《拉丁美洲研究》2011年第1期。

③ 参见王萍:《拉美"开放的地区主义"与中国》,《拉丁美洲研究》2002年第5期。

④ 参见谌华侨:《拉丁美洲多层一体化刍议》,《国际关系学院学报》2011年第2期。

特殊的归属，彼此之间缺乏基于"太平洋国家"身份的初级认同。与此同时，随着巴西和阿根廷实现和解，彼此间开展广泛合作，"南美洲"的概念得到强化，这将成为拉美地区一体化发展的重点方向之一。委内瑞拉的经济繁荣期恰逢查韦斯这位拉美政坛迄今难遇的"超人"政治家，他极强的号召力直接打造了 ALBA(2009 年)，该组织最早可追溯至 2001 年的美洲玻利瓦尔替代计划。通过该组织的命名便可得知，其目标绝不仅仅在于团结古巴、玻利维亚、尼加拉瓜及一些加勒比国家。随着查韦斯病逝以及委内瑞拉国力下跌，委内瑞拉除重视其在加勒比地区的影响力之外，也将越来越融入南美洲的一体化体系之中。

尽管拉美地区的一体化趋势向不断扩容的方向发展，CELAC 替代里约集团和拉美峰会而最终建立就是这一趋势的重要成果，该组织涵盖了拉美地区全部 33 个国家。但由于 CELAC 的发展并不尽如人意，本可能发挥的加强区域认同的作用并未能够实现。首先，CELAC 的组织设置较为松散。未设置类似欧盟理事会、委员会、议会、法院等涉及成员国主权让渡的常设机构，而采取"会议＋四驾马车"的模式。因此，组织机制包括国家元首和政府首脑会议(最高机构)，外长会，各国协调员会议，特别会议制，紧急磋商机制以及由现任、前任、候任 CELAC 轮值主席国和加勒比共同体轮值主席国组成的"四驾马车"制，使得 CELAC 作为国际制度的权威性和约束性更为薄弱。其次，CELAC 的目标设定停留在区域认同的较高级阶段，并不旨在建立真正意义上的"共同体"。CELAC 的宗旨在于加强地区团结并兼顾多样性，深化地区在政治、经济、社会和文化领域的一体化建设，制定地区发展的统一议程，在重大问题上协调成员国的共同立场，对外发出一个"拉美声音"。[①] 这实际上是旨在促进地区国家在各领域的合作，以实现共同发展，并就涉及共同利益的议题达成共识，以便在国际舞台上发出更强有力的一致声音。这距离命运与共、不分你我、万众归一的共同体式的区域认同最高级阶段还有相当差距。最后，CELAC 的领导权设置较为薄弱，不便于统一领导。CELAC 是一个庞大的组织机构却未设秘书处负责处理日常事务、维系组织关系，而实行轮值主席国制，即使有"四驾马车"机制的协助，也很难想象轮值国家(中小国家一律包括在内)如何维持组织运作、推动复杂的集体

① 《拉美和加勒比国家共同体》，2023 年 4 月 30 日，http://svideo.mfa.gov.cn/wjb_673085/zzjg_673183/ldmzs_673663/dqzz_673667/lmhjlbgjhgtt_690392/gk_690394/。

行动、协调各方立场。

因此，尽管地区组织的建立有利于促进区域认同，但拉美地区的区域组织呈现区块化特征，且区域性一体化组织的制度化水平较低，发展长期趋于停滞，未能推动区域认同进一步升级。

三、深化区域合作与增进区域认同的互动

通过以上分析可以看出，包括国际惯例、多边合作机制和地区组织在内的国际制度推动了拉美地区区域认同由初级阶段发展至较高级阶段，但该地区区域认同进一步升级的空间受到限制，这主要体现在地区组织领域。若想继续提升区域认同的水平，在地区组织的发展方面取得进展成为重要突破口之一。

根据本文的分析框架，要实现规模较大集团集体行动的最优结果，需要包括国际制度在内的公共产品获得充足而有效的供给，通过区域共同体的确立，促进区域认同再次升级至最高级阶段。而要推动规模较大的区域性地区组织进一步发展，即达成成功的集体行动，在没有地区霸权国的情况，需要应用选择性激励的机制。这就要求各成员国将一部分权力让渡给组织中的权力中心（利益集团），激励权力中心提供组织运行所必需的公共产品，同时带领组织高效运转，在国家政府之上再无权威的情况下，通过奖惩的方式激励或约束组织成员国行为，以最终实现最优的集体行动结果、建立区域共同体，区域认同由此升级至最高级阶段。其间，能否形成地区组织中的权力中心便成为关键，而这恰恰是拉美地区区域性一体化组织发展水平较低的症结所在。

对于地区一体化的进程而言，地区大国的姿态和作用十分重要，显然这也适用于拉美地区。大国的行动在一定程度上决定了拉美地区一体化的实质进展。[①] 然而，目前在拉美地区，尚不存在足以构成区域性组织权力中心的地区主导国或集团。首先，从国家经济实力来看，在拉美地区尚不存在能够在无所谓“搭便车”的情况下独自提供地区公共产品的地区主导国（准霸权国）。由于阿根廷经济长期困顿，目前已无力争夺地区领导者地位。巴西无论在地域范围和人口体量上都是拉美地区第一大国，然而在经济领域却

① 参见徐宝华：《拉美地区一体化发展的新特点和原因》，《世界经济》1994 年第 5 期。

尚未显示出绝对优势。根据国际货币基金组织的数据，2022年巴西经济总量约为1.9万亿美元，人均国内生产总值(GDP)不足9000美元。与之相匹敌的墨西哥，同年国内生产总值为1.4万亿美元，人均国内生产总值为约1万美元。由此，仅从经济表现上来看，巴西或者墨西哥目前都不具备绝对实力独自提供区域性公共产品。曾有研究表示，巴西没有足够的能力引导地区一体化进程的有效推进，而原因涉及政治、经济、贸易、文化等各个方面。[①]因此，若想构建领导区域性组织的权力中心，拉美地区需要组建主导国集团。然而，拉美地区主要大国巴西、墨西哥、阿根廷存在权力的结构性矛盾，如果组成三方主导集团，在权利和义务的分配上恐难达成共识。在2023年1月第七届CELAC首脑会议召开前夕，巴西和阿根廷总统共同发起倡议建立南美洲共同货币并推动地区一体化，却很快遭到未出席的墨西哥总统的反对。可以想见，如果三边关系中的任何两边单独联合，都会遭到来自第三边的干扰和反对。除此以外，地区大国巴西对于提供区域公共产品的意愿也较弱。有研究就将巴西在区域一体化进程中的领导角色进行界定，认为它是合作型、结构型和分配型的地区领导国，领导能力和作为地区大国的作用均有限。[②] 巴西尚且如此，其他国家可见一斑。

其次，在地区政治领导力方面，三个主要大国均未形成区域性影响力。政治影响力包括影响别国行为选择的能力。然而，与其他地区的区域主义不同，拉美地区的区域一体化动机是为了捍卫和加强国家主权和自主性，“而不是为了限制之”[③]。此外，更为重要的是巴、墨、阿三个地区大国自身都面临在政治、经济、社会等领域的诸多治理难题，难以成为地区其他国家信服效仿的对象。因此，从主客观条件上看，在拉美地区尚不具备可令地区国家自愿让渡权力交由权力中心领导地区组织进行有效集体行动的条件。

最后，在制度理念输出方面，基于拉美地区战略构想的国家并不存在于三个主要大国。巴西自1902年制定明确的区域和全球战略起，就将自己定

---

① 参见芦思姮：《公共产品视角下的拉美地区一体化——兼论巴西的区域大国定位》，《西南科技大学学报》(哲学社会科学版)2016年第5期。

② Patrícia Nasser de Carvalho e Fernanda Cristina Nanci Izidro Gonçalves, “O Brasil como Potência Regional: Uma Análise da sua Liderança na América do Sul no Início do Século XXI”, *Revista Carta Internacional*, *Belo Horizonte*, Vol.11, No.3, 2016, pp.222-248.

③ Peter Birle, “El Regionalismo Latinoamericano: Motivos, Contradicciones y Perspectivas”, *Foro*, Vol.4, No.4, 2020, pp.16-24.

位为致力于构建在南美洲的霸权。[①] 可以说，作为葡语国家的巴西在1889年推翻帝制之后，开始放眼外部世界并有意识地构建自己的区域认同，这种区域认同更多的是建立在政治领域，而非经济或者社会文化领域。时至今日，巴西仍将自身的重心放在南美大陆，且已倡议建立了南方共同市场和南美国家联盟组织。未来，巴西也将更多关注这两个次区域组织。墨西哥在经济领域的区域合作可能会越来越"北美化"。而在政治等领域，由于地理上的距离令其很难将影响力辐射至南美，因而灵活、务实、多元化的区域合作更符合其国家利益。而巴西和墨西哥分别向南和向北的拉扯可能会造就该地区区域认同的内部张力。在阿根廷，似乎并未构建起明确的区域战略，曾经的强盛令该国更志在世界声誉。而唯一曾致力于拉丁美洲和加勒比整个地区联合的委内瑞拉，随着玻利瓦尔的继承者查韦斯的离去而越发力不从心。

结　语

在拉丁美洲地区，存在着较为广泛的地缘区域认同意识，该地区已建立起多样性的区域合作机制，区域合作促进了区域认同感和利益定位。然而，由于这一地区尚缺乏能够统合整个区域的区域框架和组织，地区国家关系复杂、对区域合作的认知差异和多重机制等弱化了区域认同的共识性。

我们认为，可将区域认同划分为三个层次。第一层次是由于地缘、历史、文化等共性而自发形成的初级认同。该阶段区域内与区域外出现自然边界和身份归属，地区成员开始界定"我们是谁"。第二层次是在地区机制、制度和规范基础上促进区域合作，将区域认同水平提升至较高阶段。该阶段基于共同利益诉求和目标、通过内部组织和制度安排强化地区边界，地区更清晰地明确"我者"与"他者"的差别。第三层次是基于"选择性激励"而形成地区权力中心，由此克服集体行动困境，促使各国将区域认同和彼此间合作升华至地区命运共同体的最高阶段。该阶段地区成员将主动巩固地区边界，排斥外部行为体在经济、政治、安全等领域的主导性影响。这个分析框架不仅可以检验拉丁美洲地区的区域认同发展，而且也可用来检验不同地区区域认同的形成、发展与困境。

---

① Manuel Alejandro Rayran Cortés y Andrés Sebastián Aristizábal Vásquez, "América Latina y las Transiciones en el Poder Global: El Caso de Brasil", *Oasis*, No.30, 2019, pp.7-25.

南美国家的区域认同与区域合作

袁东振*

南美地区国家在发展中世界较早探索区域合作与一体化，但一体化进程较曲折，有进展也有反复，区域认同与一体化或区域合作进程越来越呈现密切相关性。南美国家区域认同的形成与巩固，成为区域合作或地区一体化的重要推动力，而区域合作和一体化不断深化又进一步巩固区域认同。本文在梳理南美国家区域认同进程的基础上，分析南美国家区域认同的有利条件和制约因素，展现南美国家区域认同的现状，剖析南美国家区域认同与区域合作的关系，并试图对南美国家区域认同问题进行若干总结和理论思考。

一、南美区域认同的演变

（一）认同与南美区域认同的形成

认同是人类的一般性概念，人们对认同有一些基本的或共同的认识。认同有承认、认可或相同、同一之意，其最基本含义是认为跟自己有共通之处。所谓的相同或共同既指在客观上存在相同和相似性，也包括心理上的一致性，并由此形成特殊的社会关系。① 认同是群体意识的一种表现。美国学者理查德·莫尔斯认为，认同是指与群体意识的联系，或是指群体意识的表现。认同并不是像社会学家们所说的是"国家的特点"，而是对于历史特

* 袁东振，中国社会科学院拉丁美洲研究所研究员。

① 参见詹小美、王仕民：《文化认同视域下的政治认同》，《中国社会科学》2013 年第 9 期。

性的群体性意识。认同与现实不同，现实是指能够形成环境性现实的历史和社会地理等因素，是指“真真切切”存在的事物，或者是作为寻求一个民族或国家历史特性“必要条件”的“更高级的”现实。如果说现实自环境开始，那么认同则从默默的自我认知开始。①

随着现代国家的兴起，认同日益呈现出不同的特性。政治家、思想家、历史和社会学者从种族、大众文化、历史发展、宗教信仰等方面探寻认同的根源。尼古拉斯·坎尼和安东尼·帕格登等人把认同作为自我定义和自我观念，从政治独立的叙事中分离出来，探究某些殖民地为什么能够在心理及政治自治方面更成功，探寻影响认同形成的主要指标以及认同形成过程中的阻碍因素。②

区域认同是认同的重要表现形式之一。认同实际上是身份问题，包含着对主体性、“我是谁”和“我们”等身份的确立，以及区分“本我”与“他者”间的差异；具有共同的身份自然就形成认同，认同实际上是进一步明确自我身份、圈定与“他者”存在差异的“我们”群体范围的过程。从这个意义上说，认同可以是个人认同、集体认同、组织认同、社会认同，也可以是国家认同、地区认同，甚至是观念上的政治认同和文化认同等。

南美国家区域认同的进程经历了三个阶段，先有西语南美国家的区域共识，后有包括葡语美洲（巴西）和西语南美国家的区域认同，再有南美大陆所有国家（包括英语国家圭亚那和荷兰语国家苏里南）的区域认同。就认同主体来说，南美区域认同包括三个层面，先有南美国家建国者们（政治家）层面的认同，后有精英（包括知识界或知识分子群体）层面的认同，再有大众群体层面的认同。

（二）西语南美国家的区域认同

历史、文化共性是形成区域共识和认同的有利因素。西班牙在南美地区的殖民统治延续 300 年，使得该地区在语言、宗教、文化等方面形成较大程度共性。经历 19 世纪上半叶的独立战争，南美地区建立了多个独立国

---

① Leslie Bethell, *The Cambridge History of Latin America, Volume X, Latin America since 1930: Ideas, Culture and Society*, Cambridge: Cambridge University Press, 1995, p.1.

② Nicolas Canny and Anthony Pagden, *Colonial Identity in the Atlantic World*, 1500-1800, Princeton, N. J.: Princeton University Press, 1987.转引自[英]莱斯利·贝瑟尔主编:《剑桥拉丁美洲史》第 10 卷，张森根译，当代世界出版社 2003 年版，第 2—3 页。

家，但共同的历史渊源使这些国家在语言、文化和集体心理方面有较大共性，这些共性成为区域认同的重要基础。

在区域共识形成过程中，南美西语国家强调两个美洲的理念，强调自己与"另一个美洲"的差异。米歇尔·舍瓦利等人认为，"拉丁美洲"同"另一个美洲"即美国截然不同。许多拉美人甚至把美国当成敌人，更愿意使用"西属美洲""西班牙语美洲""西裔美洲"或"南美洲"来自我表述。① 玻利瓦尔虽认为美国的制度是"世界上最好的"，但强调美国的制度不符合西语美洲的情况，因为西语美洲人民长期被"无知、暴政和恶习三重枷锁"所束缚，无法像美国人那样实行自我管理。他明确指出，北美人"对我们来说是异邦人"。在玻利瓦尔看来，西语美洲和美国是两个不同的概念，他经常提到的"美洲""新世界"均指西属美洲或西语美洲。他指出："在我的思想上，绝对没有把美洲英语国家和西班牙语国家这两类截然不同国家的形式和本质混同起来。"②他倡导的美洲联盟是指西语美洲国家的团结、联合，共同反对西班牙和其他外来者。拉美学者认为，西语美洲的目标与美国的理想完全不同。前者的目标是玻利瓦尔主义，即把所有具有西班牙文化的本大陆国家组成一个联邦；后者的理想是门罗主义，即把所有西语国家以泛美主义的政治手段统一进北美帝国。③

随着西语南美国家区域认同的形成，阻碍区域认同的各种例外论逐渐失去影响力。在相当长时期内，西语南美国家中的阿根廷都是一个特殊案例。独立后，阿根廷最著名政治思想家和知识分子如埃斯特万·埃切维利亚、胡安·阿尔韦迪和多明戈·萨米恩托等人，深受英国、法国和北美思想的影响，把阿根廷视为欧洲文明在野蛮的西属美洲背景下的化身，坚信阿根廷有成为"南美洲的美国"的潜力。阿尔韦迪将美国称为"宇宙的模范"，萨米恩托认为美国象征着"迄今为止人类文明的制高点"。这一时期的阿根廷学者常以拉美向导或导师身份自居，对西语美洲其他地区无任何兴趣。他们几乎不使用"拉丁美洲"的表述，也未对美国和法国入侵墨西哥的行径提出抗议。仅有少数早期"民族主义者"表现出与其他西语美洲学者相近的

---

① 参见[英]莱斯利·贝瑟尔、陈晨：《从思想史和国际关系史的视角看巴西与拉丁美洲的关系》，《拉丁美洲研究》2017年第3期。

② [委]西蒙·玻利瓦尔：《玻利瓦尔文选》，中国社会科学院拉丁美洲研究所译，中国社会科学出版社1983年版，第83页。

③ 参见孙若彦：《独立以来拉美外交思想史》，人民出版社2015年版，第40—44页。

“拉美”情结。[①] 随着局部南美（西语南美）区域认同的加强，包括阿根廷例外论在内的各种例外论也逐渐失去影响力。

（三）葡语美洲（巴西）和西语南美区域认同的形成

如果说西语美洲国家的区域认同形成较早，过程也较顺畅，那么西语美洲和葡语美洲（巴西）间的区域认同则形成较晚，过程也较漫长。拉美国家独立后，西语美洲学者和学界认为拉美不包括巴西，巴西不是“拉丁美洲”的一部分。巴西学界也拒绝拉美国家的身份，认为“拉丁美洲”只是西班牙语美洲的另一个指称，西语美洲和巴西历史文化传统有差异；巴西与西语美洲虽拥有同样的伊比利亚和天主教背景，但在地理、历史、经济社会体制、语言、文化和政治制度方面，巴西都不同于西语美洲。

巴西和南美西语国家长期互不认同的原因主要有四点。首先，两者历史渊源不同，缺乏认同的基础。巴西曾是葡萄牙的殖民地，殖民时期就与西语邻国有竞争关系。其次，独立后美洲西语国家和巴西的制度有明显差异，致使双方互不认同。巴西和平地建成了由最高权威统治的帝国，而其西语邻国大多建立共和体制。巴西精英们向欧洲的文化、教育和科学看齐，自视为欧洲而非拉美文明的一部分。在南美西语国家看来，延续君主制的巴西是欧洲的一部分，无论从语言、历史还是文化来看，巴西都是陌生的。再次，南美西语国家对巴西长期保持警惕并充满不信任，阻碍区域共识的形成。最后，南美西语国家和巴西对美国的态度不同，加大区域认同的难度。相对而言，南美西语国家具有强烈反美情绪或对美国充满警惕，谴责美国对墨西哥、中美洲和加勒比地区的干涉。而巴西从一开始就试图与美国保持密切联系，是西半球唯一支持美国门罗主义的国家。一些巴西人甚至认为，美国是巴西的唯一潜在盟友，主张巴西应坚定站在美国一边，而不是西属美洲一边，甚至认为“美国在南美洲的扩张是自然的且有益的”[②]。基于上述原因，在相当长时期内，无论是巴西还是南美西语国家都强调自己与对方的差异和不同，双方都没将巴西视为拉丁美洲的一部分。直到 19 世纪末 20 世纪初，巴西学界仍不认同自己的拉美属性，南美西语国家的多数人也并未改变

---

① 参见[英]莱斯利·贝瑟尔、陈晨：《从思想史和国际关系史的视角看巴西与拉丁美洲的关系》，《拉丁美洲研究》2017 年第 3 期。

② [英]莱斯利·贝瑟尔、陈晨：《从思想史和国际关系史的视角看巴西与拉丁美洲的关系》，《拉丁美洲研究》2017 年第 3 期。

对巴西的看法。

20世纪中叶起，巴西融入南美的进程加快。从20世纪20—30年代开始特别是二战及冷战期间，美国、欧洲国家把巴西看作是拉丁美洲成员，南美西语各国政府和知识界也开始将巴西纳入其“拉丁美洲”概念，一些巴西人也开始对“拉丁美洲”产生认同感。二战后，美国没有如巴西所愿，既没有帮助巴西获得其所期盼的政治地位，也没有为其提供经济援助。深感失望的巴西开始推行旨在增进与南美西语邻国关系的政策，南美国家区域认同过程加快。20世纪中叶起，南美西语国家与巴西的学术交流增多，相互认同不断推进，一些学者开始为巴西“拉丁美洲人”的身份认同进行辩护。吉尔贝托·弗雷雷认为，包括巴西在内的所有拉美国家都是“热带美洲国家”，同属于一个跨国界的泛西班牙文化圈。

20世纪80年代后，巴西和南美国家改善，推动南美区域认同形成。巴西和阿根廷是南美地区大国，长期存在竞争关系；阿根廷一直自视为南美大陆的领导者，其与巴西间的对抗持续150年之久。20世纪80年代后，巴西与其他南美国家的联系实现常态化，巴阿两个地区大国的关系显著改善。1991年，巴西、阿根廷、乌拉圭和巴拉圭4国签订《亚松森条约》，宣布建立南方共同市场，推动南美区域一体化进入新阶段。1995年1月南方共同市场正式运行后，先后接纳智利（1996年）、玻利维亚（1997年）、秘鲁（2003年）、厄瓜多尔和哥伦比亚（2004年）等为联系国。该组织的目标是通过协调宏观经济政策、加强经济互补，最终实现南美区域经济政治一体化。

（四）南美区域认同的实现

进入21世纪，南美国家进一步加强合作，抵制美国的“美洲自由贸易区”倡议，推进南美一体化进程。2000年，在巴西召开第一届南美国家领导人峰会；2004年，第三届峰会期间成立南美国家共同体，由南美12个国家组成，除9个西语国家（阿根廷、智利、乌拉圭、巴拉圭、玻利维亚、委内瑞拉、秘鲁、哥伦比亚、厄瓜多尔）和葡语国家巴西外，还包括圭亚那（英语国家）和苏里南（荷兰语国家）；2008年，南美国家共同体更名为南美国家联盟。南美国家联盟是一个涵盖南美大陆所有国家的区域合作组织，其成立标志着南美国家区域认同基本实现。至此，该地区所有国家都认同自己南美洲国家的身份，认为南美国家需要联合和团结，实现本地区一体化。

南美区域认同大体经历了从政治家到精英认同，再到大众群体认同的演进过程。以南美国家建国者们为代表的政治家最早形成区域共识。19世纪上半叶西属美洲诞生了十几个独立国家,但该地区政治家及知识分子仍保持着共同的西属美洲意识和身份观念,这种被称为"泛拉美主义"的观念由西蒙·玻利瓦尔等人提出,安德烈斯·贝略等人进一步发展和推进。早在1797年,拉美独立运动的先驱弗朗西斯科·德·米兰达就制定了"大美洲联盟计划",认为自己的祖国是整个南美洲。1815年,玻利瓦尔提出"西班牙美洲共和国联盟"的主张。阿根廷独立运动领袖何塞·德·圣马丁认为,南美洲国家有必要组成紧密的联盟,以实现其自由与独立的理想。智利独立运动领导人贝尔纳多·奥希金斯指出,有必要"组成一个拉丁美洲联盟,以捍卫政治和国民自由"。在上述这些政治家看来,拉美或南美国家有"共同的起源、共同的语言、相同的习惯和宗教";各国应在平等互助原则下实现联合,结成永久联盟,以巩固和发展民族独立的成果,抵御欧洲列强的干涉与扩张。①

在整个19世纪,政治家和精英阶层的区域共识并未得到大众阶层的认可和接受,因为此时精英和大众两个群体间存在着难以克服的矛盾、冲突和对立。希望实现欧洲化的精英与长期遭受奴役之苦的大量非洲裔人口和印第安人,无论是在现实利益还是思想观念上都存在巨大鸿沟。一些拉美国家的执政精英甚至不断出台针对后者的国家政策,如19世纪七八十年代阿根廷发动针对土著人的军事行动并掠夺印第安人领地,巴西发动针对印第安人的猎奴战争,墨西哥迪亚斯政府时期大量掠夺印第安农民的土地。拉美精英阶层对西方技术和理性化深信不疑,没有在推进民族文化和传统问题上达成广泛社会共识;拉美富有阶层把本国"土著人"(包括印第安人、梅斯蒂索人、非洲裔人口或伊比利亚血统的农民)群体视为野蛮人,许多精英人士认为"在这些堕落的原始人身上什么都不能指望"。精英阶层虽在南美地区谈论"拉丁性",但却无法唤起南美大陆土著居民的认同感。②

进入20世纪以后,南美国家精英阶层的观点才与大众的看法发生融合。理查德·莫尔斯指出:"认同问题并非完全是观察家们所认同的行动,它也是来自民众的呼声,这种呼声体现了那些被剥夺了权利的人们在一个

---

① 参见徐世澄主编:《美国和拉丁美洲关系史》,社会科学文献出版社1995年版,第90—91页。

② Leslie Bethell, *The Cambridge History of Latin America, Volume X, Latin America since 1930: Ideas, Culture and Society*, Cambridge: Cambridge University Press, 1995, p.9.

被概念化的社会话语中寻找出路。"两个群体观点的融合有各种表现,"如墨西哥的文学和视觉艺术,巴西的现代主义表现形式,秘鲁的社会政治对话,海地的种族主义文学,以及其他国家的各种表现形式"。[①]

二、影响南美国家区域认同的主要因素

南美国家区域认同既有有利因素又有阻碍因素。地区团结联合的思想渊源、南美国家的共同经济利益及共同发展诉求、类似的发展经历、反美主义长期存在以及世界格局变化等是南美国家区域认同的重要推动力,而巴西与南美西语国家的文化差异、历史遗留问题、政治和意识形态分歧等则对区域认同造成阻碍和损害。

(一)有利和推动的因素

团结与联合是区域认同的重要思想基础。拉美团结与联合思想源远流长。早在独立战争期间,南美"解放者"玻利瓦尔就提出大陆一体化思想,希望"把全美洲人民引向联合,组成联邦",主张"把整个新世界组成一个国家,用统一的渠道使各个部分同整体相连"。玻利瓦尔实际上是要成立一个由独立国家组成的平等联盟。[②] 玻利瓦尔指出,南美各国有着"共同的经历、共同的语言、共同的风俗习惯和共同的宗教信仰"以及"共同的事业、原则和利益"。为推动新独立西语美洲国家组成联盟,玻利瓦尔做了很多工作,如力促委内瑞拉、哥伦比亚和厄瓜多尔联合,并于1821年组成大哥伦比亚共和国。他倡议于1826年召开巴拿马大会,讨论了建立美洲国家联盟和入盟国家应遵守的原则,为把美洲"建成一个整体"提供立法依据。拉美独立领袖和民族国家创建者们都认为,西语美洲国家的纷争使其不能用一个声音说话;如果西语美洲能成为一个大联盟,将会增加其在国际舞台的影响力,并赢得欧洲国家及美国的尊重和重视。在玻利瓦尔看来,这样一个联盟能够使新独立的美洲国家成为潜在的国际力量,可与欧洲大国保持权力均衡;这样的联盟还可以成为美洲国家间解决分歧的手段,加强美洲国家的实力;在该联盟基础上形成的公法法典将成为国家间行动的根本准则。从独立至今,玻利瓦尔等人提出的组成一个民主的、进步的拉美国家大联邦的思想一

---

① Leslie Bethell, *The Cambridge History of Latin America, Volume X, Latin America since 1930: Ideas, Culture and Society*, Cambridge: Cambridge University Press, 1995, p.7.

② 参见孙若彦:《独立以来拉美外交思想史》,人民出版社2015年版,第36—37页。

直在该地区具有重要影响力，这些国家一直保持着统一和一体化的愿望，希望通过联合在世界民族之林占据体面的一席。[①] 玻利瓦尔等人关于美洲国家政治上团结联合、经济上合作发展的思想是南美区域共识的思想基础，或如委内瑞拉前总统拉斐尔·卡尔德拉所说，玻利瓦尔等人的一体化思想“是拉美一体化理论的巨大财富”[②]。

共同经济利益和共同发展诉求是推动区域认同的现实动力。南美国家独立后就身不由己地卷入世界商品市场的构建进程，并长期在世界经济中具有发展中属性。在第一次经济全球化浪潮冲击下，不少南美国家沦为先进工业国家的附属品。此后，南美国家整体上始终未能摆脱其国际生产专业化的滞后地位，外向型经济结构、远未完成的工业化及其对资本输入的严重依赖，使得不少国家掉入持续贫弱的泥沼，甚至被打上“拉美病”的标签，被作为发展的负面典型。[③] 多数南美国家长期遭受诸多历史难题困扰，在发展过程中存在很多困境或障碍，长期未能走出发展中状态，未能进入发达国家的行列。摆脱依附和不发达状态、克服各种发展难题是南美国家的共同诉求，南美国家普遍把推动区域合作和一体化发展作为实现该诉求的重要手段和途径，而区域合作和一体化发展有助于深化区域共识和认同。

类似的发展经历和共同的发展任务为区域认同奠定坚实基础和条件。自独立起至今，南美国家在自主发展道路上苦苦求索，有类似的发展经历。19 世纪上半叶，南美国家精英阶层被美国和欧洲的物质文明所吸引，但“照搬”美欧的制度和经验并没有给这些国家带来繁荣和发展，反而加剧一些国家的动荡和落后。19 世纪中叶至 20 世纪初，不少南美国家相继开启早期现代化进程，经济取得一定程度发展。但许多国家严重依赖西方资本和市场，未能实现经济独立和自主发展。20 世纪 30—70 年代，南美国家在发展主义理论的指导下实施进口替代工业化战略，一批国家创造了“经济奇迹”，步入“中等收入国家”行列。然而，该战略以国家干预和内向发展为取向，在资金、技术和工业产品进口方面增加了对外依赖，最终陷入困境。20 世纪 80—90 年代，南美国家在“华盛顿共识”的指导下进行新自由主义改革，虽有

① 参见[委]D. 博埃斯内尔：《拉丁美洲国际关系简史》，殷恒民译，商务印书馆 1990 年版，第 296 页。

② 方幼封、曹珺：《漫漫探索路——拉美一体化的尝试》，学林出版社 2000 年版，第 4—5 页。

③ 参见吴白乙、刘维广主编：《结构性转型与中拉关系前景》，中国社会科学出版社 2018 年版，第 7—8 页。

助于宏观经济稳定和增长，但加剧了贫富分化和社会冲突，一些国家甚至陷入社会分裂的困境。进入新世纪后，南美国家积极探索国家发展的新模式，并推动区域一体化。

反美主义思想一直是区域认同的重要推动力。拉美地区的反美主义源远流长。玻利瓦尔等人早就对美国有所提防和警惕。1821年后他开始着手准备召开美洲会议时，就希望会议只限拉美国家参加，把美国排除在外，因为他认为美国不是拉美人民的朋友和盟国，而是潜在的威胁。[①]“我认为同美国结盟是很危险的”，“接纳美国加入联盟对我们是不合适的”。美国“对我们来说是异邦人。因此，我绝不同意他们来协调我们的美洲事务……我们很高兴，美国不加入联盟”。[②] 19世纪中叶以后，美国在西语美洲地区的一系列扩张行为（如吞并得克萨斯、发动对墨西哥的战争、企图控制巴拿马地峡、威胁古巴、入侵尼加拉瓜）使越来越多拉美人确信，美国以牺牲拉美为代价实现其“天定命运”。19世纪末20世纪初以后，美国对拉美国家的干涉越来越频繁，在该地区的经济和文化影响不断加深。与此同时，拉美地区各种形式的反美主义不断发展。拉美有识之士意识到美国经济和文化扩张的消极影响，并对其不断加以批判。此后，对美国干涉拉美事务进行批判和谴责，抵制美国“文化帝国主义”的思想潮流在拉美一直未曾中断。进入21世纪后，该地区“反美主义比现代历史上任何时候都更加深刻”[③]。

世界格局变化推动区域认同的巩固。南美是全球南方的重要组成部分，在世界格局中具有重要地位。随着世界格局的变化，南美新兴大国群体性崛起，国际话语权增加。巴西是该地区第一大国，作为“金砖国家”成员，在国际政治经济和金融体系中有一定话语权。阿根廷是地区大国，与巴西一起成为“二十国集团”成员，有一定国际影响力。秘鲁、委内瑞拉、智利、哥伦比亚等一批中等规模国家实力不断增强，在国际和地区事务中日益活跃，也扩大了南美国家的国际影响力和话语权。南美国家充分利用最新一轮世界经济格局调整的有利时机，有意识地发挥自身能矿资源和自然资源丰富的比较优势，主动地调整经济结构和产业结构，积极推进区域和次区域合作，争取在新的国际分工中抢占相对有利位置。与此同时，南美国家在国际

① 参见［委］D.博埃斯内尔：《拉丁美洲国际关系简史》，殷恒民译，商务印书馆1990年版，第81页。

② 徐世澄主编：《美国和拉丁美洲关系史》，社会科学文献出版社1995年版，第91页。

③ 孙若彦：《独立以来拉美外交思想史》，人民出版社2015年版，第58—59页。

事务中加强团结和协调，积极参与国际政治经济和金融体系改革进程，围绕联合国改革、气候变化、全球经济治理、可持续发展等议题，积极同各方沟通、协调与合作，更加主动地参与国际事务。国际局势变化及南美国家的应对，客观上推动了南美国家区域认同的巩固。

（二）不利和制约的因素

文化差异特别是巴西与南美其他国家的文化差异，依然制约区域认同的深度。虽然伊比利亚文化是南美各国共同的文化渊源，但国家间特别是巴西和南美西语国家间差异明显。巴西官方语言是葡萄牙语，文化中包含较多非洲因素，巴西文化在南美地区的传播受到一定局限，对区域认同有不可避免的负面影响。2015 年前后，南美西语国家有 43％的人认同自己是“拉美人”或“南美人”，对自己国家的身份认同排在“拉美人”“南美人”之后。其中一半以上的哥伦比亚人（59％）、阿根廷人和厄瓜多尔人（52％—55％），近一半委内瑞拉人、玻利维亚人和乌拉圭人（42％—47％）、38％左右的秘鲁人和智利人，首先认为自己是“拉美人”或“南美人”。在巴西则相反，有 79％的人认为自己首先是“巴西人”。[①]

一些历史遗留问题对区域认同有消极影响。自独立时期起，南美国家间不断出现矛盾和分歧，并发生一系列边境冲突和领土争端。巴西和阿根廷之间的分歧一度在 1824—1828 年演变为武装冲突。此后，双方一直争夺在南美地区的小霸权。1830 年，玻利瓦尔创建的大哥伦比亚共和国因内部矛盾解体，分裂成三个独立国家；19 世纪 30 年代后半期和 1879—1883 年，智利与秘鲁—玻利维亚发生两次战争；1932—1935 年，玻利维亚和巴拉圭发生查科战争。委内瑞拉学者博埃斯内尔认为，拉美国家间的分裂和对抗不断[②]，即使在整个 20 世纪国家之间的暴力和军事冲突仍时有发生，如 1941 和 1995 年秘鲁与厄瓜多尔两度发生冲突，1978 年阿根廷和智利发生比格尔冲突。目前南美国家仍有不少争端尚未解决，如哥伦比亚和委内瑞拉边界争议，委内瑞拉与圭亚那领土争端，巴西与乌拉圭对一些岛屿也有争议，玻利维亚与智利在太平洋出海口问题上的分歧，秘鲁与厄瓜多尔、智利两国在

---

① Janina Onuki, Fernando Mourn and Francisco Urdinez, “Latin American Perceptions of Regional Identity and Leadership in Comparative Perspective”, *Contexto Internacional*, Vol.38, No.1, 2016, pp.41-43.

② 参见[委]D. 博埃斯内尔：《拉丁美洲国际关系简史》，殷恒民译，商务印书馆 1990 年版，第 297 页。

海洋划界问题上有争议，厄瓜多尔与哥伦比亚在边境地区、阿根廷与乌拉圭在乌拉圭河环境问题上也有争议。

政治和意识形态差异损害区域认同。左翼和右翼在政治理念和意识形态取向上明显不同，经济社会政策以及对外政策取向也有明显差异。频繁的左右更迭和意识形态之争是南美国家的政治传统。左右频繁更迭和意识形态之争对南美国家间关系造成冲击，对区域认同造成一定程度损害。美国学者马拉斯认为，就像过去经常发生的那样，进入新世纪以后意识形态再次发挥作用，加剧了南美国家之间的紧张气氛，加剧了国与国之间的冲突。[①] 1999 年，乌戈·查韦斯执政后在委内瑞拉推进“21 世纪社会主义”实践探索，引起南美右翼力量敌视。2016 年，“南方共同市场”四个创始国（阿根廷、巴西、巴拉圭和乌拉圭四国家当时均由右翼执政）以“未按期履行有关协议”为由，中止委内瑞拉的成员国资格。受政治和意识形态分歧的影响，2019 年后南美国家联盟等区域合作组织遭遇危机。自 2017 年联盟秘书长任期届满后，一直没能选出继任者，联盟基本处于瘫痪状态。2018 年，哥伦比亚、阿根廷、巴西、智利、巴拉圭和秘鲁宣布暂停与联盟的合作，同年哥伦比亚宣布退出联盟。2019 年，厄瓜多尔、巴西也宣布退出联盟，联盟濒于解体。2023 年 1 月，乌拉圭时任总统拉卡列对南美区域合作组织中出现“意识形态朋友的俱乐部”、严重损害区域认同的倾向表示担忧，认为在区域合作中应摈弃意识形态色彩，不搞“小圈子”。

区域合作组织的脆弱性削弱区域认同效果。2023 年 1 月，巴西左翼政府重新执政后，决心重振面临解体风险的南美国家联盟。2023 年 4 月，巴西和阿根廷宣布重返联盟后，智利也做出类似表示，巴拉圭也表达了重返联盟的计划。同年 6 月初，哥伦比亚宣布重新加入联盟。2023 年 5 月，巴西总统卢拉在巴西首都巴西利亚主持召开南美国家领导人会议，这是九年来南美国家首次举行峰会。卢拉呼吁重启地区一体化机制并提出十项具体措施，涉及共同货币、建立地区能源市场以及学术交流等，强调加强南美一体化，重申南美国家追求的共同利益要“高于意识形态分歧”。尽管卢拉强烈表示要加强南美国家联盟，但该议题未被纳入会议的最终成果。[②] 会议发表的

---

① 参见[美]戴维·马拉斯：《拉丁美洲与和平幻象》，刘捷等译，当代中国出版社 2015 年版，第 27 页。

② 参见清华大学国际与地区研究院：《巴西重返区域合作：卢拉力推南美一体化》，《区域动态》2023 年第 2 期。

《巴西利亚共识》文件重申共同价值观，强调致力于民主和人权、可持续发展和社会正义、法治和机构稳定、捍卫主权和不干涉内政是南美国家的“共同愿景”，同意就创建或重建涉及该地区所有国家的合作机制进行深入讨论。由此可见，南美区域合作组织本身有较大脆弱性，如何保证和提升南美国家联盟等区域合作机构的效率，对南美国家区域认同的巩固至关重要。

三、南美国家区域认同现状与表现

南美国家的国情不尽相同，在国家规模、人口和种族构成、文化等方面有明显差异，但在地缘、历史传统、民族和文化特性、宗教信仰及政治制度等方面形成基本共识和认同。

（一）地缘要素的认同

南美12国在历史渊源、文化传统、民族构成方面不尽相同，甚至有较大差异。9个西语国家原是西班牙殖民地，于19世纪上半叶独立。天主教是这些国家传统上居绝对优势地位的宗教，各国文化均具有混合性特点，种族具有多元性特征。巴西是原葡萄牙殖民地，于1822年独立，无论在文化还是种族方面都掺杂了许多非洲元素。圭亚那和苏里南与其他南美国家在历史文化传统、民族和宗教构成等方面完全不同。圭亚那在1966年独立前是英国殖民地。2022年人口中印度裔占43.5%，非洲裔占30.2%，混血种人占16.7%，印第安人占9.1%；英语为官方语言；34.8%的居民信奉基督教新教，24.8%信奉印度教，7.1%信奉天主教，6.8%信奉伊斯兰教。苏里南在1975年独立前是荷兰殖民地。2021年，人口中印度裔占33%，克里奥尔人占31%，印尼裔占15%，黑人占10%，另有少量印第安人和华人等；荷兰语为官方语言；42%的居民信奉基督教，20%信奉印度教，13%信奉伊斯兰教。伴随区域一体化进程不断推进，具有不同历史和文化渊源的南美国家，对地缘等自然要素形成共识，均认同自己南美国家的身份，一致认为南美国家需要联合和团结起来，实现本地区一体化。

（二）历史传统的认同

南美国家有作为欧洲国家殖民地的共同经历。从15世纪末至19世纪初，西班牙、葡萄牙等欧洲殖民者统治拉美300多年。西班牙在殖民地建立起庞大的官僚体系，1524年设立“西印度等地事务院”作为美洲殖民地的最高统治机构，先后建立4个总督辖区。西班牙国王还享有直接管理殖民地教会的权力，在美洲殖民地先后设立10大主教区和38个主教区，自成系统，与行政机构并行。葡萄牙王室最初把巴西划分为15块世袭领地，分封给贵族（领主）管辖。1549年葡萄牙王室任命驻巴西总督，1763年正式建立总督辖区，取消封地制。19世纪上半叶，拉美大部分地区结束殖民统治，先后建立18个独立国家，形成今日美洲政治格局的雏形。美洲地区学者通常把"伊比利亚美洲"作为西语美洲和葡语美洲的总称，强调它们在文化、宗教、政治、法律和种族融合等方面的共同和相似之处。南美国家有历史共识，共同的历史也为南美国家的民族、文化、宗教认同奠定了坚实基础和条件。

（三）民族特性的认同

南美是多民族的地区，是一个多种族的大熔炉。从人文角度看，南美地区的历史是各民族长期共存、相互混血同化的历史。南美土著民族种类众多，分布在不同国家和次地区。移民而来的欧洲人、非洲人和亚洲人及其后裔相互通婚，使得南美地区的民族构成更加复杂化。在欧美两大洲"相遇"500多年的历史长河中，南美地区出现了各种各样的混血种人，并因此成为世界上混血种人类型最多、混血情况最复杂的地区。多代混血使该地区还出现了许多新兴民族，这在世界上绝无仅有。目前混血种人基本占南美人口一半，并成为多数国家的人口主体。南美地区种族和民族起源与现状错综复杂，尽管民族间、种族间存在巨大差异，但南美各国都认同多民族、多种族的特性，认为这种特性是南美国家的共同特点。

（四）文化特性的认同

多民族和多种族孕育了该地区独特的民族文化，南美国家普遍认同本地区的混合文化特性。在南美地区各民族发生混合、融合或同化过程中，各民族、各种族的文化相互吸收、互相影响，使南美社会在呈现文化多样性的同时，又形成各民族文化的共同性。巴西文化虽与南美西语国家有一定差异，但就文化混合性而言，巴西和南美西语国家是共同的，尽管黑人文化对巴西文化的影响更鲜明。欧亨利奥·陈-罗德里格斯认为，巴西文化是葡萄牙、印第安和非洲三种文化经过冲突和融合而形成的一种混血式的美学观念和一种新的生活方式。[①] 巴西文化既不是单纯的葡萄牙文化，也不是印第安文化或非洲人文化，而是上述三种文化独特的混合体，是三个民族成分在长期的共同社会生活和生产实践中形成的。[②] 共同文化特性拉近了南美国家各民族间的距离，成为各民族联系的纽带，强化了各民族成员的认同感。[③]

（五）宗教观念的认同

宗教是人类文化的重要组成部分，它是一种世界观，并在道德伦理、文化艺术、风俗习惯、民族心理等方面产生广泛而深刻影响。文化认同理论认为，对宗教的认同就是对文化的认同。在新大陆被“发现”前，美洲大陆土著居民信奉各种原始宗教。15 世纪末，伴随着西葡殖民者的到来，美洲大陆开始天主教化的进程，天主教逐渐成为该地区占统治地位的宗教。20 世纪 60 年代后，欧美特别是美国基督教各新教派大举进入，但天主教仍是影响力最大的宗教。目前，美洲大陆（南北美）是世界上天主教徒最多的地区。其中巴西天主教徒有 1.7 亿，是世界上天主教徒最多的国家，占巴西总人口 64％。拉美天主教徒占所有信教人口近 70％；其他宗教教徒加起来也只有 30％，其中基督教新教约占 20％。其他各类宗教影响力较小，天主教在该地区仍具有绝对优势地位。南美国家民众普遍信仰天主教，而且对其他宗教信仰及不信教者采取包容态度，这种特殊的宗教观念成为南美区域认同的重要表现形式。

（六）民主制度的认同

在南美国家历史上，以专制独裁为特点的考迪罗主义和威权主义盛行。进入 20 世纪以后，传统的考迪罗专制逐渐退出地区政治舞台，但军人干政现象仍较普遍，多国出现多轮军人执政。军政权执政期间停止宪法保障，解散政党或禁止政党、工会等政治组织的活动，实行新闻检查，限制集会、结社和罢工，用流放、逮捕、拷打和暗杀等手段镇压反对派。自 20 世纪 70 年代后半期起，南美国家军政权开启“还政于民”的“民主化进程”，到 90 年代初这一进程基本完成，南美地区实现清一色民选政府执政。鉴于历史上深受专制独裁之苦，南美国家在维护民主制度方面取得共识，实现了对民主制度

---

① 参见［秘鲁］欧亨尼奥·陈-罗德里格斯：《拉丁美洲的文明与文化》，白凤森等译，商务印书馆 1990 年版，第 84 页。

② 参见张宝宇：《巴西现代化研究》，世界知识出版社 2002 年版，第 13—15 页。

③ 参见吴德明：《拉丁美洲民族问题研究》，世界知识出版社 2004 年版，第 142 页。